Guttentagsche Sammlung
Nr. 91. Deutscher Reichsgesetze Nr. 91.
Textausgaben mit Anmerkungen und Sachregister

Die
Eisenbahn-Verkehrsordnung
vom 23. Dezember 1908
nebst
Allgemeinen Ausführungsbestimmungen

Textausgabe mit Anmerkungen

Zweite Auflage

Nach dem Tode von Dr. jur. Blume
herausgegeben von
Dr. jur. W. Weirauch
Geh. Regierungsrat.

Berlin und Leipzig 1922.
Vereinigung wissenschaftlicher Verleger
Walter de Gruyter & Co.
vormals G. J. Göschen'sche Verlagshandlung — J. Guttentag, Verlagsbuchhandlung — Georg Reimer — Karl J. Trübner — Veit & Comp.

Inhalt.

Seite

VI. Beförderung von Leichen.

VII. Beförderung von lebenden Tieren . 183

VIII. Beförderung von Gütern 202

Abkürzungen und Literatur.

AAB. = Allgemeine Ausführungsbestimmungen.
AAV. = Allgemeine Abfertigungsvorschriften.
Arch. f. Eis. = Archiv für Eisenbahnwesen.
Begr. = Begründung der Vorlage an den Landeseisenbahnrat oder Bundesrat.
BGB. = Bürgerliches Gesetzbuch.
BBO. = Eisenbahn-Bau- und -Betriebsordnung v. 4. November 1904 (RGBl. S. 387).
DEGT. = Deutscher Eisenbahngütertarif.
DEP. u. GepT. = Deutscher Eisenbahn-Personen- und Gepäcktarif.
Dernburg = Die Schuldverhältnisse nach dem Rechte des Deutschen Reichs und Preußens, 1899/01.
DJZ. = Deutsche Juristen-Zeitung.
Düringer-Hachenburg, HGB. 2. Aufl. 1913.
EEE. = Egers Eisenbahnrechtliche Entscheidungen.
Eger = Eger, Die Eisenbahnverkehrsordnung vom 23. Dezember 1908.
Eis. = Eisenbahn.
ENBl. = Eisenbahn-Nachrichtenblatt.
EVBl. = Eisenbahn-Verordnungsblatt.

EVO. = Eisenbahn-Verkehrsordnung.

FreifOrd. = Freifahrtordnung vom 15. Oktober 1907 (EVBl. S. 373).

Fritsch = Handbuch der Eisenbahngesetzgebung in Preußen und im Reich, 2. Aufl. 1912.

Gerstner = Internationales Eisenbahnfrachtrecht.

Hertzer = Handkommentar zur EVO. 1902.

HGB. = Handelsgesetzbuch vom 10. Mai 1897.

JÜ. = Internationales Übereinkommen über den Eisenbahnfrachtverkehr vom 14. Oktober 1890 mit den Änderungen und Ergänzungen in der Zusatzvereinbarung vom 16. Juli 1895 und in den Zusatzübereinkommen vom 16. Juni 1898 und 19. September 1906 und Zusatzerklärung vom 20. September 1893 (RGBl. 1908 S. 515).

JW. = Juristische Wochenschrift

Kittel, EVO. = Kittel, Eisenbahnverkehrsordnung, Leipzig 1910.

PrEisGes. = Gesetz über die Eisenbahn-Unternehmungen vom 3. November 1838 (PrGS. S. 505).

RGBl. = Reichs-Gesetzblatt.

RVerf. = Verfassung des Deutschen Reichs.

RGEntsch. = Entscheidung des Reichsgerichts in Zivilsachen (offizielle Sammlung).

RGes. = Reichsgesetz.

ROHG. = Entscheidung des Reichsoberhandelsgerichts.

RVBl. = Reichsverkehrsblatt.

Rundnagel, Haftung = R., Die Haftung der Eisenbahn für Verlust, Entschädigung und Lieferfristüberschreitung nach deutschem Eisenbahnfrachtrecht, Leipzig 1909.

Rundnagel, BefGesch. = R., Beförderungsgeschäfte, Leipzig 1915.

Senckpiehl = S., Das Eisenbahntransportgeschäft 1909.

Staub = St. Kommentar zum HGB., 10. Aufl., 1920.

ZPO. = Zivilprozeßordnung.

ZVDEisV. = Zeitung des Vereins Deutscher Eisenbahn-Verwaltungen.

Einleitung.[1]

1. Geschichte der Eisenbahnverkehrsordnung.

Zur Regelung der vertraglichen Beziehungen zwischen den zunächst privaten Eisenbahnunternehmern und dem Publikum dienten die von jenen aufgestellten Lokal- oder Spezial-„Betriebsreglements". Mit der Ausdehnung des Verkehrs machten sich „Verbandsbetriebsreglements" erforderlich. Der späterhin wichtigste Verband („Verein Deutscher Eisenbahnverwaltungen", Statut 28. 6. 47) gab 1847 „die Normalbestimmungen für die Reglements der zum Deutschen Eisenbahnverein gehörigen Verwaltungen über die Personen-, Gepäck-, Equipagen-, Pferde- und Viehbeförderung" und 1850 ein „Reglement für den Güterverkehr" heraus (Festschrift über die Tätigkeit des VDEisV. 1846—1896, Berlin 1896).

---

[1]) Näheres bei Gerstner, Entstehungsgeschichte d. EVO.; Arch. f. öffentl. Recht 11 161 ff.; Koch, Deutschlands Eisenbahnen 1858; Krönig, Verwaltung 1 61; Ulrich in Stengels Wörterbuch: Eisenbahnbetriebsreglement 1 334; v. d. Leyen ebenda Erg.-Band: Eisenbahnbetriebsreglement S. 46; ders. in Goldschmidts Zeitschrift 41 501 u. 49 381; Fleck, das Betr.-Reglement f. d. Eis. Deutschlands und die Allg. Tarifvorschrift der deutschen Eisenbahnen; Fritsch, Handbuch der Eisenbahngesetzgebung, 2. Aufl. 1912; Eger, Eisenbahnverkehrsordnung v. 23. 12. 1908, 3. Aufl. 1910; Endemann, Das Recht der Eisenbahnen, 1886; Hertzer, Handkommentar zur EVO. 1912; Kittel, Die deutsche EVO. 1910; Rundnagel, Die Haftung der Eisenbahn für Verlust, Beschädigung und Lieferfristüberschreitung, 2. Aufl. 1909; derselbe, Beförderungsgeschäfte, 1915.

Die Vertragsfreiheit wurde zunächst für den Güterverkehr nennenswert beschränkt durch das Allgemeine deutsche Handelsgesetzbuch (eingeführt 1861—1863). Auf den darin enthaltenen gesetzlichen Grundlagen ist das „Reglement für den Vereinsgüterverkehr auf den Bahnen des VDEisV." vom 1. März 1862 (Neuauflage 1. 3. 1865) aufgebaut, zugleich mit einem „Vereinsreglement für die Beförderung von Personen, Reisegepäck, Leichen, Fahrzeugen und lebenden Tieren" vom 1. März 1865. Diese Reglements waren freiwillig vereinbarte Beförderungsbestimmungen; erst die Verfassung des Norddeutschen Bundes (26. 6. 1867) und die Reichsverfassung (16. 4. 1871) änderten diesen Rechtszustand (RV. Art. 4 Ziff. 8 u. 45). Am 10. Juni 1870 (RGBl. S. 419) erließ der Kanzler des Norddeutschen Bundes das „Betriebsreglement für die Eisenbahnen des Norddeutschen Bundes", ausgedehnt unter dem 22. Dezember 1871 (RGBl. S. 473) auf alle deutschen Bahnen (außer Bayern). Neubearbeitung: 11. Mai 1874 (RGBl. S. 84). Das Berner Frachtübereinkommen (in Kraft seit 1. 1. 1893) (RGBl. 1892 S. 793) erforderte erneute Durchsicht. Aus ihr ging das Reglement als „Verkehrsordnung für die Eisenbahnen Deutschlands" vom 15. November 1892 (RGBl. S. 923) hervor. Neubearbeitung (nötig durch BGB., HGB. und Zusatzabkommen z. Berner FrÜb.) am 26. Oktober 1899 (RGBl. S. 557) und vom 23. Dezember 1908 (RGBl. 1909 S. 93).

Bezüglich der Weiterbildung des Verkehrsrechtes trifft Art. 91 der Reichsverfassung dahin Bestimmung, daß die Reichsregierung mit Zustimmung des Reichsrats die den .. Verkehr der Eisenbahnen regelnden Verordnungen erläßt. Mit Zustimmung des Reichsrats kann sie diese Befugnis auf den zuständigen Reichsminister übertragen. Dies ist geschehen durch die Verordnung vom 29. Oktober 1920 (RGBl. S. 1859), betreffend die Ermächtigung des Reichsverkehrsministeriums zur selbständigen Ergänzung und Änderung der Verordnungen, die den ... Verkehr der Eisenbahnen regeln, jedoch mit der Einschränkung, daß dadurch keine grundlegenden Bestimmungen dieser Ordnungen (dh. des Verkehrs) geändert werden. Man wollte auf diese Weise „die Reichsregierung und den Reichstag von der Beratung und Beschlußfassung über minder wichtige Angelegenheiten entlasten und ferner die rasche Durchführung dringender Maßnahmen, wie sie der Eisenbahnbetrieb und -verkehr nötig machen, ermöglichen" (Begr.).

Inzwischen ist durch Reichsgesetz vom 3. Januar 1920 (RGBl. S. 13) die Reichsaufsicht über die nicht vom Reich verwalteten Eisenbahnen (Art. 95 RVerf.) dem Reichsverkehrsministerium übertragen, das nachgeordnete Behörden (Eisenbahnkommissare) damit beauftragen kann. Die Aufsicht über die anderen Bahnen (in Preußen: Kleinbahnen) verbleibt den Ländern (in Preußen: Handelsministerium). Auch der dem Gesetz vom 30. April 1920 (RGBl. S. 773) beigegebene Staatsvertrag über den Übergang der Staatseisenbahnen auf das Reich enthält zahlreiche Bestimmungen, die für den Verkehr von Wichtigkeit sind, allerdings meist öffentlich-rechtlicher Natur.

2. Die rechtliche Bedeutung der Eisenbahnverkehrsordnung.

Die Vereinsbetriebsreglements waren von „den Eisenbahnunternehmern entworfene und veröffentlichte Vertragsbedingungen“. Für den einzelnen Reisenden und Verfrachter wurden sie erst dadurch verbindlich, daß er sich durch Abschluß des Beförderungsvertrages ihnen unterwarf. Dies änderte sich auch nicht durch den Erlaß der Bundesratsverordnungen von 1870, 1874 und 1892. Diese waren Verwaltungsvorschriften der Staatsgewalt, gerichtet an die Eisenbahngesellschaften; sie legten diesen auf, ihren Beförderungsverträgen gewisse Bestimmungen zugrunde zu legen (vgl. Gerstner, Arch. f. öffentl. Recht 1911 S. 176; ZVDEisV. 1899 Nr. 84, 85; RGEntsch. in JurW. 1900 S. 533; s. Denkschrift II zum HGB. S. 268).

Hierin brachte erst das Handelsgesetzbuch vom 10. Mai 1897 eine wesentliche Änderung: Durch die Bestimmung im § 454 und § 472 wurde die EVO. zur Rechtsverordnung erhoben[1]). Damit konnte die Auslegung ihrer Vorschriften Gegenstand der Revision durch das Reichsgericht werden (s. ZPO. § 549; vgl. Gerstner, Arch. f. öffentl. Recht, Bd. 11, S. 161). Auch auf die Beurteilung des Irrtums über die Vorschriften des

---

[1]) A. A. Laband, DJZ. **00** 509 ff. und Nr. 101; Staatsrecht, 4. Aufl., **3** 120 und **Bornhak**, PrVerwBl. **00/01** 188. Vgl. hierüber **Rundnagel**, BefGesch. S. 285 und die dort Angef. **Düringer-Hachenburg** § 454 **2** 925; **Staub**, HGB. § 453 Anm. 3; ferner DJZ. **01** 59 (**Harburg**), 185 (**Kaufmann**), **04** 1084 (**Mode**), **06** 59 (**Graßberger**); **Reindl** in EEE. **17** 76; Leutke, Verfügungsrecht beim Frachtgeschäft S. 35 Anm. 2.

EVO. ist diese Änderung von Bedeutung (vgl. Hertzer, ZVDEisV. 1898 Nr. 74; vgl. auch Staub § 454; Schünck EEE. 26, 109).

Für das Eisenbahnfrachtrecht sind sonach folgende Vorschriften maßgebend:

1. die zwingenden Vorschriften des HGB. (vgl. § 471, sowie § 432 Abs. 1, 2, §§ 438, 439, 453, 455—470);
2. die Vorschriften der EVO. mit den auf Grund der Art. 91 RVerf. erlassenen Verordnungen (s. Einl. 2 § 1);
3. die Vertragsabmachungen (in der Hauptsache die tarifarischen Vorschriften);
4. die übrigen Vorschriften des HGB. und des Handelsrechts (HGB. § 454);
5. das BGB. und das sonstige bürgerliche Recht, dies jedoch nur insoweit, als nicht die Regelung einer Bestimmung (z. B. Lieferfristüberschreitung, Haftung für Verlust) eine erschöpfende Regelung in den Vorschriften der Ziff. 1—3 gefunden hat;
6. endlich etwa zulässige besondere Abmachungen.

In der Praxis vereinfacht sich die Handhabung dadurch, daß die EVO. auch die zwingenden Vorschriften des HGB. enthält, wenn auch leider manchmal mit abweichendem Wortlaut. Die den Güterverkehr regelnden Vorschriften der EVO. sind zwingenden Rechts; sie können durch Parteivereinbarungen nicht geändert werden, weder zugunsten noch zuungunsten der Eisenbahnverwaltung (HGB. § 471): Staub § 453 Anm. 4 (vgl. auch abw. Hertzer, EVO. Einl. S. X).

3. Die Ausführungsbestimmungen.

EVO. § 2 (1) gestattet den Eisenbahnen mit Genehmigung der Landesaufsichtsbehörde Ausführungsbestimmungen zur EVO. zu erlassen; § 6 (1) macht es ihnen zur Pflicht, Tarife aufzustellen, die über alle für den Beförderungsvertrag maßgebenden Bestimmungen usw. Auskunft geben.

Der einzelne Beförderungsvertrag wird sonach auf Grund dieser Tarife abgeschlossen, die die Eisenbahn aufstellen muß. Sie enthalten die Bestimmungen der EVO. und die durch EVO. § 2 vorgesehenen Ausführungsbestimmungen. Auch bezüglich dieser Ausführungsbestimmungen ergab sich bald die Notwendigkeit eines Zusammenschlusses der deutschen Bahnen. Bereits 1876 einigte man sich auf ein bestimmtes Tarifschema, das durch die Generalkonferenz der deutschen Eisenbahnverwaltungen am 12. bis 13. Februar 1877 endgültig beschlossen wurde. „Auf Anregung des Ministers der öffentlichen Arbeiten wurde durch Vereinbarung der im Besitz von Staatsbahnen befindlichen deutschen Bundesregierungen unter Beitritt der deutschen Privatbahnen die periodische Wiederholung derartiger Generalkonferenzen festgesetzt und zur Vorbereitung der Verhandlung eine „ständige Tarifkommission" bestellt, welcher zugleich auf Anregung der Reichseisenbahnverwaltung ein „ständiger Ausschuß der Verkehrsinteressenten" beigegeben ist[1]). Seitdem kennt man auf den deutschen Eisenbahnen folgende Tarife[2]):

1. den Personen- und Gepäcktarif, Teil I und II;

---

[1]) S. Fleck, Eisenbahnbetriebsreglement S. 194.

[2]) Vgl. unten Vorbem. z. Abschn. VIII Anm. 11.

2. den Tiertarif, Teil I und II;
3. den Gütertarif, Teil I und II.

Die Teile I (Allgemeine Bestimmungen) enthalten die entsprechenden Abschnitte der EVO. sowie die allgemeinen Ausführungsbestimmungen; die Teile II enthalten besondere Bestimmungen.

Da die EVO. somit erst im Zusammenhang mit den allgemeinen Ausführungsbestimmungen die eigentliche Grundlage für den einzelnen Beförderungsvertrag bildet, sind sie mit abgedruckt. Ihrer rechtlichen Natur nach sind sie nicht anders zu beurteilen, als die ehemaligen von den Verwaltungen erlassenen Betriebsreglements. Dadurch aber, daß sie in § 6 Abs. 1 EVO. — die in § 2 Abs. 1 vorgeschriebene Genehmigung vorausgesetzt — zur Grundlage des Beförderungsvertrages erhoben werden, der gegenüber nach § 6 Abs. 3 jede Preisermäßigung und sonstige Begünstigung verboten und nichtig ist, daß jeder Vertrag auf ihrer Grundlage geschlossen werden muß, sind sie Vorschriften geworden, die praktisch bindende Kraft haben.

4. Die Dienstvorschriften.

Zur Regelung der sich aus den Beförderungsverträgen ergebenden verkehrstechnischen Vorgänge haben die Eisenbahnverwaltungen eine große Anzahl von Dienstvorschriften erlassen. Hierher gehören vor allem die vom „Deutschen Eisenbahnverkehrsverband" für die ihm angehörenden Verwaltungen ergangenen „Kundmachungen"; deren wichtigste sind die „Allgemeinen Abfertigungsvorschriften". Sie alle sind lediglich innere Dienstanweisungen, deren Beachtung allein die Aufsichtsstellen zu überwachen berechtigt sind. Für das Verhältnis zwischen Eisenbahnverwaltung und Verkehrsinteressenten haben sie keinerlei rechtliche Bedeutung. Sie sollen nicht etwa die EVO. und die Ausführungsanweisungen ergänzen und können daher niemals eine Grundlage abgeben für im Klagewege verfolgbare Ansprüche oder etwa für die Begründung einer behaupteten groben Fahrlässigkeit der Eisenbahnen.

Gemäß dem vom Bundesrat in der Sitzung vom 17. Dezember 1908 auf Grund des Artikel 45 der Reichsverfassung gefaßten Beschlusse tritt mit dem 1. April 1909 an die Stelle der Eisenbahn-Verkehrsordnung vom 26. Oktober 1899 die nachstehende Eisenbahn-Verkehrsordnung.

Berlin, den 23. Dezember 1908.

Der Reichskanzler.

Fürst von Bülow.

Eisenbahn-Verkehrsordnung
nebst
allgemeinen Ausführungsbestimmungen.

(Die Ausführungsbestimmungen sind in lateinischer Schrift gedruckt.)

I. Eingangsbestimmungen.

§ 1. Geltungsbereich.

Die Eisenbahn-Verkehrsordnung[1] (abgekürzte Bezeichnung: EVO.) gilt auf allen dem öffentlichen Verkehre[2] dienenden Haupt- und Nebeneisenbahnen[4] Deutschlands[3, 5]. Für den internationalen Verkehr gilt sie nur soweit, als er nicht durch besondere Bestimmungen geregelt ist[6, 8].

Die Bestimmungen der EVO. gelten auch in folgenden Fällen:

a) wenn ein Gut durch das Gebiet eines fremden, am Internationalen Übereinkommen über den Eisenbahnfrachtverkehr vom 14. Oktober 1890 beteiligten Staates befördert wird, seine Versand- und Bestimmungsstation im Gebiete des Deutschen Reichs liegen und die fremde Linie von einer deutschen Eisenbahnverwaltung betrieben wird;

b) wenn ein Gut von einer auf deutschem Gebiete gelegenen Station nach dem Grenzbahnhof eines am Internationalen Übereinkommen über den Eisenbahnfrachtverkehr vom 14. Oktober 1890 beteiligten Nachbarstaates, wo die Zollbehandlung erfolgt, oder nach einer Station befördert wird, die zwischen diesem Bahnhof und der Grenze liegt, es sei denn, daß der Absender die Anwendung des Internationalen Übereinkommens über den Eisenbahnfrachtverkehr durch Aufgabe mit einem internationalen Frachtbriefe verlangt. Das gleiche gilt für Sendungen in umgekehrter Richtung[7].

HGB. §§ 453 f., 471 ff. JÜ. Art. 1.

[1] Über den rechtlichen Charakter der EVO. s. Einl. 2.

[2] Eisenbahn: Begriff aber nur für Haftpflicht: RGEntsch. **1** 252; nicht hierher gehören: Dampfkräne auf Schienen (ROHG. **13** 373); Kraftwagen ohne Schienen (EEE. **21** 279). Nicht öffentlich sind Privateisenbahnen, wie Bergwerks-, Privatanschluß-, Rübenbahnen (RGEntsch. **1** 247, **7** 40, **2** 38); ebensowenig stillgelegte (ROHG. **21** 60) oder noch nicht eröffnete Bahnen (vgl. RG. **42** 283). Staatliche Genehmigung zum Betriebe ist nicht Voraussetzung (ROHG. **21** 244). Eisenbahnen, die nur dem Personenverkehr dienen, unterstehen

bezüglich einzelner Gütertransporte dem Landfrachtrecht (Staub S. 1481, Anm. 7). [3] Außer Bayerns.

[4] Die Unterscheidung zwischen Haupt- und Nebeneisenbahnen (BBO., RGBl. **04** 387) ist für die EVO. bedeutungslos. RVerf. Art. 89 unterscheidet, ob die Eisenbahn dem allgemeinen Verkehr dient, oder nicht; letztere werden, wie die preußischen Kleinbahnen, auszuschließen sein (HGB. § 473). EVO. gilt auch dann nicht, wenn etwa ein Bediensteter versehentlich einen Frachtbrief nach der Station einer Bahn annimmt, für die die EVO. nicht gilt. Für Preußen vgl. noch: G. betr. Eisenbahnunternehmungen v. 3. 11. 1838 (GS. S. 505) und betr. Kleinbahnen v. 28. 7. 1892.

[5] Also nicht für deutsche Bahnen im Ausland. Ausnahmen AAB. a (auch RG. **18** 171).

[6] Demnach unterliegt der EVO. der gesamte Personen- und Güterverkehr auf allen deutschen Haupt- und Nebenbahnen mit Ausnahme desjenigen Güterverkehrs, auf den das JÜ. Anwendung findet (s. JÜ. Art. 1; vgl. Fritsch S. 369, Anm. 5; auch RG. **42** 24). Über die besonderen Bestimmungen vgl. Gerstner, JÜ. Nachtrag **01** 23, Nr. 7; a. M. Eger, EVO. § 1, Anm. 2, S. 3).

Das JÜ. findet danach Anwendung auf alle Sendungen von Gütern (also nicht Personen, Gepäck, Postsendungen), welche auf Grund eines durchgehenden Frachtbriefes aus dem Gebiet eines Vertragsstaates in das Gebiet eines anderen ... befördert werden, und zwar auf Bahnen, auf die das JÜ. Anwendung findet.

[7] Vgl. EEE. **24** 232; **23** 388.

[8] Auf den nicht der EVO. unterliegenden Bahnen des öffentlichen Verkehrs (z. B. in Preußen Kleinbahnen) gelten die Bestimmungen der Abschn. 6 und 7 HGB. und an Stelle der EVO. die Beförderungsbedingungen der Bahnunternehmungen (HGB. § 473). Es besteht für sie vor allem keine Transportpflicht für Sendungen, die über den Bereich des eigenen Bahnunternehmens hinausgehen.

§ 2. Ausführungsbestimmungen. Abweichungen. Vorläufige oder vorübergehende Änderungen[1].

(1) Ausführungsbestimmungen[2] können von der Eisenbahn mit Genehmigung der Landesaufsichtsbehörde[3] getroffen werden.

(2) Abweichungen[4] können in Berücksichtigung besonderer Verhältnisse von der Landesaufsichtsbehörde[3] nach Zustimmung des Reichs-Eisenbahnamts[3] für einzelne Bahnstrecken, Stationen, Fahrzeuge, Züge oder Zuggattungen[5], sowie für gewisse Abfertigungsarten[5] genehmigt werden.

(3) Solche Ausführungsbestimmungen und Abweichungen bedürfen zu ihrer Gültigkeit der Aufnahme in den Tarif[6]. Auch die Genehmigung muß aus dem Tarife zu ersehen sein[7].

(4) Vorläufige oder vorübergehende Änderungen[8] einzelner Vorschriften dieser Ordnung können, sei es allgemein, sei es nur für bestimmte Bahnstrecken oder Verkehrsbeziehungen, vom Reichs-Eisenbahnamt[4] im Einverständnisse mit den beteiligten Landesaufsichtsbehörden[3] verfügt werden[9]. Solche Verfügungen müssen im Reichs-Gesetzblatte veröffentlicht, auch sollen sie im Reichsanzeiger bekannt gemacht werden.

Vgl. HGB. § 471.

[1] Durch die am Schluß des § 1 der Einleitung erwähnte Regelung der Fortbildung des Verkehrsrechts (Art. 91 RVerf., V. v. 29. 10. 1920) wird die Bedeutung des § 2 EVO. wesentlich eingeengt, manche alte Streitfrage begraben. Freilich werden neue kommen. In nicht grundlegenden Fragen (welche sind dies?) kann der Reichsverkehrsminister die Verkehrsordnung

ergänzen und ändern; in anderen Fragen ist Reichsregierung und Reichsrat zuständig; für beide gilt als einzuhaltende Grenze die des Gesetzes, also des HGB.

[2] Ausführungsbestimmungen sollen die Handhabung der Bestimmungen der EVO. erleichtern, sie erläutern oder ergänzen; sie können allgemein eingeführt werden für alle deutsche Eisenbahnen oder als besondere für einzelne Verwaltungen (vgl. Fritsch S. 289 f.); sie haben nur vertragsmäßigen Charakter (daher Abs. 3) und müssen sich im Rahmen der EVO. halten. Bisher wurden sie von der Generalkonferenz der Deutschen Eisenbahnverwaltungen beschlossen (allgemeine) oder von den einzelnen Verwaltungen erlassen (besondere).

Einer ausdrücklichen Bezugnahme auf diese Bestimmungen bei den einzelnen Vertragsabschlüssen bedarf es nicht; es genügt Aufnahme in den Tarif (Abs. 3), vgl. aber den Hinweis im deutschen und internationalen Frachtbriefformular.

[3] Jetzt: Reichsverkehrsministerium oder von ihm mit der Aufsicht betraute nachgeordnete Behörden (z. B. Eisenbahndirektionen, Eisenbahnkommissare); vgl. G. betr. die Eisenbahnaufsicht v. 3. 1. 1920 (RGBl. S. 13).

[4] Vgl. Anm. 1; Abweichungen stehen mit der EVO. in Widerspruch; sie dürfen aber niemals den zwingenden Vorschriften des HGB. § 471 widersprechen. Auch sie sind nur vertragsmäßig; s. Anm. 2; sie können dauernd sein.

[5] Also nur für örtlich oder sachlich begrenzte Gebiete, z. B. Schmalspurbahnen, Zahnradbahnen, Fähren, Beförderung von beschleunigtem Eilgut (EVO. § 67 Anm. 1), Arzneikisten, Milch.

[6] Ohne diese sind sie ungültig. Veröffentlichung hat zu erfolgen entweder als Tarif oder für sich nach den für diese vorgeschriebenen Bestimmungen (s. ROHG. **21** 108; RG. **99** 251); wer sich auf solche Bestimmungen beruft, hat deren rechtmäßiges Bestehen zu beweisen (EEE. **1** 244). Vgl. bezüglich der Tarife EVO. § 6.

[7] Gültigkeit ist hiervon nicht abhängig (Sollvorschrift), so Rundnagel § 92 Anm. 1, S. 290; Eger § 2 Anm. 7; a. A. RG. **99** 251.

[8] Nicht dauernde; auch sie müssen sich innerhalb des Rahmens der EVO. halten; s. oben Anm. 4: Denkschr. II 269.

[9] Zulässigkeit war bestritten (vgl. Reindl, EEE. **17** 75), da kein Vertragsrecht (s. Anm. 2 u. 4), sondern Gesetzesrecht, und früher der Bundesrat zur Übertragung dieser Befugnis auf eine andere Instanz nicht befugt war (vgl. Eger § 2 Anm. 8, S. 8; Rundnagel § 91 Anm. 3, S. 89). Die Praxis hat bisher Schwierigkeiten nicht ergeben, durch die Regelung (Anm. 1) ist auch dieser Zweifel beseitigt.

II. Allgemeine Bestimmungen *).

§ 3. Pflicht[1] zur Beförderung.

(1) Die Beförderung kann nicht verweigert[2] werden, wenn

1. den geltenden Beförderungsbedingungen[3] und den sonstigen allgemeinen[4] Anordnungen[5] der Eisenbahn entsprochen wird[6];
2. die Beförderung nicht nach gesetzlicher Vorschrift[7] oder aus Gründen der öffentlichen Ordnung[8] verboten ist;
3. die Beförderung mit den regelmäßigen Beförderungsmitteln[9] möglich ist[10];
4. die Beförderung nicht durch Umstände verhindert wird, die als höhere Gewalt[11] zu betrachten sind.

(2) Gegenstände, die sich nach der Anlage[12] oder dem Betriebe[13] der beteiligten Bahnen nicht zur Beförderung eignen, braucht die Eisenbahn zur Beförderung nicht anzunehmen[14].

---

*) Die allgemeinen Bestimmungen gelten für alle in der EVO. geregelten Beförderungsarten (Abschn. III—VIII).

(3) Gegenstände, deren Ein- oder Ausladen besondere Vorrichtungen[15] erfordert, braucht die Eisenbahn nur auf und nach solchen Stationen[16] anzunehmen, wo die Vorrichtungen vorhanden sind.

Vgl. JÜ. Art. 5; HGB. §§ 453, 471; Rundnagel, BefGesch. § 30 u. § 94; Coermann, EEE. **22** 204 u. 323.

[1] Gesetzlicher Zwang zum Abschluß und zur Ausführung von Beförderungsverträgen nach Maßgabe der allgemein gültigen Bestimmungen (Beförderungszwang und Zwangsgemeinschaft! v. d. Leyen, Z. f. d. g. Handelsrecht **39** 62). Entgegenstehende Vereinbarungen sind nichtig (HGB. § 471). Gilt nicht nur für den Güterverkehr (so HGB. § 453 Abs. 1, vgl. aber EVO. § 63 Abs. 1), sondern auch für die Personenbeförderung (hier aber mit Einschränkungen weiterer Art, vgl. Rundnagel, BefGesch. § 16, S. 498; EVO. § 28). Beförderungspflicht nach nicht dem öffentlichen Verkehr dienenden Bahnen besteht nicht (a. M. Sendpiehl S. 119), auch nicht auf nichtöffentlichen Anlagen, namentlich Anschlußgleisen u. ä. (vgl. RG. **2** 38, **7** 43; ROHG. **21** 60).

[2] Anspruch ist verfolgbar vor den ordentlichen Gerichten; (gegebenenfalls Schadensersatz!) (HGB. 453 Abs. 4; RG. **18** 166; EEE. **5** 377). Den Kläger trifft die Beweislast, daß Eisenbahn Beförderung verweigert hat; streitig ist, ob Eisenbahn das Vorliegen der Ausnahmefälle (1—4) zu beweisen hat, so Staub S. 1483; Düringer-Hachenburg § 453 HGB.; a. A. Lehmann-Ring § 453 Anm. 13, es gelten die allgemeinen Beweisregeln; maßgebend das Recht am Ort der Weigerung (RG. **57** 145, **48** 114; EEE. **20** 350, **21** 47; Teubner, ZVDEisV. **07** 263. Durch die Bestimmung HGB. 453 Abs. 4, daß eine Zuwiderhandlung einen Anspruch auf Schadensersatz begründet, soll nicht etwa der Erfüllungsanspruch ausgeschlossen werden. S. hierzu Rundnagel § 94, S. 305, Anm. 17, 18.

[3] HGB.; EVO. (§ 12 §. 54, Anl. C BO.).

[4] D. h. für alle gleichmäßig geltenden und veröffentlichten.

[5] Fahrpläne, Tarife (Hahn, HGB. 2. Aufl., S. 702), nicht aber etwa zwangswirtschaftlicher Art, denn die Eisenbahn hat kein Recht, Zwangswirtschaft einzuführen, s. Anm. 7).

[6] HGB. verlangt, daß der Absender sich „unterwirft"; geschieht meist stillschweigend (Kauf einer Fahrkarte, Übergabe des ausgefüllten Frachtbriefes; vgl. RG. **18** 166 ff.).

[7] Gesetz oder Rechtsverordnung (Postzwang; Entwaffnungsgesetz [RG. 7. 8. 20]), auch gegen die gute Sitte verstoßend (BGB. §§ 134 ff.).

[8] Gesundheitspolizeiliche, strafgesetzliche Verbote; solche im Interesse der Landesverteidigung; Aus- und Einfuhrverbote, Zollvorschriften, doch muß das Verbot ausgehen von einer Stelle, die befugt ist, öffentlich-rechtliche Verbote zu erlassen (Polizeiverordnungen; Einzelverbote, ALR. 10. II. 17).

[9] Hierunter fallen nicht nur Lokomotiven und Wagen, sondern auch Werkzeuge und Geräte zum Verladen, Bedecken usw. der Güter. Über die Entstehungsgeschichte vgl. Rundnagel § 94, S. 298 ff. Regelmäßig, d. h. den gewöhnlichen Bedürfnissen des Verkehrs der betr. Bahn entsprechend. Gegensatz: Spezialwagen für besondere Beförderungsgegenstände (Kanonen, Elefanten); Sonderzüge (EVO. § 4). Vorhalten von Wagen für sog. Verkehrsspitzen ist nicht gemeint. Es besteht keine zivilrechtliche Haftung dafür, daß die Eisenbahn rechtzeitig für Vermehrung ihres Wagenparkes sorgt; so Rundnagel § 94, S. 303; Reindl., ZVDEisV. **97** 1045; Halke **08** 1232 ff.; Staub § 433 Anm. 10, S. 1481; abw. die herrschende Meinung (Eger, EVO. § 3 Anm. 14, S. 13; Düringer-Hachenburg [S. 921] [regelmäßig = die bei periodisch eintretenden und insofern regulären Verkehrssteigerungen notwendigen]. Coermann, EEE. **22** 107; Sendpiehl S. 120). Zulässig nur Beschwerde an Aufsichtsbehörde (Reichsverkehrsministerium).

[10] Der Mangel berechtigt nur zur zeitweisen Weigerung.

[11] Über den Begriff der höheren Gewalt vgl. Rundnagel, BefGesch. § 137, S. 436; Haftung § 15, S. 90 ff.; ferner EEE. **18** 76; **20** 265, **23** 214, **25** 6; Staub § 456, Bem. 7; RG. **70**, 98;

weitere Beispiele s. auch EVO. § 84 Anm. 13. Höhere Gewalt ist danach ein außergewöhnliches Ereignis, das von außerhalb des Betriebs an die Eisenbahn herantritt, nach menschlicher Erfahrung nicht voraussehbar und auch durch zweckmäßigste, wirtschaftlich zu rechtfertigende Sorgfalt nicht zu vermeiden ist (s. die Entscheidungen ROHG. **2** 259, **8** 30, **12** 107, **13** 71, **20** 19; RGEntsch. **19** 42, **21** 17, **48** 410, **50** 94, **54** 406, **60** 304, **64** 404, **70** 98. Außergewöhnlich muß das Ereignis sein (**44** 27, **50** 94, **54** 407, **70** 49), d. h. es darf nicht zu solchen gehören, die zwar unvermeidbar sind, aber mit einer gewissen Häufigkeit beim Betriebe eintreten. Vgl. JW. **18** 176, Anm. 12; **11** 596, Anm. 30; RG. **93** 305. Die zu treffenden Maßnahmen müssen wirtschaftlich erträglich sein (relative Unvermeidlichkeit) (RG. **64** 404, **70** 99, **86** 151, **87** 55). Nicht als höhere Gewalt sind anzusehen Ereignisse, die aus objektiven Fehlern des Betriebspersonals oder des Reisenden entstehen. Schienen, Radbrüche, [(EEE. **24** 48), Geisteskrankheit des Lokomitivführers (RG. **89** 346; Funkenflug (ZVDEisV. **11** 297)]; JW. **11** 93; abw. ZVDEisV. **19** 119), ferner Beschlagnahme im besetzten Gebiet, weil der Frachtbrief vorausgesandt war, (ZVDEisV. **21** 805), wohl aber Blitz, Überschwemmung, Sturm, Gewalt, Raub, (Arch. f. Eis. **09** 491), Krieg, Aufruhr, Entgleisung durch verbrecherische Handlungen Dritter, Bergsturz (RG. **93** 305, **95** 64), Plünderung durch Dritte (z. B. Soldaten s. RGEntsch. v. 15. 5. 20). [Die Eisenbahn ist jedoch auch für diese haftbar gemacht worden, weil sie Gut angenommen und befördert hatte, obwohl von vornherein damit zu rechnen war, daß es auf der Beförderungsstrecke der Plünderung anheimfallen würde. (RG. i. Zeitschr. f. Kleinb. **20** 324.)] Vergiftung eines Gutes durch Milzbrand (EEE. **23** 265). Die Zeitverhältnisse haben noch ein weiteres gebracht: die Beschlagnahme durch Betriebsräte. Hier ist zu unterscheiden, ob diese zu den Leuten der Eisenbahn gehören oder nicht. Im ersteren Falle liegt keine höhere Gewalt vor, da auch Betriebsräte Leute der Eisenbahn sind; stehn sie dagegen außerhalb der Eisenbahnverwaltung, wird man höhere Gewält annehmen müssen, es sei denn, daß die Eisenbahn in der Lage gewesen wäre, die Beschlagnahne mit Mitteln abzuwenden, die man ihr aufzuwenden billigerweise zumuten konnte. Bestritten ist, ob Streik der Eisenbahnbediensteten als höhere Gewalt anzusehen ist. Staub (§ 456, Anm. 9, S. 1494) will § 456 HGB. (§ 84 EVO.) auf den Fall völliger Betriebseinstellung überhaupt nicht beziehen und Zahlung nur bei Verschulden annehmen (s. auch Schultz, S. 74). Im Hinblick auf § 5 EVO. kann aber diese Ansicht wohl kaum richtig sein; solange die Streikenden noch im Angestelltenverhältnis stehen, wird die Eisenbahn auch für ihre Handlungen und Unterlassungen haften müssen. Über die bisherige Rechtsprechung vgl. Rundnagel, Haftung S. 112; EEE. **17** 319, **21** 293 u. 328, **23** 19 u. 344, **25** 1; abw. **21** 395, **23** 372; ferner **12** 276, **23** 399, **25** 197, **20** 113; Baumgarten in EEE. **21** 328, **25** 1; Goldschmidt **22** 102. Vgl. § 5 Anm. 1.

[12] Z. B. Tragfähigkeit des Oberbaues, Einschränkung des Profils, Belastung der Brücken.

[13] Schnellbahnen.

[14] Im Streitfall entscheidet der Richter.

[15] Fahrzeuge (Rampen), Sprengstoffe, Stückgut (Schuppen).

[16] Der Haupt- und Nebenbahnen (EVO. § 1), nicht also der früheren preußischen Kleinbahnen; vgl. HGB. 473 II.

[17] Übernimmt die Eisenbahn eine Beförderung, zu der sie nicht verpflichtet ist, kann sie beliebige Beförderungsbedingungen nur für den Fall EVO. § 54, 2 B 2 stellen. In den anderen Fällen (auch EVO. § 4 Anm. 2) ist sie an die allgemeinen Beförderungsbedingungen gebunden (vgl. Staub § 453, Anm. 12, 1255; Coernemann, EEE. **22** 313; abw. Rundnagel, BefGesch. § 94, S. 306); vgl. RG. **18** 170.

§ 4. Züge.

(1) Zur Beförderung dienen die regelmäßig nach bestimmtem Fahrplan[1] und die nach Bedarf verkehrenden Züge[2].

(2) Die Ausführung von Sonderfahrten[3] auf Bestellung unterliegt dem Ermessen der Eisenbahn[4, 5].

Wegen der Gebühren für Sonderzüge zur Personenbeförderung vergleiche Ausführungsbestimmungen A I zu § 12. Die Bestimmungen unter A I a gelten auch für Sonderzüge von Kunstreitergesellschaften, Schaustellungen wilder Tiere u. dgl. Unter welchen Bedingungen und gegen welche Gebühren Sonderzüge für die Beförderung von Leichen, Tieren und Gütern gestellt werden, bestimmen die Tarifteile II.

[1] Vgl. EVO. § 10.

[2] Auch Triebwagen.

[3] Sonderfahrten für Personenbeförderung (Abschn. III); für Güterbeförderung (Fahrzeuge) oder gemischte Beförderung (Künstlergesellschaften) (Abschn. VIII); beide ergänzend HGB. (vgl. EEE. **22** 258) Werkvertrag; Vorschriften über Handgepäck, Reisegepäck, Expreßgut sind nicht anwendbar, s. Kittel, EVO. § 4, vgl. AAB. zu EVO. § 12; AAB. § 11; PersBef-Vorschr. § 11; Fahr-Dienstvorschriften § 64.

[4] Eisenbahndirektion.

[5] Wegen der anzuwendenden Tarife vgl. EVO. § 3, Anm. 17.

§ 5[1]. Haftung der Eisenbahn für ihre Leute.

Die Eisenbahn haftet[2] für ihre Leute[3] und für andere Personen[4], deren[5] sie sich bei Ausführung der Beförderung bedient[6].

Vgl. JÜ. Art. 29; HGB. §§ 431, 458, 471.

Rundnagel, Haftung § 4, S. 20; EEE. **17** 366, Hertzer, ZVDEisV. **01** Nr. 23, **06** 273, 705; EEE. **22** 407.

[1] Gilt auch für Personenbeförderung; Haftung für Verschulden ihrer Leute innerhalb bestehender Verträge folgt aus BGB. § 278; HGB. § 431; hier auch Haftung ohne Verschulden, also sogar für Zufall, und zwar haftet die Eisenbahn direkt und ausschließlich (EEE. **21** 68, **28** 445), aber auch nur auf Grund eines Vertrages (auch Pers.- u. GepBef. und Lieferfristüberschreitung) (RG. JW. **04** 358, **05** 426; EEE. **21** 68; **22** 165; RG. **37** 12); also keine Haftung nach § 5 für Handlungen vor Abschluß des Vertrages (Tarifauskunft EEE. **25** 8, s. Anm. 6), und aus unerlaubter Handlung (§ 823 BGB.; RG. **89** 341). (Einladen von Wagenladungsgut ohne schriftlichen Antrag s. RG. **97** 16.) (Schmerzensgeld s. RG. EEE. **33** 217.) Daneben bleibt natürgemäß Haftung für gesetzliche Vertreter (BGB. §§ 31, 89; EEE. **37** 119; PrGes. v. 1. 8. 09. Haftung für Beamte bei Ausübung öffentlicher Gewalt) und § 831 BGB.

[2] Haftung in dem Umfange, als die Haftpflicht der Eisenbahn selbst geht; vgl. auch RG. **73** 148; Sorgfalt bei Auswahl und Aufsicht genügt nicht (etwa BGB. § 831); Haftung bei Streik vgl. EEE. **17** 321, **20** 123, **22** 276, **23** 386); passiver Resistenz (EEE. **23** 372, **25** 197). Zu vergleichen jedoch EVO. § 3, Anm. 11 und § 84, Anm. 13.

[3] „Leute" (s. RG. **7** 126; EEE. **22** 40); d. s. Personen, die innerhalb des Beförderungsbetriebes der Eisenbahn angestellt sind; „andere Personen", d. s. solche, die nicht im Anstellungsverhältnis stehen. Dieser Gegensatz ist für EVO. ohne Bedeutung, was Inhalt und Umfang der Haftpflicht anbetrifft (s. RG. **7** 126; **18** 166, **46** 340); Beförderungsbetrieb ist nicht zu eng auszulegen (JW. **05** 185, Nr. 36; EEE. **17** 368); Schaffner, Lokomotivführer, Güterbodenarbeiter u. a., aber nur insoweit und so lange sie Gelegenheit haben, kraft ihrer dienstlichen Stellung auf die Beförderung, welche den Grund zur Aufrollung der Haftfrage bietet, einzuwirken (s. Gerstner S. 323; RG. **78** 380); vgl. hierzu EEE. **20** 161, **22** 5, **25** 8; Hertzer, EEE. **22** 407, 254). Nicht hierunter fallen z. B. im Rechnungsbureau tätige Schreiber, Gärtner (teilweise abw. Blume, JU.

Art. 29, S. 135), ferner Bahnhofsbuchhändler, Bahnhofswirte, auch nicht die Post bei Zustellungen bzgl. der Gepäckträger vgl. EVO. § 38, der Rollfuhrunternehmer § 78 Anm. 4.

[4] Die Handlung muß während der Dienstzeit der Bediensteten begangen sein oder im Anschluß hieran (vgl. Rundnagel, Haftung § 4, S. 29); Blume, JU. Art. 29, S. 136). Es scheiden Handlungen aus, die außerhalb des dienstlichen Wirkungskreises liegen, z. B. private Handlungen, durch die sich einzelne Bedienstete Dritten gegenüber verbindlich machen (Gepäckbeförderung durch einen zufällig dienstlich nicht in Anspruch genommenen Beamten; Auskunfterteilung über Spediteure, über Fahrpläne durch einen Bahnarbeiter). Die Haftung besteht gegenüber den am Frachtvertrag beteiligten Dritten.

[5] Der Relativsatz bezieht sich nicht auf Leute (s. JW. 06 460).

[6] Wegen Auskunft in Tarifangelegenheiten vgl. EVO. § 6; wegen Streiks § 84 Anm. 13. Trifft Verschulden eines Frachtbeteiligten mit dem der Leute der Eisenbahn zusammen, hat Schadensausgleich nach § 254 BGB. zu erfolgen. Ein unmittelbarer Anspruch gegen die Leute der Eisenbahn aus EVO. § 5 hat der Frachtberechtigte nicht, wohl aber aus unerlaubter Handlung §§ 821ff. BGB.; alsdann Gesamthaftung nach §§ 840, 426 BGB., teilweise abw. Hertzer, EVO. § 9.

§ 6. Tarife[1].

(1) Die Eisenbahn hat Tarife aufzustellen, die über alle für den Beförderungsvertrag maßgebenden Bestimmungen, über die Beförderungspreise[2] und die Nebengebühren[3] Auskunft[4] geben[5]. Die Tarife bedürfen zu ihrer Gültigkeit der Veröffentlichung[6]. Sie sind bei Erfüllung der darin angegebenen Bedingungen für jedermann in derselben Weise anzuwenden[7].

(2) Die Beförderungspreise müssen dem Betrage nach feststehen[8].

(3) Jede Preisermäßigung oder sonstige Begünstigung gegenüber[6] den Tarifen ist verboten[10] und nichtig[11].

(4) Für milde oder öffentliche Zwecke[12] oder im dienstlichen Interesse der Eisenbahn[13] sind Begünstigungen mit Genehmigung der Landesaufsichtsbehörde[14] zulässig.

(5) Die Tarife treten nicht vor ihrer Veröffentlichung in Kraft, Tariferhöhungen[16] oder andere Erschwerungen der Beförderungsbedingungen[17] frühestens zwei Monate nach der Veröffentlichung[18], wenn nicht der Tarif nur für eine bestimmte Zeit eingeführt war[19].

(6) Die Landesaufsichtsbehörden[20] können mit Zustimmung des Reichseisenbahnamts[20] in Einzelfällen Ausnahmen von den Vorschriften dieser Paragraphen zulassen*).

Änderungen und Ergänzungen der Tarife werden in der Regel durch neue Tarife oder Tarifnachträge veröffentlicht. Werden neue Frachtsätze oder Entfernungen oder neue Tarifvorschriften für den Tier- und Güterverkehr nur durch Bekanntmachung veröffentlicht, so wird in den zur Veröffentlichung benutzten Blättern oder in einem öffentlich zugänglichen Tarifanzeiger einer deutschen Eisenbahnverwaltung die Höhe der neuen Frachtsätze oder Entfernungen oder der Wortlaut der neuen Tarifvorschriften bekanntgegeben. Es bleibt jedoch vor-

*) S. Bekanntmachung v. 24. 10. 14 (RGBl. 14 Nr. 93).

behalten, auf bereits eingeführte Frachtsätze oder Entfernungen zu verweisen, auch wenn diese mit Erhöhungen oder Kürzungen gelten sollen[21].

JÜ. Art. 11; HGB. §§ 454, 471. – Einleitung: vgl. oben S. 7. – Literatur: Siehe die bei Rundnagel, BefGesch. S. 291, Anm. 6 Angeführten. Einen Überblick über das Tarifwesen gibt Lauth in Deutsch. Eisenbahnwesen der Gegenwart 1 380ff.; in der 2. Ausgabe bearbeitet von Wulff.

[1] Tarife i. e. S. sind Verzeichnisse der Fahr- und Frachtpreise; i. w. S. sind sie die Bedingungen, unter denen die Eisenbahn die Beförderung von Personen und Gütern im öffentlichen Verkehr ankündigt (ROHG. 21 208). Über ihre materielle Bildung enthält die EVO. keine Bestimmung; sie verlangt nur Aufstellung, Veröffentlichung und gleichmäßige Anwendung. Frühere Vorschrift, daß sie „zu Recht bestehen" müßten, ist weggefallen, weil selbstverständlich. Die Tarife enthalten Vertragsrecht. Sie dürfen nicht im Widerspruch zur EVO. stehen, auch nicht zugunsten der Verkehrtreibenden. (vgl. Staub § 453 Anm. 4; § 471 Anm. 2; a. M. Eger, EVO. § 2 Anm. 4, S. 5). Das frühere Reichseisenbahnamt hat für die Aufstellung der Tarife Bestimmungen getroffen, die noch weiter beachtet werden; s. Erl. d. REis.Amts v. 12. 10. 1900).

[2] Teile II der Tarife und Preistafeln.

[3] Nebengebührentarif.

[4] Eisenbahn haftet für Irrtümer bei der Veröffentlichung RGEntsch. 6 100; vgl. aber EEE. 2 236, 9 196; doch kann auf offensichtliche Druckfehler im Tarif ein Frachterstattungsantrag nicht gestützt werden (EEE. 31 318), vgl. Bering, EEE. 12 358, 13 86ff.; ROHG. 20 373; EEE. 23 256; vgl. ferner EEE. 21 78; ROH G. 20 375; EEE. 2 236. Unklare Fassung der Tarife geht zum Schaden der Eisenbahn (EEE. 21 30, 78); Auslegung der Tarife EEE. 22 36; Beweislast EEE. 1 244, 23 372; Zweckbestimmung als Tarifbezeichnung s. Rundnagel § 92, S. 293. Falsche Auskunft eines Beamten begründet kein

Recht auf abweichende Berechnung (Gerstner S. 204; EEE. **20** 161, **22** 5, **25** 8; Hertzer **22** 408); vor Benutzung der Beförderung haftet Eisenbahn überhaupt nicht für unrichtige Auskunfterteilung nach Frachtrecht (vgl. § 5 Anm. 1 u. 6), (EEE. **22** 5, **25** 8); höchstens haftet der Auskunfterteilende persönlich, vgl. aber BGB. § 676, § 826, s. Gruchot, Archiv **47** 105.

[5] Die zahlreiche Literatur s. bei Rundnagel, BefGesch. § 92 Anm. 11.

[6] Grundsatz der Öffentlichkeit der Tarife. Gilt auch für Änderungen (Ermäßigungen, Erhöhungen), aber nur für Tarife des öffentlichen Verkehrs. (Nicht also z. B. für Überfuhrgebühren nach Privatanschlußgleisen.) Über Art und Form der Veröffentlichung sagt EVO. nichts (s. aber EVO. § 2), (s. ROHG. **21** 108); Aushang genügt nicht; Änderungen sind durch die in den Tarifen bezeichneten Pflichtblätter zu veröffentlichen (s. DEGT. IIA, Nachtr. 4, Bekanntmachung im Deutschen Reichs- und Preußischen Staatsanzeiger). Sind solche Pflichtblätter nicht vorgesehen, ist Veröffentlichung in den üblicherweise hierzu benutzten Blättern zu verlangen. Asch (JW. **21** 888) verlangt Veröffentlichung im Wortlaut, s. Anm. 21. Nicht gehörig veröffentlichte Tarife können einer Frachtberechnung nicht zugrunde gelegt werden (vgl. Bering, EEE. **13** 86); wegen unrichtiger Veröffentlichung vgl. Anm. 5.

[7] Grundsatz der Gleichheit der Tarife, PrEisGes. §§ 26, 32 (JÜ. Art. 11); HGB. §§ 454, 471; RGEntsch. **64** 123. Trotzdem können für dasselbe Gut verschiedene Frachtsätze aufgestellt werden (Stückgut, Ladungsfracht, Ausnahmetarife) oder die Anwendung eines Tarifs von der Erfüllung gewisser Bedingungen abhängig gemacht werden (Auflieferung einer bestimmten Mindestmenge; Verwendungszweck; Seehafenausfuhr u. dgl.); dies ist zulässig, wenn die Bedingungen hierfür veröffentlicht und jedem Absender, der diese Bedingungen erfüllt, auch der gleiche Tarif gewährt wird (RGEntsch. v. 12. 11. 1898; JW. **99** 9). Unrichtig Laband, Staatsrecht § 74, S. 124,

Anm. 4; Rosenthal, Rechtsgutachten, Jena 1901; vgl. EEE. **15** 327. Auch die Einführung eines Ausnahmetarifs für eine einzelne größere Beförderung ist nicht angängig.

[8] Daher kann ein Tarif sich nicht rückwirkende Kraft beilegen; nur möglich im Wege des § 2 EVO. in den dort vorgesehenen Fällen.

[9] Verbot der sog. Refaktien, d. s. einzelnen Verkehrstreibenden auf Grund von Einzelabmachungen gewährten Frachtermäßigungen; auch wenn sie nur mittelbar gewährt werden (unentgeltliche Hergabe von Lagerplätzen, Anschlußgleisen usw.); RGEntsch. v. 19. 11. 98 (EEE. **15** 327). Dies gilt auch für Reichs- und Staatsbehörden; vgl. aber Abs. 4 (Eisenbahndienstzwecke). Frachtnachlaß kann auch nicht deshalb zugestanden werden, weil ein Beamter eine falsche Tarifauskunft gegeben hat (s. Fritsch S. 304).

[10] Öffentlich-rechtlich; Beschwerde im Aufsichtswege.

[11] Privatrechtlich, BGB. §§ 139 ff. Daraus folgt aber noch nicht, daß der gesamte Beförderungsvertrag unwirksam ist. Nur die Begünstigung ist zu beseitigen; einzusetzen ist der richtige Preis; dies gilt auch, wenn ein Tarif infolge Formmangels überhaupt nicht zustande gekommen ist (vgl. Eger § 6, Anm. 22).

[12] Erleichterungen zugunsten der Militärverwaltung (s. RGes. v. 13. 2. 75, RGBl. 1898 S. 360) § 15; 18. 1. 1899 (RGBl. S. 15, Militärtransportordnung); der Postverwaltung (G. v. 20. 12. 1875, RGBl. S. 318, Eisenbahnpostgesetz); der Zollverwaltung (Eisenbahnzollregulativ v. 5. 7. 1888, § 12) u. a. m.; vgl. EVO. § 12 Anm. 5.

[13] Z. B. Freifahrt der Bahnärzte, Frachtfreiheit der Eisenbahndienstgüter. Ist Eisenbahn selbst Absender und Empfänger, liegt ein Frachtgeschäft überhaupt nicht vor.

[14] Jetzt Reichsverkehrsministerium (s. EVO. § 2 Anm. 2).

[15] Vgl. EVO. § 12 Anm. 5.

[16] D. s. zahlenmäßige Erhöhung der Beförderungspreise.

[17] D. s. auch Aufhebung von Beförderungserleichterungen

(z. B. Aufhebung direkter Abfertigung!), nicht aber Berichtigung offensichtlicher Druckfehler.

[18] Nicht maßgebend Datum der Verfügung, sondern Tag der tatsächlichen Bekanntgabe.

[19] Innehaltung der Frist ist auch erforderlich, wenn Tarif ausdrücklich auf Widerruf eingeführt ist.

[20] Jetzt Reichsverkehrsministerium.

[21] Das RG. verlangt Veröffentlichung des Wortlauts im Reichsanzeiger, s. Entsch. **99** 253, ROHG. **20** 373; Bering in Gruchots Arch. **21** 410.

§ 7. Beschwerden.

(1) Beschwerden können mündlich oder schriftlich[1] angebracht werden[2].

(2) Auf Beschwerden ist so bald wie möglich ein Bescheid zu erteilen[3].

[1] Das Beschwerdebuch ist, als veraltet und unzweckmäßig, weggefallen (Begr.).

[2] Wahl der Dienststelle bleibt dem Beschwerdeführer überlassen; bei schriftlicher Beschwerde am besten an das den äußeren Dienststellen vorgesetzte Verkehrs-Betriebs-Maschinen-Amt, bei wichtigeren Sachen an die Eisenbahndirektionen; bezgl. Frachtreklamationen s. EVO. § 99.

[3] Auch mündlich (Fernsprecher).

§ 8. Meinungsverschiedenheiten.

Meinungsverschiedenheiten zwischen dem Publikum und den Bediensteten entscheidet[1] auf den Stationen der Aufsichtsbeamte, während der Fahrt[2] der Zugführer[3].

[1] Vorbehaltlich weiterer Beschwerde gemäß EVO. § 7.

[2] Im Falle des § 22 EVO. zunächst der Schaffner.

[3] Die Entscheidung ist b. a. w. maßgebend. Verstoß hiergegen ist Vertragsverletzung; macht schadensersatzpflichtig und

hat u. U. Bestrafung zur Folge (BBO. § 82); vgl. auch EVO. § 11. Gegen die Entscheidung Beschwerde (s. Anm. 1) oder Rechtsweg.

§ 9. Zahlungsmittel.

Außer den gesetzlichen[1] Zahlungsmitteln ist, wo das Bedürfnis besteht[2], auch das in den Nachbarländern[3] gesetzlichen Kurs besitzende Gold- und Silbergeld[4] anzunehmen[5]. Den Annahmekurs hat die Eisenbahn festzusetzen[6] und bei den Abfertigungsstellen durch Schalteraushang zu veröffentlichen.

[1] Abweichung vom BGB. § 244. Vgl. Reichsmünzgesetz v. 9. 7. 1873 (RGBl. S. 233), RGes. betr. Ausprägung von Reichsgoldmünzen v. 4. 12. 1871 (RGBl. S. 404), RGes. betr. Ausgabe von Papiergeld v. 16. 6. 1870 (RGBl. S. 507) und RGes. betr. Ausgabe von Reichskassenscheinen v. 30. 4. 1874 (RGBl. S. 40), RGes. v. 5. 6. 1906 (RGBl. S. 730), RGes. betr. Änderung im Münzwesen v. 19. 5. 1908 (RGBl. S. 212). Infolge des Krieges sind hierin große Veränderungen erforderlich geworden. Man vergleiche: G. betr. Reichskassenscheine und Banknoten v. 4. 8. 1914 (RGBl. S. 347), betr. Ausgabe von Reichskassenscheinen usw. zu 10 M. v. 22. 3. 1915 (RGBl. S. 179), betr. Änderung des Münzgesetzes v. 4. 8. 1914 (RGBl. S. 326), betr. Änderung des Bankgesetzes v. 4. 8. 1914) RGBl. S. 327); Darlehnskassengesetz v. 4. 8. 1914 (RGBl. S. 340) und v. 11. 11. 1915 (RGBl. S. 475); Ausprägung von Eisengeld v. 26. 8. 1915 und 22. 12. 1915 (RGBl. S. 541, 844), v. 11. 5. 1916 (379), v. 6. 12. 1917 (RGBl. S. 1098), v. 1. 8. 1918 (S. 998); von Aluminiumpfennigen v. 23. 11. 1916 (S. 1301), v. 15. 2. 1917 (RGBl. S. 156), von Zinkpfennigen v. 22. 3. 1917 (RGBl. S. 282), v. 29. 11. 1917 (RGBl. S. 1098), v. 3. 10. 1918 (S. 1232); betr. Außerkurssetzung von Zweimarkstücken v. 12. 7. 1917 (RGBl. S. 625), von Fünfundzwanzigpfennigstücken aus Nickel v. 1. 8. 1918 (RGBl. S. 990).

[2] Darüber entscheidet zunächst die Eisenbahn (Direktion), auf Beschwerde das Reichsverkehrsministerium, gegebenenfalls Klage, wenn Schaden entstanden. In Frage kommen Grenzorte, große Städte, Kurorte.

[3] D. s. die dem Deutschen Reich angrenzenden Staaten.

[4] Jetzt auch silberne Scheidemünzen (Begr.).

[5] Den preußischen Dienststellen war eine Wiederausgabe fremdländischer Zahlungsmittel oder ein Umwechseln nicht gestattet (FinOrd. IX, § 12).

[6] Gegen zu niedrige Kursfestsetzung ist nur Aufsichtsbeschwerde zulässig.

III. Beförderung von Personen.

1. Unter Fahrkarten im Sinne dieses Tarifs sind Fahrausweise aller Art zu verstehen.
2. Die Vorschriften dieses Tarifs, die auf die IV. Klasse Bezug haben, gelten, wo diese Klasse nicht geführt wird, für die III. Klasse, soweit sie der IV. Klasse im Preis entspricht und nicht etwas anderes vorgeschrieben ist.

Vorbemerkung: Der Personbeförderungsvertrag, HGB. § 472.

Literatur: Rundnagel, BefGesch. § 80, S. 267, § 166, S. 497, und die dort in Anm. 1 Angeführten; Eger, Anm. 33, S. 28 ff.; Göppert, Zur rechtlichen Natur der Personenbeförderung auf Eisenbahnen, Berlin 1894; Eger, DJZ. **01** 107 f.; Cörmann in EEE. **15** 176, 372.

[1] Der Personenbeförderungsvertrag ist nicht Frachtvertrag im Sinne der §§ 425, 454 HGB.; demgemäß ist also eine auch nur entsprechende Anwendung des Abschn. VIII (§§ 453, 455—476 HGB.) ausgeschlossen (Staub § 472 Anm. 3; a. M. bzgl. des § 472 Abs. 2 Satz 2: Rundnagel, BefGesch. § 80, S. 267). Im Großbetriebe ist er Handels-

geschäft (HGB. § 1 Abs. 2 Ziff. 5; § 343 Abs. 1). HGB. enthält über ihn keine Sondervorschrift; § 472 verweist lediglich auf EVO., also Abschn. I–III. Ergänzend gelten die allgemeinen Vorschriften des HGB. (z. B. § 1 Abs. 2 Ziff. 5 und § 343) und (EinfG. z. HGB. Art. 2); BGB. (§§ 631 ff.); s. RG. JW. **05** 427, 484; RG. **62** 122, **66** 14. Auch für die Personenbeförderung besteht Transportzwang (EVO. § 3).

[2] Personenbeförderungsvertrag ist Werkvertrag; vgl. Eger Anm. 33, S. 29; Staub § 472, Anm. 3; RG. JW. **05** 426, Nr. 4; EEE. **22** 178, aber nur dann, wenn die Beförderung gegen Entgelt geschieht, denn für den Werkvertrag des BGB. ist Entgeltlichkeit wesentlich. Erfolgt die Beförderung unentgeltlich, so liegt „unentgeltliche Herbeiführung eines Erfolges" vor, eine Vertragsart, für die das BGB. besondere Bestimmungen nicht getroffen hat. Die nachfolgenden Ausführungen gelten nur für den entgeltlichen Beförderungsvertrag, s. unter II; die Eisenbahn übernimmt darin die Verpflichtung, den Vertragsgegner von einem Ort zum andern zu befördern (RGEntsch. v. 27. 1. 1887; EEE. **5** 237). Streitfrage, ob die Eisenbahn auch verpflichtet ist, den Reisenden wohlbehalten anzubringen. Die herrschende Meinung bejaht dies; sie legt damit der Eisenbahn den Nachweis auf, daß sie an einer etwaigen Verletzung kein Verschulden trifft (vgl. RG. **66** 15; JW. **08** 196, Nr. 10; a. M.: Sauter, EEE. **31** 181; s. auch JW. **12** 686, Nr. 10; **12** 348, Nr. 14; **05** 185, Nr. 36; EEE. **24** 47; ZVDEisV. **14** 317); wichtig ist diese Entscheidung für die Frage der Verjährung! s. weiter unten.

[3] Der Personenbeförderungsvertrag wird formlos abgeschlossen in der Regel durch Fordern des Fahrausweises durch den Reisenden und Hingabe der Fahrkarte durch den Schalterbeamten. Rundnagel, BefGesch. S. 501, § 169, und die dort in Anm. 3 Angeführten. Darunter Weber, ZVDEisV. **02** 147; EEE. **12** 310, **22** 8, **24** 389; a. M. Staub § 472 Anm. 17; Eger § 13 Anm. 46; der Abschluß geschieht aber auch durch Entnahme einer Karte aus dem Fahrkartenautomaten, ferner

auch ohne Fahrkarte durch Besteigen des Zuges, wenn ein Reisender mit Wissen der zuständigen Bediensteten ohne gültige Fahrkarte den Zug benutzt (vgl. EVO. § 16 Ziff. 2 letzter Satz), also nicht beim sog. blinden Passagier (EEE. **14** 241). Für jeden Reiseabschnitt, für den besondere Fahrkarten verlangt und verabfolgt werden, wird ein besonderer Beförderungsvertrag abgeschlossen. Für Kinder unter 4 Jahren schließt der mitreisende Erwachsene den Vertrag ab, s. EVO. § 12 Anm. 3 und ZVDEisV. **12** 85. Tarif ist nur Anregung zum Vertragsabschluß.

[4] Haftung der Eisenbahn, und zwar kumulativ: a) Außervertragliche Haftung für alle im eigentlichen Betriebe herbeigeführten Tötungen und Körperverletzungen s. RHaftpflichtG. v. 7. 6. 1871 (RGBl. S. 207); b) Haftung aus BGB. § 823ff. (unerlaubte Handlungen) bei widerrechtlicher sowie vorsätzlicher oder fahrlässiger Verletzung des Lebens, des Körpers, der Gesundheit usw. der Reisenden (hierbei gilt nicht EVO. § 5); c) vertragliche Haftung aus dem Personenbeförderungsvertrag, vgl. Sauter, EEE. **31** 29ff.; Rundnagel, BefGesch. § 177, S. 518; namentlich Anm. 20 und die dort Angeführten; RG. **61** 56, **62** 119. *α*) Eisenbahn haftet nach § 276 BGB. für Vorsatz und Fahrlässigkeit, und zwar auch ihrer gesetzlichen Vertreter und ihrer Leute (§ 278 BGB.); s. auch EVO. § 5; s. RG. v. 19. 4. 1904; EEE. **21** 68. Bei der Prüfung der Schuldfrage ist zu beachten, daß die Eisenbahn ein Massenbetrieb ist, und daß man von jedem Reisenden verlangen kann, daß er auf die Eigentümlichkeiten des Bahnbetriebes Rücksicht nimmt und sich mit den Einrichtungen der Eisenbahn vertraut macht. (Fahrpläne, Schilder, Richtungsanzeiger, Verbotstafeln u.s.f.; vgl. Rundnagel, BefGesch. § 177, S. 519). Es kann nicht jedem Reisenden ein Bediensteter beigegeben werden, der für seine Sicherheit sorgt (vgl. RG. **69** 557; Arch. f. Eis. **09** 491 (Raubanfall im Abteil); viel zu weit geht RG., EEE. **31** 371; mit Recht dagegen: EEE. **34** 1 (Heizung des Zuges während der Nacht); EEE. **37** 264 (Heran-

drängen an einen einfahrenden Zug). β) Vertragliche Haftung der Eisenbahn kommt hauptsächlich in Frage: 1. bei Unfällen, die mit dem Eisenbahnbetriebe als solchem selbst bei weitester Auslegung nicht in rechtlichen Zusammenhang zu bringen sind. Hierher gehören vor allem die Unfälle, die vor dem Einsteigen in den Zug und nach dem Aussteigen erfolgen, ohne daß der Betrieb (Eile!) verursachend mitgewirkt hat (Aussteigen während der Fahrt, s. EEE. **37** 256); Voraussetzung ist aber: 1. ein Beförderungsvertrag muß bereits abgeschlossen sein, s. oben Anm. 3, vgl. EEE. **24** 389, **29** 339, **31** 87, 242; 2. der Unfall muß sich innerhalb des Bahngebietes vollzogen haben, (hierzu gehört nicht der öffentliche Bahnhofszufuhrweg, auch wenn er im Eigentum der Eisenbahn steht), und zwar auf einem Gang, der mit der Beförderung selbst in Verbindung steht (RG. **4** 192; EEE. **27** 214), also nicht Aufsuchen der Bahnhofswirtschaft, ohne die Absicht des Reisens. Beispiele: Sicherer Zu- und Abgang (RG. **4** 192; EEE. **32** 119; RG. **66** 13; JW. **11** 824, Nr. 42; EEE. **5** 237, **20** 252, **22** 364, **28** 165, **88** 341; EEE. **23** 169, **24** 389, **27** 214, **21** 178); Fehltritt beim Aussteigen außerhalb des Bahnsteigs (RG. Arch. f. Eis. **08** 1263); mangelhafte Beleuchtung: RG. EEE. **24** 49; EEE. **31** 316; Glätte im Bahnhof (RG. Arch. f. Eis. **09** 279); sicherer Zugang zum Bahnhof (RG. EEE. **24** 43, 49 Arch. f. Eis. **08** 751). Gefahrloser Ausgang: Mangel an Sicherheitsvorkehrungen, RG. Arch. f. Eis. **08** 485. Unebener Plattenbelag, RG. EEE. **22** 40; JW. **05** 185, Nr. 36; Gruchot, Beiträge **48** 885); Loslösung einer Platte (RG. Arch. f. Eis. **05** 725, 728); Verletzung durch den Pförtner, der einen Trunkenen entfernt (RG. EEE. **21** 69; JW. **04** 358 (Glätte: RG. Arch. f. Eis. **04** 476; ferner RG. **55** 336; EEE. **25** 32); Aufstellen einer unbeleuchteten Karre auf dem Bahnsteig (Arch. f. Eis. **21** 1224). Der Eisenbahn bleibt aber der Gegenbeweis, daß sie im Einzelfall ein Verschulden nicht trifft, namentlich, weil sie innerhalb der Grenzen des Möglichen das zur Abwehr eines drohenden Zustandes Erforderliche veranlaßt hat (vgl. RG. EEE. **32** 119,

332, **33** 213, 321, **22** 364; JW. **11** 824, Nr. 42. Z. B. Glätte, geschützte Tunneltreppe RG. Arch. f. Eis. **06** 661; EEE. **31** 195; geringer Konstruktionsfehler einer Treppe: RG. Arch. f. Eis. **05** 725. Werden Arbeiten innerhalb eines Bahnhofs, durch die für den Reisenden Gefahren entstehen können, einem Unternehmer übertragen, kann die Eisenbahn die Sorge für die Sicherheit der Reisenden nicht dem Unternehmer überlassen; s. RG. EEE. **32**, 112ff. Auf der Fahrt: Schlägerei im Abteil: RG. Arch. f. Eis. **07** 796; Ausgleiten auf dem Trittbrett: RG. Arch. f. Eis. **07** 1442; Bestreuung vereister Trittbretter: EEE. **31** 195; herabfallendes Gepäckstück: RG. Arch. f. Eis. **08** 762; Hinausstürzen eines Kindes: RG. EEE. **22** 400. 2. Auch Verletzung durch schadhafte Einrichtung der Beförderungsmittel fällt hierunter; so wird man wohl Heizung der Züge auf den großen Durchgangslinien verlangen können; vgl. Reindl, ZVDEEisV. **14** 1065; EEE. **31** 321; aber **34** 1. Senckpiehl S. 16. Auseinanderbrechen eines Stuhles: EEE. **32** 334; Fehlen von Fensterscheiben in den Abteilen: EEE. **30** 174; Glätte in den Wartesälen: EEE. **31** 193. Die Eisenbahn haftet nicht für Einrichtungen der Bahnhofswirte und Bahnhofsbuchhändler (EEE. **21** 386, **25** 388). Bezüglich der minderjährigen Reisenden ist zu beachten: den Beförderungsvertrag kann regelmäßig nur der gesetzliche Vertreter abschließen (Ausnahme: BGB. § 110), der Minderjährige nur mit dessen Zustimmung. Ohne diese kein Vertrag; bzgl. der Schadenshaftung vgl. EEE. **22** 302 (mitwirkendes Verschulden); RGEntsch. **54** 404 (höhere Gewalt); kein Einwand aus §§ 276, 278 BGB.; vgl. auch § 12 Anm. 3. Die Haftung der Eisenbahn endet ohne Rücksicht auf die Bahngrenzen nach Beendigung der Fahrt und beim Verlassen der eigentlichen Bahnanlagen (RG. EEE. **29** 339). 4. Fraglich ist, ob Haftung bei Überfüllung der Abteile gegeben ist. Grundsätzlich wird dies zu verneinen sein (vgl. Lehmann, Handelsrecht § 216, S. 956, Anm. 6; Eger, DJZ. **02** 23f.; Hertzer ebendort 218; ZVDEisV. **09** 111, **02** 2, 791 [Holzbecher]; auch Gorden, EEE. **18** 290); Ohnmacht eines Reisenden infolge Überfüllung ist Betriebsunfall (EEE. **24** 392), s. auch Arch. f. Eis. **21** 1225 (Quetschung der Hand). 5. Fahrkarten geben einen Anspruch auf Plätze der entsprechenden Wagenklasse, soweit solche vorhanden, nicht aber auf bestimmte Plätze. Zu verneinen ist auch das Recht auf die Besetzung eines Abteils mit einer beschränkten Anzahl Reisender (z. B. 1. Klasse mit 4 Personen); EVO. bietet für einen Anspruch auf Schadensersatz oder auf teilweise Rückzahlung des Fahrpreises aus diesem Grunde keine Handhabe. II. Unentgeltlicher Beförderungsvertrag kommt vor bei Freifahrten (Eisenbahnbediensteten, Abgeordneten usw.), hier wird ein bürgerlicher Vertrag überhaupt nicht abgeschlossen. Die Grundsätze zu I. gelten daher nicht (vgl. § 12). Bei Kindern unter 4 Jahren, für die ein besonderer Platz nicht beansprucht wird, schließt den Beförderungsvertrag der Begleiter ab (vgl. § 12 Anm.). Mit dem blinden Passagier wird ein Vertrag nicht abgeschlossen. Hier also nur Haftung nach §§ 823 ff. BGB. oder RHaftpflichtG.; a. A. Sendpiehl, der Vertrag auch annimmt, wenn jemand betrügerischerweise mitfahren will (BefGesch. S. 38, vgl. auch Anm. 1, S. 39 daselbst). Dem kann man nicht zustimmen; beide Parteien wollen ja gar keinen Vertrag abschließen. Anspruch der Eisenbahn auf Fahrgeld (§ 16 Abs. 2 EVO.) ist gesetzlicher, nicht vertraglicher Anspruch. III. Verjährungsfrist der Ansprüche gegen die Eisenbahn: 1. aus dem RHaftpflichtG.: 2 Jahre vom Unfall an (RG. v. 7. 6. 1871, § 8); 2. aus §§ 823 ff. BGB.: 3 Jahre nach Kenntnis vom Schaden und der Person des Ersatzpflichtigen, spätestens aber 30 Jahre nach Begehung der Tat; 3. aus dem Personenbeförderungsvertrag: a) Ansprüche auf Rückerstattung des Fahrgeldes oder Ersatz von Aufenthaltskosten infolge Unfalls: in 6 Monaten (BGB. § 638; JW. **08** 196; Fritsch, S. 306, Anm. 23); b) Ansprüche aus Körperverletzung und Sachschaden (außer III. 1., 2.) würden nach § 638 in gleicher Zeit verjähren (so Blume, § 26). Die herrschende Meinung, namentlich des RG. (s. **62** 119, 122, **64** 41, **66** 12; JW. **08** 196, Nr. 10, **12** 686; EEE. **24** 274, 383 ff., nimmt aber an, daß es sich bei Verletzung oder Sachschaden um positive Zuwiderhandlung gegen die pflichtmäßige Sorgfalt gegenüber dem noch nicht vollendeten Werke handelt; sie nimmt daher eine Verjährungsfrist von 30 Jahren an. Ein an sich für die Eisenbahn fast unerträglicher Zustand, zumal ihr der Nachweis auferlegt wird, daß sie kein Verschulden trifft; vgl. hierzu Rundnagel, BefGesch. S. 519, Anm. 20, und weiter die dort Angeführten; namentlich Staub § 472 Anm. 22; a. A. s. EEE. **22** 178. IV. Der Anspruch der Eisenbahn auf Fahrgeld verjährt in 2 Jahren, beginnend mit Jahresschluß (§ 196 Ziff. 3 BGB.). V. Der Anspruch aus dem Frachtvertrag steht nur demjenigen zu, der den Beförderungsvertrag abgeschlossen hat. Das ist nicht immer derjenige, der den Fahrschein gelöst hat, vgl. EEE. **22** 165, sondern beispielsweise der Inhaber einer Monatskarte („eigenhändige Unterschrift"), oder derjenige, der mit einer Fahrkarte die Reise begonnen hat; nicht aber die Hinterbliebenen einer getöteten Reisenden (EEE. **24** 272), z. B. der Ehemann (vgl. EVO. § 13, Anm. 2 b; Arch. f. Eis. **06** 657). VI. Vertragsgegner ist zunächst diejenige Eisenbahn, mit der der Vertrag abgeschlossen ist; regelmäßig also diejenige, die die Fahrkarte ausgegeben hat. Es werden aber auch Fahrkarten für Strecken verschiedener Verwaltungen ausgegeben. Hier fehlt eine dem § 100 EVO. entsprechende Vorschrift. Da aber derartige Fahrkarten nur nach gegenseitiger Vereinbarung der Eisenbahnen (Verbandsverkehr) ausgegeben werden können, ist anzunehmen, daß die verkaufende Verwaltung als bevollmächtigte Vertreterin den Beförderungsvertrag zugleich namens jeder einzelnen an der Beförderung beteiligten Verwaltung abschließt (vgl. Rundnagel, BefGesch. § 170, S. 504).

§ 10. Fahrpläne.

Die Fahrpläne[1] sind vor ihrem Inkrafttreten zu veröffentlichen[2] und rechtzeitig auf den Stationen auszuhängen[3]. Aus ihnen müssen Gattung, Wagenklassen und Abfahrzeiten, für die größeren Übergangs- und Endstationen auch die Ankunftszeiten der Züge sowie die wichtigeren Zuganschlüsse zu ersehen sein[4]. Die ausgehängten Fahrpläne[5] des eigenen Verwaltungsbezirkes müssen auf hellgelbem, die anderer inländischer Verwaltungen auf weißem Papiere gedruckt sein. Außer Kraft getretene Fahrpläne sind sofort zu entfernen.

HGB. § 472. Vollrath i. EEE. **28** 23ff.; v. Rinaldini, Haftung für Verspätung und Ausfall von Zügen, EEE. **20** 95.

[1] Gilt nur für den regelmäßigen Personenverkehr; für den Tierverkehr vgl. EVO. § 48; vgl. § 4 ebendort.

[2] Die Gestaltung der Fahrpläne ist innere Angelegenheit der Verwaltungen. Art der Veröffentlichung ist durch EVO. nicht vorgeschrieben.

[3] Rechtlich bedeutet der Fahrplan Aufforderung zum Vertragsabschluß, nicht etwa ein Angebot ad incertam personam, an das die Eisenbahnverwaltung durch Annahme, z. B. Besteigen des Zuges gebunden wäre (s. Vorbem. zu § 10 EVO.).

[4] Die Eisenbahnen sind nach Maßgabe der veröffentlichten Fahrpläne zur Beförderung verpflichtet (vgl. aber EVO. § 3 Ziff. 1—4 und die nachfolgenden Bestimmungen des Abschn. III). Bei Verstößen gegen die Vorschriften des § 10 entweder Aufsichtsbeschwerde (an das Reichsverkehrsministerium) oder Schadensersatzanspruch, vgl aber EVO. § 26.

[5] Jede Verwaltung haftet für die Richtigkeit ihrer amtlichen Fahrpläne und Kursbücher. Haftung für Fehler vgl. Senckpiehl S. 129; EEE. **28** 23; s. BGB. § 121. In Preußen galten als amtlich lediglich die gelben Aushangfahrpläne auf den Stationen, nicht auch die im Buchhandel erscheinenden Fahrplanbücher, es sei denn, daß sie als amtlich bezeichnet sind. Fehler in den nichtamtlichen Büchern berechtigen jedoch nur zur Rückgängigmachung des Kaufes (BGB. §§ 459, 462). Das gleiche gilt für die Richtigkeit der Angaben im Reichskursbuch,

das von der Reichspost herausgegeben wird; Haftung der Eisenbahnverwaltungen besteht hier überhaupt nicht, da auch BGB. §§ 823ff. nicht anwendbar ist.

§ 11. Von der Beförderung ausgeschlossene oder nur bedingungsweise zugelassene Personen[1].

(1) Personen, die die vorgeschriebene Ordnung[2] nicht beachten, sich den Anordnungen der Bediensteten[2] nicht fügen oder den Anstand verletzen, insbesondere betrunkene Personen, können[3, 4] von der Beförderung ausgeschlossen werden[5, 6].

(2) Personen, die wegen einer Krankheit oder aus anderen Gründen[7] Mitreisenden lästig fallen würden, sind von der Beförderung auszuschließen, wenn ihnen nicht ein besonderes Abteil angewiesen werden kann. Das Fahrgeld und die Gepäckfracht sind ihnen nach Abzug des Betrags für die durchfahrene Strecke zu erstatten.

(3) Pestkranke dürfen nicht befördert werden[8]. An Aussatz (Lepra), Cholera (asiatischer), Fleckfieber (Flecktyphus), Gelbfieber oder Pocken (Blattern) erkrankte oder einer solchen Krankheit verdächtige Personen dürfen nur dann befördert werden[9], wenn der für die Zugangsstation zuständige beamtete Arzt die Zulässigkeit der Beförderung bescheinigt. Die an Aussatz erkrankten oder dieser Krankheit verdächtigen Personen sind in abgeschlossenem Abteile mit besonderem Aborte, die übrigen hier aufgeführten Personen in besonderem Wagen zu befördern.

(4) Personen, die an Typhus (Unterleibstyphus), Diphtherie, Ruhr, Genickstarre, Rotz,

Scharlach, Masern oder Keuchhusten leiden, sind in abgeschlossenem Abteile mit besonderem Aborte zu befördern[8]. Ist eine Person einer solchen Krankheit verdächtig, so kann die Eisenbahn die Vorlegung eines ärztlichen Zeugnisses verlangen, aus dem die Art der Krankheit hervorgeht[9].

(5) Für den besonderen Wagen oder das Wagenabteil ist die tarifmäßige Gebühr zu entrichten.

(6) Wegen Rückgabe des Gepäcks vergleiche § 34 Abs. (4) und (5).

Beim Ausschluß von Personen von der Beförderung gemäß Abs. (1) besteht kein Anspruch auf Ersatz des Fahrgeldes und der Gepäckfracht.

[1] Ausnahmen von der Regel (§ 3) der Beförderungspflicht. Die Vorschriften befinden sich an dieser Stelle, weil sie schon vor der Lösung von Fahrkarten beachtet werden müssen (Begr.). Voraussetzung ist jedoch, daß der Reisende seine Fahrkarte selbst löst und nicht durch Dritte lösen läßt. Da dies nicht verboten ist, kann aus dieser Bestimmung kein Schluß auf den Abschluß des Beförderungsvertrages gezogen werden, wie dies Eger (EVO. Anm. 38, S. 35) tut; s. Rundnagel, BefGesch. § 170, S. 503. § 11 gibt der Eisenbahn das Recht, entweder den Abschluß des Beförderungsvertrages zu verweigern, oder vom Vertrage zurückzutreten.

[2] Allgemein vorgeschriebene Ordnung, d. h. die durch die allgemeinen Ordnungsvorschriften vorgeschriebene, im Gegensatz zu den Anordnungen der Bediensteten für den Einzelfall, vgl. §§ 77, 82 BBO.; EEE. **2** 7, **3** 203. Hierzu gehören namentlich die Ordnungsvorschriften der EVO. und §§ 83, 75, 77—82 BBO. Bahnpolizeiliche Anordnungen sind zu befolgen, auch wenn dadurch Vertragsrecht beeinträchtigt wird, s. EEE. **6** 251; übermäßig langer Aufenthalt in den Warteräumen (EEE. **7** 12).

[3] Nicht müssen. Entscheidungsrecht EVO. § 8.

[4] Ohne Recht auch auf nur teilweise Erstattung des bezahlten Fahrgeldes oder der Gepäckfracht, s. Eger, Anm. 37, S. 33 (arg. e contr. Abs. 2. Satz 2) a. A. Senckpiehl S. 131 zu b. Ausschluß erfolgt nur für den Einzelfall.

[5] Daneben strafrechtliche Ahndung, neben derjenigen aus BBO. § 82, wegen Widerstandes (StGB. § 113, EEE. **2** 7, **3** 255, **6** 294); Hausfriedensbruchs (StGB. § 123) auf Bahnsteigen (EEE. **1** 375, **7** 326, **21** 287), Bahnhöfen (EEE. **4** 136), in Empfangsgebäuden (EEE. **4** 304ff.), Wartesälen (EEE. **25** 372, RGSt. **36** 188, **37** 260) und in Schlafwagen (EEE. **25** 68); Beamtenbeleidigung (StGB. § 196).

[6] Auf Handlungen in Abteilen ist StGB. §§ 183, 186 nicht für anwendbar erklärt (ZVDEisV. **97** 708, 779, a. A. Coermann ebendort **98** 885).

[7] Z. B. Kleidung, Benehmen (Hausierer).

[8] Vorschriften sind zwingend. Nichtbeachtung zieht nicht nur zivilrechtliche Schadensersatzansprüche nach sich, sondern nach polizei- und strafrechtliche Verfolgung.

[9] Bis zur Erfüllung dieser Bedingungen hat die Beförderung zu unterbleiben.

§ 12. Fahrpreise. Ermäßigung für Kinder.

(1) Sind auf den Stationen Tarifauszüge[1], die die Preise der dort verkäuflichen Fahrkarten[2] enthalten, nicht ausgehängt oder ausgelegt, so erteilen die Fahrkartenausgabestellen über die Preise auf Verlangen Auskunft.

(2) Kinder bis zum vollendeten vierten Lebensjahre, für die kein besonderer Platz beansprucht wird, sind frei zu befördern[3]. Kinder vom vollendeten vierten bis zum vollendeten zehnten Lebensjahr und jüngere Kinder, für die ein besonderer Platz

beansprucht wird, sind zu ermäßigten Preisen zu befördern[4, 5, 6, 7].

A. Sonderzüge und Expreßzüge.

1. Über die Stellung von Sonderzügen entscheidet die der Abgangsstation vorgesetzte Eisenbahnverwaltung.

2. Die Beförderungsgebühren für Sonderzüge werden nach den Entfernungen der in Betracht kommenden Tarifteile II berechnet, es sei denn, daß diese etwas anderes bestimmen.

Bestehen durchgehende Entfernungen nicht, oder wird die Beförderung über einen im Tarif nicht vorgesehenen Bahnweg verlangt, so wird die Gesamtstreckenlänge durch Zusammenrechnung von Teilentfernungen der Tarifteile II ermittelt.

I. Bestellte Sonderzüge.

a) Sonderzüge für Einzelbesteller.

1. (1) Als Gebühr für die Beförderung werden für das Tarifkilometer erhoben:

a) für jede Achse eines auf Verlangen gestellten Personenwagens 9,00 Mark,

b) für jede Achse eines auf Verlangen gestellten oder aus Betriebsrücksichten erforderlichen anderen Wagens .... 4,50 „

mindestens jedoch 228 Mark für das Tarifkilometer und 5460 Mark im ganzen.

(2) Erfolgt Hin- und Rückfahrt des Sonderzuges innerhalb 24 Stunden, so gelten für die

Berechnung des Mindestbetrags beide Fahrten als eine Fahrt.

2. Für die Beförderung von Sonderzügen über Verbindungsbahnen werden außerdem Überfuhrgebühren nach der Anlage I (nicht abgedruckt) erhoben.

3. Werden Sonderzüge für die Nachtzeit auf Strecken bewilligt, auf denen mangels regelmäßigen Nachtdienstes keine Bewachung der Bahn stattfindet, so werden überdies 36,40 Mark für das Tarifkilometer als Bahnbewachungsgebühr erhoben. Die Bewachungsgebühr wird nur einmal erhoben, wenn mehrere Züge befördert werden.

4. (1) Werden auf Antrag des Bestellers besonders bezeichnete Wagen gestellt, so werden für ihre Beförderung auf Strecken, die der Sonderzug nicht befährt, sowohl für den Hinweg wie für den Rückweg 4,50 Mark für die Achse und das Tarifkilometer erhoben.

(2) Die Gebühr wird auch erhoben, wenn der Wagen der Eisenbahn nicht gehört; sie wird in diesem Falle, und zwar für die Hin- und Rückfahrt auch dann berechnet, wenn der Wagen auf besonderes Verlangen vor oder nach der Verwendung zur Instandsetzung nach einer Werkstätte gesandt wird.

(3) Im übrigen bleibt vorbehalten, mit dem Besteller die weiteren Bedingungen zu vereinbaren, unter denen die gewünschten Wagen überlassen werden.

5. Für die Beförderung der Lokomotive nach der Abgangsstation des Sonderzugs sowie für ihre Rückbeförderung von der Bestimmungsstation des Sonderzugs nach der Heimatstation wird ohne Rücksicht auf die Zahl der wirklich verwendeten Lokomotiven 114 Mark für das Tarifkilometer berechnet. Für die Beförderung der Wagen, wird unbeschadet der Bestimmung unter Ziffer 4, nichts berechnet.

6. Der Beförderungspreis für den Sonderzug (Ziffern 1—5) ist auf der Abgangsstation vorauszubezahlen. Der Besteller erhält einen Abfertigungsschein, den er bei Beendigung der Fahrt abzugeben hat.

7. Ein Sonderzug soll spätestens 4 Tage vorher mit Angabe der Strecke und Zeit sowie der Anzahl und Gattung der Wagen bei der der Abgangsstation vorgesetzten Eisenbahnverwaltung entweder unmittelbar oder durch Vermittlung einer Station bestellt werden.

8. Wird ein Sonderzug abbestellt oder nicht benutzt, so sind der Eisenbahn alle durch Ausführung der Bestellung erwachsenen Kosten zu erstatten. Dabei werden für jedes Tarifkilometer, das die Fahrzeuge bei der Beförderung von der Heimatstation nach der Ausgangsstation des Sonderzuges oder auf dem Rückwege durchlaufen haben, berechnet für den Fall, daß befördert worden sind:

a) Lokomotiven und Wagen:

für jede Achse eines Wagens 4,50 Mark,

mindestens jedoch 160 Mark
für das Tarifkilometer und
3640 Mark im ganzen;

b) nur Wagen:
für jede Achse eines Wagens 4,50 Mark,

c) nur Lokomotiven:
ohne Rücksicht auf die Zahl der wirklich verwendeten Lokomotiven .... 160,00 „

9. Die zu erhebende Gesamtgebühr wird auf volle Mark aufgerundet.

b) Gesellschaftssonderzüge.

Für Sonderzüge, die auf Antrag zu gemeinschaftlichen Reisen größerer Gesellschaften gestellt werden (Gesellschaftssonderzüge), gelten folgende Bestimmungen:

1. Soweit die Tarifteile II keine Abweichungen enthalten, werden für Fahrkarten zur einfachen Fahrt in 1. Klasse 90 Pfennig, in 2. Klasse 51 Pfennig und in 3. Klasse 30 Pfennig für das Tarifkilometer erhoben. Wird die Hinfahrt und die Rückfahrt im Sonderzuge zurückgelegt, so wird das Doppelte des Fahrpreises für die einfache Fahrt erhoben. Es sind mindestens zu lösen:

bei Benutzung der 1. Klasse 130 ganze Fahrkarten von der Ausgangs- bis zur Bestimmungsstation des Sonderzuges,

bei Benutzung der 2. Klasse 230 ganze Fahrkarten von der Ausgangs- bis zur Bestimmungsstation des Sonderzuges, bei Benutzung der 3. Klasse 390 ganze Fahrkarten von der Ausgangs- bis zur Bestimmungsstation des Sonderzuges,

bei Benutzung verschiedener Klassen soviel Fahrkarten von der Ausgangs- bis zur Bestimmungsstation des Sonderzuges, daß der Preis der Mindestzahl an Fahrkarten für die niedrigste im Sonderzuge geführte Wagenklasse (230 zweiter oder 390 dritter) erreicht wird.

In jedem Falle sind für die ganze Sonderzugstrecke mindestens 5460 Mark zu entrichten.

2. Wenn in Ausnahmefällen auf Antrag ein Gesellschaftssonderzug aus D-Zugwagen gebildet wird, so erhöht sich der auf Grund der Ziffer 1 für die einzelne Fahrkarte zu berechende Fahrpreis sowie die Mindestgebühr um 25 vom Hundert.

3. Die Benutzung des Sonderzuges kann auch von Zwischenstationen aus zu den in Ziffer 1 Abs. 1 und in Ziffer 2 angegebenen Sätzen gestattet werden, und zwar gegen Lösung von Fahrkarten für die Reststrecke des Zuges, wenn der Preis für die vorgeschriebene Mindestzahl von Fahrkarten und die vorgeschriebene Mindestgebühr erreicht ist oder hierdurch erreicht wird, sonst gegen Lösung von Fahrkarten für die ganze Sonderstrecke.

4. Bei Sonderzügen zu Schulausflügen und Ausflügen zur Jugendpflege kann anstatt der Fahrpreisermäßigung für Gesellschaftssonderzüge

auch die Fahrpreisermäßigung nach den Ausführungsbestimmungen C V und VI zugestanden werden, wenn der Preis der vorgeschriebenen Mindestzahl von Fahrkarten für Gesellschaftssonderzüge und die vorgeschriebene Mindestgebühr (Ziffer 1 und 2) erreicht wird.

5. Ein Gesellschaftssonderzug ist spätestens 8 Tage vorher mit Angabe der Strecke und Zeit, der gewünschten Wagenklassen und der ungefähren Zahl der Reisenden bei der Abgangsstation oder der dieser vorgesetzten Eisenbahnverwaltung zu bestellen.

6. Bei Einstellung von Schlaf- und Salonwagen in Gesellschaftssonderzüge werden die Gebühren gemäß Ausführungsbestimmung B 1 besonders erhoben. Eine Fahrpreisermäßigung gemäß Ziffer 1 und 2 tritt hierbei nicht ein. Die Gebühr für die Stellung solcher Wagen unterliegt der Vereinbarung mit der Wageneigentümerin. Die Benutzer von Schlaf- und Salonwagen haben Sonderzugfahrkarten nicht zu lösen. Die Gebühren für Schlaf- und Salonwagen werden auf die gemäß Ziffer 1 und 2 zu erhebende Mindestgebühr nicht angerechnet.

7. Die Ausführungsbestimmungen a 1², 2—4 und 8 finden entsprechende Anwendung. Auch kann die Stellung der Züge von der Einzahlung eines die Mindestgebühr deckenden Betrags abhängig gemacht werden.

8. Kinder genießen die Fahrpreisermäßigung nach Ausführungsbestimmung C I.

9. Fahrtunterbrechung ist im Sonderzuge ausgeschlossen.

II. Feriensonderzüge.

Für Sonderzüge, die von der Eisenbahn zur Erleichterung von Ferienreisen für den allgemeinen Verkehr gefahren werden, gelten folgende Bestimmungen:

1. Soweit die Tarifteile II keine Abweichungen enthalten, werden Fahrkarten 2. und 3. Klasse ausgegeben, die zur Hinfahrt mit dem Sonderzuge, zur Rückfahrt mit den fahrplanmäßigen Zügen einschließlich der Schnellzüge berechtigen. Nach Bestimmung der betreffenden Verwaltungen können die Fahrkarten auf Teilstrecken auch bei der Hinfahrt in fahrplanmäßigen Zügen benutzt werden. Die Fahrkarten haben eine Geltungsdauer von 2 Monaten, vom Abfahrtstage gerechnet. Die Rückreise muß mit Ablauf des letzten Geltungstages beendet sein.
2. Soweit für einzelne Züge nicht besondere Fahrpreise veröffentlicht werden, werden an Fahrgeld für die zur Hin- und Rückfahrt geltenden Fahrkarten in 2. Klasse 1,14 Mark, in 3. Klasse 69 Pfennig für das Tarifkilometer erhoben; für die Rückfahrt ist, soweit die Tarifteile II nichts anderes bestimmen, in die Fahrkarten der Schnellzugzuschlag einzurechnen.
3. Fahrtunterbrechung im Sonderzuge ist ausgeschlossen. Soweit die Reise in fahrplanmäßigen Zügen erfolgt, finden die Ausführungsbestimmungen zu § 25 mit der Abweichung Anwendung,

daß auf Buchfahrkarten die Fahrt beliebig oft und beliebig lange unterbrochen werden darf.

4. Kinder genießen die Fahrpreisermäßigung nach Ausführungsbestimmung C I.
5. Sonstige Bedingungen für die Benutzung von Feriensonderzügen werden besonders veröffentlicht.

III. Verwaltungssonderzüge.

Für Sonderzüge, die von der Eisenbahn aus besonderem Anlaß für den allgemeinen Verkehr gefahren werden, werden die Beförderungsbedingungen von Fall zu Fall veröffentlicht.

IV. Expreßzüge.

Für die Beförderung in Expreßzügen (Zügen mit besonderer Geschwindigkeit und Bequemlichkeit, die in den Fahrplänen mit L bezeichnet sind) werden für die Person 2,02 Mark für das Tarifkilometer nebst dem tarifmäßigen Schnellzugzuschlag erhoben. Für Hunde und Gepäck gelten die Sätze des gewöhnlichen Verkehrs. Im übrigen siehe Ausführungsbestimmung 11 zu § 13.

B. Personen-, Kranken- und Gepäckwagen.

1. Wenn die Einstellung bahneigener oder anderer Personenwagen, auch Salon- oder Schlafwagen, sowie besonders eingerichteter Krankenwagen gestattet wird, so sind für die Benutzung ohne Rücksicht auf die Achsenzahl Fahrkarten 1. Klasse für so viel Personen, wie den Wagen benutzen, mindestens für 18 Personen für jeden

eingestellten Wagen, zu lösen (s. jedoch Ziffer 5). Daneben wird für jede angefangenen 24 Stunden bei bahneigenen Salon- oder Schlafwagen sowie bei Personenwagen 1. und 2. Klasse auch für die Zeit eines Stillagers eine Grundgebühr von 1138 Mark erhoben. Besonders eingerichtete Krankenwagen sind von der Zahlung dieser Grundgebühr befreit.

2. Werden auf Verlangen zur Beförderung des Gepäcks besondere Wagen eingestellt, so wird hierfür eine Gebühr von 9,00 Mark für die Achse und das Tarifkilometer erhoben.

3. (1) Zur Überwachung und Bedienung der technischen Einrichtungen des Wagens kann jedem der nach Ziffer 1 gestellten Wagen nach dem Ermessen der einstellenden Verwaltung ein Begleiter (Wagenmeister) beigegeben werden. Der von dieser Verwaltung ausgestellte Ausweis berechtigt den Begleiter zur freien Fahrt zwischen der Heimat und der Bestimmungsstation nicht nur in dem gestellten Wagen, sondern auch in anderen Zügen.

(2) Für die Beigabe einer aus anderen Gründen geforderten Begleitung bleibt es der den Wagen einstellenden Verwaltung vorbehalten, die Bedingungen, unter denen der Begleiter gestellt wird, mit dem Besteller zu vereinbaren. In diesem Falle ist für den Begleiter eine Fahrkarte der niedrigsten im Zuge befindlichen Wagenklasse zu lösen.

4. (1) Werden auf Bestellung besonders bezeich-

nete Wagen eingestellt, so werden für ihre Beförderung auf Strecken, die diese Wagen unbesetzt durchfahren, sowohl für den Hinweg wie für den Rückweg 4,50 Mark für die Achse und das Tarifkilometer erhoben.

(2) Die Gebühr wird auch erhoben, wenn der Wagen der Eisenbahn nicht gehört; sie wird in diesem Falle, und zwar für die Hin- und Rückfahrt, auch dann berechnet, wenn der Wagen auf besonderes Verlangen vor oder nach der Verwendung zur Instandsetzung nach einer Werkstätte gesandt wird.

(3) Im übrigen bleibt vorbehalten, mit dem Besteller die weiteren Bedingungen zu vereinbaren, unter denen die gewünschten Wagen überlassen werden.

5. (1) Wird für die Beförderung von Kranken ein Gepäck- oder Güterwagen, ein Wagen 4. Klasse oder ein Wagen 3. Klasse mit herausgenommenen Sitzen eingestellt, so sind für die Kranken, ohne Rücksicht auf ihre Zahl, 8 Fahrkarten 3. Klasse der betreffenden Zuggattung zu lösen. Die Notwendigkeit der Beförderung der Kranken ist von einem beamteten Arzt zu bescheinigen, in dringenden Fällen genügt die Bescheinigung durch den behandelnden Arzt.

(2) Bei Benutzung eines besonderen Krankenabteils in Wagen 3. Klasse, deren übrige Abteile dem allgemeinen Verkehr dienen und die in bestimmten Zügen regelmäßig laufen, sind für die Kranken, ohne Rücksicht auf ihre Zahl,

4 Fahrkarten 3. Klasse der betreffenden Zuggattung zu lösen. Werden solche Wagen auf Antrag besonders eingestellt, so gelten die Bestimmungen in Ziffer 5 (1).

(3) Zwei Begleiter werden in dem Krankenwagen oder besonderen Krankenabteilen frei befördert; weitere in demselben Wagen oder Abteile mitreisende Begleiter haben je eine Fahrkarte 3. Klasse der betreffenden Zuggattung zu lösen.

(4) Die zur Bequemlichkeit und Notdurft der Kranken während der Fahrt nötigen Gegenstände können in dem Wagen oder in dem Krankenabteile gebührenfrei mitgeführt werden. Für das sonstige Reisegepäck ist die tarifmäßige Gepäckfracht zu entrichten.

6. (1) Wenn für die Beförderung eines Kranken mit Tragbett ein Wagenabteil 3. Klasse überlassen wird, so sind 2 Fahrkarten 3. Klasse der betreffenden Zuggattung und für jeden in dem Abteile mitfahrenden Krankenbegleiter eine Fahrkarte 3. Klasse der betreffenden Zuggattung zu lösen.

(2) Liegend zu befördernde Kranke können unter Lösung von 2 Fahrkarten 3. Klasse für den Kranken und je einer Fahrkarte 3. Klasse für die Begleiter bei ausreichendem Raum im Gepäckwagen der Personen-, Eil- oder Schnellzüge oder der Güterzüge befördert werden. Für die Krankenkörbe (Traggestelle, Tragbetten) wird hierbei keine Fracht erhoben.

7. Werden Wagen der in den Ziffern 1, 2 und 5 genannten Art über Verbindungsbahnen befördert, die der Zug, in den sie eingestellt sind, nicht befährt, so werden außerdem Überfuhrgebühren nach der Anlage I (nicht abgedruckt) erhoben.

8. Bei Berechnung der Mindestgebühr in den Fällen zu 1, 5 und 6 werden 2 Fahrkarten zum halben Preise als eine Fahrkarte gerechnet.

9. Die Gebühren zu 2, 4 und 7 sind auf der Abgangsstation vorauszubezahlen; der Besteller erhält einen Abfertigungsschein, den er bei Beendigung der Fahrt abzugeben hat.

10. Wird ein Wagen, auch ein Wagen 3. Klasse mit Krankenabteil oder ein Tragbett, abbestellt oder nicht benutzt, so sind der Eisenbahn alle durch Ausführung der Bestellung erwachsenen Kosten zu erstatten. Dabei werden gerechnet:
   a) für jede Achse eines Wagens und jedes Tarifkilometer der durch die Bestellung veranlaßten Leerläufe 4,50 Mark,
   b) für die Hin- und Rückbeförderung eines Tragbettes von und nach der Heimatstation die Eilgutfracht.

11. Die Gebühren zu 2, 4, 7 und 10a werden nach den Entfernungen des Personenverkehrs berechnet und auf volle Mark aufgerundet.

12. Die Fahrpreisermäßigungen nach den Ausführungsbestimmungen C VII, VIII und IX werden für die in diesem Abschnitt B aufgeführten besonderen Beförderungsarten nicht gewährt.

C. Fahrpreisermäßigungen.

1. Bei Beförderung zum halben Preise wird der Preis für jede Fahrkarte auf 5 Pfennig aufgerundet. Diese Berechnung hat für jede Fahrt und bei Beförderung mehrerer erwachsener Personen auf einen Fahrausweis für jede Person besonders zu erfolgen (bezüglich der Kinder vergleiche C I, III 5 und VII 2).
2. In den unter III—IX aufgeführten Fällen ist der Übergang in eine höhere Klasse oder in einen Schnellzug nur zulässig, soweit die Preisermäßigung auch für diese Klasse und Zuggattung gewährt wird. Der Schnellzugzuschlag ist zum vollen Betrage zu entrichten.

I. Für Kinder.

Für Kinder vom vollendeten vierten bis zum vollendeten zehnten Lebensjahre sowie für jüngere Kinder, für die ein Platz beansprucht wird, ist eine Fahrkarte, auch Schnellzugzuschlagkarte, zum halben Preise zu lösen. Für zwei solche Kinder kann eine Fahrkarte zum vollen Preise gelöst werden. Jedes Kind, für dessen Beförderung bezahlt wird, hat Anspruch auf einen ganzen Platz.

II. Für Inhaber von Zeitkarten und Arbeiterkarten.

Besondere Bestimmungen über die Ausgabe von Zeitkarten und Arbeiterkarten sind für jeden Verkehr in einem Teile II des Tarifs enthalten.

III. Für Fahrten zu wissenschaftlichen und belehrenden Zwecken, für Schulfahrten und für Fahrten nach und von Ferienkolonien.

1. In Eil- und Personenzügen werden zum halben Preise befördert:

A. Studierende akademischer Anstalten, auch der Bergschulen, Kunstschulen und Kunstgewerbeschulen, sowie Schüler von Fachschulen (Baugewerkschulen, Maschinenbauschulen, Webschulen, staatlichen oder staatlich unterstützten Handwerker- und ähnlichen Schulen) und die begleitenden Lehrer zu gemeinschaftlichen, unter Leitung von Lehrern zu wissenschaftlichen und belehrenden Zwecken unternommenen Ausflügen in der 2. oder 3. Klasse;

B. Schüler öffentlicher Schulen oder staatlich genehmigter und beaufsichtigter Privatschulen, auch der Fortbildungsschulen, Seminare, Präparandenanstalten und Unterrichtsanstalten für Blinde und Taubstumme, und die begleitenden Lehrer und Schulinspektoren zu gemeinschaftlichen, unter Aufsicht der Lehrer unternommenen Ausflügen in der 3. Klasse. Gemeinschaftliche Fahrten zum Besuche von Theatervorstellungen, zur Veranstaltung von Konzerten, zur Teilnahme an der Beerdigung von Schülern oder Lehrern, anläßlich der Konfirmation oder Firmung gelten nicht als gemeinschaftliche Schulausflüge im Sinne dieser Bestimmung;

C. a) Kinder, die bis zum vollendeten 16. Lebensjahre in Ferienkolonien entsendet werden, sowohl für die Reise nach der Ferienkolonie und zurück als auch für Ausflüge während des Aufenthalts daselbst, in der 3. Klasse, sofern die Kosten der Entsendung in die Ferienkolonie ganz oder teilweise von Vereinen oder Behörden getragen werden;

b) die zur Aufsicht beigegebenen Begleiter für dieselben Reisen in der 3. Klasse, sofern das gesamte Fahrgeld aller Begleiter von Vereinen oder Behörden getragen wird,

und zwar in den Fällen zu A und B bei einer Teilnehmerzahl von mindestens 10 Personen oder bei Zahlung für mindestens 10 Personen — wobei im Falle zu A sämtliche Teilnehmer dieselbe Klasse zu benutzen haben — im Falle zu C ohne Beschränkung auf eine Mindestzahl.

2. Bei den Fahrten nach Ziffer 1 A—C werden bei einer Beteiligung von 10 Personen ein Lehrer oder Begleiter, bei einer größeren Teilnehmerzahl für je weitere 10 Personen — auch wenn diese Zahl nicht voll erreicht ist — ein Lehrer oder Begleiter zugelassen. Die Beteiligung einer größeren Zahl von Lehrern oder Begleitern ist nur mit Genehmigung der der Abgangsstation vorgesetzten Eisenbahnverwaltung zulässig.

3. Die Ermäßigung wird in den Fällen zu Ziffer 1 B und 1 C zu Fahrten an Sonn- und Festtagen in

der Regel nicht gewährt; auch kann die Eisenbahn an Werktagen die Teilnehmer an den zu Ziffer 1 B und 1 C vorgesehenen Fahrten auf bestimmte Züge verweisen.

Anträge auf Zulassung von Ausnahmen sind spätestens 8 Tage vorher bei der der Abgangsstation vorgesetzten Eisenbahnverwaltung einzureichen.

4. Für Schnellzüge wird die Fahrpreisermäßigung nicht gewährt.

5. Zwei Schüler der Klassen, die im allgemeinen von Kindern im Alter unter 10 Jahren besucht werden, werden für eine Person gerechnet. Als solche Klassen sind anzusehen: die Vorschulklassen und die unterste ordentliche Klasse der Gymnasien, Realschulen, Lateinschulen und höheren Bürger- und Mädchenschulen sowie die untere Hälfte der Klassen einer Volksschule. Bei ungerader Klassenzahl gilt die größere Zahl als untere Hälfte. Für ein einzelnes Kind wird der halbe Fahrpreis ohne weitere Ermäßigung berechnet.

6. Die Abfertigung erfolgt mit Beförderungsschein, der auf Grund des Antragschreibens für einfache oder für Hin- und Rückfahrt ausgestellt und bei Beendigung der Fahrt abgenommen wird.

7. Die Ermäßigung ist bei der Abgangsstation (auch bei der für die Rückfahrt, sofern nicht ein Beförderungsschein für Hin- und Rückfahrt — vgl. Ziffer 6 — ausgestellt wird) schriftlich zu beantragen unter Angabe

des Reisezwecks,
des Tages der Reise,
des Reiseziels,
der zu benutzenden Züge,
der Wagenklasse sowie
der Zahl der Teilnehmer, und zwar

im Falle der Ziffer 1 A von dem leitenden Lehrer,
im Falle der Ziffer 1 B von dem Schulvorstand,
im Falle der Ziffer 1 C von der Behörde
oder dem Vereine, der die Entsendung vornimmt.

Im Falle der Ziffer 1 C muß neben dem Antrag eine Bescheinigung der Ortsbehörde über die Mittellosigkeit der Kinder vorgelegt werden. Außerdem muß der Antrag die Erklärung enthalten, daß die Kosten für die Entsendung der Kinder ganz oder zum Teil und das Fahrgeld aller Begleiter von der Behörde oder von dem Vereine getragen werden. Für die Rückreise eines Begleiters vom Erholungsorte der Kinder nach der Abgangsstation sowie für die Hinreise von der Abgangsstation zur Abholung der Kinder ist ein besonderer Antrag einzureichen, falls der Begleiter diese Reisen allein ausführt.

Die Anmeldung soll spätestens am Tage vor dem Ausflug erfolgen; sie wird aber noch bis eine Stunde vor Abgang des zu benutzenden Zuges berücksichtigt, wenn nicht etwa die Zahl der Teilnehmer die Anforderung besonderer Wagen oder verstärkter Zugkraft erheischt.

8. Alleinreisende Begleiter von Kindern der Ferienkolonien (1 C) erhalten Fahrkarten. Als Aus-

weis dient ihnen das Antragschreiben der Behörde oder des Vereins, der sie entsendet.

Das Antragschreiben wird von der Fahrkartenausgabe beim Antritt der Reise abgestempelt und dem Inhaber zurückgegeben, der es dem Fahrbeamten auf Verlangen vorzuzeigen hat. Bei Beendigung der Fahrt ist es mit der Fahrkarte abzugeben.

IV. Für Unterstützte des Deutschen Museums von Meisterwerken der Naturwissenschaft und Technik in München.

1. In der 3. Klasse der Eil- und Personenzüge sowie in der 4. Klasse der Personenzüge werden auf der Fahrt vom Wohnort nach München und zurück zum halben Preise befördert:
   A. Schüler von Mittelschulen, Lehrerseminaren und Fachschulen, auch unmittelbar nach Beendigung des Schulbesuchs,
   B. Arbeiter und Handwerkslehrlinge,

   sofern sie aus der Reisestiftung des Deutschen Museums eine Unterstützung zum Studium der Sammlungen des Deutschen Museums erhalten.
2. Die Fahrkarten zum halben Preis werden von den Fahrkartenausgaben auf Grund der nach dem vorgeschriebenen Muster ausgestellten Ausweise verabfolgt.
3. Als Ausweis wird verlangt:

   a) für die Hin- und Rückreise:

   eine auf den Namen lautende Bescheinigung des Deutschen Museums darüber, daß dem Inhaber aus der Reisestiftung eine Unterstützung zum Studium der Sammlungen des Deutschen Museums gewährt ist.

Daneben

b) für die Rückreise:

eine Bescheinigung des Deutschen Museums darüber, daß der Unterstützte den Aufenthalt in München entsprechend den Stiftungssatzungen zum Studium der Sammlungen des Deutschen Museums verwendet hat.

4. Die Ausweise werden von den Fahrkartenausgaben bei jeder Lösung einer Fahrkarte abgestempelt und den Inhabern zurückgegeben, die sie dem Fahrbeamten auf Verlangen vorzuzeigen haben. Die Ausweise sind mit den Fahrkarten bei Beendigung der Rückfahrt abzugeben.

V. Zugunsten der Jugendpflege.

1. Zu den von behördlich anerkannten und durch die Eisenbahnverwaltung besonders bekannt gegebenen Vereinen für Jugendpflege unter Leitung sachverständiger erwachsener Personen veranstalteten gemeinschaftlichen Ausflügen werden jugendliche Personen, die das 20. Lebensjahr noch nicht vollendet haben, und die leitenden erwachsenen Personen unter nachstehenden Bedingungen in der 3. Klasse der Eil- und Personenzüge zum halben Preis befördert:

a) die Mindestteilnehmerzahl muß 10 Personen betragen; auf je 10 jugendliche Personen darf höchstens eine Aufsichtsperson entfallen;

b) die Mindestentfernung für eine Fahrrichtung muß 10 Tarifkilometer betragen, die Höchstentfernung für eine Fahrrichtung ist bei eintägigen Ausflügen auf 75 Tarifkilometer beschränkt.

c) Zu Ausflügen, die sich über mehr als drei Kalendertage erstrecken, wird die Ermäßigung nicht gewährt.

2. Die Ermäßigung wird für Schnellzüge nicht gewährt.

3. Die Eisenbahn kann an einzelnen Tagen die Ermäßigung versagen oder die Teilnehmer auf bestimmte Züge verweisen.

4. Die Ermäßigung ist von dem Verein bei der Abgangsstation schriftlich unter Angabe des Reisetages und -zieles, der zu benutzenden Züge und der Teilnehmerzahl 2 Tage, bei 200 oder mehr Teilnehmern 5 Tage vorher zu beantragen. Wird die Ermäßigung auch für die Rückreise beansprucht, so ist dieser Antrag mit dem Antrag auf Gewährung der Ermäßigung für die Hinreise zu verbinden.

Mit dem Antrage sind vorzulegen:

a) eine Bescheinigung des Vereins,
   α) daß er behördlich anerkannt ist;
   β) daß es sich um einen Ausflug zur Jugendpflege handelt;

b) eine Bescheinigung des Leiters darüber,
   α) wieviel Aufsichtspersonen und wieviel jugendliche Personen an dem Ausfluge teilnehmen,

β) daß die jugendlichen Personen zur Teilnahme an dem Ausfluge berechtigt sind, und keine von ihnen das 20. Lebensjahr überschritten hat.

Die Bescheinigungen müssen mit dem Vereinsstempel versehen sein.

5. Die Abfertigung erfolgt mit Beförderungsschein nach den Vorschriften in Ziffer III 7.

VI. Zugunsten der öffentlichen Krankenpflege und der Magdalenenstifte.

1. In der 3. Klasse werden zum halben Preise, in Schnellzügen außerdem gegen tarifmäßigen Zuschlag befördert:

A. Angehörige der in Deutschland ansässigen weltlichen und geistlichen Vereine und Genossenschaften, die sich satzungsgemäß in Ausübung freier Liebestätigkeit der öffentlichen Krankenpflege widmen, einschließlich der Anstalten zur Pflege von Fallsüchtigen, Blödsinnigen, Schwachsinnigen (Idioten) oder Krüppeln, und zwar*):

a) das Pflegepersonal bei Reisen, die durch die Ausübung der öffentlichen Krankenpflege veranlaßt sind, und bei Reisen infolge von Versetzungen und zu Fortbildung, Kur und Erholung,

---

*) Unter Vereinen und Genossenschaften, die sich in Ausübung freier Liebestätigkeit der öffentlichen Krankenpflege widmen, sind nur solche zu verstehen, die nach ihren Satzungen als Zweck verfolgen, die Krankenpflege unentgeltlich oder nur gegen Erhebung eines die Selbstkosten der Verpflegung nicht übersteigenden Betrages zu gewähren.

b) die mit der Leitung betrauten, der Eisenbahnverwaltung namentlich bekannt gegebenen Persönlichkeiten bei Reisen zur Aufsicht über das Personal.

Die Fahrpreisermäßigung unter a wird auch gewährt

a) dem Pflegepersonal, das einer Anstalt des Staates oder eines Selbstverwaltungskörpers ohne unmittelbare Anstellung bei dieser und ohne Lösung seines Verhältnisses zu dem Verein oder der Genossenschaft dauernd oder vorübergehend überwiesen ist;

b) auf den deutschen Strecken bei Reisen zur Kur oder Erholung nach oder von ausländischen Orten.

B. Leiter und Pflegepersonal der Magdalenenstifte, d. h. solcher Vereine und Anstalten, die sich satzungsgemäß der Fürsorge für gefallene oder für gefallene und für sittlich gefährdete Frauen und Mädchen widmen, und zwar:

a) das Pflegepersonal bei Reisen, die durch die Fürsorge für die Schützlinge veranlaßt sind und bei Reisen infolge von Versetzungen und zur Kur und Erholung;

b) die mit der Leitung betrauten, der Eisenbahnverwaltung namentlich bekanntgegebenen Persönlichkeiten bei Reisen zur Ausübung der Aufsicht über das Personal.

2. Bei Reisen, die von Krankenpflegern auf Ansuchen von Privatpersonen oder zur Begleitung kranker Personen auf deren Kosten, und bei Reisen, die zum Zwecke des Eintritts in die der öffentlichen Krankenpflege dienenden Vereine und Genossenschaften unternommen werden, wird die Vergünstigung nicht gewährt.

3. Die Fahrkarten zum halben Preise werden von den Fahrkartenausgaben auf Grund der nach den vorgeschriebenen Mustern ausgestellten, mit dem Abdrucke des Vereins- oder Anstaltsstempels versehenen Ausweise verabfolgt.

4. Die Ausweise sind von den Vorständen der Vereine und Genossenschaften, Anstalten und Zweigniederlassungen auszustellen. Die Ausweise müssen enthalten:

Name und Stand der Reisenden,
Zweck und Ziel der Reise,
die zu benutzende Klasse,
die Zeit, für die der Ausweis gilt;
bei Reisen zur Pflege von Kranken außerhalb eines öffentlichen Krankenhauses und bei Reisen zur Begleitung kranker Personen auch
die Bestätigung, daß die Pflege unentgeltlich erfolgt.

5. Die Ausweise werden von den Fahrkartenausgaben bei jeder Lösung einer Fahrkarte abgestempelt und den Inhabern zurückgegeben, die sie dem Fahrbeamten auf Verlangen vorzuzeigen haben. Die Ausweise sind mit den

Fahrkarten bei Beendigung der Fahrt, und wenn sie zugleich für die Rückreise ausgestellt waren, bei Beendigung der Rückfahrt abzugeben.

VII. Für mittellose Kranke und andere hilfsbedürftige Personen.

1. In der 3. Klasse werden auf der Hinreise und auf der Rückreise — bei einem Wechsel des Wohnsitzes auch nach dem neuen Wohnort — zum halben Preise, in Schnellzügen außerdem gegen tarifmäßigen Zuschlag befördert:

A. mittellose Personen bei Aufnahme in öffentliche Krankenhäuser, öffentliche Kliniken, öffentliche Anstalten für Geisteskranke sowie für Krüppel (Krüppelheime) oder bei Aufnahme in Privatanstalten, die zur kostenfreien Behandlung unbemittelter Kranker aus öffentlichen Mitteln unterstützt werden bei Besuchsbehandlung in solchen Anstalten und in Krüppelfürsorgestellen und bei dem Besuche von Kurorten, wo ihnen der Gebrauch der Bäder oder der sonstigen Kureinrichtungen unentgeltlich oder zu ermäßigtem Preise gestattet ist, sofern die an dem Kurorte liegende Kuranstalt eine öffentliche ist oder doch in erster Linie Kurzwecken dient und die erwähnten Vergünstigungen an mittellose Personen allgemein gewährt; ferner Kinder mittelloser Personen, die in besonderen Heilstätten für kranke Kinder aufgenommen oder von Gemeinden, Behörden oder Vereinen zur Verhütung des Siechtums zum Landaufenthalt entsendet werden;

B. mittellose Zöglinge und Pfleglinge

a) der öffentlichen Blinden-, Taubstummen- und Schwerhörigenanstalten,

b) der öffentlichen Heil- und Pflegeanstalten für Fallsüchtige und für blöde Kinder,

c) der unter Aufsicht des Staats stehenden Waisenanstalten

bei Unterbringung in eine dieser Anstalten, bei Versetzung aus einer dieser Anstalten in eine andere gleichartige Anstalt, bei Urlaubsreisen zum Besuch ihrer Angehörigen und beim Wiederaustritt aus der Anstalt;

C. mittellose Blinde und Taubstumme zu vorübergehendem Besuch in Blinden- und Taubstummenanstalten, mittellose Taubstumme und Schwerhörige auch zum Besuch eines behördlich gebilligten oder überwachten Taubstummen- oder Schwerhörigengottesdienstes in einem durch die zuständige Behörde für ihren Bezirk bestimmten Orte, sofern nicht an ihrem Wohnorte selbst solche Gottesdienste abgehalten werden.

D. je ein Begleiter der unter A, B a und b sowie C aufgeführten Personen, bei Geisteskranken auch mehrere Begleiter, sofern ihre Zuziehung notwendig ist, und zwar sowohl bei Unterbringung der Schützlinge in der Anstalt usw., wie bei ihrer Wiederabholung sowie bei Urlaubsreisen mittelloser Zöglinge und Pfleglinge zum Besuch ihrer Angehörigen.

2. Zwei Kinder vom vollendeten vierten bis zum vollendeten zehnten Lebensjahre werden für eine Person gerechnet; für ein einzelnes Kind innerhalb der bezeichneten Altersgrenze ist ohne weitere Ermäßigung eine halbe Fahrkarte zu lösen.

3. Die Fahrkarten zum halben Preise werden von den Fahrkartenausgaben auf Grund der nach den vorgeschriebenen Mustern ausgestellten Ausweise verabfolgt. In dringenden Fällen werden Ausweise anderer Art zugelassen. Wenn mehrere Kinder nach einer Heilstätte gleichzeitig entsandt werden, kann statt der Fahrkarten ein Beförderungsschein ausgestellt werden. Dieser Beförderungsschein wird bei Beendigung der Fahrt abgenommen.

4. Von den unter 1 A aufgeführten Personen werden als Ausweise verlangt:

a) für die Hin- und Rückreise:

eine Bescheinigung der Ortsbehörde über die Mittellosigkeit, für die zum Landaufenthalt zu entsendenden kranken Kinder außerdem noch eine ärztlich zu bestätigende Bescheinigung der entsendenden Gemeinde, der Behörde oder des Vereins, daß die Kinder auf Kosten dieser Körperschaft zur Verhütung des Siechtums Landaufenthalt zu nehmen haben. In der Bescheinigung über die Mittellosigkeit ist zu bestätigen, daß die Fürsorge anderer Verpflichteter, insbesondere nach Maßgabe der Reichsgesetze über die Kranken-, Invaliden- und Unfallversicherung, nicht eintritt. Diese Bescheinigung kann für Pfleglinge der öffentlichen Anstalten für Geisteskranke sowie für Krüppel auch von der Anstaltsleitung, für Frauen und Kinder von Unteroffizieren und Mannschaften der deutschen Wehrmacht auch von den vorgesetzten Befehlsstellen, für kranke Kinder auch von der Gemeinde, der Behörde oder dem Verein, die sie entsenden, ausgestellt werden.

Die Mittellosigkeitsbescheinigungen ausländischer Ortsbehörden müssen durch das zuständige deutsche Konsulat beglaubigt sein; den in fremder Sprache abgefaßten Bescheinigungen ist außerdem eine durch das deutsche Konsulat beglaubigte, mit der Urschrift fest verbundene deutsche Übersetzung beizugeben.

Daneben

b) für die Hinreise:

bei Aufnahme in öffentliche Krankenhäuser, öffentliche Kliniken, öffentliche Anstalten für Geisteskranke sowie für Krüppel oder Privatanstalten oder in Kinderheilstätten

eine Aufnahmebescheinigung der Anstalt oder, in dringenden Fällen, eine Bescheinigung des behandelnden Arztes;

bei Besuchsbehandlung in öffentlichen Krankenhäusern oder öffentlichen Kliniken, auch in Krüppelfürsorgestellen

ein ärztliches Zeugnis;

bei Besuch eines Kurorts
eine Aufnahmebescheinigung der Kuranstalt; in dieser Bescheinigung ist zu bestätigen, daß der Gebrauch der Bäder oder der sonstigen Kureinrichtungen unentgeltlich oder zu ermäßigtem Preise bewilligt worden ist und an mittellose Personen allgemein gewährt wird.

c) für die Rückreise:

eine Bescheinigung der Anstalt über die Entlassung des Kranken oder über sein Erscheinen zur Besuchsbehandlung.

5. Von den unter 1 B und C aufgeführten Personen wird als Ausweis für die Hin- und Rückreise je ein Ausweis des Vorstandes der Anstalt oder (bei Reisen zum Taubstummen- oder Schwerhörigengottesdienst) des den Gottesdienst leitenden Geistlichen oder Taubstummenlehrers verlangt, in der die Mittellosigkeit bescheinigt wird. Außerdem ist bei Reisen, die der Unterbringung in eine dieser Anstalten, der Versetzung aus einer dieser Anstalten in eine andere gleichartige Anstalt oder dem Wiederaustritt aus der Anstalt dienen, eine Bescheinigung der Anstaltsleitung darüber vorzulegen, daß die Fürsorge anderer Verpflichteter insbesondere nach Maßgabe des Reichsgesetzes über den Unterstützungswohnsitz nicht eintritt.

6. Die gleichen Ausweise (Ziffer 4—5) dienen für die zugelassenen Begleiter; in den Fällen 1 A — soweit es sich um Erwachsene handelt —

ist auch die Notwendigkeit der Begleitung durch ein ärztliches Zeugnis nachzuweisen.

7. Die Ausweise werden von den Fahrkartenausgaben bei jeder Lösung einer Fahrkarte abgestempelt und den Inhabern zurückgegeben, die sie dem Fahrbeamten auf Verlangen vorzuzeigen haben. Die Ausweise sind mit den Fahrkarten bei Beendigung der Fahrt, und wenn sie zugleich für die Rückreise ausgestellt waren, bei Beendigung der Rückfahrt abzugeben.

VIII. Für Kriegsteilnehmer.

A. Deutsche.

1. In der 2. und 3. Klasse werden auf der Hinreise und auf der Rückreise zum halben Preise, in Schnellzügen außerdem gegen tarifmäßigen Zuschlag befördert:
   a) die vom Zentralkomitee der deutschen Vereine vom Roten Kreuz oder von dem bayerischen Landeshilfsverein vom Roten Kreuz unterstützten Mitkämpfer der Feldzüge von 1864, 1866, 1870/71 und 1914/20, die von der Viktoria-National-Invalidenstiftung in Berlin unterstützten Kriegsteilnehmer von 1866 und die von der Kaiser-Wilhelm-Stiftung für deutsche Invaliden unterstützten Kriegsteilnehmer von 1870/71 bei Reisen zum Besuche von Kurorten, wenn von der Kuranstalt der Gebrauch der Bäder oder der sonstigen Kureinrichtungen unentgeltlich oder zu ermäßigtem Preise zugestanden ist;

b) die einem Deutschen Landes-Kriegerverbande oder diesem unterstehenden Unterverbande (in Preußen Kreisverband) angehörenden ehemaligen Kriegsteilnehmer bei Reisen zur Aufnahme in ein Kriegererholungsheim, wenn dem Kriegsteilnehmer der Aufenthalt in dem Kriegererholungsheim unentgeltlich oder zu ermäßigten Preisen zugestanden ist.

2. Sofern der Kriegsteilnehmer eines Begleiters bedarf, wird diesem für die Hin- und Rückfahrt die gleiche Ermäßigung gewährt.

3. Die Fahrkarten zum halben Preise werden von den Fahrkartenausgaben auf Grund der nach dem vorgeschriebenen Muster ausgestellten Ausweise verabfolgt. In dringenden Fällen werden Ausweise anderer Art zugelassen.

4. Als Ausweis wird verlangt:

Von den unter 1a aufgeführten Personen:

a) für die Hin- und Rückreise

je eine auf den Namen lautende Bescheinigung des Zentralkomitees der deutschen Vereine vom Roten Kreuz, des bayerischen Landeskomitees für freiwillige Krankenpflege im Kriege, der Viktoria-National-Invalidenstiftung in Berlin oder der Kaiser-Wilhelm-Stiftung für deutsche Invaliden darüber, daß dem Kriegsteilnehmer von dem Aussteller eine Unterstützung und von der Kuranstalt der Gebrauch der Bäder oder der sonstigen Kureinrichtungen unentgeltlich oder zu ermäßigtem Preise zugestanden ist.

Daneben

b) für die Rückreise

eine Bescheinigung der Kuranstalt über die Entlassung des Kriegsteilnehmers.

Von den unter 1b aufgeführten Personen:

a) für die Hin- und Rückreise

je eine auf den Namen lautende Bescheinigung des Vorstandes des Landes-Kriegerverbandes oder Unterverbandes (Kreisverbandes) darüber, daß der Inhaber an einem Feldzuge teilgenommen hat, dem Verbande angehört, und daß ihm der Aufenthalt in dem Kriegererholungsheim unentgeltlich oder zu ermäßigtem Preise zugestanden ist.

Daneben

b) für die Rückreise

eine Bescheinigung der Anstalt über die Entlassung des Kriegsteilnehmers.

5. Die gleichen Ausweise dienen für die zugelassenen Begleiter. Die Notwendigkeit der Begleitung ist durch das Zeugnis eines Arztes oder eines der in Ziffer 1 genannten Vereine usw. nachzuweisen.

6. Die Ausweise werden von den Fahrkartenausgaben bei jeder Lösung einer Fahrkarte abgestempelt und den Inhabern zurückgegeben, die sie dem Fahrbeamten auf Verlangen vorzuzeigen haben. Die Ausweise sind mit den Fahrkarten bei Beendigung der Fahrt, und wenn sie zugleich für die Rückreise ausgestellt waren, bei Beendigung der Rückfahrt abzugeben.

7. Bezüglich der Frachtfreiheit für Fahr- und Rollstühle s. Ausführungsbestimmung 1 (5) zu § 32.

B. Deutschösterreichische.

Die vom Zentralkomitee der deutschen Vereine vom Roten Kreuz zu den gleichen Kurzwecken unterstützten deutschösterreichischen Mitkämpfer des Feldzuges 1914/20 erhalten bei Reisen auf den deutschen Strecken unter den unter A 1a angegebenen Bedingungen die gleichen Vergünstigungen wie die deutschen Mitkämpfer.

IX. Für deutsche Kriegsbeschädigte.

I. Für sämtliche Kriegsbeschädigte.

1. Kriegsteilnehmer, die eine Verletzung oder dauernde Schädigung der Gesundheit erlitten haben und in die Fürsorge eines öffentlichen oder behördlich anerkannten Verbandes für Kriegsbeschädigte aufgenommen sind, werden in der 2. und 3. Klasse zum halben Preise, in Schnellzügen außerdem gegen tarifmäßigen Zuschlag befördert bei Reisen:
   a) von dem Wohn- oder Aufenthaltsort des Kriegsbeschädigten
      α) zur Behandlung durch Fachärzte, zur Unterbringung in Heil- oder Ausbildungsanstalten, zum Besuch von Kurorten, Erholungsheimen oder Ausbildungslehrgängen für Kriegsbeschädigte, zu den von der amtlichen bürgerlichen Kriegsbeschädigtenfürsorge oder von Gewerk-

schaften eingerichteten Beratungsstellen und zum Arbeitgeber zwecks Vorstellung,

β) zum Stellenantritt;

b) von dem Wohnort des Facharztes zur Weiterfahrt nach Heil- oder Ausbildungsanstalten oder zum Besuch von Kurorten, Erholungsheimen oder Ausbildungslehrgängen für Kriegsbeschädigte;

c) von den Beratungsstellen zur Weiterfahrt

α) zum Arbeitgeber zwecks Vorstellung,

β) zum Stellenantritt;

d) nach Aufenthalt in Heil- oder Ausbildungsanstalten, Kurorten oder Erholungsheimen im Falle nochmaliger Untersuchung zunächst nach dem Wohnort des Facharztes;

e) zur Rückfahrt von dem unter a α, b, c α und d genannten Reisen nach dem Wohn- oder Aufenthaltsort des Kriegsbeschädigten.

2. Sofern der Kriegsbeschädigte eines Begleiters bedarf, ist dies durch ein ärztliches oder von der amtlichen Fürsorgestelle für Kriegsbeschädigte ausgestelltes Zeugnis zu bescheinigen. Dem Begleiter wird in diesem Falle für die Hin- und Rückfahrt die gleiche Ermäßigung wie dem Kriegsbeschädigten gewährt (wegen der Schwerkriegsbeschädigten s. jedoch Abschnitt II). Dies gilt für die vom Kriegsbeschädigten benutzte oder eine niedrigere Wagenklasse auch dann, wenn der Begleiter den Kriegsbeschädigten in eine Heil- oder Ausbildungsanstalt, einen Kurort, ein Erholungsheim oder zu einem Ausbildungs-

lehrgang verbracht hat und allein nach der Abgangsstation zurückreist oder wenn er den Kriegsbeschädigten dort abholt.

3. Die Fahrkarten zum halben Fahrpreis werden von den Fahrkartenausgaben auf Grund von Ausweisen nach vorgeschriebenem Muster verabfolgt. In dringenden Fällen werden Ausweise anderer Art zugelassen.

4. Als Ausweis wird verlangt:

a) für die Hin- und Rückreise

je eine auf den Namen lautende Bescheinigung der amtlichen Fürsorgestelle für Kriegsbeschädigte darüber, daß die Entsendung des Kriegsbeschädigten zum Facharzt, in eine Heil- oder Ausbildungsanstalt, nach einem Kurort oder Erholungsheim, zu einem Ausbildungslehrgang für Kriegsbeschädigte, zur Beratungsstelle, zum Arbeitgeber oder zum Stellenantritt von ihm veranlaßt worden ist.

Daneben

b) für die Rück- oder Weiterreise

eine Bescheinigung des Facharztes über die ärztliche Untersuchung sowie gegebenenfalls auch über die von ihm veranlaßte Weiterfahrt nach Heil- und Ausbildungsanstalten oder zum Besuch von Kurorten, Erholungsheimen oder Ausbildungslehrgängen für Kriegsbeschädigte oder eine Bescheinigung der Heil- und Ausbildungsanstalten oder der Verwaltung des Kurorts oder Erholungsheims über die Beendigung des Aufenthaltes oder eine Bescheinigung des Leiters über die Beendigung des Ausbildungslehrganges oder eine Bescheinigung der Beratungsstelle über die Beratung sowie gegebenenfalls auch über die von ihr veranlaßte Weiterfahrt zum Arbeitgeber zwecks Vorstellung oder zum Stellenantritt oder eine Bescheinigung des Arbeitgebers über die Vorstellung.

c) für Alleinreisen des Begleiters eine Bescheinigung des zur Ausstellung des Ausweises für den Kriegsbeschädigten zuständigen Verbandes für Kriegsbeschädigte darüber, daß der Begleiter einen Kriegsbeschädigten nach einer Heil- oder Ausbildungsanstalt, einem Kurort, in ein Erholungsheim oder zu einem Ausbildungslehrgang verbracht hat oder dort abholt.

5. Die Ausweise nach Ziff. 4a und b dienen auch für die allein reisenden Begleiter.
6. Wenn mehrere Kriegsbeschädigte die Reisen von und nach denselben Orten gemeinsam ausführen, so kann statt der Fahrkarte ein Beförderungsschein ausgestellt werden. Jeder Teilnehmer muß einen besonderen Ausweis haben.
7. Die Ausweise werden von den Fahrkartenausgaben bei jeder Lösung einer Fahrkarte abgestempelt und den Inhabern zurückgegeben, die sie dem Fahrbeamten auf Verlangen vorzuzeigen haben. Die Ausweise sind mit den Fahrkarten bei Beendigung der Fahrt abzugeben.

8. Wegen der Frachtfreiheit für Fahr- und Rollstühle s. Ausführungsbestimmung 1 (5) zu § 32.

B 1. Kriegsbeschädigte, die nach der Art ihrer Verletzung oder Gesundheitsschädigung während der Reise sitzen müssen, werden in der 3. Klasse zum Fahrpreis der 4. Klasse, in Schnellzügen außerdem gegen tarifmäßigen Zuschlag befördert.

2. Als Ausweis dient eine auf den Namen des Kriegsbeschädigten lautende, von der zuständigen Kriegsbeschädigten-Fürsorgestelle für die Dauer eines Kalenderjahres ausgestellte Bescheinigung darüber, daß er während der Beförderung auf der Eisenbahn sitzen muß. Die Bescheinigung wird auf Antrag des Kriegsbeschädigten von der Kriegsbeschädigten-Fürsorgestelle ausgestellt, in deren Bezirk er seinen Wohnsitz hat, und muß mit dem Lichtbild des Kriegsbeschädigten versehen sein.

3. Der Begleiter erhält die gleiche Ermäßigung (wegen der Schwerkriegsbeschädigten vgl. Abschnitt II). Die Notwendigkeit der Begleitung ist durch ein ärztliches oder ein von der amtlichen Fürsorgestelle für Kriegsbeschädigte ausgestelltes Zeugnis oder durch eine Bescheinigung nach Abschnitt II Ziffer 2 nachzuweisen.

II. Für Schwerkriegsbeschädigte mit Begleitung.

1. Der Begleiter eines Kriegsbeschädigten, der infolge Verletzung oder dauernder Schädigung der Gesundheit bei Reisen ständig eines Begleiters

bedarf, wird sowohl bei den unter 1 A 1 a—e genannten Reisen, als auch bei allen Reisen des Kriegsbeschädigten frei befördert, wenn er lediglich zur Begleitung mitreist, ferner in der 3. Wagenklasse, wenn er einen Kriegsbeschädigten nach einem anderen Ort gebracht hat und allein nach dem Ausgangsort zurückreist, oder wenn er den Kriegsbeschädigten abholt.

2. Als Ausweis für den Begleiter dient eine auf den Namen des Kriegsbeschädigten lautende, von der Eisenbahn für die Dauer eines Kalenderjahres ausgestellte Bescheinigung darüber, daß er Kriegsbeschädigter ist und ständig eines Begleiters bedarf. Die Bescheinigung wird auf Antrag des Kriegsbeschädigten von der Eisenbahnverwaltung ausgestellt, in deren Bezirk er seinen Wohnsitz hat. Dem Antrag sind beizufügen:

a) das Zeugnis eines beamteten Arztes über die Notwendigkeit einer ständigen Begleitung,
b) das Lichtbild des Kriegsbeschädigten, außerdem
c) bei dem erstmaligen Antrag eine Bescheinigung der zuständigen Militärbehörde (Militärpapiere) über die Eigenschaft als Kriegsbeschädigter.

Das unter a genannte Zeugnis ist nur bei dem erstmaligen Antrag erforderlich, wenn darin die Notwendigkeit einer ständigen Begleitung für die ganze Lebenszeit des Kriegsbeschädigten bescheinigt ist.

In Zweifelsfällen ist die Eisenbahn berechtigt, das Zeugnis durch einen Vertrauensarzt bestätigen zu lassen.

Begleiter, die nach Unterbringung eines Kriegsbeschädigten allein nach dem Wohnort zurückreisen, oder die zur Abholung eines Kriegsbeschädigten fahren, haben außerdem eine Bescheinigung der Ortsbehörde darüber vorzulegen, daß sie einen Kriegsbeschädigten untergebracht haben oder zu dessen Abholung reisen. Die Bescheinigungsvordrucke werden auf Antrag der Kriegsbeschädigten von der Eisenbahnverwaltung ausgegeben, die ihm den Ausweis zur unentgeltlichen Mitnahme des Begleiters ausfertigt.

3. Wegen der Gebührenfreiheit des Führerhundes eines erblindeten Kriegsteilnehmers s. Ausführungsbestimmungen 1 (1) zu § 27.

[1] Aus den zu den Personen- und Gepäcktarifen (Teil II) gehörigen Preistafeln.

[2] Auch der handschriftlich auszufertigenden (sog. Blankokarten), (Begr.).

[3] Den Beförderungsvertrag schließt dann der mitreisende Erwachsene ab (RG. Arch. f. Eis. **06** 823). Ein Kind, das im Alter unter 4 Jahren allein reisen sollte, würde eine Fahrkarte zu lösen haben (RG. ZVDEisV. **06** 1020; Kittel, EVO. § 12, Anm. 1—3); Meinungsverschiedenheiten bzl. des Kindesalters zu entscheiden nach EVO. § 8; bewußt unrichtige Angabe des Kindesalters zur rechtswidrigen Erlangung ermäßigter Fahrkarten ist strafrechtlicher Betrug. Für die Ermäßigung ist maßgebend das Alter des Kindes beim Antritt der Fahrt (s. Gorden, EEE. **23** 98; Sendpiehl, EEE. **23** 210); Rückfahrt, auch wenn Rückfahrkarten ausgegeben werden, gilt als neue Reise (abw. Eger Anm. 45, S. 56; DJZ. **06** 643). Über die Berechnung

des Alters s. BGB. § 187, Abs. 2 (am 10. Geburtstage muß bereits eine volle Karte gelöst werden).

[4] Fahrpreisermäßigungen s. AAB. C I.

[5] Freie Fahrt wird gewährt (im Rahmen des § 6 Ziff. 4 EVO.): a) den Bediensteten der Eisenbahnverwaltungen nach Maßgabe der Freifahrtordnung; b) den Mitgliedern des deutschen Reichstags (RVerf. Art. 40), des Reichswirtschaftsrates (Art. 5 der Verordnung v. 4. 5. 1920 betr. den vorläufigen Reichswirtschaftsrat, RGBl. S. 858, 1335), des Reichsrats sowie c) der gesetzgebenden Körperschaften der Länder (Schlußprotokoll zu § 22 des G. betr. Staatsvertrag über den Übergang der Staatseisenbahnen auf das Reich (v. 30. 4. 1920; für Preußen s. PrGS. 1921, S. 361); d) den Mitgliedern des Reichseisenbahnrats, der Bezirkseisenbahnräte, des Ausschusses der Verkehrsinteressenten der ständigen Tarifkommission, den zu diesen Ausschüssen hinzugezogenen Sachverständigen (vgl. für Preußen G. v. 1. 6. 1882, PrGS. S. 318, s. Fritsch S. 103); e) Zoll- und Steuerbeamten (Vereinszollgesetz v. 1. 7. 1869, RGBl. S. 333) § 60, Abs. 4, 5ff.; Fritsch S. 460); Reichspostbediensteten (G. v. 20. 12. 1875, RGBl. S. 318, Art. 2b [Fritsch S. 438], Vollzugsbestimmungen [II, Anm. 3], [Fritsch S. 441] nebst Bestimmungen v. 28. 5. 1879 [für Kleinbahnen] [Fritsch S. 447]).

[6] Besondere Bestimmungen bestehen für die Beförderung von: a) Bediensteten der Reichstelegraphenverwaltung (Verpflichtung v. 7. 1. 1869); b) Mitgliedern der bewaffneten Macht (Anl. C zum Friedensleistungsgesetz, Bek. v. 18. 1. 1899 [RGBl. S. 105]).

§ 13. Fahrkarten.

(1) Der Reisende[1] muß vor Antritt der Fahrt eine Fahrkarte[2, 3, 4] erwerben; der Tarif kann Ausnahmen[5] zulassen.

(2) Die Fahrkarte muß Strecke, Zuggattung, Wagenklasse und Fahrpreis angeben[6, 7, 8].

(3) Die Geltungsdauer muß im Tarife festgesetzt werden.

1. Eine auf den Namen einer bestimmten Person lautende Fahrkarte darf nur von dieser Person benutzt werden. Eine Fahrkarte, womit eine Fahrpreisermäßigung oder sonstige Vergünstigung verbunden ist, ist nur für die Person gültig, die damit die Reise begonnen hat.
2. Fahrkarten, die als zur Rückfahrt gültig gekennzeichnet sind, berechtigen nur zur Fahrt in der Richtung von der darin verzeichneten Bestimmungsstation nach der Ausgabestation.
3. Im Stadt-, Vorort- Markt- und Ausflugverkehre werden nach Bedarf Fahrkarten für Hin- und Rückfahrt zum doppelten Preise der einfachen Fahrkarten (Doppelkarten) ausgegeben.

   Im Verkehre mit Ostsee- und Nordseebädern, soweit Schiffs- und Fuhrwerksstrecken in die Fahrkarten einbezogen sind, können nach näherer Bestimmung der Tarifteile II Fahrkarten für Hin- und Rückfahrt ausgegeben werden.
4. Die Fahrkarten, auch die als zur Rückfahrt gültig gekennzeichneten, werden bei der Ausgabe mit der Ziffer des ersten Geltungstages versehen. Die Fahrkarten zu einem fahrplanmäßig 12 Uhr nachts abgehenden Zug erhalten die Ziffer des anbrechenden Tages. Bei Fahrkarten, die vom Zugführer ausgegeben oder aus Automaten entnommen werden, kann die Abstempelung unterbleiben. Weitere Ausnahmen können in den Tarifteilen II festgesetzt werden.

5. (1) Die Geltungsdauer der Fahrkarten, auch der als zur Rückfahrt gültig gekennzeichneten, beträgt 4 Tage. Dies gilt auch, sofern in den Tarifteilen II nichts anderes bestimmt ist, für die zur Hin- und Rückfahrt gültigen Fahrkarten.

(2) Als erster Tag der Geltungsdauer wird der Tag gezählt, mit dessen Datum die Fahrkarte abgestempelt worden ist. Unterbleibt die Abstempelung gemäß Ausführungsbestimmung 4, so beginnt die Geltungsdauer mit dem Tage der ersten Lochung. Die Reise kann an einem beliebigen Tage innerhalb der Geltungsdauer angetreten werden und muß spätestens um Mitternacht des letzten Geltungstages beendigt sein. Die Eisenbahnverwaltung hat jedoch das Recht, allgemein oder für einzelne Züge anzuordnen, daß die Fahrt am ersten Tage der Geltungsdauer der Fahrkarten angetreten werden muß.

(3) Die Bestimmung des Abs. (2) gilt auch für Fahrscheinhefte des Vereinsreiseverkehrs und der Reiseunternehmer, für die eine andere Geltungsdauer festgesetzt ist.

6. (1) Soweit die Fahrkarten nicht für alle Züge gelten, sind bei Benutzung von Schnellzügen Zuschlagkarten zu lösen.

(2) Der Zuschlag beträgt für Tarifentfernungen:

von 1—75 km 15,00 Mark in 1./2. Kl., 8,00 Mark in 3. Kl.,

von 76—150 km 30,00 Mark in 1./2. Kl., 15,00 Mark in 3. Kl., über 150 km 45,00 Mark in 1./2. Kl., 23,00 Mark in 3. Kl.

Abweichungen werden in den Tarifteilen II veröffentlicht.

(3) Geht ein Reisender mit einer nicht für alle Züge gültigen Fahrkarte in eine niedrigere Karte eines Schnellzuges über, so hat er die Schnellzugzuschlagkarte für die niedrigere Klasse zu lösen.

7. (1) Schnellzugzuschlagkarten werden nur zugleich mit einer Fahrkarte oder gegen Vorlage einer solchen ausgegeben.

(2) Über die Bestimmungsstation einer Fahrkarte hinaus werden Zuschlagkarten nur verabfolgt, wenn der Reisende

a) bis zur Endstation seiner Reise eine Fahrkarte nicht erhalten kann und eine Fahrkarte nach der zur Lösung neuer Fahrkarten geeigneten weitestgelegenen Station löst, oder

b) wenn er für die Anfangs- oder für die Endstrecke seiner Fahrt Fahrkarten (Zeitkarten oder Fahrkarten, die als zur Rückfahrt gültig gekennzeichnet sind) bereits besitzt.

Die Zuschlagkarte wird in diesen Fällen ausdrücklich für die ganze zu benutzende Schnellzugstrecke gültig geschrieben und ihr Preis nach der Tarifentfernung für diese Strecke berechnet.

(3) Die Zuschlagkarte gilt nur für die Person, die damit die Reise begonnen hat, und ebenso lange, wie die Fahrkarte, zu der sie gelöst ist. Berechtigt die Fahrkarte zu mehr als einer Fahrt,

so gilt die Zuschlagkarte gleichwohl nur zu einer, wenn auch mit Unterbrechung zurückgelegten Fahrt; in diesem Falle sowie in den Fällen zu (2) gilt sie vier Tage.

8. Für die Benutzung der Fahrscheinhefte des Vereinsreiseverkehrs sind neben den Vorschriften dieses Tarifs die Bestimmungen des Vereins Deutscher Eisenbahnverwaltungen maßgebend.

9. (1) Scheine der Fahrscheinhefte des Vereinsreiseverkehrs können auf eine kürzere, dieselben Stationen verbindende Strecke umgeschrieben werden. Verschiedene Bahnhöfe desselben Ortes gelten hierbei als eine Station. Auf Wunsch des Reisenden kann auch das Gepäck über den neuen Weg abgefertigt werden.

(2) Auf dem neuen Weg ist Fahrtunterbrechung nur einmal nach den Ausführungsbestimmungen zu § 25 gestattet.

(3) Die Umschreibung ist auf der Abzweigestation oder einer vorgelegenen Station zu beantragen. Sie kann abgelehnt werden, wenn der Beamte sie bei ordnungsmäßiger Erfüllung seiner sonstigen Dienstpflichten und ohne Überschreitung der fahrplanmäßigen Aufenthaltszeit der Züge nicht vornehmen kann.

(4) Die Umschreibung wird auch von den amtlichen Auskunftsstellen und den Ausgabestellen für zusammengesetzte Fahrscheinhefte innerhalb der festgesetzten Dienststunden vorgenommen.

10. Besondere Bestimmungen über die Gültigkeit der Fahrkarten sowie die Überführung von Personen an Orten mit getrennten Bahnhöfen oder zwischen benachbarten Orten enthält die Anlage II (Abschnitt A und C I) (nicht abgedruckt).
11. Die in den Fahrplänen mit L bezeichneten Züge (Expreßzüge) können nur mit Fahrkarten, die zu diesen Zügen gelten (siehe Abschnitt A IV zu § 12), und gegen Entrichtung der in den besonderen Tarifen festgesetzten Preiszuschläge benutzt werden.

Literatur: Rundnagel, BefGesch. § 170, S. 503 und namentlich die Anm. 1 Angeführten; Staub § 472, Anm. 19; Göppert, Rechtliche Natur der Personenbeförderung S. 76ff.; Beyersdorff in EEE. **20** 79.

[1] Nicht persönlich, s. EVO. § 11 Anm. 1; EEE. **12** 117f.

[2] Fahrkarte ist Inhaberpapier im Sinne des § 807 BGB. (sog. Inhabermarken), s. RG. (JW. **05** 426 Nr. 14; Arch. f. Eis. **06** 657, EEE. **22** 165; Fritsch S. 311, Anm. 7; abw. hiervon: Eger § 13, Anm. 46, § 11, Anm. 38; vgl. auch EEE. **20** 81, **22** 85, 221, **23** 101; Sendpiehl S. 148; ZVDEisV. **02** 148) (diese sehen in ihr nur Quittung über Zahlung des Kaufpreises und damit Legitimation zur Fahrt). Bezgl. des Fahrscheins der Straßenbahnen s. Seelmann, EEE. **22** 85, 221 (unverkürzt: Arch. f. Bürg. Recht **25** 186ff.). a) Sie ist keine Quittung, sonst wäre Verlust gleichgültig; es fehlt auch im Text Empfangsbescheinigung; endlich müßte dann schon vor Einhändigung der Karte der Beförderungsvertrag geschlossen sein; s. aber EVO. Vorbem. zu Abschn. III, Anm. 3. b) Ehemann kann aus dem von ihm durch Lösung der Fahrkarte für seine Ehefrau geschlossenen Beförderungsvertrag nicht Schaden geltend machen, den er durch ihren bei der Beförderung durch Überfahren erfolgten Tod erlitten hat; nur die Ehefrau ist aus dem Vertrag berechtigt und verpflichtet (vgl. oben Vorbem.

zu Abschn. III, Anm. IV). c) Verlust der Fahrkarte bewirkt Untergang des Rechts auf Fahrt. d) Freie Übertragbarkeit ist überall da anzunehmen, wo keine Fahrpreisermäßigung oder sonstige Vergünstigung verbunden ist, z. B. Festsetzung des Preises nach Zonen (z. B. bei Schnellzugzuschlagkarten), auch während der angefangenen Fahrt (Fortsetzung einer unterbrochenen Reise durch Dritte). A. M. Sendkpiehl S. 150; Staub § 472 Anm. 19; Eger § 13 Anm. 46 II; Düringer-Hachenberg § 472 Anm. 12. Wenn Karte nicht übertragbar ist, muß dies aus der Karte selbst zu ersehen sein (z. B. Aufdruck: „Nicht übertragbar"); Anbringung eigenhändiger Namensunterschrift (z. B. bei Monatskarten). Unreines Inhaberpapier (vgl. Staub § 472 Anm. 19); Benutzung einer als nicht übertragbar bezeichneten Karte ist Betrug (RGSt. **5** 243; EEE. **5** 108, **6** 634). Übertragbarkeit endet aber auch hier nicht mit der Namensunterschrift, sondern erst mit dem Reiseantritt durch die Namensperson, d. h. der einmal geschriebene Name kann bis dahin durch einen anderen ersetzt werden (a. M.: Rundnagel, BefGesch. § 170, S. 504; s. EEE. **15** 62, **18** 262). Über die Frage der Übertragbarkeit der früheren Rückfahrkarten mit Preisermäßigung vgl. die umfangreiche Literatur, angegeben bei Rundnagel, BefGesch. § 170, S. 504, Anm. 4. e) Eine Kraftloserklärung der Fahrkarten ist nicht zulässig (BGB. § 799, EG. z. BGB. Art. 102; Preußen vgl. AG. z. ZPO. [v. 6. 10. 1899] § 7).

[3] Bedeutung: Fahrkarte ist die Grundlage für den regelmäßigen Personenbeförderungsvertrag. Sie beweist zugleich den Vertragsabschluß. Aus dem Charakter als Inhaberpapier folgt: a) Die Eisenbahn kann die Leistung verweigern, wenn der Inhaber zur Verfügung über die Urkunde nicht berechtigt ist (Ausgabe von Schlafwagenkarten auf den Namen, um den Handel (z. B. durch Hoteldiener) zu verhindern (BGB. § 793 Abs. 1 Satz 2). b) Auch Leistung an einen nicht zur Verfügung berechtigten Inhaber befreit (BGB. § 793 Abs. 1 S. 2; EEE. **9** 272). c) Auch wenn die Karte gegen den Willen der Eis.

in den Verkehr gelangt ist (z. B. gestohlen), wird diese zur Leistung verpflichtet, selbstverständlich muß der Inhaber gutgläubig sein (§§ 794, 935 Abs. 2 BGB.; s. Lehmann-Ring, § 472 Anm. 1 S. 402). d) Einwendungen gegen den Inhaber einer Fahrkarte stehen der Eis. nur zu, wenn sie die Gültigkeit der Ausstellung betreffen (z. B. Fälschung), sich aus der Urkunde selbst ergeben (Ablauf der Gültigkeit) oder der Eis. unmittelbar gegen den Aussteller zustehen (z. B. EVO. § 11, namentlich Abs. 2; s. BGB. § 796). e) Die Eis. ist nur gegen Aushändigung der Fahrkarte zur Leistung verpflichtet (BGB. § 297).

[4] Fahrkarten der Reichs- und Staatseis. sind öffentliche Urkunden (RGSt. **8** 409); (Fälschung des Tagesstempels s. RGSt. **37** 319; EEE. **25** 213; Arch. f. Eis. **21** 1225); aber vgl. RG. **29** 118 (Durchlochung); **28** 42 (Unterschrift einer Zeitkarte); RG. JW. **05** 548 (Kilometerheft). Die Bestellung falscher Fahrausweise beim Drucker ist strafbare vorbereitende Handlung. RGSt. **13** 212; s. auch Eger, EEE. **25** 213; auch EEE. **3** 394 (ungeschickte Fälschung des Stempels); s. ferner EVO. § 16 Anm. 10.

[4] Mit der Hingabe der Fahrkarte ist der Vertrag abgeschlossen nach Maßgabe des Tarifs, dessen für den Einzelfall notwendigste Bestimmungen der Inhalt der Karte ergibt, vgl. oben Vorbem. zu Abschn. III.

[5] z. B. auf Strecken mit Zugführerverkauf.

[6] Regelmäßig kommt noch der Tagesstempel hinzu, aber nicht wesentlich; er fehlt z. B. bei den Vorortkarten.

[7] Bezüglich der Reklamationen nicht oder nicht voll ausgenutzter Karten s. Übereinkommen betr. Erstattung von Fahrgeld (Anl. II zum Übereinkommen zum Vereinsbetriebsreglement).

[8] Fahrkartensteuer: s. ReichsStempelGes. v. 15. (22.) 7. 1909 (RGBl. S. 833) Abschn. V, §§ 46—54 und Abschn. X, §§ 95 ff. AusfBest. des Reichskanzlers v. 15. 7. 1906 (ZentrBl. S. 979). [9] Zusatz auf Grund des § 2c EVO.

§ 14. Lösung der Fahrkarten[1].

(1) Die Fahrkartenschalter sind auf Stationen mit geringerem Verkehre mindestens ½ Stunde, auf Stationen mit größerem Verkehre mindestens 1 Stunde vor der Abfahrzeit offen zu halten[2].

(2) 5 Minuten vor der Abfahrzeit des Zuges erlischt der Anspruch auf Verabfolgung einer Fahrkarte.

(3) Die Eisenbahn kann verlangen, daß das Fahrgeld abgezählt entrichtet wird[3].

1. (1) Fahrkarten und Gepäckscheine können bei der Station, wo eine neue Abfertigung erfolgen soll, telegraphisch bestellt werden[4].

(2) Die Gebühr beträgt, wenn die Fassung des Telegramms dem Stationsbeamten überlassen wird, 5 Mark. Wird eine neue Abfertigung mehrmals erforderlich, so können die Telegramme gegen Zahlung von je 5 Mark sämtlich schon am Abgangsorte aufgegeben werden. Für die telegraphische Bestellung von Fahrscheinheften des Vereinsreiseverkehrs werden die Privattelegrammgebühren erhoben.

(3) Wird bei räumlich getrennten Bahnhöfen desselben Ortes der vom Reisenden benutzte Zug nach dem Bahnhofe nicht übergeführt, wo die neue Abfertigung vorgenommen werden soll, so hat der Reisende für die Überführung seiner Person und seines Gepäcks von einem zum anderen Bahnhofe selbst zu sorgen.

2. In gleicher Weise und gegen die gleiche Gebühr können auch Karten zum Übergang in eine

höhere Klasse und Schnellzugzuschlagkarten telegraphisch bestellt werden.

3. Wegen Bestellung von Bettkarten s. Ausführungsbestimmung 3 zu § 15[4].

[1] Über Fahrkartenautomaten und deren strafrechtlichen Schutz vgl. Compter in EEE. **23** 303, **24** 81. Umtausch von Fahrkarten s. EVO. §§ 20, 26, sonst kein Rechtsanspruch auf Rücknahme gelöster Fahrkarten, auch nicht bei Versäumung der Fahrt (EVO. § 21, Abs. 2) falls nicht die Eis. ein Verschulden trifft.

[2] Nicht rechtzeitige Öffnung macht die Eis. ersatzpflichtig.

[3] Ordnungsvorschrift; zur Vermeidung von Aufenthalten (auch mit Rücksicht auf die anderen Reisenden) und Rechtsanspruch auf Geldwechseln verneint.

[4] Durch die Bestellung wird noch kein Beförderungsvertrag geschlossen; also keine Verpflichtung zur Abnahme (anders bei Bettkarten s. EVO. § 15, AusfBest. 3).

§ 15. Vorausbestellung von Abteilen oder einzelnen Plätzen.

(1) Ganze Abteile sind den Reisenden auf Verlangen für den tarifmäßigen Preis zur Verfügung zu stellen, wenn keine Rücksichten des Betriebs oder des Verkehrs entgegenstehen[1]. Die Bestellung muß mindestens 30 Minuten vor der Abfahrzeit erfolgen.

(2) Für ein Abteil sind höchstens so viele Fahrkarten zu bezahlen, wie es Plätze enthält. In das Abteil dürfen nicht mehr Personen aufgenommen werden, als Fahrkarten bezahlt sind[2].

(3) Bestellte Abteile müssen durch eine Aufschrift[3] kenntlich gemacht werden.

(4) Ob für einzelne Züge bestimmte Plätze bestellt werden können, hat der Tarif zu bestimmen[4].

1. (1) Ganze Abteile können in der 1. Klasse schon gegen Lösung von 4, in der 2. Klasse von 6, in der 3. Klasse von 8 Fahrkarten, Halbabteile in der 1. Klasse gegen Lösung von 2, in der 2. Klasse von 3, in der 3. Klasse von 4 Fahrkarten überlassen werden. 2 Fahrkarten zum halben Preise werden hierbei als eine Fahrkarte gerechnet. Mindestens ist für jede Person eine Fahrkarte zu lösen.

(2) Die Befugnis zur Überlassung steht im Falle der Benutzung zur Beförderung von Edelmetallen, Kostbarkeiten usw. (siehe § 22 (6) des Deutschen Eisenbahn-Gütertarifs, Teil I B) der vorgesetzten Eisenbahnverwaltung, im übrigen der Station zu. Bestellte Abteile werden mit der Aufschrift „Bestellt" versehen. Der Besteller erhält eine Bescheinigung.

(3) Ein Recht auf Freihaltung nicht bezahlter Plätze für die Dauer der ganzen Reise wird nicht eingeräumt, die nicht bezahlten Plätze dürfen im Bedarfsfalle zeitweise oder dauernd mit anderen Reisenden besetzt werden. Die Entscheidung hierüber steht auf den Stationen dem Aufsichtsbeamten, während der Fahrt dem Zugführer zu.

(4) Die Abteile können telegraphisch bestellt werden. Die Gebühr beträgt, wenn die Fassung

des Telegramms dem Stationsbeamten überlassen wird, 10 Mark.

2. In den Zügen, die in den Fahrplänen mit D (Durchgang) bezeichnet sind, werden den Reisenden, die Fahrkarten für den betreffenden Zug besitzen, bestimmte Plätze in den Wagen zugewiesen. Reisende, die Fahrkarten zur Fahrt von der Abgangsstation eines D-Zuges besitzen oder bestellen, können bestimmte Plätze auch im voraus bestellen. Bei telegraphischer Bestellung von Plätzen mit Nummern werden 10 Mark für jede Bestellung erhoben, wenn die Fassung des Telegramms dem Stationsbeamten überlassen wird. Werden gleichzeitig Fahrkarten, Gepäckscheine und bestimmte Plätze bei derselben Station telegraphisch bestellt, so wird die Gebühr von 10 Mark nur einmal erhoben. Die im voraus bestellten Plätze müssen auf der Abgangsstation des D-Zuges eingenommen werden; anderenfalls erlischt der Anspruch auf den bestimmten Platz.

3. (1) Die Benutzung der Schlafwagen ist, soweit Plätze vorhanden sind, den mit Fahrkarten 1. und 2. Klasse der betreffenden Zuggattung versehenen Reisenden gegen Zulösung von Bettkarten gestattet[5].

Reisende mit Fahrkarten 1. Klasse können Bettkarten 1. oder 2. Klasse, Reisende mit Fahrkarten 2. Klasse nur Bettkarten 2. Klasse lösen.

(2) Für Kinder unter 4 Jahren, für die ein besonderes Bett nicht beansprucht wird, brauchen

Bettkarten nicht gelöst zu werden. Im übrigen sind für Kinder die gleichen Bettkarten wie für Erwachsene zu lösen. Für zwei Kinder im Alter bis zu 10 Jahren, die zusammen ein Bett benutzen, ist eine Bettkarte zu lösen. Wird für ein Kind unter 4 Jahren ein besonderes Bett beansprucht, so ist außer einer Bettkarte zum vollen Preis auch eine Fahrkarte zum halben Preise zu lösen.

(3) Die bestehenden Schlafwagenläufe und die Preise der Bettkarten sind bei den Stationen und Fahrkartenausgaben zu erfragen.

(4) Bettkarten können an den Abgangsorten der Schlafwagen entweder bei den hierfür eingerichteten Vorverkaufsstellen innerhalb der festgesetzten Dienststunden unter Entrichtung einer Vormerkungsgebühr, oder innerhalb der letzten Stunde vor Zugabgang bei der Fahrkartenausgabe oder bei dem Schlafwagenschaffner ohne Entrichtung einer Vormerkungsgebühr gelöst werden.

(5) Bettkarten können auch schriftlich sowie für die von den Verwaltungen besonders bestimmten Schlafwagenläufe durch Vermittlung der Stationen der am Schlafwagenlaufe beteiligten Verwaltungen telegraphisch bestellt werden.

(6) Bei der Bestellung oder Lösung von Bettkarten ist anzugeben, ob Bettplätze 1. oder 2. Klasse gewünscht werden, in welcher Anzahl und ob sie für einen Herrn, eine Dame oder für eine Familie bestimmt sind, ferner ist die Station zu bezeichnen, von der ab der Reisende den

Schlafwagen benutzen will. Der Bettkartenpreis wird von der Zugausgangsstation aus berechnet, auch wenn die Bettplätze erst von einer Unterwegsstation aus benutzt werden. Inhaber von Bettkarten haben Anspruch darauf, daß von zwei übereinander angebrachten Betten nur ein Bett belegt wird, wenn nach der Einrichtung des Wagens nicht zwischen Bettplätzen 1. und 2. Klasse unterschieden ist.

(7) Der Bettkartenpreis und die Vormerkungsgebühr sind bei der schriftlichen Bestellung postgeldfrei einzusenden, bei telegraphischer Bestellung vor Aufgabe des Bestelltelegramms zu bezahlen.

(8) Wird die Fassung der telegraphischen Bestellung dem Stationsbeamten überlassen, so ist für das Bestell- und Antworttelegramm zusammen ohne Rücksicht auf die Anzahl der bestellten Plätze eine Gebühr von 15 Mark zu entrichten. Der Reisende kann bestimmen, daß das Antworttelegramm an eine andere Station zu richten ist. Die Bestellgebühr wird auch dann nicht erstattet, wenn kein Schlafwagenplatz freigehalten werden kann.

(9) Die zusagende Antwort auf die schriftliche oder telegraphische Bestellung dient dem Schlafwagenwärter gegenüber als Ausweis für den Anspruch auf die bestellten Plätze.

Wartet der Reisende den Eingang der Antwort nicht ab, so gilt dem Schlafwagenwärter gegenüber, wenn die Plätze freigehalten werden konnten, die Quittung über die entrichteten Gebühren als Ausweis.

Das Antworttelegramm oder die Quittung ist bei Überweisung des bestellten Platzes dem Schlafwagenwärter auszuhändigen.

(10) Ein Anspruch auf Überweisung eines telegraphisch oder schriftlich bestellten Platzes wird nach Zahlung der tarifmäßigen Gebühren erst durch die zusagende Antwort erworben.

(11) Ist der zugesagte Bettplatz eine Stunde nach Abfahrt des Zuges von der gemäß Abs. (6) bezeichneten Station nicht eingenommen, so erlischt der Anspruch auf Überweisung des Bettplatzes.

(12) Haben bestellte Bettplätze nicht bereitgehalten werden können, so werden dem Besteller die eingezahlten Beträge abzüglich der Telegrammgebühr gegen Empfangsbescheinigung zurückgezahlt.

(13) Auf Unterwegsstationen, wo Bettkarten nicht aufliegen, können sie nur bei dem Schlafwagenwärter gelöst werden. Einzelne besonders bekannt gegebene Stationen nehmen Anmeldungen auf Bettplätze entgegen und erteilen hierüber unentgeltlich Anmeldescheine. Der Schlafwagenwärter gibt für die noch unbesetzten Plätze die Bettkarten nach der Nummerfolge dieser Scheine aus.

[1] Allgemein besteht keine Gewähr auf Freihaltung bestellter Abteile (s. AusfBest. Ziff. 1); ist dem Reisenden aber ein Abteil zur Verfügung gestellt, so hat er ein Recht auf alleinige Benutzung bis zur Zahl der bezahlten Plätze.

[2] Durch die Zuweisung eines ganzen Abteils oder auch eines einzelnen Platzes (Platzkarte) wird nicht etwa neben dem Beförderungsvertrag ein besonderer Mietvertrag abgeschlossen; in beiden Fällen wird ja nicht einmal immer Miete (Vormerkgebühr oder Platzgebühr) erhoben. Die sich aus dieser Überlassung ergebenden Rechte und Pflichten gründen sich lediglich auf den Beförderungsvertrag, s. Rundnagel, BefGesch. § 177, S. 515, Anm. 3; Staub, § 472 Anm. 9; RG. **62** 119; JW. **06** 403, Nr. 20. A. M. Kommentar d RGRäte z. BGB., Einl. zum VII. Titel (Werkvertrag); Göppert, Rechtl. Natur d. PersBef. S. 62.

[3] Das gleiche gilt für die Benutzung der Schlafwagen (also nicht etwa Anwendung der §§ 701ff. BGB.; s. EEE. **23** 394ff.). Die EVO. enthält hierüber keine weitere Bestimmung, s. aber die AusfBest. zu § 15 EVO.; s. Rundnagel, BefGesch. § 176, S. 513; a. M. namentlich: Fuld, Mietrecht, DJZ. **00** 227; EEE. **24** 324; Dernburg, BürgRecht **2** 353, Anm. 5; EEE. **18** 367, **24** 195 u. 319, **23** 394; Kittel, EVO. § 15, Anm. 2; Eger § 28 Anm. 110; EEE. **28** 166.

[4] Werden die Schlafwagen (Mitropa), Speisewagen, oder ganze Züge (Luxuszüge, Rivieraexpreß) von selbständigen Unternehmern gestellt, so gelten diese als Erfüllungsgehilfen der Eisenbahn; ihre Angestellten fallen unter EVO. § 5, s. Rundnagel, BefGesch. § 176, S. 513; Staub § 472 Anm. 10; ZVDEisV. **00** 622. Doch ist diese Ansicht sehr bestritten, s. die Literatur hierüber bei Rundnagel, BGesch. § 176 Anm. 4, S. 514. Es haftet also wie beim bahnamtlichen Rollfuhrunternehmer nur die Eisenbahn (a. M.: EEE. **17** 367, **19** 88, **24** 195, 319 [Reindl], **24** 324 [Fuld]. Haftung der Schlafwagengesellschaft für den Zoll RGEntsch. v. 4. 11. 1901 (JW. **02** 302; EEE. **25** 68).

[5] Neuerdings werden Versuche mit Schlafwagen 3. Klasse gemacht; sie fahren auf einzelnen Strecken; die Bedingungen für deren Benutzung sind besonders veröffentlicht.

§ 16. Prüfung der Fahrkarten. Fahrpreiszuschläge. Bahnsteigkarten.

(1) Die Fahrkarte[1] ist auf Verlangen[2] beim Eintritt in den Warteraum, beim Betreten und beim Verlassen des Bahnsteigs, beim Einsteigen in den Wagen sowie jederzeit[3] während der Fahrt vorzuzeigen und je nach den für die letzte Fahrstrecke bestehenden Einrichtungen kurz vor oder nach Beendigung der Fahrt abzugeben[4].

(2) Ein Reisender[5], der keine gültige[6] Fahrkarte vorweisen kann[7], hat für die von ihm zurückgelegte Strecke, wenn aber die Zugangsstation nicht sofort unzweifelhaft nachgewiesen wird, für die ganze vom Zuge zurückgelegte Strecke das Doppelte des Fahrpreises, mindestens jedoch 20 Mark zu entrichten[8]. Dieser Betrag ist auch zu zahlen, wenn sich der Zug noch nicht in Bewegung gesetzt hat. Wer unaufgefordert[9] dem Schaffner oder Zugführer meldet, daß er keine Fahrkarte habe lösen können, hat einen Zuschlag von 3 Mark zu dem tarifmäßigen Preise, jedoch nicht mehr als das Doppelte dieses Preises zu zahlen[10].

(3) Der Reisende, der die sofortige Zahlung[11] verweigert, kann ausgesetzt werden[12]. Der Ausgesetzte hat keinen Anspruch darauf, daß ihm sein Reisegepäck[13] auf einer anderen als der Bestimmungsstation zur Verfügung gestellt wird[14].

(4) Auf Stationen mit Bahnsteigsperre haben Personen, die nicht im Besitz einer gültigen Fahrkarte sind, vor Betreten der abgesperrten Teile der Station eine Bahnsteigkarte[15] zu lösen. Die Karte

ist beim Eintritt vorzuzeigen und beim Verlassen der abgesperrten Teile abzugeben. Wer ohne gültigen Ausweis die abgesperrten Teile einer Station[16] betritt[17], hat 3 Mark zu zahlen[18].

(5) Wer ohne die Absicht mitzureisen in einem zur Abfahrt bereitstehenden Zuge Platz nimmt[20], hat 20 Mark[18] zu entrichten[19, 21].

(6) Den Eisenbahnen bleibt überlassen, mit Genehmigung der Landesaufsichtsbehörden[22] nach Zustimmung des Reichs-Eisenbahnamts[22] die Fälle durch den Tarif einheitlich[23] zu regeln, wo aus Billigkeit[24] von der Erhebung der in den Abs. (2), (4) und (5) bezeichneten Beträge ganz oder teilweise abgesehen wird.

(7) In allen Fällen, wo eine Nachzahlung[25] geleistet wird, ist eine Bescheinigung zu verabfolgen[26].

1. Werden mehrere aneinander anschließende Fahrkarten zu einer zusammenhängenden Fahrt benutzt, so sind sie bei Beendigung der Fahrt mit der auf die Endstation lautenden Fahrkarte vorzuzeigen.

Wer in diesem Falle eine gültige Fahrkarte für eine Teilstrecke nicht vorzuzeigen vermag, hat für diese Teilstrecke und, wenn die Zugangsstation nicht sofort unzweifelhaft nachgewiesen wird, für die ganze vom Zuge zurückgelegte Strecke, soweit für sie nicht Fahrkarten vorgewiesen werden können, das Doppelte des gewöhnlichen Fahrpreises, mindestens aber den Betrag von 20 Mark zu entrichten.

2. Ob eine beschädigte Fahrkarte noch als gültig anzusehen ist, entscheidet auf der Station der Aufsichtsbeamte, während der Fahrt der Zugführer. Fahrkarten, deren Inhalt unbefugt geändert worden ist, werden als ungültig eingezogen.
3. Scheine von Fahrscheinheften aller Art und von Fahrkarten in Buchform, deren Umschlag nicht vorgezeigt werden kann, sowie außer der Reihe befindliche Scheine sind ungültig und werden dem Reisenden abgenommen.
4. Einen Zuschlag hat nicht zu zahlen:
   a) wer auf einer Anschlußstation wegen Verspätung des benutzten Zuges oder wegen kurzer Übergangszeit eine Fahrkarte zur Weiterfahrt nicht hat lösen können und dies dem Schaffner sofort unaufgefordert meldet;
   b) wer in demselben Zug über die Station, bis zu der seine Fahrkarte gilt, hinausfahren will, dort aber keine Zeit zur Lösung einer neuen Fahrkarte hat und die Absicht der Weiterfahrt spätestens auf der ursprünglichen Bestimmungsstation dem Schaffner meldet;
   c) wer in einem auf der Bestimmungsstation seiner Fahrkarte nicht haltenden Zug über diese hinausfahren will und dies dem Schaffner spätestens auf der letzten Haltestation vor der ursprünglichen Bestimmungsstation meldet.
5. Wenn ein Reisender gegen seinen Willen oder aus Unkenntnis eine Strecke mit einer für diese

nicht gültigen Fahrkarte befahren oder einen seiner Fahrkarte nicht entsprechenden Zug mit höheren Fahrpreisen benutzt hat, so kann statt der in § 16 Abs. (2) bestimmten Beträge der einfache Fahrpreis oder der tarifmäßige Zuschlag für den Übergang erhoben werden, sofern der Reisende zur sofortigen Zahlung bereit ist.

6. Bahnsteigkarten gelten, wenn nicht für einzelne Stationen anderweite Bestimmungen getroffen sind, nur zur einmaligen Benutzung an dem Kalendertag, an dem sie vom Bahnsteigschaffner mit der Lochzange entwertet worden sind. Die zwischen 11 und 12 Uhr nachts entwerteten Karten sind noch am folgenden Tag gültig.

Personen mit Bahnsteigkarten wird der Zutritt zu den Bahnsteigen und den in die Bahnsteigsperre einbezogenen Warteräumen nur gestattet nach Öffnung der Sperre vor der Abfahrt oder Ankunft von Zügen; bei Schluß der Sperre oder auf Anordnung des Aufsichtsbeamten haben diese Personen sich zu entfernen.

7. Der Preis einer Bahnsteigkarte beträgt 1 Mark. Kinder bis zum vollendeten vierten Lebensjahre werden auf die Bahnsteige ohne Bahnsteigkarte zugelassen. Für zwei Kinder vom vollendeten vierten bis zum vollendeten zehnten Lebensjahre genügt die Lösung einer Bahnsteigkarte.

Für jeden Hund, der auf den Bahnsteig mitgenommen wird, ist eine Bahnsteigkarte zu lösen.

PersBefVorschr. §§ 18, 19, 21.

Literatur: Eger Anm. 57ff. und EEE. **25** 213; ferner Gorden (EEE. **20** 193); Hausmann (der blinde Passagier) in ZVDEisV. **09** 1425. Über geschichtliche Entwicklung s. Boethke, EEE. **21** 87.

[1] Fahrtausweis aller Art (s. AusfBest. zu Abschn. III, also auch Schnellzugzuschlagkarte, Bettkarte usw.

[2] Des zuständigen Bediensteten (s. EVO. § 8). Bei Weigerung Zurückweisung, Ausschluß von der Fahrt (EVO. § 11), bahnpolizeiliche Strafe (BBO. §§ 77, 82) oder Zahlung gemäß Abs. 2.

[3] Daher Aufbewahrungspflicht bis zum Verlassen des Bahnsteigs oder, wo eine Bahnsteigsperre nicht besteht, des Zuges.

[4] S. § 797 BGB. (oben § 13 Anm. 3e), auch nur auf Verlangen. Über die Ablieferung der Monatskarten s. EEE. **26** 316, auch 446.

[5] Gegensatz s. Abs. 5. Unterschied oft schwierig. Für Minderjährige haftet gesetzlicher Vertreter: s. ZVDEisV. **14** 28.

[6] Für den betreffenden Zug, die benutzte Klasse; Sonntagskarte an Wochentagen, Kinderkarte für Erwachsene (s. EEE. **26** 446; s. ZVDEisV. **20** 9).

[7] Die Tatsache des Nichtvorweisens (können oder wollen) genügt; s. hierzu die Literatur bei Rundnagel, BefGesch. § 173, S. 508, Anm. 7, ferner ZVDEisV. **20** 9; maßgebend ist der Zeitpunkt des „Verlangens" nach Abs. 1. Weder der Nachweis, daß die Fahrkarte gelöst, aber verloren gegangen ist, noch ihr Wiederauffinden befreit von der Zahlung, s. EEE. **24** 241, 353; Gerden, EEE. **16** 77; auch Irrtum über die Gültigkeit der Fahrkarten ist unbeachtlich (a. M. ZVDEisV. **94** 121).

[8] Das Fahrgeld ist nicht noch besonders zu berechnen. Beträgt der Fahrpreis also bis einschließlich 10 M., ist ein Betrag von 20 M. zu erheben, nicht etwa daneben noch der Fahrpreis; bei unrechtmäßiger Benutzung einer höheren Wagenklasse ist ebenso zu verfahren. Der Preis der für die niedrigere Klasse gelösten Karte ist abzuziehen (s. Kittel, EVO. § 16 Anm. 3).

[9] D. h. vor dem Platznehmen im Zuge (Luxus-Zug mit 4.-Kl.-Fahrkarte) oder der höheren Wagenklasse. Meldung erst bei der Fahrkartenprüfung ist verspätet.

[10] Neben dem Zuschlag nach Abs. 2; neben dem Einschreiten nach §§ 77, 82 BBO. kann noch der Tatbestand strafrechtlicher Vergehen vorliegen; eine Strafe schließt die andere nicht aus; s. Sauter, EEE. **29** 146, Eger **25** 213. a) Betrug: §§ 263, 264 StGB. Fahrt ohne Fahrkarte in der rechtswidrigen Absicht, ohne Entgelt befördert zu werden; Vergehen vollendet spätestens mit Beginn der Fahrt. Versehentliches Vorzeigen einer ungültigen Fahrkarte macht nicht strafbar (s. EEE. **33** 186; RGSt. **4** 295, **7** 124); falsche Angabe der Zugangsstation: ebendort **17** 217; EEE. **24** 218, 318. Verhinderung der Entwertung, auch wenn im Einverständnis mit dem Zugpersonal eiGSt. in EEE. **7** 214, **17** 217, **25** 412. Die herrschende Meinung verlangt aber eine tatsächliche Irrtumserregung in Rnem zuständigen Bediensteten (Bahnsteigschaffner, z. B. durch Vorweisen einer Bahnsteigkarte), s. Olshausen, Kommentar z. StGB. **2** 1022). Doch wird Betrug auch begangen, wenn Schaffner einverstanden ist. Tatbestand der Bestechung schließt Bestrafung wegen Betrugs nicht aus, s. EEE. **7** 214, **11** 227, **17** 217, **25** 412; aber RGSt. **42** 40 (Hausmann, ZVDEisV. **09** 1425). Kein Betrug, wenn Reisender nachweislich die Absicht hatte, sofort nach Ankunft den Fahrpreis zu zahlen. (RGEntsch., EEE. **31** 65). Ferner bei bewußt rechtswidriger Benutzung einer nicht übertragbaren (Monatskarte) oder ungültigen Fahrkarte (EEE. **25** 386). b) Urkundenfälschung (§§ 267, 268 RStGB.). Fälschung einer Fahrkarte in rechtswidriger Absicht und von beweiserheblicher Bedeutung. Änderung des Datums (EEE. **3** 48, abw. 394, **27** 325) des Fahrpreises (EEE. **5** 146, 352); des Reisewegs (EEE. **5** 60); bei Staatseisenbahn: öffentliche Urkundenfälschung (EEE. **3** 48; RGSt. **8** 409, **28** 42); s. auch EEE. **4** 387 (Versuch)), **22** 151; Fälschung der Unterschrift auf einer Zeitkarte s. RGSt. **28** 42); Militärurlaubspasses (EEE. **23** 155); eines Staatsbahnfreifahrt-

scheines (EEE. **26** 312); Fälschung der Durchlochung bei einer Bahnsteigkarte s. RGSt. **29** 118; vgl. auch EVO. § 13, Anm. 4 c) Bestechung (§§ 332, 333 RStGB.; s. EEE. **3** 203, **4** 385, **6** 69, **7** 214). d) Widerstand gegen die Staatsgewalt (§ 113 RStGB.); Bahnsteigschaffner s. EEE. **21** 287.

[11] Des Fahrpreises nebst Strafe und Zuschlag.

[12] Auf Anfangs- und jeder Zwischenstation (EEE. **20** 195). Der Anspruch auf Zahlung der verwirkten Beträge wird hierdurch nicht berührt; auch vorläufige Festnahme ist zulässig (BBO. § 75 Anm. 4) bei Fluchtverdacht und mangelndem Ausweisen der Persönlichkeit.

[13] Wohl aber sein Handgepäck.

[14] Geschieht dies trotzdem, dann kein Anspruch auf auch nur teilweise Rückzahlung der Gepäckfracht (EVO. § 11 Anm. 5).

[15] Durch Lösung einer Bahnsteigsperre entsteht kein Vertragsverhältnis zwischen Eisenbahn und Inhaber. Daher keine Haftung aus Vertrag, sondern nur aus Haftpflichtgesetz und BGB. (unerlaubte Handlung). Inhaber hat auch keinen privatrechtlichen Anspruch auf Zutritt oder Belassung auf dem Bahnsteig (z. B. bei bahnpolizeilicher Regelung, Absperrung). Eisenbahn ist zum Verkauf von Bahnsteigkarten nicht verpflichtet, kann aber Betreten des Bahnsteigs nicht immer versagen (z. B. Begleitung gebrechlicher Reisender), (§ 242 BGB. [?]). Die Bahnsteigkarte ist Inhaberpapier wie die Fahrkarte (EVO. § 13 Anm. 2); s. Weber, EEE. **25** 122 (Sonderheft); Kalckbrenner, EEE. **26** 211; RG. **24** 382; a. M. Senckpiehl S. 156; Kittel, EVO. II, S. 6. Personen mit gültiger Fahrkarte brauchen keine Bahnsteigkarte zu lösen; dies gilt aber nicht für Leute, die lediglich des niedrigeren Preises wegen eine Fahrkarte zum Betreten des Bahnsteiges lösen; mangels übereinstimmenden Willens ist ein Beförderungsvertrag gar nicht zustande gekommen. (vgl. ZVDEisV. **07** 964, **08** 206, 593; DJZ. **07** 1320; EEE. **25** 218 u. a.). [16] Geht weiter als Bahnsteig.

[17] Entscheidend ist lediglich die Tatsache des Eintritts ohne Karte.

[18] Zu dieser Strafe tritt noch der Betrag einer Bahnsteigkarte, nicht aber auch der Betrag Abs. 2, möglicherweise aber auch Abs. 5 (a. M. Eger, Anm. 61; Rundnagel, BefGesch. 174 511). Außerdem kann Bestrafung aus § 77, § 82 BBO. sowie aus RStGB. erfolgen (RGSt. **4** 295; EEE. **7** 124).

[19] Nicht Vertragsstrafe im Sinne des § 339 BGB. (also auch keine Herabsetzung gemäß § 343 aaO.) auch keine Strafe des öffentlichen Rechts, sondern erhöhtes Fahrgeld; zivilrechtliche Verpflichtung s. ZVDEisV. **94** 121, **10** 1547; EEE. **21** 87, **27** 406; abw. Eger, EVO. Anm. 58, S. 73; Senckpiehl S. 155.

[20] S. Neumann, ZVDEisV. **03** 101.

[21] Auch einsteigen, sich aufhalten (Personen, die Reisende oder Beamte über die Besetzung des Abteils täuschen wollen, um ihren Angehörigen eine bequeme Fahrt zu sichern (Begr.), s. auch Anm. 18, s. für die früheren, anderslautenden Bestimmungen: Holzbecher, ZVDEisV. **02** 663; Neumann **03** 101; auch EEE. **20** 193; doch wird Begleitern unselbständiger Reisender (Kranken, Kinder) das Betreten zum Zwecke der Hilfeleistung (z. B. beim Unterbringen von Gepäck) nicht versagt werden können.

[22] Jetzt des Reichsverkehrsministeriums.

[23] D. h. durch AAB. (Teil I), nicht etwa Lokaltarif.

[24] Z. B. weil die Absicht der Fahrgeldhinterziehung fehlt.

[25] Ausdruck nicht zutreffend; besser: Zahlung nach Abs. 2—5.

[26] § 16 gibt der Eisenbahn kein gesetzliches Pfandrecht; s. aber BGB. §§ 229 ff. (Notangriff, Selbsthilfe), vgl. EEE. **33** 194, 293.

§ 17. Warteräume[1].

(1) Die Warteräume[2] sind mindestens 1 Stunde vor Abfahrzeit des Zuges zu öffnen[3].

(2) Auf Übergangsstationen ist es den angekommenen Reisenden gestattet, sich in dem Warte-

raume[4] der Bahn, die sie zur Weiterreise benutzen wollen, bis zur Abfahrt ihres Zuges aufzuhalten[5]. Sie können aber nicht beanspruchen, daß der Warteraum ihretwegen in der Zeit von 11 Uhr abends bis 6 Uhr morgens offengehalten wird[6]. Nur wenn die Zeit von der Ankunft des letzten bis zum Abgange des ersten Zuges weniger als 4 Stunden beträgt, müssen auf Übergangsstationen oder auf Stationen, wo Züge über Nacht stehen bleiben, die Warteräume für angekommene Reisende, die weiter fahren wollen, geöffnet sein[7].

(3) Den im § 11 aufgeführten Personen kann untersagt werden, sich in den Warteräumen aufzuhalten.

(4) Das Rauchen in den Warteräumen kann verboten werden[8].

Sind in Anwendung der Bestimmung in § 2 Abs. (2) auf einzelnen Stationen die Warteräume nur kürzere Zeit geöffnet, so wird dies durch Aushang bekanntgemacht.

Literatur: Gerland, Die Eisenbahnpolizei, besonders in Bahnhofswirtschaften, PrVerwBl. **05** 553; Gerstberger, Die Gültigkeit der Polizeistunde in Bahnhofswirtschaften, ZVDEisV. **05** 455; Holzbecher, ZVDEisV. **07** 1421; Weber, ebenda **05** 709.

[1] Eisenbahn haftet nach Abschluß des Personenbeförderungsvertrages für gefahrlosen Aufenthalt im Warteraume; RG. **4** 192, **55** 335; EEE. **2** 11, **5** 237, **20** 252, **21** 68, **22** 40, **25** 43, 49, **24** 32; Arch. f. Eis. **08** 485; s. auch Vorbem. zu Absch. III. Über die Haftung des Pächters der Bahnhofswirtschaft s. EEE. **21** 386; JW. **05** 48.

[2] Warteräume sind nur für den Reiseverkehr im weiteren Sinne bestimmt. Gegen mißbräuchliche Benutzung hat Eisenbahn einzuschreiten.

[3] Eindringen in nicht dem öffentlichen Verkehr freigegebene Räume oder Teile des Bahnhofs stellt Hausfriedensbruch dar (§ 123 RStGB.), s. RG. i. EEE. **1** 375, **7** 326 (Bahnsteig); ferner EEE. **4** 156, 301ff., **7** 12 (Wartesaal); Schlafwagenabteile (RG. i. EEE. **25** 68). Das Hausrecht steht der Eisenbahn und deren Organen zu (Bahnhofsvorsteher), kann aber auch auf den Bahnhofswirt zur Mitwahrnehmung übertragen werden. Das ist in der Regel anzunehmen (RGSt. **36** 188; auch in EEE **20**, 151; u. v. 22. 11. 1904 [RGSt. **37** 263]; JW. **03** 320).

[4] Eine Verpflichtung, eine Bahnhofswirtschaft einzurichten, besteht an sich nicht.

[5] Auch solchen ohne durchgehende Fahrkarte (Begr.).

[6] Kein Anspruch auf Nachtquartier, auch nicht auf Offenhaltung einer Bahnhofswirtschaft.

[7] Verstoß macht schadensersatzpflichtig.

[8] Streitig ist, ob Bahnhofswirtschaften, Bahnhofsbuchhandlungen, Wechselstuben, Friseurstuben, Wascheinrichtungen, Automaten, Speisewagen usw. den Vorschriften der Gewerbeordnung, namentlich §§ 33, 43 (Konzession), 41a (Sonntagsruhe), 139c (Ladenschluß, Fortbildungsschulunterricht für Lehrlinge) unterworfen sind. Zu verneinen ist dies mindestens insoweit, als derartige Einrichtungen tatsächlich dem Reiseverkehr dienen; daß nebenbei auch Nichtreisende von ihr Gebrauch machen, ändert hieran nichts. Über die sehr umfangreiche und wechselnde Spruchpraxis, die Literatur und Verordnungen s. Fritsch S. 7, Anm. V; Eger Anm. 68, S. 81; Senckpiehl S. 157.

§ 18. Frauen- und Nichtraucherabteile.

(1) Jeder Zug muß mindestens je ein Frauenabteil zweiter und dritter Klasse enthalten, wenn er drei oder mehr Abteile der betreffenden Klasse führt.

(2) In Frauenabteile dürfen[1] Männer nicht zugelassen werden, selbst wenn es die darin fahrenden Frauen zugeben. Die Mitnahme von Knaben bis zum vollendeten zehnten Lebensjahr ist gestattet.

(3) In der ersten Wagenklasse darf, soweit nicht besondere Abteile für Raucher und Nichtraucher eingerichtet sind, nur mit Zustimmung aller Reisenden desselben Abteils geraucht werden. In Zügen, die Abteile zweiter und dritter Klasse führen, müssen Abteile zweiter, und, soweit es die Beschaffenheit der Wagen gestattet, auch dritter Klasse für Nichtraucher vorhanden sein. In den übrigen Abteilen dieser Klassen und in der vierten Klasse ist das Rauchen gestattet, sofern nicht auch für die vierte Klasse Nichtraucherabteile eingerichtet sind.

(4) Nichtraucher- und Frauenabteile sind durch eine Aufschrift kenntlich zu machen.

(5) In Nichtraucher- und Frauenabteilen darf selbst mit Zustimmung der Mitreisenden nicht geraucht, auch dürfen solche Abteile nicht mit brennenden Zigarren, Zigaretten oder Tabakspfeifen betreten werden.

(6) In Zügen, in denen sich keine Wagen mit geschlossenen Abteilen befinden, ist für gesonderte Unterbringung von Nichtrauchern und von Frauen tunlichst Sorge zu tragen[2].

Befindet sich in einem Zuge nur je ein Abteil 2. oder 3. Klasse, so ist das Rauchen nur mit Zustimmung der Mitreisenden gestattet.

S. Fahrdienstvorschriften § 91 Nr. 1; BBO. 77 82.

[1] Bei Verstoß EVO. § 11 Abs. 1 und BBO. §§ 77, 82 (Bahnpolizeistrafe).

[2] Rauchen in D-Zug- und Schlafwagen: s. ZVDEisV. 07 629.

§ 19. Einsteigen und Anweisung der Plätze.

(1) Auf größeren Stationen ist in den Warteräumen zum Einsteigen abzurufen[1].

(2) Die Bediensteten sind berechtigt und auf Verlangen verpflichtet, den Reisenden die Plätze anzuweisen.

(3) Die mit durchgehenden Fahrkarten angekommenen Reisenden haben den Vorzug vor neu hinzutretenden.

(4) Der Reisende[2] darf beim Einsteigen[3] für sich und für jede mit ihm reisende Person[4] je einen Platz belegen[5]. Wer seinen Platz verläßt, ohne ihn zu belegen[6], verliert den Anspruch darauf [vergleiche jedoch § 15 Abs. (4)].

Auf Stationen, wo nicht abgerufen wird, wird dies durch Aushang in den Warteräumen bekanntgemacht.

[1] Unterlassenes oder unrichtiges Abrufen — das Abläuten ist weggefallen — macht schadensersatzpflichtig; jetzt meist Abruf durch Licht- und Glockenzeichen, s aber EVO. § 21 Abs. 2.

[2] Nur dieser, nicht etwa der Inhaber einer Bahnsteigkarte.

[3] Nicht vorher und auch nur, wenn vorhanden. Ein Anspruch auf einen Platz ist nicht anerkannt. Sind Plätze nicht vorhanden, werden entweder Fahrkarten nicht verkauft (also kein Vertragsschluß), oder der Anspruch entfällt wegen Unmöglichkeit der Leistung (§ 323 BGB. wird ersetzt durch § 21 (1) EVO.)

[4] Nicht Dritte. Unklar (s. Kittel, EVO. § 19 Anm. 5).

[5] Ob auch in 4. Klasse, ist bestritten; in Preußen bisher verneint (s. ENBl. 99 93); a. A. Eger Anm. 80, S. 85.

[6] Belegen, d. h. den Sitzplatz; es genügt nicht Belegen des oberhalb dessen befindlichen Gepäcknetzes.

§ 20. Rücknahme und Umtausch von Fahrkarten.

(1) Der Reisende hat nur dann Anspruch auf Beförderung in der[1] Wagenklasse, für die seine Fahrkarte gilt, wenn ihm dort ein Platz[2] angewiesen werden kann. Erhält er weder hier, noch — wenigsten zeitweilig — in einer höheren Klasse einen Platz, so kann er Beförderung in einer niedrigeren Klasse, in der noch Plätze frei sind, und Erstattung des Preisunterschieds verlangen oder die Fahrt unterlassen und das Fahrgeld sowie die Gepäckfracht zurückfordern[3]. Eine Entschädigung[4] steht ihm nicht zu.

(2) Auf der Zugangsstation darf der Reisende bis 5 Minuten vor der Abfahrzeit des Zuges seine Fahrkarte, wenn sie noch nicht durchlocht oder nachweislich nur zum Betreten des Bahnsteigs benutzt ist, unter Ausgleich des Preisunterschieds gegen eine andere umtauschen[5].

(3) Für Teilstrecken kann, soweit der Tarif nichts anderes bestimmt[6], gegen Zahlung des tarifmäßigen Zuschlags eine höhere Klasse oder ein Zug mit höheren Fahrpreisen benutzt werden[7].

1. Fahrkarten, die noch nicht durchlocht sind oder nachweislich nur zum Betreten des Bahnsteigs benutzt wurden, können nach dem Ermessen der Eisenbahn auch in Fällen eines Irrtums oder einer Erkrankung oder aus sonstigen Billigkeitsgründen vor oder unmittelbar nach Abgang des betreffenden Zuges an der Fahr-

kartenausgabe zurückgenommen werden. Auf Stationen, deren Bahnsteige abgesperrt sind, wird jedoch, wenn nicht einer der in § 20 Abs. (1) und in § 26 Abs. (2) bezeichneten Fälle vorliegt oder die Reise wegen erheblich verspäteter Abfahrt des Zuges aufgegeben wird, der Preis einer zum Betreten des Bahnsteigs benutzten Fahrkarte nur mit Abzug des Preises einer Bahnsteigkarte zurückgezahlt.

2. Beim Übergang in eine höhere Klasse ist der Unterschied zwischen dem Preise einer Fahrkarte der Klasse und Zuggattung, in die der Reisende übergeht, und dem Preis einer Fahrkarte der Klasse und Zuggattung, aus der er übergeht, durch Lösung einer Übergangskarte zu entrichten. Beim Übergang in eine höhere Klasse eines Schnellzuges werden die bereits gezahlten Schnellzugzuschläge angerechnet. Eine Übergangskarte gilt ebenso lange wie die Fahrkarte, zu der sie gelöst ist; berechtigt diese zu mehr als einer Fahrt, so gilt die Übergangskarte gleichwohl nur zu **einer**, wenn auch mit Unterbrechung zurückgelegten Fahrt und nicht länger als 4 Tage.

Literatur: Eger Anm. 81 ff., S. 87 ff. Auslegungbes § 20, Eger, EEE. **33** 139.

[1] Nicht ohne weiteres in einer höheren oder niederen, auch nicht im Raucher-, Nichtraucher-, Frauenabteil oder Kurswagen. Ist ihm aber ein bestimmter Platz angewiesen und hat er ihn eingenommen oder belegt (EVO. § 15, Abs. 4), so hat er hierauf einen Anspruch aus dem Beförderungsvertrag, s. hierüber oben § 15, Anm. 2.

[2] Platz: Sitzplatz in der 1. bis 3., ein Stehplatz in der 4. Klasse. Der tatsächliche Zustand entscheidet: ob Eisenbahn schuldhaft nicht für Vermehrung der Plätze gesorgt hat, ist unbeachtlich, s. Eger Anm. 82, S. 88; Kittel, Zeitschr.f. Eis. Recht **12** 493. Über Haftung bei Überfüllung s. Vorbem. zu Abschn. III, Anm. 4.

[3] S. hierüber ZVDEisV. **02** 2 u. 791 (Holzbecher **09** 111); DJZ. **02** 23, 218; Gorden, EEE. **18** 290; vgl. EVO. § 12 (2), § 21 (2), § 26 (2), (3).

[4] Weder für wirklichen Schaden noch für entgangenen Gewinn.

[5] Nur Umtausch; Rückgabe nur aus Billigkeit (s. AAB. 2—4; AAB. § 7; PersBefV. §§ 5, 20). Also nicht ohne weiteres Kündigung des Vertrages (s. § 649 BGB.). Für Rückerstattung wird Nachweis der Nichtbenutzung verlangt (wegen EVO. § 6 Abs. 3 s. auch EVO. §§ 60 Abs. 2; 16 Abs. 6; 27 Abs. 5. Besteht für den Fall der Überfüllung Anspruch auf Rückzahlung? Frage ist zu verneinen; s. die Anm. 3 Angeführten.

[6] Z. B. für Schüler- und Arbeiterkarten (Begr.).

[7] Bei Übergang in eine niedere Klasse oder Zug mit niedrigen Fahrpreisen kein Erstattungsanspruch (Ausnahme: Abs. 1 u. 2).

§ 21. Abfahrt. Versäumnis der Abfahrt durch den Reisenden.

(1) Nach dem Abfahrzeichen[1] darf[2] niemand mehr zur Mitfahrt zugelassen werden.

(2) Wer die Abfahrt versäumt, hat keinen Anspruch auf Erstattung des Fahrgeldes oder auf eine Entschädigung[3].

(3) Will er einen späteren Zug benutzen, für den seine Fahrkarte nicht ohne weiteres gilt, so hat er sie ohne Verzug dem Aufsichtsbeamten vorzulegen, der sie für den gewählten Zug gültig

schreibt. Die Geltungsdauer der Fahrkarten wird hierdurch nicht verlängert. Bei Benutzung eines Zuges mit höheren oder niedrigeren Fahrpreisen ist der Unterschied auszugleichen.

(4) Wegen Rückgabe des Gepäcks [Abs. (2)] gelten sinngemäß die Vorschriften im § 34 Abs. (4) und (5)[4].

Werden Fahrkarten, die durchlocht, aber zur Fahrt nicht benutzt sind, wieder gültig geschrieben, so wird die Bahnsteiggebühr nicht erhoben, selbst wenn die Fahrkarte gegen eine Fahrkarte für einen Zug mit höheren oder niedrigeren Fahrpreisen umgetauscht wird.

[1] BBO. § 65 Abs. 6; FahrdV. § 24 Abs. 2, 9; § 50. Abfahrzeit: Bahnhofsuhr BBO. § 26 Abs. 2; § 49 Abs. 3, § 65 Abs. 1. Mitteleuropäische Zeit: RG. v. 12. 3. 1893 u. 31. 7. 1895 (RGBl. S. 93 u. 426).

[2] Auch wenn sich der Zug noch nicht in Bewegung gesetzt hat. Zuwiderhandlung: Bestrafung aus §§ 77, 82 BBO.; eigenes Verschulden (§ 1 Haftpflichtges. u § 254 BGB.).

[3] Außer bei Verschulden der Bahnverwaltung (EVO. §§ 14 Abs. 1; 19 Abs. 1; s. oben Anm. 1, aber ohne Rücksicht auf eigenes Verschulden (vgl. noch EVO. § 26 Abs. 2, 3).

[4] D. h. das schon im Zuge befindliche Gepäck muß er gegebenenfalls auf seine Kosten zurückbefördern lassen.

§ 22. Öffnen der Fenster.

Nur mit Zustimmung aller in demselben Abteile reisenden Personen dürfen die Fenster auf beiden Seiten des Wagens gleichzeitig geöffnet sein. Im übrigen entscheidet, wenn sich die Reisenden über das Öffnen und Schließen der Fenster nicht verständigen, der Schaffner[1].

[1] Auch dieser darf also nicht das gleichzeitige Öffnen der Fenster auf beiden Seiten anordnen; vgl. EVO. § 8 u. BBO. §§ 80, 81, 82. Bei Nichtbeachtung: EVO. § 11 Abs. 1, oder Bestrafung nach § 82 BBO.

§ 23. Beschädigung von Fahrzeugen oder Ausrüstungsstücken.

Die durch Beschädigung oder Verunreinigung der Fahrzeuge oder Ausrüstungsstücke entstandenen Kosten[5] sind zu erstatten[1]. Die Eisenbahn[2] kann sofortige Zahlung oder Sicherheitsleistung[3] verlangen[4]. Die Entschädigung ist, wenn die Eisenbahn dafür feste Sätze[6] bestimmt hat, nach diesen zu bemessen[5].

Für Beschädigungen oder Verunreinigungen bestehen feste Sätze. Ein Verzeichnis hierüber wird von dem Zugführer oder auf Stationen von dem Aufsichtsbeamten auf Verlangen vorgezeigt. Trifft keiner der Sätze dieses Verzeichnisses auf die Beschädigung oder Verunreinigung zu, so sind die Ersatzkosten auf Grund vorgenommener Abschätzung zu leisten.

BBO. § 80; RStGB. §§ 303, 304, 315.

[1] Haftung aus dem Personenbeförderungsvertrag; § 23 gilt also nur für Reisende; für Nichtreisende gilt BGB. § 823; für den Tierverkehr s. EVO. § 48; für Güterverkehr § 60, § 62 aaO.

[2] Feststellung des Schadens, des Täters, der Höhe des Ersatzbetrages und der Sicherheitsleistung zunächst durch die zuständigen Bediensteten (EVO. § 8), vorbehaltlich der Aufsichtsbeschwerde und des Rechtsweges. Auf ein Verschulden (Vorsatz oder Fahrlässigkeit) kommt es nicht an. Senckpiehl,

S. 161, s. Anm. 5; a. M. Coermann, EEE. **30** 14ff.; Rittel, EVO. § 23 Anm. 1.

[3] Für diese gilt BGB. §§ 232ff. (regelmäßig Hinterlegung von Geld, Wertpapieren, Verpfändung beweglicher Sachen, im Notfall Stellung eines tauglichen Bürgen).

[4] Verweigert der Reisende beides, bleibt nur Klage vor dem ordentlichen Gericht übrig. Ist die Person des Täters nicht mit Sicherheit festzustellen, liegen die Voraussetzungen der Selbsthilfe vor (BGB. § 229): vorläufige Festnahme und Feststellung der Persönlichkeit durch Polizeiorgane. Der Eisenbahn steht aber auch nach § 273 BGB. ein Zurückbehaltungsrecht an ihrer Leistung zu. (Verweigerung der Beförderung, der Herausgabe des Gepäcks; auch des Frachtgutes? [z. B. beim Viehbegleiter?] wohl zu verneinen, da ein selbständiger, besonderer Vertrag!).

[5] Voller Schadensersatz nur bei schuldhafter Schadenszufügung (BGB. §§ 276, 823).

[6] Nach billigem Ermessen (BGB. § 315).

§ 24. Verfahren auf Zwischenstationen. Anhalten auf freier Bahn.

(1) Bei Ankunft auf einer Station sind ihr Name und der etwa stattfindende Wagenwechsel auszurufen, außerdem die Dauer des Aufenthalts, wenn dieser mehr als 4 Minuten beträgt. Sobald der Zug stillsteht, haben die Bediensteten die Türen der Wagen zu öffnen, aus denen Reisende auszusteigen[2] verlangen[1].

(2) Wird ausnahmsweise außerhalb einer Station längere Zeit angehalten, so dürfen die Reisenden nur mit ausdrücklicher Bewilligung des Zugführers aussteigen. Sie müssen sich sofort von dem Bahngleis entfernen und auf das erste Zeichen des Zugführers[3] ihre Plätze wieder einnehmen.

Jeder Reisende hat selbst dafür zu sorgen, daß er auf den Übergangsstationen in den richtigen Zug gelangt, sowie daß er am Ziele seiner Reise den Wagen verläßt.

Literatur: Fahrdienstvorschriften §§ 26, 58–60; PersBefB. §§ 8, 9.

[1] D. h. während des Aufenthalts; Schaffner kann nicht gezwungen werden, ihm schon beim Einsteigen angegebene Aussteigestation zu behalten; wenn er sich auch hierum zu bemühen versprach. A. A. Gerstner, EVO. S. 9.

[2] Gemeint ist wohl endgültig aussteigen; doch soll Schaffner auch behilflich sein, wenn Tür zu anderen Zwecken (Einkauf) geöffnet werden soll. Er muß außerdem Aussteigende aufmerksam machen, wenn Aussteigen nicht übliche Schwierigkeiten bereitet (beim Halten außerhalb des Bahnsteiges).

[3] Zeichen anderer Bediensteter (des Lokomotivführers) ist nicht maßgebend. Bei Nichtbeachtung des Zeichens EVO. § 21.

§ 25. Unterbrechung der Fahrt auf Zwischenstationen.

Der Tarif muß bestimmen, wie oft, wie lange und unter welchen Bedingungen der Reisende die Fahrt auf Zwischenstationen unterbrechen darf[1, 2, 3].

1. Auf Fahrkarten für eine einfache Fahrt darf die Fahrt nur einmal, auf Fahrkarten für Hin- und Rückfahrt je einmal auf der Hinfahrt und der Rückfahrt unterbrochen werden, soweit im Tarife nichts anderes bestimmt ist.

   Die Geltungsdauer der Fahrkarten wird durch eine Fahrtunterbrechung nicht verlängert. Im übrigen unterliegt die Fahrtunterbrechung einer zeitlichen Beschränkung nicht.

Auf Fahrscheinhefte des Vereinsreiseverkehrs oder der Reiseunternehmer darf, abgesehen von dem in der Ausführungsbestimmung 9 (2) zu § 13 geregelten Falle, die Reise innerhalb der Geltungsdauer des Heftes beliebig oft und beliebig lange unterbrochen werden.

2. Die unterbrochene Reise kann auch von einer anderen, der Bestimmungsstation näher gelegenen Station desselben Bahnwegs fortgesetzt werden.

3. Wird auf Fahrkarten, die wahlweise für mehrere Wege gelten, die Fahrt auf einem dieser Wege unterbrochen, so darf sie nur auf demselben Wege fortgesetzt werden.

4. Als Fahrtunterbrechung wird nicht angesehen das lediglich durch den Fahrplan bedingte Erwarten des nächsten Anschlußzuges, selbst im Falle der Übernachtung. Hierzu gehört auch der Übergang aus einem Zuge, der in der Bestimmungs- oder Unterbrechungsstation nicht hält, in den nächsten dort anhaltenden Anschlußzug sowie der Übergang in einen Zug, mit dem das Reiseziel früher oder billiger erreicht werden kann, als mit dem vorher benutzten Zuge.

Literatur: AAB. § 9; PersBefB. § 17.

[1] Fahrtunterbrechung kann auch in besonderen Fällen ausgeschlossen werden, z. B. bei Arbeiterkarten (EVO. § 2 Abs. 2 mit Genehmigung des Reichsverkehrsministeriums); Karte kann auch nur für einen bestimmten Zug ausgestellt sein (Messezug).

[2] Fahrtunterbrechung bewirkt keine Verlängerung der Gültigkeit, wenn nicht die Tarife ein anderes vorschreiben.

[3] Eine Bescheinigung der Fahrtunterbrechung ist in Deutschland nicht mehr erforderlich, vgl. aber VerBetrRegl. § 24, Zus.-Best. 2b—6.

§ 26. Verspätung oder Ausfall von Zügen. Betriebsstörungen.

(1) Die verspätete Abfahrt oder Ankunft oder das Ausfallen eines Zuges[1] begründen keinen Anspruch auf Entschädigung[2, 3].

(2) [4]Wird infolge einer Zugverspätung der Anschluß an einen anderen Zug versäumt oder fällt ein Zug ganz oder teilweise aus, so kann der Reisende das Fahrgeld und die Gepäckfracht für die nicht durchfahrene Strecke zurückfordern[3].

(3) Gibt der Reisende in einem solchen Falle die Weiterfahrt auf und kehrt mit dem nächsten, günstigsten Zuge ohne Fahrtunterbrechung zur Abgangsstation zurück, so ist ihm Fahrgeld und Gepäckfracht zu erstatten, auch freie Rückbeförderung in der für die Hinreise bezahlten Wagenklasse zu gewähren; führt der Zug diese nicht, in der nächsthöheren Klasse. Seine Ansprüche[6] hat der Reisende bei Vermeidung des Verlustes unter Vorlegung der Fahrkarte sogleich nach Ankunft auf der Station, wo er die Reise aufgibt, und bei Rückkehr auf der Abgangsstation dem Aufsichtsbeamten zu melden. Auf beiden Stationen ist die Meldung dem Reisenden zu bescheinigen[7].

(4) Die Eisenbahn hat den Reisenden, der auf Ersatz des Fahrgeldes und auf freie Rückbeförderung verzichtet, nebst seinem Gepäck ohne Preiszuschlag mit dem nächsten, günstigsten, auf der gleichen oder

auf einer anderen Strecke nach derselben Bestimmungsstation fahrenden, dem Personenverkehre dienenden Zuge[8] zu befördern, wenn hierdurch die Ankunft auf der Bestimmungsstation beschleunigt wird. Der Rückgriff der Bahnen untereinander wird dadurch nicht berührt.

(5) Die Eisenbahn ist berechtigt, durch den Tarif einzelne Züge oder Zuggattungen von der hilfsweisen Benutzung auszuschließen.

(6) Wenn Naturereignisse oder andere zwingende Umstände die Fahrt auf einer Strecke verhindern, so hat die Eisenbahn für die Weiterbeförderung bis zur fahrbaren Strecke tunlichst auf andere Weise zu sorgen[9].

(7) Den Eisenbahnen bleibt überlassen, weitere Erleichterungen mit Genehmigung der Landesaufsichtsbehörden nach Zustimmung des Reichs-Eisenbahnamts[10] durch den Tarif einheitlich festzusetzen[11].

(8) Zugverspätungen, die mehr als 15 Minuten betragen, und Betriebsstörungen sind durch Anschlag bekanntzumachen[12].

1. (1) In den Fällen des § 26 Abs. (4) hat die Station, von der die Weiterreise nach der Bestimmungsstation erfolgt, wenn erforderlich, die Anschlußversäumnis oder den Zugausfall auf der Fahrkarte zu bescheinigen und sie für eine andere Strecke, für einen Zug mit höheren Fahrpreisen oder für eine höhere Klasse gültig zu schreiben.

(2) Nach Überholung des Zuges, an den der Anschluß versäumt war, haben die Reisenden auf diesen Zug überzugehen.

2. Ist der Betrieb auf einzelnen Strecken vorübergehend unterbrochen, so kann die Benutzung einer Hilfsstrecke nach § 26 Abs. (4) auch solchen Reisenden gestattet werden, die die Fahrt nach einer auf dem geraden Wege nicht erreichbaren Station erst antreten wollen.
3. Die Benutzung der in den Fahrplänen mit L bezeichneten Züge (Expreßzüge) — siehe Abschnitt A IV zu § 12 — ist in den Fällen des § 26 Abs. (3) und (4) ausgeschlossen.
4. Inwieweit bei Anschlußversäumnissen Reisende mit Güterzügen befördert werden, ergeben die Bestimmungen der Tarifteile II.
5. Wenn infolge von Anschlußversäumnis usw. die Fahrt über eine Hilfslinie ausgeführt werden soll, wird das Gepäck der Reisenden auf Wunsch über diese oder über den ursprünglichen Bahnweg weiter befördert. Bei räumlich getrennten Bahnhöfen hat der Reisende für Überführung seines Gepäcks nach dem Anschlußbahnhofe selbst zu sorgen.

HGB. § 472.

Literatur: Eger Anm. 93, S. 97; Rinaldini, EEE. **20** 95ff.; Zurückbleiben eines einzelnen Wagens: EEE. **22** 258f.; s. AAB. § 15; PersBefB. §§ 13–16.

[1] Gilt nicht für den Güterverkehr: EEE. **22** 268.

[2] Für verfrühte Abfahrt haftet die Eisenbahn nach allgemeinen Grundsätzen, also bei Verschulden. Maßgebend: Bahnhofsuhr, s. oben § 21. Für verspätete nur bei Vorsatz (BGB. § 276 Abs. 2; a. M. Rundnagel, BefGesch. § 177, S. 516; Kittel, § 26 Anm. 1, S. 62; ZVDEisV. **12** 510, die jede Haftung auch bei Verschulden verneinen.

[3] Also weder des wirklichen Schadens (Nachtquartier, Zehrkosten) noch des entgangenen Gewinns (z. B. bei Geschäftsreisenden), sondern nur Leistungen nach Abs. 2 ff.

[4] Zugverspätung und Ausfall eines Zuges sind nunmehr gleichgestellt, „weil beide Vorkommnisse dieselben Folgen für den Reisenden haben" (Begr.).

[5] Also gegebenenfalls für die ganze oder eine Teilstrecke.

[6] Nicht Entschädigungsansprüche! (s. Abs. 1), vgl. aber Abs. 5.

[7] Auf der Fahrkarte oder anderswo.

[8] Ohne Preiszuschlag, auch wenn ein Zug mit höheren Fahrpreisen benutzt wird.

[9] Ohne, wie bisher, die Kosten — abzüglich des Fahrgeldes für die nicht befahrene Strecke — einziehen zu dürfen (Begr.). Über die Rechtsnatur dieser Verpflichtung s. Weber, ZVDEisV. **02** 147.

[10] Jetzt Reichsverkehrsministerium (s. EVO. § 2 Anm. 2).

[11] Also AAB. zu EVO. § 2 Abs. 1—3.

[12] S. RG. **46** 340; ZVDEisV. **09** 264; EEE. **22** 8.

§ 27. Mitnahme von Tieren in die Personenzüge[1]

(1) Tiere dürfen in die Personenwagen nicht mitgenommen werden[2].

(2) Ausgenommen sind kleine[3] Hunde und andere kleine Tiere, die auf dem Schoße getragen werden, wenn ihrer Mitnahme in das Abteil von den Mitreisenden nicht widersprochen wird. Hunde jeder Größe dürfen mitgeführt werden, wenn ihren Besitzern ein besonderes Abteil zur Verfügung gestellt werden kann[4].

(3) Im übrigen gelten für Hunde, die von Reisenden mitgeführt werden, folgende Vorschriften:

1. Hunde in genügend sicheren Behältern kann

die Eisenbahn zur Beförderung in den Gepäck- oder Güterwagen zulassen.

2. Nicht in Behältern verwahrte Hunde sind in besonderen Wagenräumen[5] zu befördern. Sind solche nicht vorhanden oder schon besetzt, so kann die Beförderung nicht verlangt werden.
3. Für das Ein- und Ausladen sowie für das Umladen der Hunde auf Übergangsstationen hat der Reisende zu sorgen[6].
4. Die Eisenbahn ist nicht verpflichtet, Hunde, die nicht sofort nach Ankunft auf der Bestimmungsstation abgeholt werden, zu verwahren[7].
5. Eine Angabe des Interesses an der Lieferung ist nicht gestattet.

(4) Im Tarif ist zu bestimmen, ob und für welche Tiere der Reisende eine Beförderungsgebühr zu bezahlen hat. Über die Zahlung ist ihm ein Ausweis zu erteilen.

(5) [8]Für jedes gebührenpflichtige Tier, das ohne solchen[9] Ausweis mitgeführt wird, ist zu entrichten:

bei rechtzeitiger[10] Meldung [§ 16 Abs. (2)] ein Zuschlag von 3 Mark zu dem tarifmäßigen Preise, jedoch nicht mehr als das Doppelte dieses Preises; ohne solche Meldung das Doppelte des Preises, jedoch mindestens 20 Mark[11].

In anderen als den im Abs. (2) erwähnten Fällen ist das Tier aus dem Personenwagen zu entfernen. Die Vorschrift im § 16 Abs. (6) gilt sinngemäß.

(6) Wegen sonstiger Beförderung von Tieren siehe §§ 30 Abs. (3), 40 ff. und 48 ff.

1. (1) Für Hunde, die von den Reisenden mitgeführt werden, sind Hundekarten gegen die tarifmäßige Gebühr zu lösen. Der Führerhund eines erblindeten Kriegsteilnehmers wird jedoch auf Grund eines Ausweises nach der Ausf.-Best. C IX, II 3 zu § 12 gebührenfrei befördert, wenn der Blinde nicht in Begleitung einer Person reist.

(2) Für kleine Vögel in Käfigen, die von den Reisenden mitgeführt werden, ist eine Beförderungsgebühr nicht zu bezahlen.

(3) Ob und für welche andere Tiere eine Beförderungsgebühr zu bezahlen ist, bestimmen die Tarifteile II.

2. Ausnahmsweise kann dienstlich reisenden Polizeibeamten, die Polizeidiensthunde mit sich führen, und Jägern gestattet werden, mit ihren Hunden im Dienstabteil oder in Gepäck- oder Güterwagen Platz zu nehmen, wenn kein Bedenken wegen der darin verladenen Gepäckstücke und Güter oder wegen der persönlichen Sicherheit des Reisenden besteht (s. § 57 der Eisenbahn-Bau- und Betriebsordnung).

HGB. 465.

[1] Beförderung von Tieren in Güterzügen s. EVO. §§ 48 ff. Als Reisegepäck vgl. EVO. § 30 Abs. 3, als Expreßgut §§ 40 ff., als Frachtgut oder Eilgut Abschn. VIII (vgl. Abs. 6). § 27 betrifft Mitnahme von Tieren als Handgepäck. Diese Eigenschaft behält das Tier auch, wenn z. B. Reisender und Hund sich trennen; so Rundnagel (s. oben); Kittel § 27 Anm. 3; EEE. **24** 400 (daher auch die Bestimmung Abs. 3 Ziff. 3). Wird für die Mitnahme keine Gebühr erhoben, so besteht kein eigenes

Rechtsgeschäft; im anderen Falle ein unselbständiger Nebenvertrag; auf diesen ist weder HGB. noch EVO. Abschn. VIII anzuwenden.

[2] Verstoß: EVO. § 11 Abs. 1; BBO., § 82 Abs. 5, S. 2.

[3] Entscheidung zunächst § 8 EVO.

[4] Die Eisenbahn haftet nur bei Verschulden (§§ 276, 278 BGB.), s. EEE. **24** 404). [5] Sog. Hundeabteile.

[6] Eisenbahn ist nicht verpflichtet, Eigentümer zur Umladung besonders aufzufordern; laden Eisenbahnbedienstete um, weil Eigentümer sich nicht darum kümmert, oder sie dazu auffordert, handeln sie als Beauftragte des Eigentümers, s. EEE. **32** 301.

[7] Über die Gültigkeit dieser Bestimmung, die zu bejahen ist, vgl. Eger Anm. 103, S. 103 u. Angeführte. Die Verwahrungspflicht gilt selbst nicht für in Behältern verwahrte Hunde auf Fahrkarte.

[8] Vgl. hierzu die Ausführungen zu § 16 EVO.

[9] Oder mit ungültigem Ausweis.

[10] Und unaufgeforderter.

[11] Nachzutragen aus § 16 ist noch das Recht des Aussetzens (Abs. 3 das.) und die Ausstellung einer Bescheinigung (Abs. 7 ebd).

[12] Besondere AusfBest. in Preußen betr. Polizeidiensthunde.

§ 28. Mitnahme von Handgepäck in die Personenwagen.

(1) Leicht tragbare Gegenstände (Handgepäck)[1] dürfen in die Personenwagen mitgenommen werden, wenn die Mitreisenden dadurch nicht belästigt[2] werden, und keine Zoll-, Steuer- oder Polizeivorschriften entgegenstehen[3].

(2) In der ersten, zweiten und dritten Wagenklasse steht dem Reisenden nur der Raum über und

unter seinem Sitzplatze für Handgepäck zur Verfügung. Auf den Sitzplätzen darf Handgepäck nicht untergebracht werden[4].

(3) In die vierte Klasse dürfen auch Handwerkzeug, Tornister, Traglasten in Körben, Säcken oder Kiepen und ähnliche Gegenstände mitgenommen werden, wie sie ein[5] Fußgänger tragen kann[6].

(4) Der Reisende hat die von ihm mitgeführten Sachen selbst zu beaufsichtigen[7]. Die Eisenbahn haftet dafür[8] nur, wenn sie ein Verschulden[9] trifft[10, 11, 12].

1. In der 4. Klasse darf jeder Reisende nur eine Traglast mit sich führen. Sie kann auch aus mehreren Stücken bestehen. Gegenstände, die infolge ihres Umfangs, ihres Gewichts oder ihrer Anzahl ein einzelner Fußgänger nicht zu tragen vermag, werden auch dann nicht als Traglasten zugelassen, wenn mehrere Fahrkarten vorgezeigt werden.
2. Als Traglasten dürfen auch kleinere Tiere mitgenommen werden; Hunde s. jedoch Ausführungsbestimmung 1 und 2 zu § 27.
3. Ob und unter welchen Bedingungen auf Strecken ohne 4. Klasse die Mitführung von Traglasten den Reisenden in der 3. Klasse gestattet ist, ergeben die besonderen Bestimmungen der Tarifteile II.
4. Fahrräder — gleichviel ob zerlegt oder unzerlegt — dürfen in die Personenwagen nicht mitgenommen werden.
5. Schneeschuhe und Rodelschlitten können, soweit

die Teile II es nicht anders bestimmen, in die Personenwagen mitgenommen werden, wenn eine Belästigung der Reisenden und eine Beschmutzung der Wagensitze ausgeschlossen ist. Andernfalls sind sie als Reisegepäck gegen Frachtzahlung aufzugeben.

HGB. § 465 Abs. 3.

Literatur: Eger Anm. 107, S. 105ff.; Rundnagel, BefGesch. § 181, S. 52ff. und die dort S. 525, Anm. 1 Angeführten; PersBefB. § 23.

[1] Handgepäck ist nicht aufgegebenes Reisegepäck. Nicht erforderlich, daß der Reisende der Gegenstände zur Reise bedarf (EEE. **24** 229); betr. Zeitungen s. Anm. 3 (HGB. § 465 Abs. 3). Kein besonderer Vertrag; lediglich Erweiterung des Personenbeförderungsvertrages (EEE. **19** 140; Zeitschr. f. Handelsrecht **36** 270; RGSt. **35** 226). Also keine auch nur entsprechende Anwendung der Bestimmungen in Abschn. VI u. VII HGB., Buch III (EEE. **24** 400); (Ausgen. §§ 465 Abs. 3, 471 HGB.). Von EVO. gelten demgemäß nur Abschn. I u. II, von Abschn. III die §§ 28 und 29; a. M. namentlich Eger Anm. 110, S. 107 u. 139, S. 142; vgl. auch EEE. **20** 80; die auch hier einen Frachtvertrag annehmen.

[2] Größe, Geruch, auch EVO. § 29 Abs. 1.

[3] S. EVO. § 3 Abs. 1 Ziff. 2. Bzgl. der postzwangpflichtigen Sendungen, namentlich Zeitungen, ist zu bemerken: Mitnehmen als Handgepäck im Umfang des Abs. 2 ist erlaubt: RGSt. **35** 220; Arch. f. Es. **02** 1135, **07** 552; EEE. **26** 175, **22** 260; JW. **05** 763. Nicht jedoch, wenn Reisender mehr mit sich führt, oder z. B. an jedem Bahnhof, an dem der Zug hält, Teile abgibt an dorthin bestellte Abholer (s. RG. Arch. f. Eis. **07** 552, **04** 1221; RGSt. **37** 98, **38** 136; auch EVBl. **02** 349 u. **04** 201; ferner: RGSt. **3** 300 und EEE. **19** 139; vgl. auch EVO. § 30, Abs. 2.

[4] Auf dem eigenen nur EVO. § 20, Abs. 4.

[5] Auf „ein" ist Gewicht zu legen; sonst als aufgegebenes Reisegepäck zu behandeln; s. PersBefV. § 23.

[6] Und zwar nicht nur etwa ein kurzes Stück von der Sperre zum Wagen; Eger verlangt mit Recht, „mittlerer Maßstab und Üblichkeit der Last". Die Lösung mehrerer Fahrkarten durch eine Person berechtigt nicht zur Mitnahme größerer Mengen.

[7] S. EEE. **22** 368.

[8] D. h. gemäß § 465 Abs. 3 HGB. entgegen dem § 25 PrEisGes., nur für Verschulden ihrer selbst oder ihrer Leute. Beweis hierfür liegt dem Reisenden ob, s. RG. JW. **06** 607; Staub § 465 Anm. 6; a. A. Rundnagel, BefGesch. § 151, S. 526. Entlastungsbeweis nach § 831 BGB. ist unzulässig, EEE. **22** 11. Ist Verlust unaufgeklärt, muß der Reisende ihn tragen. Es fehlt eine entsprechende Bestimmung, § 467 HGB. (Ausschluß der Haftung bei von der Beförderung ausgeschlossenen Gegenständen). Hier muß § 254 BGB. einspringen.

[9] Auch bei leichtem Verschulden.

[10] Zahlung auf vollen Schadensersatz (Hertzer, ZVDEisV. **07** 379).

[11] Über die Haftung der Eisenbahn als Schlafwagenunternehmer oder der privaten Schlafwagengesellschaften für die eingebrachten Sachen der Reisenden vgl. die Literatur bei Eger Anm. 110, S. 109. Da es sich hier nur um eine Erweiterung des Beförderungsvertrags handelt (ZVDEisV. **00** 692) haftet Eisenbahn und Unternehmer nur nach § 465 Abs. 3 HGB. (EVO. § 28 Abs. 4); vgl. Staub § 472 Anm. 10; EEE. **18** 367, **24** 195, auch 324; Haftung nach BGB. § 701 ist abzulehnen (Fuld, DJZ. **00** 10.)

[12] Die Haftung endet, wenn Handgepäck im Zuge zurückgelassen wird. Wegen verlorener Gegenstände vgl. BGB. § 978 (s. EEE. **22** 11, 368, **24** 239).

[13] Über Verjährung s. ZVDEisV. **02** 387, **05** 1057, 1514 (Nehse), 1273, **06** 311; EEE **16** 164.

§ 29. Von der Mitnahme ausgeschlossene Gegenstände.

(1) Gefährliche Gegenstände, insbesondere geladene Schußwaffen, ferner explosionsgefährliche, leicht entzündliche, ätzende, übelriechende Stoffe und dergleichen sind von der Mitnahme ausgeschlossen.

(2) Der Zuwiderhandelnde haftet für jeden hieraus entstandenen Schaden[3] und verwirkt außerdem die bahnpolizeilich festgesetzte Strafe[1, 2].

(3) Die Bediensteten sind berechtigt, sich von der Beschaffenheit der mitgenommenen Gegenstände zu überzeugen.

(4) Personen, die in Ausübung des öffentlichen Dienstes eine Schußwaffe führen, sowie Jäger und Schützen dürfen Handmunition mitnehmen. Den Begleitern von Gefangenen, die mit diesen in besonderen Wagen oder Wagenabteilen fahren, ist gestattet, geladene Schußwaffen mitzuführen.

[1] BBO § 82 Abs. 2, 3, sofern nicht StGB. eingreift (§ 304 Sachbeschädigung; § 309 fahrlässige Brandstiftung; §§ 315 f. Transportgefährdung; § 367 Ziff. 5, 6, 11 (Übertretungen); s. EEE. **10** 185 u. **12** 325.

[2] Keine dem Frachtzuschlag (§ 60) entsprechende zivilrechtliche Strafe (selbst nicht, wenn Leichen als Handgepäck befördert werden).

[3] Nur bei Verschulden (a. M. Kittel, EVO. § 29 Anm. 1).

IV. Beförderung von Reisegepäck[1, 2, 3].

[1] Begriff des Reisegepäcks s. EVO. § 30. Reisegepäck ist Gut: der über seine Beförderung abgeschlossene Vertrag ist ein Frachtvertrag, der mit einem PersBefV. verbunden ist (s. RG. i. EEE. **19** 140, **21** 151; RGSt. **35** 226, **37** 102, 224).

Dies muß auch gelten für den Fall der AAB. 1, Abs. 2 zu § 32 (Abfertigung des Reisegepäcks über die Bestimmungsstation hinaus). Ist er aber ohne Anlehnung an einen PersBefV. abgeschlossen, z. B. durch Täuschung des Annahmebediensteten, besteht er an sich zu Recht. Es kann nur Anfechtung in Frage kommen (Rundnagel § 188, S. 535) Auf ihn sind anzuwenden: EVO. Abschn. I u. II: aus Abschn. III die §§ 11 Abs. 2 u. 6, 16 Abs. 3, 20 Abs. 1, 21 Abs. 4, 26 Abs. 2, 3 u. 4). Abschn. IV und Abschn. VIII, aber nur, soweit es sich um Haftung für Verlust, Minderung oder Beschädigung handelt (s. EVO. § 35) Auch das unter Vorbehalt späterer Abfertigung angenommene Gepäck ist Reisegepäck (. EVO. § 32 Abs. 6. Als nicht aufgegebenes Gepäck gilt daher nur das Handgepäck; bezüglich der in beförderten Fahrzeugen belassenen Gegenständen (EVO. § 35, Abs. 3) tritt eine geringere Haftung der Eisenbahn ein (HGB. § 465 Abs. 3).

[2] Der Gepäckbeförderungsvertrag ist ein Realvertrag; er wird abgeschlossen durch Auflieferung und Annahme des Gepäcks; er ist also nicht auch ein Formalvertrag; der Gepäckschein, steht dem Frachtbrief nicht gleich; seine Ausstellung und Übergabe bedingt nicht die Rechtsgültigkeit des Vertrages (EVO. § 32 Abs. 6).

[3] Über den Gepäckschein s. EVO. § 32.

§ 30. Begriff.

(1) Der Reisende[1] kann Gegenstände, deren er zur Reise bedarf, zur Beförderung als Reisegepäck aufgeben.

(2) Das Reisegepäck muß durch seine Verpackung — in Koffer, Reisekörbe, Reisetaschen, Hutschachteln, handliche Kisten oder dergleichen — als solches kenntlich sein[2].

(3) Ob und unter welchen Bedingungen Gegenstände, die nicht zum Reisebedarfe zu rechnen sind,

sowie Tiere in genügend sicheren Behältern und Fahrzeuge als Reisegepäck angenommen werden, muß der Tarif einheitlich bestimmen[3].

(4) Die von der Beförderung als Frachtgut ausgeschlossenen[4] und die im § 29 aufgeführten Gegenstände dürfen bei Vermeidung der im § 60[5] festgesetzten Folgen nicht als Reisegepäck aufgegeben werden.

(5) Ob und unter welchen Bedingungen die im § 54 Abs. (2) B Ziffer 1[6] genannten Gegenstände als Reisegepäck angenommen werden, muß der Tarif bestimmen.

1. Als Reisegepäck gemäß Abs. (3) werden angenommen:
   a) Fahrräder, auch einsitzige Kraftzweiräder und Fahrräder mit Hilfsmotor, deren Brennstoffbehälter mit Ablaßhähnen versehen und entleert sind, Fahr- und Rollstühle (vgl. Ausf.-Best. 1 (5) zu § 32 EVO.) Kinderwagen, Hand- und Sportschlitten und sonstige Land- (Straßen-) und Wasserfahrzeuge, ferner Turn- und Sportgeräte, sofern diese Gegenstände unzweifelhaft zum persönlichen Gebrauch des Aufgebers dienen, sich zur Beförderung im Packwagen eignen und nicht Gegenstände des kaufmännischen Verkehrs bilden. Der Aufgeber ist auf Verlangen verpflichtet, beim Ein-, Um- und Ausladen zu helfen;
   b) Ausrüstungsgegenstände der freiwilligen Sanitätskolonnen, der Samaritervereine vom Roten Kreuz und der Ge-

nossenschaft freiwilliger Krankenpfleger im Kriege vom Roten Kreuz, soweit sie sich nach Gewicht und Größe zur Beförderung im Packwagen eignen;

c) Musikinstrumente in Kasten- oder anderen Umschließungen, sofern sie unzweifelhaft zum persönlichen Gebrauche des Aufgebers dienen, sowie Geräte (auch Marktschirme) von Artisten, Schaustellern und Markthändlern, soweit sie sich nach Gewicht und Größe zur Beförderung im Packwagen eignen;

d) Meßwerkzeuge bis zu 5 Meter Länge und Handwerkzeug[7]);

e) Warenproben (Muster), die Geschäftsreisende für Geschäftszwecke mit sich führen, und die nach der Verpackungsart als Proben erkennbar sind;

f) Marktwaren und Waren von Wanderhändlern nur in Personenzügen, sofern sie Gewicht und Größe einer Traglast nicht überschreiten (vgl. Ausf.-Best. 1 zu § 28);

g) lebende Tiere in Käfigen, Kisten, Körben, Säcken und dergleichen folgende: Hunde von jeder Größe, sonstige kleine Tiere, sofern sie Gewicht und Größe einer Traglast nicht überschreiten (s. Ausf.-Best. 1 zu § 28 und 3 d. Anl. B z. EVO.);

h) frisch geschossenes Wild, das die Jäger mit sich führen, wenn die blutenden Teile so verhüllt sind, daß andere Gepäckstücke nicht beschmutzt werden können.

2. Geld, Münzen und Papiere mit Geldwert werden zur Beförderung als Reisegepäck nicht angenommen[7].

Gold- und Silberbarren, Platina, Dokumente, Edelsteine und echte Perlen, Waren aus Gold, Silber oder Platina, auch in Verbindung mit Edelsteinen oder echten Perlen, ferner Kunstgegenstände, wie Gemälde, Bildwerke, Gegenstände aus Erzguß und Kunstaltertümer, sowie andere Kostbarkeiten werden zur Gepäckbeförderung unter folgenden Bedingungen zugelassen:

a) Die Gegenstände müssen zum Reisebedarf oder zu den in der Ausf.-Best. 1 genannten Sachen gehören.

b) Die Gepäckstücke müssen fest verschlossen sein.

c) Der Wert der Gepäckstücke ist — unbeschadet der Ausf.-Best. zu § 35 (2) — der Eisenbahn bei der Aufgabe anzugeben. An Stelle der Wertangabe genügt auch die Erklärung, daß die Gepäckstücke Kostbarkeiten enthalten.

Die Angaben sind im Gepäckschein zu vermerken.

Literatur: Mangelhafte Verpackung von Gepäckstücken ZVDEisV. 03 297.

[1] Reisegepäck sind durch ihre Verpackung (s. EVO. § 31 Anm. 1) als solche kenntliche Gegenstände, deren ein Reisender für sich oder seine mitreisenden Angehörigen zur Reise bedarf, und die er in Verbindung mit einer Fahrkarte zur Beförderung aufgibt, s. de Jouge, Arch. f. Eis. 88 488ff. Nicht die Aufgabe

und Annahme, sondern die Zweckbestimmung macht also das Reisegepäck (s. EEE. **36** 277). Die Verbindung mit dem Beförderungsvertrag ist grundsätzlich Voraussetzung des Rechts auf Abfertigung von Reisegepäck (s. aber EVO. § 32 Abs. 1, S. 2 u. Anm. 1). Das gilt namentlich auch für Inhaber von Fahrtausweisen, mit denen das Recht auf Freigepäck verbunden ist (Abgeordnete, Eisenbahnbedienstete). Es ist sonach nicht statthaft, eine Sendung als Freigepäck aufzugeben, obwohl eine Reiseabsicht gar nicht vorliegt, und den Gepäckschein mit der Post an den Bestimmungsort einem Dritten zu übersenden, damit er das Stück abhole. Ebensowenig ist es statthaft, das Recht auf Freigepäck ganz oder teilweise auf dritte Personen zu übertragen. In beiden Fällen kann strafrechtlicher Betrug vorliegen. Das gleiche gilt bei Benutzung einer Freikarte oder fremden Fahrkarte zur Gepäckauflieferung durch Dritte (EEE. **21** 170). Nicht erforderlich ist, daß der Reisende denselben Zug benutzt, zu dem er das Gepäck aufgibt. Der Kreis der als Reisegepäck zugelassenen Gegenstände ist enger als der des Handgepäcks.

[2] Sonst Ausschluß von der Beförderung als Reisegepäck.

[3] S. hierzu AAB. zu § 32 AAB. § 30 (Fahrzeuge), § 29 (Zweiräder), § 16 (frisches Wild).

[4] § 54 Abs. 1. Über postzwangpflichtige Zeitungen vgl. EVO. § 28 Anm. 3 und ferner EEE. **19** 138; ZVDEisV. **02** 890; JW. **05** 763; RGSt. **3** 300.

[5] Frachtzuschlag (z. B. Patronen im Reisegepäck EEE. **3** 87).

[6] Wertgegenstände (AAB. Nr. 3).

[7] Darunter fallen auch Apparate und Entnahmeflaschen für wasserhygienische Untersuchungen.

[8] Ein Gepäckvertrag kommt also gar nicht zustande, vgl. § 54 Anm. 1. Die hier aufgeführten Gegenstände zählen weder zum Reisebedarf noch kommen sie als Warenproben im Gepäckverkehr vor.

§ 31. Verpackung. Bezeichnung.

(1) Das Reisegepäck muß sicher und dauerhaft verpackt sein[1]. Unverpacktes oder mangelhaft verpacktes Gepäck kann zurückgewiesen werden. Wird es gleichwohl zur Beförderung angenommen[2], so ist die Eisenbahn berechtigt, auf den Gepäckschein (§ 32) einen entsprechenden Vermerk zu setzen[3]. Die Annahme des Gepäckscheins mit dem Vermerke gilt als Anerkenntnis dieses Zustandes[4].

(2) Jedes Gepäckstück muß die genaue und dauerhaft befestigte Adresse des Reisenden (Name, Wohnort, Wohnung) sowie den Namen der Aufgabe- und Bestimmungsstation tragen. Nicht derartig gekennzeichnetes Gepäck kann zurückgewiesen werden. Ältere Bezeichnungen (Eisenbahnbeförderungszeichen, Postbeförderungszeichen oder andere Zeichen, die mit Eisenbahnbeförderungszeichen verwechselt werden könnten) müssen von den Gepäckstücken entfernt sein[5, 6].

1. Unverpackte oder ungenügend verpackte Gepäckstücke werden von den Gepäckabfertigungen angenommen, wenn sie sich nach dem Ermessen des abfertigenden Beamten zur Beförderung eignen.
2. Wegen der Annahme unverpackter Fahrräder vgl. Ausf.-Best. 4 und 5 zu § 32.

HGB. § 459 Abs. 1 Ziff. 2.

[1] Soweit es seine Natur erfordert (EVO. § 62, § 86 Abs. 1 Ziff. 2).

[2] Wozu Eisenbahn nicht verpflichtet ist, auch nicht gegen Vermerk.

[3] Haftung s. EVO. § 35 Abs. 1, § 62 Abs. 3. Sind die Mängel äußerlich erkennbar, haftet Eisenbahn, es sei denn, daß sie den Mangel auf dem Gepäckschein vermerkt hat, und der Schaden den Umständen nach aus diesem Mangel entstehen konnte, oder daß der Reisende arglistig gehandelt hat, EVO. § 62 Abs. 3; war der Mangel äußerlich nicht erkennbar, entfällt die Haftung (§ 84 EVO.).

[4] Es ist wohl anzunehmen, daß auch diese Form der Vorschrift des § 459 Ziff. 2 HGB. entspricht, Düringer S. 941, Anm. 9 verneint dies; (s. auch Reindl, EEE. **17** 361ff.); vgl. auch EVO. § 62 Abs. 2.

[5] S. Arch. f. Eis. **05** 957.

[6] Weggelassen ist, als dem § 466 Abs. 1 HGB. gegenüber rechtsungültig, der frühere Schlußsatz, der die Haftung für die Verschleppung infolge älterer Bezeichnungen von der Eisenbahn abwälzen sollte, Eger Anm. 124, S. 119 nimmt äußerlich erkennbaren Mangel an; Haftung demgemäß nach EVO. §§ 31 u. 62 Abs. 3; Rundnagel S 534 sieht darin einen Verstoß des Reisenden gegen seine Vertragspflichten; er will prüfen, ob § 254 BGB. (gegenseitiges Verschulden) anwendbar ist. Letztere Auffassung dürfte richtig sein und zu sachgemäßerem Ergebnis führen (vgl. EEE. **22** 28 u. 414; Sendpiehl, [unklar] S. 172); vgl. ZVDEisV. **03** 38.

§ 32. Auflieferung. Gepäckschein.

(1) Das Reisegepäck ist innerhalb der für die Lösung der Fahrkarten festgesetzten Zeit[1] bei der Abfertigungsstelle aufzuliefern; indes kann die Annahme von Gepäck abgelehnt werden, das nicht spätestens 15 Minuten vor Abgang des Zuges aufgeliefert wird[2]. Der Tarif muß einheitlich bestimmen, ob bei der Auflieferung des Gepäcks die Fahrkarte vorzuzeigen ist[3].

(2) Will der Reisende das Interesse an der Lieferung angeben[4], so muß dies unter Zahlung der tarifmäßigen Gebühr spätestens ½ Stunde vor Abgang des Zuges erfolgen[5]. Ist die Ersatzpflicht nach § 35 Abs. (2) auf einen Höchstbetrag beschränkt, so ist eine Angabe des Interesses an der Lieferung über diesen Betrag hinaus unzulässig.

(3) Als Reisegepäck zugelassene Fahrzeuge, die nicht im Packwagen untergebracht werden können, sind auf der Anfangsstation des Zuges mindestens 2 Stunden, auf anderen Stationen mindestens 24 Stunden vor der Abfahrzeit anzumelden und spätestens 1 Stunde vorher aufzuliefern.

(4) Die Gepäckfracht[6] ist bei der Aufgabe zu entrichten.

(5) Bei der Annahme ist dem Reisenden ein Gepäckschein[7] auszuhändigen und im Falle der Angabe des Interesses an der Lieferung darin auch die angegebene Summe zu vermerken[8], anderenfalls hat die Angabe keine rechtliche Wirkung[9].

(6) Wird in dringenden Fällen Gepäck ausnahmsweise unter Vorbehalt späterer Abfertigung befördert oder wird Gepäck auf Stationen ohne Gepäckabfertigung angenommen[10], so gilt es gleichwohl mit dem Zeitpunkte der Annahme als zur Beförderung übernommen[11].

(7) Für die Beförderung von Fahrrädern können durch den Tarif besondere Vorschriften getroffen werden[12].

1. (1) Reisegepäck wird zu den Sätzen des Gepäcktarifs nur gegen Vorlage von Fahrkarten an-

genommen, die nach der Station gültig sind, für die die Gepäckabfertigung verlangt wird.

(2) Gilt die Fahrkarte wahlweise nach verschiedenen Stationen oder über verschiedene Wege, so hat der Reisende bei der Aufgabe des Gepäcks anzugeben, nach welcher Station und über welchen Weg es befördert werden soll. Kommen verschiedene Stationen desselben Orts in Frage, und kann der Reisende auf ausdrückliches Befragen die Station, nach der das Gepäck befördert werden soll, nicht angeben, so ist nach den Vorschriften der Anlage II (Abschnitt B) (nicht abgedruckt) zu verfahren.

(3) Reisegepäck wird auch nach einer über die Bestimmungsstation der vorgelegten Fahrkarten hinaus gelegenen Station angenommen, wenn durchgehende Fahrkarten bis zu dieser Station nicht oder nicht über den vom Reisenden benutzten Weg bestehen, der Reisende aber Fahrkarten nach der zur Lösung neuer Fahrkarten geeigneten weitestgelegenen Station gelöst hat. In diesem Falle wird die Fracht nach der Tarifentfernung zwischen der Aufgabe- und der Endstation berechnet.

(4) Das Gepäck wird über den Weg oder einen der Wege befördert, über die die vorgelegte Fahrkarte gilt. Auf Antrag wird es auch über einen anderen Weg befördert, wenn durchgehende Abfertigung möglich ist.

(5) Fahr- und Rollstühle, die Kriegsteilnehmer oder Kriegsbeschädigte für ihren Gebrauch bei

Reisen mit sich führen, für die sie nach den Ausf.-Best. C VIII und IX 1 zu § 12 eine Fahrpreisermäßigung oder nach der Ausf.-Best. C IX II freie Beförderung des Begleiters genießen, werden gegen Vorlage der Fahrkarten auf Gepäckschein frachtfrei befördert.

Die Überfuhrgebühren nach Anlage II (Abschnitt C II) (nicht abgedruckt) sind jedoch zu entrichten.

2. Die Gepäckfrachtsätze ergeben sich aus der nachfolgenden Übersicht. Abweichungen werden in den Tarifteilen II veröffentlicht.

(Die Übersicht ist hier nicht abgedruckt, da sie fortwährend Änderungen unterworfen ist[6].

3. Als Gebühr für Angabe des Interesses an der Lieferung werden für unteilbare Einheiten von je 10 Mark und 10 Tarifkilometern 0,5 Pfennig berechnet. Die geringste zur Erhebung kommende Gebühr beträgt für die Beförderungsstrecke von der Versand- bis zur Bestimmungsstation 4 Mark. Überschießende Beträge werden auf 10 Pfennig aufgerundet.

4. (1) Für unverpackte Fahrräder, die als Reisegepäck[13] aufgegeben sind, werden zum Zwecke der Frachtberechnung folgende Gewichte angenommen:

1. für einsitzige Kraftzweiräder das auf dem Typenschild der Kraftzweiräder angegebene oder durch behördliche Ausweise nachgewiesene Eigengewicht;

2. für sonstige Fahrräder:
   a) für Zweiräder, und zwar einsitzige 20 kg, zweisitzige 30 kg,
   b) für einsitzige Zweiräder mit aufgebautem Hilfsmotor 30 kg,
   c) für Dreiräder, und zwar einsitzige 40 kg, zweisitzige 50 kg.

Wird indessen Verwägung ausdrücklich verlangt, und kann sie mittels der Stationswage erfolgen, so wird das hierbei ermittelte Gewicht der Frachtberechnung zugrunde gelegt.

Werden mehrere unverpackte einsitzige Zweiräder (aufgeführt unter 2a) für sich allein oder zusammen mit anderem Gepäck auf Gepäckschein abgefertigt, so werden als Mindestfracht der ganzen Sendung 4,50 Mark für jedes Rad erhoben.

5. Auf Entfernungen bis zu 100 Tarifkilometern werden unverpackte einsitzige Zweiräder — mit Ausnahme von Kraftfahrrädern und Fahrrädern mit aufgebautem Hilfsmotor — nach Wahl des Reisenden auch gegen Lösung von Fahrradkarten zum Einheitssatz von 3 Mark für jedes Rad als Gepäck abgefertigt.

Für die Abfertigung auf Fahrradkarte gelten folgende besondere Beförderungsbedingungen[15]:

a) Der Reisende ist verpflichtet, das Rad auf der Abgangsstation nach dem Packwagen zu bringen, es beim Zugwechsel auf Unterwegsstationen von Packwagen zu Packwagen zu überführen und auf der Bestimmungsstation am Packwagen in Empfang zu nehmen.

b) Vor der Aufgabe des Rades hat der Reisende die Fahrradkarte nach Abtrennung des Abschnitts fest an der Lenkstange anzubinden. Den Abschnitt der Karte hat er bei Übergabe des Rades am Packwagen zur Quittungsleistung vorzuzeigen und dann an sich zu nehmen. Die Annahme des Abschnitts ersetzt das Anerkenntnis des Reisenden über das Fehlen der Verpackung.

c) Auf eine Fahrkarte darf nicht mehr als ein Rad aufgegeben werden, doch ist die gleichzeitige Aufgabe anderen Reisegepäcks zulässig.

d) Das Rad wird gegen Rückgabe des Abschnitts ausgehändigt. Im Falle der Überführung auf einen anderen Zug hat der Reisende den Abschnitt bei der Aushändigung des Rades zur Entwertung der erteilten Quittung sowie bei der Übergabe am Packwagen des Anschlußzuges zur Erteilung einer neuen Quittung vorzuzeigen.

e) Wird das Rad auf der Bestimmungsstation oder Zugwechselstation am Packwagen nicht abgeholt, so ist eine besondere Ausladegebühr von 2 Mark zu entrichten.

f) Die Abfertigung von Fahrrädern auf Fahrradkarte über Orte mit mehreren Bahnhöfen hinaus kann in den Tarifteilen II ausgeschlossen oder besonders geregelt werden.

g) Die nachträgliche Abfertigung unabgefertigt

mitgenommener Fahrräder auf Fahrradkarten ist ausgeschlossen.

Im übrigen gelten auch für die auf Fahrradkarte abgefertigten Zweiräder die allgemeinen Bestimmungen.

6. Wegen telegraphischer Vorausbestellung von Gepäckscheinen vgl. Ausf.-Best. 1 zu § 14.

7. Besondere Bestimmungen über die Überführung des Gepäcks an Orten mit getrennten Bahnhöfen oder zwischen benachbarten Orten enthält die Anlage II (Abschnitt C II)[14] (nicht abgedruckt).

Literatur: Die rechtliche Natur des Gepäckscheins: EEE. 23 416.

[1] EVO. § 14; AAB. § 18.

[2] Erfolgt die Annahme später, haftet die Eisenbahn trotzdem für Innehaltung der Zeit aus § 34 Abs. 2 (ZVDEisV. 07 380). Doch wird man ihr unmöglich den Beweis abschneiden können, daß eine Beförderung mit dem gewünschten Zuge infolge des verspäteten Auflieferns unmöglich war.

[3] AAB. § 32 Ziff. 5.

[4] Vgl. §§ 35, 37, 92, 93 EVO. Das Interesse umfaßt den Wert und das Verzugsinteresse, wie den entgangenen Gewinn.

[5] Bei späterer Angabe Zurückweisungsbefugnis; Vorschrift ist übrigens mit § 14 Abs. 1 nicht recht vereinbar.

[6] Gepäckfracht beträgt ab 1. 2. 1922: 6 Pf. für je 10 kg und Kilometer; Mindestfracht 6 M.; keine Abfertigungsgebühr.

[7] S. Rundnagel, BefGesch. S. 535 Anm. 4 u. S. 537, Anm. 14; Werneburg, EEE. 33 236; Gumprecht, EEE. 23 309, 413; Gepäckschein ist zunächst Quittung über die Aushändigung des Gepäcks, sodann Beweisurkunde über den Abschluß des Gepäckbeförderungsvertrages und Legitimationspapier für die Rückforderung des Gepäcks. Er ist kein Wert- oder Inhaberpapier, abw. Kittel, EVO. § 34 Anm. 1; s. Rundnagel, BefGesch.

S. 537, Anm. 12 (Vorschlag § 34 Abs. 2 dahin zu ändern: „der Reisende" [statt der „Inhaber"]) ist berechtigt. BGB. §§ 794, 796 sind also nicht anwendbar. Der Gepäckschein der Reichsbahn ist öffentliche Urkunde (EEE. **21** 385; RGSt. **37** 318; JW. **05** 244).

[8] Nicht verlangt ist Angabe in Buchstaben (arg. e. contr. EVO. § 92 Ziff. 2) AAB. § 20 Abs. 1, 9). Unrichtig Eger Anm. 129, S. 131.

[9] Gegen die Gültigkeit dieser Bestimmung sind Bedenken geltend gemacht worden; sie sind wohl nicht begründet (Literatur bei Eger Anm. 129 Ziff. 2, S. 131).

[10] Wozu eine Verpflichtung nicht besteht.

[11] S. AAB. §§ 24, 25.

[12] Vgl. Rundnagel, BefGesch. § 190, S. 541 u. AusfBest. 7–12. Fahrräder können zunächst verpackt oder unverpackt wie jedes andere Reisegepäck aufgeliefert werden (AAB. Ziff. 6). Daneben Auflieferung auf Fahrradkarte (Ziff. 7). Hier erfolgt Vertragsabschluß nicht schon durch Lösung der Fahrradkarte, sondern ebenfalls erst durch Auflieferung und Annahme, diesmal am Packwagen; jedesmaliger Neuabschluß bei Zugwechsel, wenn dabei das Rad dem Reisenden wieder ausgehändigt wird (so Kittel, EVO. § 32 Anm. 6, S. 76; a. M. Rundnagel, aaO. S. 542). § 34 Abs. 1, S. 2 u. Abs. 5 gelten auch hier. Die Fahrradkarte ist Inhaberpapier im Sinne von BGB. § 807. Haftung der Eisenbahn vermindert sich, wenn der Reisende mit seiner Abholung in Verzug gerät (BGB. § 300).

[13] Vgl. oben § 30 Anm. 1.

[14] DEP. u. GepT. Teil I, S. 55, 58, 62.

[15] Abschluß eines Personenbeförderungsvertrages ist Vorbedingung.

§ 33. Zoll- oder steueramtliche, polizeiliche Abfertigung[1].

Die Reisenden sind verpflichtet, der zoll- oder steueramtlichen und der polizeilichen Abfertigung ihres Gepäcks beizuwohnen. Für eine durch Nichtbeachtung dieser Vorschrift verursachte Überschreitung[2] der Lieferfrist (§ 37) wird kein Schadensersatz gewährt[3].

Sofern Reisegepäck auf Wunsch oder wegen Abwesenheit des Gepäckscheininhabers einem anderen Zollamt zur Verzollung überwiesen werden muß, werden von der Eisenbahn für die Erfüllung der Zollvorschriften nachstehende Gebühren erhoben:

a) für Vorführen und Verbringen nach dem Zollboden,
für jedes Gepäckstück .... 6,00 Mark,

b) für Umschnüren mit starkem Bindfaden und Anlegen von Zollbleien,
für jedes Gepäckstück .... 6,00 „

c) für Anlegen eines Kreuzstricks (Bindestricks) und Anlegen von Zollbleien,
für jedes Gepäckstück .... 12,00 „

d) für die Ausfüllung der Vordrucke zu Zoll- und Steuerpapieren,
für 1 Stück .... 2,00 „

e) für die Ausfüllung von Doppelschriften der unter d bezeichneten Vordrucke,
für 1 Stück .... 2,00 „

Anmerkung zu d und e.

Für Lieferung der Vordrucke wird eine Gebühr nicht erhoben.

[1] Vgl. Vereinszollges. v. 1. 7. 1869, § 92 (RGBl. S. 342) und Bestimmungen des Bundesrats v. 30. 6. 1892 (ZentrBl.

S. 472; EVBl. S. 149; (EisZollReg. § 19 f. ZentrBl. S. 484, 573; EVBl. S. 201, 275) (vgl. Fritsch, S. 463, 472, 481); f. AAB. §§ 22, 26.

[2] Beweispflichtig ist die Eisenbahn.

[3] Für Handlungen, die in den Bereich der zollamtlichen Tätigkeit fallen, haftet Eisenbahn nicht, f. EEE. 32 298.

§ 34. Auslieferung.

(1) Das Gepäck wird gegen Rückgabe des Gepäckscheins[1] ausgeliefert. Die Eisenbahn ist nicht verpflichtet, die Berechtigung des Inhabers zu prüfen[2].

(2) Der Inhaber[2] ist berechtigt, auf der Bestimmungsstation die Auslieferung des Gepäcks an der Ausgabestelle zu verlangen[3], sobald nach Ankunft des Zuges, zu dem es aufgegeben war, die zur Bereitstellung und etwa zur zoll- oder steueramtlichen oder polizeilichen Abfertigung erforderliche Zeit abgelaufen ist. Muß Gepäck unterwegs auf einen anderen Zug übergehen, so kann die Weiterbeförderung erst mit dem nächsten der Personenbeförderung dienenden Zuge verlangt werden[4].

(3) Werden Gepäckstücke nicht innerhalb 24 Stunden, Fahrzeuge nicht innerhalb 2 Stunden nach Ankunft des Zuges[5] abgeholt, so ist das tarifmäßige Lagergeld oder Standgeld zu entrichten[6]. Kommt das Fahrzeug nach 6 Uhr abends an, so wird die Abholungsfrist vom nächsten Morgen 8 Uhr ab gerechnet.

(4) In der Regel ist das Gepäck nur auf der Station auszuliefern, wohin es abgefertigt war.

Auf Verlangen des Reisenden kann es jedoch, wenn Zeit und Umstände dies gestatten und keine Zoll-, Steuer- oder Polizeivorschriften entgegenstehen, gegen Rückgabe des Gepäckscheins und Vorzeigung der Fahrkarte auf der Aufgabestation zurückgegeben oder auf einer Zwischenstation ausgeliefert werden[7].

(5) Wird der Gepäckschein nicht beigebracht, so ist die Eisenbahn zur Auslieferung des Gepäcks nur verpflichtet, wenn die Empfangsberechtigung glaubhaft gemacht wird; auch kann Sicherheitsleistung verlangt werden[8].

(6) Der Reisende, dem das Gepäck nicht rechtzeitig[9] ausgeliefert wird, kann verlangen, daß ihm auf dem Gepäckscheine Tag und Stunde der Abforderung bescheinigt werden[10].

1. Gepäck, das nach Stationen abgefertigt ist, auf denen keine Gepäckabfertigung besteht, hat der Reisende unmittelbar nach Ankunft an dem Bestimmungsort am Zug abzunehmen. Erfolgt die Abnahme nicht, so wird es bis zur nächsten Station, auf der sich eine Gepäckabfertigung befindet, weiterbefördert und dort zur Abnahme bereitgehalten. Für die Strecke, auf der das Gepäck unabgefertigt mitgenommen worden ist, wird die Gepäckfracht besonders berechnet[11].
2. Das Lagergeld für Reisegepäck, welches länger als 24 Stunden nach der Ankunft lagert, beträgt für je auch nur angefangene 24 Stunden nach Ablauf der Abholungsfrist und jedes Stück 3,00 Mark.
3. Verlangt ein Reisender bei Auslieferung des Gepäcks dessen Verwägung, so ist dem Antrage zu

entsprechen. Ergibt die Nachwägung kein von der Eisenbahn zu vertretendes Mindergewicht, so wird ein Wägegeld von 2,50 Mark für je auch nur angefangene 100 kg erhoben.

4. Wird der Gepäckschein nicht beigebracht, so hat der Reisende eine Erklärung nach vorgeschriebenem Muster auszustellen, in der er die Auslieferung des Gepäcks anerkennt, auf alle Rechte aus dem Gepäckschein verzichtet und sich verpflichtet, die Eisenbahn gegen Ansprüche Dritter schadlos zu halten. Für die Ausfertigung dieser Erklärung wird eine Gebühr von 2,00 Mark erhoben.

[1] S. § 32 Anm. 7. Ort der Auslieferung: die Gepäckabfertigung, nicht auch der Eisenbahnpackwagen.

[2] D. h. die Eisenbahn ist zur Prüfung der Berechtigung nicht verpflichtet, es sei denn, daß eine besondere Veranlassung gegeben ist, die Nichtprüfen zum Verschulden macht (Anzeige, daß der Schein dem Reisenden abhanden gekommen ist), s. Gumprecht, EEE. **23** 309, 413.

[3] Besitzt die Eisenbahn den Gepäckschein, so liegt Vermutung für die Auslieferung vor; vgl. auch ZVDEisV. **68** 577.

[4] V. 1. 4. 22 ab.

[5] D. h. des Aufgabe-, Anschlußzuges (oder des „nächsten Zuges" s. Abs. 2). Zu beachten die Änderung seit 1. 4. 22 (vgl. Anm. * zu EVO. § 75).

[6] Abnahmepflicht; Verzug beginnt mit Ablauf dieser Frist, da Mahnung unmöglich, während der Lagerung Haftung aus dem GepBefVertrag, nicht aus Verwahrung (Rundnagel § 189, S. 541, Anm. 3; a. M. Kittel § 34 Anm. 3, S. 79).

[7] Ohne Recht auf Rückvergütung der Gepäckfracht, s. AAV. § 28 Ziff. 10—12.

[8] Für Auslieferung an einen Nichtbeteiligten haftet die Bahn; vgl. aber Abs. 2 ferner EVO. § 23 Anm. 3 und § 36 Abs. 1.

[9] Oder nur teilweise.

[10] Zum Nachweis gemäß § 36 Abs. 1 EVO.

[11] Kein Beförderungsvertrag mehr (s. Kittel, EVO. § 34 Anm. 7).

§ 35. Haftung der Eisenbahn für Verlust, Minderung oder Beschädigung.

(1) Für Reisegepäck haftet[1] die Eisenbahn, soweit nicht in diesem Abschnitt Abweichungen vorgesehen sind, nach den Vorschriften über die Haftung für Güter (Abschnitt VIII)[2, 3].

(2) Bei besonderen Betriebsverhältnissen kann die Eisenbahn mit Genehmigung der Landesaufsichtsbehörde[4] nach Zustimmung des Reichs-Eisenbahnamts[4] die bei Verlust, Minderung oder Beschädigung von Reisegepäck zu leistende Entschädigung im Tarif auf einen Höchstbetrag beschränken[5]. Wegen Beschränkung der Höhe des Schadensersatzes bei Gegenständen des § 54 Abs. (2) B Ziffer 1 gilt § 89 Abs. (2). Wenn Vorsatz oder grobe Fahrlässigkeit vorliegt, kann die Beschränkung auf den Höchstbetrag nicht geltend gemacht werden.

(3) Für Verlust, Minderung oder Beschädigung von Gegenständen, die in beförderten Fahrzeugen [§ 30 Abs. (3)] belassen sind, haftet die Eisenbahn nur, wenn ihr ein Verschulden zur Last fällt[6].

Für die nach der Ausf.-Best. 3 zu § 30 zur Gepäckbeförderung zugelassenen Gegenstände des § 54 (2) B 1 werden bei Verlust, Minderung oder Beschädigung nicht mehr als 150 Mark für 1 kg Reingewicht des unverpackten Gegenstandes (sog. innere Verpackung gilt nicht als Ware) und höchstens 2000 Mark für alle in der Sendung enthaltenen Kostbarkeiten ersetzt.

HGB. §§ 456, 465, 467, 471; ZPO. § 485ff.

[1] Dem Reisenden, der den Beförderungsvertrag abgeschlossen hat (arg. e. § 99), nicht auch dem Eigentümer des Gepäcks (Rundnagel, aaO. S. 549; a. A. EEE. **20** 213, **19** 7). Haftung tritt nur ein für „Reisegepäck", nicht auch für Handelsware, s. RG. **97** 109, oder anderes nicht zum Reisebedarf gehöriges Gut (a. A. Senckpiehl in JW. **20** 428); aus dem Versicherungsvertrage haftet nur die Versicherungsgesellschaft.

[2] §§ 36, 82—99 und 100, Abs. 1. Aus der Natur des Gutes sowie der Verschiedenheit der Abfertigungs- und Beförderungsweise ergeben sich einige Schwierigkeiten, namentlich bei Anwendung des § 86 EVO., doch ist mit Rundnagel, BefGesch. (S. 550) dessen Anwendbarkeit zu bejahen, ausgenommen Abs. 1 Ziff. 6; nicht anwendbar ist dagegen EVO. § 100 Abs. 2—4. Der Reisende kann sich also nur an die Bahn halten, mit der er den Gepäckbeförderungsvertrag abgeschlossen hat (s. Reindl, EEE. **17** 361).

[3] Ansprüche gegen die Eisenbahn erlöschen mit der Abnahme trotz Vorausbezahlung der Gepäckfracht (vgl. auch § 97 Anm. 1 und Gorden, EEE. **31** 167).

[4] Jetzt Reichsverkehrsministerium.

[5] Eger, Anm. 140, S. 144 hält zu Unrecht diese Regelung (durch Tarife statt durch EVO. selbst) nicht für vereinbar mit §§ 465 Abs. 2, 471, Abs. 1 HGB.). A. M. Rundnagel, Haftung S. 206 (vgl. auch EVO. § 89). Beschränkung der Interessenangabe s. EVO. § 32 Abs. 2).

[6] Oder ihren Leuten (EVO. § 5).

§ 36. Verlust von Reisegepäck.

(1) Für den Verlust[1] von Reisegepäck haftet die Eisenbahn nur, wenn das Gepäck binnen 14 Tagen[2] nach der Ankunft des Zuges, zu dem es aufgegeben war, auf der Bestimmungsstation abgefordert wird[3].

(2) Ein fehlendes Gepäckstück gilt nach Ablauf von 3 Tagen[4] nach Ankunft des Zuges, zu dem es aufgegeben war, als verloren.

(3) Wird das Gepäck später wiedergefunden, so ist der Reisende, wenn sich sein Aufenthalt ermitteln läßt, hiervon zu benachrichtigen[5]. Er kann innerhalb 30 Tagen nach Empfang der Nachricht verlangen, daß ihm das Gepäck gegen Rückzahlung des Ersatzbetrags[6] nach Abzug des gemäß § 37 für Überschreitung der Lieferfrist zu gewährenden Schadensersatzes auf einer inländischen Station[7] kostenfrei ausgehändigt werde. Bei der Rückgabe auf der Abgangsstation ist dem Reisenden die Fracht zu erstatten[8, 9].

HGB. § 465 Abs. 1.

Literatur: Hertzer, ZVDEisV. 07 382.

[1] Nicht Beschädigung (hier gelten die Fristen EVO. §§ 97 und 98); Staub § 465 Anm. 5, wohl aber für Minderung (s. Rundnagel, BefGesch. S. 546). Innehaltung der Frist ist Voraussetzung für die Geltendmachung des Anspruchs, für den aber dann die regelrechte Verjährungsfrist läuft. Maßgebend ist, daß das Gepäck zur Zeit der Abforderung in Verlust geraten ist; wann und wie ist gleichgültig, selbst Vorsatz und grobe Fahrlässigkeit schließen die Anwendung von § 36 nicht aus. Für Ansprüche aus unerlaubter Handlung (BGB. §§ 823, 831) ist Präklusivfrist ohne Bedeutung. Abforderung des vorhandenen oder später wieder vorgefundenen Gepäcks ist auch

nach Ablauf der Frist nicht ausgeschlossen, da nur der Schadensersatzanspruch untergeht. Ob solcher aus § 823 BGB. hergeleitet werden kann, ist fraglich, s. Staub § 465 Anm. 4. Ersatzfordernder hat Verlust und Nichtabforderung (vgl. EVO. § 34 Abs. 6) zu beweisen. Rundnagel, aaO. S. 547; Staub § 465 Anm. 3.

[2] Bisher und HGB. § 465 nicht Taxe (Güter s. § 98). Der Tag der Ankunft ist nicht mitzuzählen (§ 187 Abs. 1 BGB.).

[3] Vorlage des Gepäckscheins wird nicht verlangt, wohl aber Abforderung durch den Empfangsberechtigten. Ist das Gepäck rechtzeitig abgefordert, gilt Verjährungsfrist des § 98 EVO. (läuft von Ende der Lieferfrist), s. Staub § 465 Anm. 1.

[4] Vermutung nur zugunsten der Berechtigten! (EVO. § 90), nicht auch der Eisenbahn.

[5] Stets! (anders EVO. § 91!).

[6] Der vollen; also auch bei Entschädigung für Interesse Angabe.

[7] D. h. in Deutschland belegenen, nicht nur wie früher Aufgabeort oder Bestimmungsbahnhof. Aushändigungspflicht ist zeitlich unbegrenzt.

[8] § 91, Abs. 2. Keine Rückzahlung der Fracht.

[9] Nach Ablauf der Frist hat die Eisenbahn das Verfügungsrecht über das Gut. Es ist allerdings zweifelhaft, ob diese Bestimmung mit HGB. § 471 vereinbar ist.

§ 37. Haftung der Eisenbahn für Überschreitung der Lieferfrist.

(1) Bei Überschreitung der Lieferfrist[1] hat die Eisenbahn den nachgewiesenen Schaden[2] zu ersetzen, und zwar[3]:

a) wenn das Interesse an der Lieferung nicht angegeben ist, für je angefangene 24 Stunden der Fristüberschreitung — höchstens aber für 3 Tage[4] — bis zum Betrage von 20 Pfennig für jedes Kilogramm des ausgebliebenen Gepäcks, bei Fahrzeugen bis zum Betrage von 30 Mark für jedes ausgebliebene Fahrzeug;

b) wenn das Interesse an der Lieferung angegeben ist, bis zum angegebenen Betrage[5]. Ist dieser niedriger als die unter a bestimmte Entschädigung, so kann letztere beansprucht werden.

(2) Ist ein Schaden nicht nachgewiesen und übersteigt die Überschreitung der Lieferfrist 12 Stunden, so hat die Eisenbahn zu zahlen:

a) wenn das Interesse an der Lieferung nicht angegeben ist, für je angefangene 24 Stunden der Fristüberschreitung — höchstens aber für 3 Tage — 10 Pfennig für jedes Kilogramm des ausgebliebenen Gepäcks, bei Fahrzeugen 15 Mark für jedes ausgebliebene Fahrzeug;

b) wenn das Interesse an der Lieferung angegeben ist, für je angefangene 24 Stunden der Fristüberschreitung — höchstens aber für 3 Tage — 20 Pfennig für jedes Kilogramm des ausgebliebenen Gepäcks, bei Fahrzeugen 30 Mark für jedes ausgebliebene Fahrzeug, jedoch nicht mehr als den angegebenen Betrag. Ist dieser niedriger als die unter a bestimmte Entschädigung, so kann letztere beansprucht werden.

(3) Die Haftung der Eisenbahn ist ausgeschlossen, wenn die Fristüberschreitung von einem Ereignisse herrührt, das die Eisenbahn weder herbeigeführt hat, noch abzuwenden vermochte[6].

(4) Wegen der Fälle, in denen voller Ersatz zu leisten ist, vergleiche § 95.

HGB. §§ 429, 463, 466, 471. Anm. * zu § 75 EVO.

[1] Die Haftung für Lieferfristüberschreitung ist im Abschn. IV erschöpfend geregelt. Ergänzung aus Abschn. VIII ist nicht gestattet (Ausnahme s. Abs. 4); so gilt nicht § 97 Abs. 1 Ziff. 2), durch vorbehaltlose Annahme des verspäteten Reisegepäcks geht also der Ersatzanspruch unter (§ 98 Abs. 3), schriftliche Anmeldung hemmt ebensowenig die Verjährung wie die Abforderung nach EVO. § 34. § 100 Abs. 2—4 (s. oben § 35 Anm. 2).

[2] Auch entgangenen Gewinn.

[3] Bei Zusammentreffen von Verlust und Beschädigung sowie Lieferfristüberschreitung gilt das gleiche wie EVO. § 94 Abs. 3 (s. unten § 94 Anm. 1).

[4] S. EVO. § 36 Abs. 2 (Reisender kann Rücknahme verweigern und Ersatz fordern).

[5] Vgl. EVO. § 32 Abs. 2.

[6] D. i. Haftung bis zur höheren Gewalt. Eisenbahn haftet aber nicht für Verschulden des Reisenden oder die Folgen von dessen, nicht auf Verschulden der Eisenbahn zurückzuführenden Anweisung, s. EVO. § 94 Anm. 1). Haftung der Eisenbahn ist jedoch nicht für vorliegend erachtet worden, wenn die Verzögerung in der Zollbehandlung eingetreten ist, s. EEE. **32** 298. Über das Vorliegen gegenseitigen Verschuldens (§ 254 BGB.) vgl. EEE. **29** 154.

[7] Voller Ersatz bei Vorsatz und grober Fahrlässigkeit (EEE. **26** 28).

§ 38. Gepäckträger[1].

(1) Auf Stationen, wo das Bedürfnis besteht, sind Gepäckträger zu bestellen[2], die das Reise- und Handgepäck innerhalb des Bahnhofsbereichs[3] nach den von den Reisenden bezeichneten Stellen zu bringen haben.

(2) Die Gepäckträger müssen durch Dienstabzeichen erkennbar sein und eine gedruckte Dienst-

anweisung nebst Gebührentarif bei sich tragen. Sie haben auf Verlangen den Tarif vorzuzeigen, auch eine mit ihrer Nummer versehene Marke zu verabfolgen.

(3) Der Tarif muß an den Gepäckannahme- und -ausgabestellen und in den zur Gepäckaufbewahrung dienenden Räumen aushängen[4].

(4) Für das den Gepäckträgern nach Abs. (1) übergebene Gepäck haftet[5] die Eisenbahn wie für das ihr zur Beförderung übergebene Reisegepäck.

Literatur: s. EEE. **17** 282, 364 (Eger), **18** 182, **19** 81 (Reindl).

[1] Es ist zweifelhaft, ob die gemäß Abs. 1 bestellten Gepäckträger, sofern es sich um Aufträge im Rahmen des Abs. 1 handelt, als Leute der Eisenbahn (EVO. § 5) oder als selbstständige Frachtführer anzusehen sind. Die unterschiedliche Fassung von EVO. § 63 Abs. 8 und § 38 Abs. 4 deutet auf letztere Lösung hin (so Düringer-Hachenburg § 458 Anm. 6; Staub Anm. 3). Zu einem befriedigenden Ergebnis kommt man aber nur, wenn man auch die Gepäckträger im Rahmen des Abs. 1 zu den Leuten der Eisenbahn rechnet; vgl. Literatur: Cosack, HR. § 147, S. 509; Kittel, EVO. § 38 Anm. 2; ZVDEisV. **01** 356; Gorden EEE. **17** 377, **18** 182, **19** 285 ff. und Senckpiehl S. 185; Reindl, EEE. **17** 362, **19** 81; Coermann, EEE. **12** 166. Der Reisende kann sich sonach nur an die Eisenbahn halten; der Gepäckträger ist passiv nicht legitimiert (s. aber Anm. 3). Für die Besorgungen außerhalb des Rahmens des Abs. 1 ist der Gepäckträger selbständiger Frachtführer.

[2] Bestellen, nicht etwa „zulassen". Für letztere gilt auch nicht Abs. 4. „Nichtbestellung bei diesen Leuten muß aber erkennbar sein." Verpflichtung ist nur öffentlich-rechtlich, nicht zivilrechtlich; also bei Nichterfüllung Aufsichtsbeschwerde, kein Schadensersatz (Holzbecher, ZVDEisV. **00** 173; Reindl, EEE. **17** 362; a. A. Senckpiehl S. 185).

[3] Bahnsteige, Empfangsgebäude, Warteräume, Bahnhofsvorplatz, aber nur zur Abgabe an die Wagen oder Dienstmänner, auch zu den Fährschiffen, Kleinbahnbahnhöfen, wenigstens wenn diese in unmittelbarer Nähe des Bahnhofsvorplatzes liegen (s. Holzbecher oben Anm. 2; Gorden, EEE. **18** 184). Nicht richtig ist Abgrenzung nach den Bereich der Bahnpolizei. Übernimmt der Gepäckträger die Beförderung des Reisegepäcks über den Umfang des Abs. 1 hinaus, ist er selbständiger (Land-) Frachtführer, auch schon innerhalb des Bahnbereichs. Auch wenn die Eisenbahnverwaltung oder etwa die Gepäckträgergemeinschaft das An- und Abrollen des Reisegepäcks organisiert, tritt nur Haftung nach Landfrachtrecht ein; das Geschäft fällt aus dem Rahmen der EVO. heraus; s. Rundnagel, BefGesch. § 196, S. 560; EEE. **20** 164; Arch. f. Eis. **04** 211. Eisenbahn haftet also in diesem Falle nicht für den Gepäckträger oder die Gemeinschaft (a. A. Eger, EVO. Anm. 150; EEE. **17** 364, 378, **18** 186.) Kostbarkeiten in Gepäckstücken vgl. Hellmann, EEE. **28** 8.

[4] Auf die Gepäckträger ist die Gewerbeordnung nicht anwendbar, auch nicht für Dienste außerhalb des Bahnbereichs (Gebührentarif) (§ 6 GewOrd.).

[5] Kein Unterschied zwischen Reise- und Handgepäck, aber auch nur dieses! (also nicht EVO. § 29). Haftung für Kostbarkeiten nur bei Wertangabe (s. EEE. **28** 8 f.). Also keine Haftung für andere Geschäfte (Anm. 3), z. B. Aufbewahrung. Ob der Auftrag, das Gepäck zum nächsten Anschlußzug zu bringen, einen Verwahrungsauftrag enthält, ist Tatfrage und auch dann nicht zu verneinen, wenn dieser Zug erst nach Verlauf geraumer Zeit abfährt. Dagegen bedingt das Verpacken von Gepäck, die Auskunft über Gepäckfracht oder den Fahrplan, die Beaufsichtigung u. dgl. (s. EEE. **20** 164), keine Haftung der Eisenbahn, ebensowenig der Kauf einer Fahrkarte und die selbständige Auflieferung des Gepäcks. Für Versehen hierbei haftet nur der Gepäckträger selbst; wohl aber haftet die Eisenbahn, wenn Gepäckträger es versäumt, das Gepäck rechtzeitig an den Zug zu bringen, es verliert, vertauscht, beschädigt.

§ 39. Aufbewahrung des Gepäcks.

Auf den Stationen, wo Reisegepäck abgefertigt wird[1], sind tunlichst Vorkehrungen zu treffen, die es dem Reisenden ermöglichen, sein Gepäck[2] gegen eine durch Aushang bekanntzumachende Gebühr zu vorübergehender Aufbewahrung niederzulegen. Die Eisenbahn haftet[3] in diesem Falle als Verwahrer[4], [5].

1. (1) Auf Stationen, wo Gepäckstücke zur vorübergehenden Aufbewahrung unter Haftung der Eisenbahn angenommen werden, wird dies durch Aushang bekanntgemacht.

(2) Die Aufbewahrung erfolgt gegen Aushändigung eines Hinterlegungsscheins auf die Dauer von 4 Wochen, darüber hinaus nur auf ausdrücklichen Antrag des Aufgebers.

(3) Gelder, Wertpapiere und Kostbarkeiten, die weder zum Reisebedarf, noch zu den in der Ausf.-Best. 1 zu § 30 genannten Gegenständen gehören, ferner leicht verderbliche, feuergefährliche und übelriechende Gegenstände dürfen nicht zur Aufbewahrung übergeben werden.

(4) Gepäck, das nicht oder nur mangelhaft verpackt ist, kann zurückgewiesen werden. Wird es angenommen, so wird auf dem Hinterlegungsschein ein entsprechender Vermerk gemacht. Die Annahme des Scheines mit dem Vermerke gilt als Anerkenntnis der fehlenden oder mangelhaften Verpackung.

Für die in unverschlossenen Gegenständen, namentlich in Röcken, Mänteln, Reisedecken und dergleichen enthaltenen Sachen wird nicht gehaftet[6].

(5) Der Inhaber des Hinterlegungsscheins kann die hinterlegten Gegenstände jederzeit innerhalb der für die Annahme und Auslieferung von Gepäck bestimmten Zeiten zurückfordern. Die Auslieferung erfolgt nur gegen Rückgabe des Hinterlegungsscheins und Entrichtung der Aufbewahrungsgebühren. Wird der Hinterlegungsschein nicht beigebracht, so ist die Eisenbahn zur Auslieferung nur nach vollständigem Nachweise der Empfangsberechtigung gegen Ausstellung einer Erklärung und unter Umständen gegen Sicherheit verpflichtet. In der Erklärung, die nach vorgeschriebenem Muster auszustellen ist, hat der Hinterleger die Auslieferung der hinterlegten Gegenstände anzuerkennen, auf alle Rechte aus dem Hinterlegungsschein zu verzichten und sich zu verpflichten, die Eisenbahn gegen Ansprüche Dritter schadlos zu halten. Für die Ausfertigung dieser Erklärung wird eine Gebühr von 2 Mark erhoben.

(6) Die Aufbewahrungsgebühr beträgt, soweit die Tarifteile II nichts anderes bestimmen, für jedes Stück für die beiden ersten Tage zusammen 1,50 Mark, für jeden folgenden Tag weitere 1,50 Mark; für Kraftfahrräder je 10,00 Mark. Die Tage der Übergabe und Zurücknahme werden je für einen vollen Tag gerechnet.

(7) Nach Ablauf der Aufbewahrungsfrist werden die aufbewahrten Gegenstände als Fundsachen nach den für diese geltenden Bestimmungen behandelt.

(8) Für Verlust, Minderung, Beschädigung oder verspätete Auslieferung der aufbewahrten Gegenstände wird der nachgewiesene Schaden, jedoch nur bis zum Höchstbetrage von 5,00 Mark für das Stück ersetzt[9].

2. Soweit auf Stationen, wo besondere Aufbewahrungsstellen nicht eingerichtet sind, die vorübergehende Aufbewahrung von Gepäckstücken laut Bekanntmachung durch hiermit beauftragte andere Personen stattfindet, geschieht dies unter deren eigener Verantwortlichkeit, aber im übrigen unter entsprechender Anwendung der vorstehenden Bestimmungen.

BGB. §§ 688—700, 978 ff.

Literatur: Ausschluß der Haftung für aufzubewahrendes Gepäck (Hertzer, ZVDEisV. **01** 728, 1117).

[1] Früher nur auf größeren Bahnhöfen (vgl. EVO. § 38 Anm. 2).

[2] Auch Handgepäck.

[3] Also nicht bei nicht bahnamtlicher Aufbewahrung oder im Falle der AAB. Ziff. 2, s. auch EVO. § 38 Anm. 4.

[4] §§ 688 ff. BGB.: selbständiger Verwahrungsvertrag, also keine Haftung der Eisenbahn für ihre Leute nach § 5 EVO., sondern nach BGB. § 278, Haftung nur bei Verschulden, nicht auch für Zufall (RG. **98** 33), Haftungseinschränkung im Rahmen des § 138 BGB. zulässig, s. Rundnagel, EEE. **18** 275, **30** 113, **37** 161; EEE. **38** 50; a. M. Eger Anm. 155, S. 161; ZVDEisV.: Holzbecher **00** 174; Reindl ebenda **01** 533, 932; Hertzer ebenda S. 729 u. 1117). Die Berufung auf § 471 Abs. 1 HGB. ist aber nicht zutreffend; s. Eger **37** 162, **38** 50. Ein Lagergeschäft im Sinne des HGB. § 416 liegt nicht vor (vgl. Staub § 416 Anm. 9; Eger Anm. 155, S. 161; Gorden, EEE. **22** 317; a. M. Senckpiehl, EEE. **22** 113); Verjährung § 195 BGB.

[5] Für vom Reisenden zurückgelassene Gegenstände, s. BGB. §§ 978–982, besteht Verwahrungspflicht der Eisenbahn aus dem Beförderungsvertrage; daher Haftung für Schaffner aus § 278, nicht § 831 BGB. (EEE. **22** 11; ZVDEisV. **05** 1273 und Nehse ebenda 1057, 1514. A. M. Eger Anm. 154, S. 160.

[6] Unverschließbare Gegenstände! sonst § 154 BGB., s. Kittel, EVO. Anm. 5, S. 84.

[7] Über Verjährung vgl. Coermann, ZVDEisV. **02** 387.

[8] Aufbewahrungsschein ist Legitimationspapier, nicht Inhaberpapier.

[9] Beschränkung auf 500 M. selbst bei Vorsatz und grober Fahrlässigkeit der Annahmebediensteten rechtswirksam (s. RG. **98** 31; ZVDEisV. **20** 14, 357; Arch. f. Eis. **20** 471; EEE. **38** 50).

V. Beförderung von Expreßgut[1].

§ 40. Annahme.

(1) Gegenstände, die sich zur Beförderung im Packwagen eignen, sind nach näherer Bestimmung[2] des Tarifs als Expreßgut[1] anzunehmen[3].

(2) Jedes Frachtstück muß die genaue und dauerhaft befestigte Adresse des Empfängers tragen. Soll die Sendung dem Empfänger nicht zugeführt werden, so muß der Adresse jedes Frachtstücks noch der Vermerk „Zur Selbstabholung" oder „Bahnlagernd" beigefügt sein.

(3) Expreßgut ist bei den von der Eisenbahn bestimmten Abfertigungsstellen während der durch Aushang bekanntzumachenden Dienststunden aufzuliefern.

(4) Die Eisenbahn ist verpflichtet, bei Annahme der Sendung das Gewicht gebührenfrei festzustellen.

Dem Absender oder dessen Beauftragten steht frei, der Feststellung beizuwohnen.

(5) Auf Verlangen des Absenders ist die Annahme des Gutes in einer von der Versandbahn zu bestimmenden Form zu bescheinigen[4].

1. Gegenstände, die sich zur Beförderung im Packwagen eignen, werden mit den nachstehenden Ausnahmen zur Beförderung als Expreßgut von und nach solchen Stationen angenommen, die für den Gepäckverkehr eingerichtet sind und zwischen denen in den Tarifteilen II direkte Sätze bestehen.

2. Das Expreßgut wird auf Eisenbahn-Paketkarte[5] nach einem von der Eisenbahn zu bestimmenden Muster abgefertigt. Wird die Ausfertigung durch die Eisenbahn übernommen, so sind hierfür die im Nebengebührentarif zum Deutschen Eisenbahngütertarif Seite I B für die Ausfertigung deutscher Frachtbriefe vorgesehenen Gebühren zu erheben. Ihre Ausfüllung liegt dem Absender ob.

   Die in § 40 Abs. (2) erwähnten Angaben auf den Anschriften der Frachtstücke müssen auch auf der Eisenbahn-Paketkarte vermerkt sein. Auf eine Eisenbahn-Paketkarte können bis zu 5 Stücke aufgeliefert werden.

3. Die Annahme ist ausgeschlossen:
   a) hinsichtlich der im § 54 Abs. (1) und (2) A und B 2 und 3 der EVO. verzeichneten Gegenstände;
   b) nach Stationen jenseits einer Grenzzollabfertigung;

c) wenn an dem Beförderungsweg Orte mit getrennten Bahnhöfen gelegen sind, zwischen denen von der Eisenbahn Gepäck nicht übergeführt wird;

d) wenn nach der Beschaffenheit der Sendung die Ver- oder Entladung innerhalb des fahrplanmäßigen Aufenthaltes der Züge nicht möglich ist.

4 Geld, Münzen und Papiere mit Geldwert werden zur Beförderung als Expreßgut nicht angenommen.

Gold- und Silberbarren, Platina, Dokumente, Edelsteine und echte Perlen, Waren aus Gold, Silber oder Platina, auch in Verbindung mit Edelsteinen oder echten Perlen, ferner Kunstgegenstände, wie Gemälde, Bildwerke, Gegenstände aus Erzguß und Kunstaltertümer, sowie andere Kostbarkeiten werden unter folgenden Bedingungen zur Expreßgutbeförderung angenommen:

a) die Gegenstände müssen in fest verschlossenen Fässern oder Kisten gut verpackt sein; ist dies nicht der Fall, so muß der Absender das Fehlen oder die Mängel der Verpackung auf der Eisenbahn-Paketkarte anerkennen;

b) der Wert der genannten in der Sendung enthaltenen Gegenstände, der den Höchstbetrag für die dafür zu zahlende Entschädigung bilden soll, ist auf der Eisenbahn-Paketkarte anzugeben.

Wird der Wert oder das Interesse an der Lieferung mit mehr als 2000 Mark für die genannten in der Sendung enthaltenen Gegenstände angegeben, so werden sie zur Expreßgutbeförderung nicht angenommen.

5. Gegenstände, die ihrer Natur nach zum Schutze gegen Verlust oder Beschädigung bei der Beförderung einer Verpackung bedürfen, aber unverpackt oder mangelhaft verpackt sind, können zurückgewiesen werden. Sie werden angenommen wenn sie sich nach dem Ermessen des abfertigenden Beamten zur Beförderung eignen. In diesem Falle hat der Absender die fehlende oder mangelhafte Verpackung schriftlich anzuerkennen[8].
6. Expreßgut wird nur freigemacht zur Beförderung angenommen.
7. Die Fracht wird für je 10 kg erhoben. Bei der Gewichtsermittlung wird auf 10 kg nach oben aufgerundet.
8. Die Frachtbeträge werden auf volle Mark aufgerundet.
9. Die Mindestfracht beträgt 15 Mark.
10. Die Fracht wird für eine Mindestentfernung von 10 km berechnet.
11. Die für die Überführung von Gepäck an Orten mit getrennten Bahnhöfen festgesetzten Überfuhrgebühren (s. Anlage II, Abschnitt C II) werden auch bei der Annahme von Expreßgut erhoben[9].
12. Nachnahmen auf Expreßgut werden nicht zugelassen.
13. Die Aufgabe von Expreßgut erfolgt bei den Gepäckabfertigungen zu den für die Annahme von Gepäck bestimmten Zeiten.

14. Der Absender hat die Eisenbahn-Paketkarte mit eingedrucktem Stempel oder einer aufgeklebten Marke im vorgeschriebenen Betrage des Frachturkundenstempels zu übergeben. Die Marke ist auf dem Stamm der Paketkarte an der für den Stempel der Versandstation vorgesehenen Stelle aufzukleben[10].

15. Hat der Absender Expreßgüter nicht oder nicht genügend gezeichnet, so wird die Zeichnung von der Eisenbahn gegen die in den Ausf.-Best. VI zu § 62 EVO. festgesetzte Gebühr ausgeführt. Als ungenügende Zeichnung ist auch anzusehen, wenn alte Zeichnungen nicht entfernt sind.

[1] Der Begriff „Expreßgut" ist dem HGB. fremd. Expreßgut ist nicht Reisegepäck, sondern Gut im e. S.; es wird ein selbständiger Frachtvertrag abgeschlossen, daher gilt § 471 HGB., nicht aber §§ 465, 466 Abs. 2. Es fehlt völlig die Verbindung mit einem Personenbeförderungsvertrag (vgl. EVO. § 43). Über die Beförderung von Zeitungen vgl. RGSt. 3 300.

[2] Vgl. AAB. 1 u. 3; EVO. § 31.

[3] Vertrag wird abgeschlossen durch Übergabe des Gutes sowie der Paketkarte und deren Annahme. Eisenbahn ist zum Abschluß verpflichtet. Vertrag zugunsten Dritter § 328 BGB.; EVO. § 42 Abs. 1.

[4] Vgl. EVO. § 61 Abs. 8. Bescheinigung ist kein Ausweispapier für den Empfänger (abw. Eger Anm. 161). Rückgabe vor Auslieferung ist nicht vorgeschrieben.

[5] Paketkarte vertritt den Frachtbrief; sie ihm gleichzustellen, ist nicht angängig (vgl. Rundnagel, BefGesch. S. 564; a. M. Staub; Kittel, EVO. § 40 Anm. 1; Reindl, EEE. 27 259; Rundnagel, BefGesch. § 199, S. 564). Mitteilungen, die nicht die Sendung betreffen, sind auf der Paketkarte unzulässig (RPostGes., vgl. Fritsch, EisGes. S. 325 Anm. 82).

[6] Abw. vom Güterverkehr (vgl. § 54 Abs. 2 B 1 VO.).

[7] Erforderlich zur Berechnung der erhöhten Versicherungsgebühr.

[8] Nicht vorgeschrieben auf der Paketkarte, aber im Muster vorgesehen und wegen EVO. § 86 Abs. 1 Ziff. 2. unbedingt zu verlangen (vgl. EVO. § 43 Anm. 9).

[9] S. DEP. u. GepT. I, S. 55.

[10] Tarifsatz: Eilgutfracht + 60 v. H. Zuschlag.

§ 41. Beförderung.

(1) Expreßgut wird wie Gepäck befördert[1]. Wird für einzelne Züge die Beförderung beschränkt oder ausgeschlossen, so sind diese bekanntzumachen.

(2) Wird der Zug, mit dem das Gut befördert werden soll, nicht bei der Aufgabe vom Absender bezeichnet, so ist es mit dem nächsten geeigneten Zuge zu befördern[2].

Die Beförderung von Expreßgut mit einem bestimmten Zuge kann nur dann beansprucht werden, wenn es spätestens ¼ Stunde vor dessen Abgang aufgeliefert wird (vgl. auch Ausf.-Best. 5 zu § 43).

HGB. s. § 40 Anm. 1.

[1] S. AAB. § 33.

[2] Andernfalls Schadensersatz, aber AAB. 1 zu § 41 und 5 zu § 43.

§ 42. Auslieferung.

(1) Der Empfänger ist berechtigt[1], auf der Bestimmungsstation die Auslieferung des Expreßguts bei der Abfertigungsstelle zu verlangen, sobald nach Ankunft des Zuges[2], womit es zu befördern war,

die zur ordnungsmäßigen Bereitstellung erforderliche Zeit verstrichen ist.

(2) Holt der Empfänger das Gut nach Ankunft des Zuges nicht ab, und ist das Gut nicht bahnlagernd gestellt, so wird es nach dem Tarife der Empfangsbahn dem Empfänger angemeldet oder zugeführt. Zur Selbstabholung bestimmtes Gut ist dem Empfänger stets anzumelden. Die Anmeldung oder Zuführung muß innerhalb der Fristen erfolgen, die in den §§ 78 und 79 für Eilgut vorgesehen sind[3].

1. Der Nachweis der Berechtigung zur Empfangnahme des Gutes kann verlangt werden. Ob bei der Auslieferung eine Empfangsbescheinigung zu erteilen ist, richtet sich nach den Bestimmungen der Empfangsbahn.

2. Die Eisenbahn kann nach ihrem Ermessen auch bei bahnlagerndem Expreßgut den Empfänger über die Ankunft benachrichtigen. Auf den Beginn der Abnahmefrist ist die Benachrichtigung ohne Einfluß.

3. Wird eine Sendung nicht innerhalb 24 Stunden nach der Anmeldung oder, wenn das Gut „bahnlagernd" gestellt ist, nicht innerhalb 24 Stunden nach Ankunft des Zuges, in den für den Gepäckdienst bestimmten Abfertigungsstunden in Empfang genommen, so ist für je auch nur angefangene 24 Stunden nach Ablauf der Abholungsfrist und jedes Stück 3 Mark Lagergeld zu entrichten. Der Lauf der Abholungsfrist ruht während der Sonn- und Festtage. Für die Art der Benachrichtigung über die Ankunft des

Gutes, für den Zeitpunkt, in dem die Benachrichtigung als bewirkt anzusehen ist und für die Erhebung der Gebühren für die Zustellung der Benachrichtigungen gilt § 79 Abs. (1), (3) und (4) der Eisenbahn-Verkehrsordnung nebst Ausführungsbestimmungen.

1. Vertrag zugunsten Dritter (BGB. § 328).

2. D. i. die tatsächliche; Verspätung des Zuges hat niemals Lieferfristüberschreitung zur Folge.

3. Bzgl. der Ablieferungshindernisse s. § 43 EVO.

§ 43. Weitere Vorschriften.

Der Tarif muß einheitlich bestimmen, ob und inwieweit für das Expreßgut neben den hierfür zu treffenden besonderen Vorschriften die Bestimmungen für Reisegepäck (Abschnitt IV) oder für Güter (Abschnitt VIII) gelten[1].

1. Soweit nicht im Abschnitt V besondere Bestimmungen getroffen sind, gelten für die Beförderung von Expreßgut die Bestimmungen über die Beförderung von Reisegepäck (Abschnitt IV).

2. Die Lieferfrist[2] läuft ab:

   a) bei Sendungen, die „bahnlagernd" gestellt sind, oder deren Empfänger sich alsbald nach Ankunft des Zuges zur Empfangnahme meldet, nach Ankunft des Zuges, mit welchem die Beförderung zu geschehen hat, und nach Ablauf der Zeit, welche erforderlich ist, um das Gut ordnungsgemäß auszuladen und zur Abholung bereitzustellen;

b) bei Sendungen, die dem Empfänger anzumelden oder zuzuführen sind, nach Ankunft des Zuges, mit welchem die Beförderung zu geschehen hat, und nach Ablauf der in § 42 Abs. (2) für die Anmeldung oder Zuführung festgesetzten Fristen[3];

c) bei einer Sendung, die unterwegs von einem Zug auf einen anderen überzugehen hat, mit der Ankunft des anschließenden oder des nächstfolgenden zur Beförderung freigegebenen Zuges am Bestimmungsort[4,5].*)

3. Wird die Annahme von Expreßgut am Bestimmungsorte verweigert, erfolgt die Abnahme der dem Empfänger angemeldeten oder der „bahnlagernd" gestellten Sendungen nicht binnen 3 Tagen, oder ist bei den Gütern, die dem Empfänger anzumelden oder zuzuführen sind, die Anmeldung oder Zuführung nicht möglich, so hat die Bestimmungsstation dem Absender durch Vermittlung der Versandstation die Ursache des Hindernisses ohne Verzug mitzuteilen und seine Anweisung einzuholen. In keinem Falle darf das Gut ohne ausdrückliches Einverständnis

---

*) Geändert infolge der Einführung der Lieferfristen durch Tarif ab 1. 5. 22.

Die frühere Fassung lautete:

c) bei einer Sendung, die von einem Zug auf einen anderen überzugehen hat, den Übergang durch Zugverspätung aber nicht erreicht, mit der Ankunft des Zuges, womit die Sendung unter Berücksichtigung dieser Verspätung befördert werden konnte. Kraftfahrräder, die unterwegs in einen anderen Zug übergehen müssen, brauchen nicht mit dem anschließenden Zuge, sondern erst mit dem nächstfolgenden Personenzug am Bestimmungsort einzutreffen.

des Absenders zurückgesandt werden. Die erwähnte Frist von 3 Tagen beginnt dann, wenn das Gut „bahnlagernd“ gestellt ist, mit der Ankunft des Zuges, womit die Beförderung erfolgt ist, bei der Anmeldung mit dieser. Die Kosten der Benachrichtigung hat der Absender zu ersetzen. Sie betragen außer den Post-, Fernsprech- und Telegrammgebühren 8 Mark für die Sendung. Unabhängig von den Gebühren für Unbestellbarkeitsmeldungen sind für die Ausführung der Anweisung des Absenders von diesem die gleichen Gebühren zu entrichten, die für die Ausführung nachträglicher Verfügungen nach Ausf.-Best. II 2 zu § 81 EVO. erhoben werden. Im übrigen ist bei Ablieferungshindernissen nach Maßgabe des § 81 Abs. (2) bis (5) der EVO. und Ausf.-Best. IV zu verfahren.

4. Für den Verlust von Expreßgut haftet die Eisenbahn nach den Vorschriften über die Haftung für den Verlust von Gütern (Abschnitt VIII der EVO.)[6,7].

5. Der Absender kann auf der Eisenbahn-Paketkarte das Interesse an der Lieferung angeben. Die Angabe muß spätestens ½ Stunde vor Abgang des Zuges, womit die Beförderung geschehen soll, bei der Gepäckabfertigung gegen Zahlung der für Reisegepäck festgesetzten Gebühr (Ausf.-Best. 3 zu § 32) erfolgen.

6. (1) Expreßgut kann von dem Absender vor der Auslieferung zurückgenommen oder einem anderen Empfänger am Bestimmungsort über-

wiesen oder nach einem anderen Orte weitergesandt werden[8].

(2) Die Rückbeförderung oder Weitersendung kann aber nur verlangt werden, wenn zwischen der Station, von der die Rückbeförderung oder Weiterbeförderung stattfinden soll, und der neuen Bestimmungsstation Expreßgutverkehr nach den Ausf.-Best. 1, 3b und 3c zu § 40 zulässig ist.

(3) Jede derartige Verfügung muß sich auf die sämtlichen, auf eine Eisenbahn-Paketkarte aufgelieferten Stücke erstrecken und daher für alle Stücke die gleiche sein.

(4) Die Verfügungen können durch Vermittlung der Versandstation oder unmittelbar bei der Bestimmungsstation erfolgen. Die Kosten trägt der Absender. Sie betragen 10 Mark für die Sendung.

(5) Die Rückbeförderung oder Weitersendung erfolgt unter Frachtberechnung. Die Rückerstattung eines Teiles der bereits im voraus bezahlten Fracht findet auch dann nicht statt, wenn das Expreßgut auf einer vor dem Bestimmungsorte liegenden Zwischenstation zur Rückbeförderung oder Weitersendung gekommen ist. Dagegen wird, wenn die Sendung auf der Versandstation noch nicht abgegangen war, bei der Zurückziehung die Fracht von der Annahmestelle gegen Quittung erstattet.

[1] Es gelten demgemäß Abschn. I, II und V, außerdem nach den Bestimmungen des Tarifs Vorschriften der Abschn. IV

oder VIII, s. AAB. Ziff. 1, 4. Aus Abschn. IV müssen (§ 471 HGB., vgl. EVO. § 40 Anm. 1) solche Vorschriften ausscheiden, die Abweichungen zuungunsten des Publikums enthalten oder den Eigentümlichkeiten des Expreßgutverkehrs nicht gerecht werden (z. B. EVO. § 32 Abs. 6, § 33, § 34 Abs. 1, 2, 5, 6); ferner gilt nicht § 53, § 61 EVO., wohl aber §§ 86ff.

[2] Lieferfrist s. AAB. 2, s. EVO. § 42 Anm. 1.

[3] Regelung stimmt nicht mit EVO. § 42 Abs. 1 überein (Ablauf der Lieferfrist mit „ordnungsmäßiger Bereitstellung". Gültigkeit aber nicht anzuzweifeln, da Abweichung zugunsten des Publikums, vgl. Rundnagel, BefGesch. S. 568f., 571.

[4] s. Anm. S. 171 und EVO. § 75.

[5] Umfang der Haftung bei Lieferfristüberschreitung (§§ 94 oder 37 EVO.?) nicht festgelegt und unklar, da § 466 HGB. Abs. 2 Satz 1 bindendes Recht enthält, Satz 2 ebendort aber nur für Reisegepäck, nicht also auch für Expreßgut gilt, s. Rundnagel, BefGesch. S. 571f.

[6] Haftung für Verlust HGB. §§ 456ff., da Expreßgut „Gut" ist (s. § 40 EVO. Anm. 1); die nur für Reisegepäck geltenden §§ 465, 466 HGB. scheiden daher aus. Die frühere Bestimmung, daß die Eisenbahn nicht hafte, wenn das Expreßgut nicht innerhalb 8 Tagen nach Ankunft des Zuges abgeholt wird, ist gestrichen; vgl. hierüber Reindl, EEE. **27** 259, **28** 430; Krug ebendort **30** 11ff., 148ff.

[7] Wegen der Anwendung des § 86 EVO. Abs. 1 Ziff. 2 s. Rundnagel S. 571 (bei Aufnahme der Erklärung über die Mängel in die Paketadresse genießt die Eisenbahn den Schutz des § 86 EVO., sonst nicht (vgl. EVO. § 40 Anm. 5 oben).

[8] Auslieferung! Insoweit Abweichung von § 73. Zulässig ist Rückbeförderung nach dem Versandbahnhof, auch Zurückhaltung auf dem Bestimmungsbahnhof (EVO. § 42 Abs. 1); a. A. Rundnagel, BefGesch. S. 567), nicht wohl aber Anhalten unterwegs.

[9] Hier aufgeführt, weil abweichend von dem Gepäckverkehr geregelt.

VI. Beförderung von Leichen[1].

§ 44. Auflieferung.

(1) Leichen[2] werden nach dem Ermessen der Eisenbahn mit den dem Personenverkehr[3] oder dem Güterverkehr dienenden Zügen befördert; die Benutzung von Schnellzügen kann versagt werden[4].

(2) Leichensendungen müssen auf der Anfangsstation des Zuges mindestens 6 Stunden, auf anderen Stationen mindestens 12 Stunden vor der Abfahrzeit angemeldet werden[5].

(3) Jede Leiche muß in einem widerstandsfähigen Metallbehälter luftdicht verschlossen und dieser in einen hölzernen Behälter so fest eingesetzt sein, daß er sich darin nicht verschieben kann[6].

(4) Bei der Aufgabe ist der Eisenbahn ein Leichenpaß[7] nach dem Muster der Anlage A[8] zu übergeben[9], der bei Auslieferung der Leiche dem Empfänger ausgefolgt wird. Bei Leichensendungen aus ausländischen Staaten, mit denen eine Vereinbarung wegen gegenseitiger Anerkennung der Leichenpässe abgeschlossen ist, genügt ein Leichenpaß der zuständigen ausländischen Behörde. Die zur Ausstellung von Leichenpässen befugten in- und ausländischen Behörden werden besonders bekanntgemacht[10]. Der Leichenpaß gilt für den ganzen Beförderungsweg.

(5) Leichen sind auf einen Beförderungsschein[11] abzufertigen, der von der Eisenbahn auszustellen und dem Absender auszuhändigen ist.

(6) Das Verladen hat der Absender zu besorgen.

(7) Die Fracht ist bei der Aufgabe zu ent-

richten. Wer Leichen unter unrichtiger Bezeichnung aufliefert[12], hat den Frachtunterschied von der Aufgabe bis zur Bestimmungsstation nachzuzahlen und das Vierfache der Gesamtfracht als Frachtzuschlag zu entrichten[13].

1. Ob Leichen mit den dem Personenverkehr dienenden Zügen befördert werden dürfen, entscheidet die der Aufgabestation vorgesetzte Eisenbahnverwaltung.

2. Über die Behörden, die zur Ausstellung von Leichenpässen befugt sind, erteilen die Versandstationen auf Verlangen Auskunft.

3. Die Abfertigung von Leichen auf Beförderungsschein erfolgt bei den Gepäckabfertigungen.

4. Die Beförderungsscheine unbegleiteter Leichen (vgl. § 46 Abs. (1) sind mit der vollen Anschrift des Empfängers zu versehen, damit dieser von dem Eintreffen der Sendung ohne Verzug benachrichtigt werden kann.

5. Bei der Auflieferung von Leichen nach Orten mit mehreren Bahnhöfen ist der Bahnhof zu bezeichnen, nach dem die Sendung befördert werden soll, ebenso der Bahnweg, wenn im Tarif verschiedene Wege zur Wahl gestellt sind.

6. Inwieweit die Abfertigung von Leichen nach und von einzelnen Stationen ausgeschlossen oder beschränkt ist, ist bei den Gepäckabfertigungen zu erfahren.

7. Für jede Leiche, auch wenn mehrere auf einen Beförderungsschein aufgegeben und in einem

Wagen verladen sind, wird an Fracht für das Tarifkilometer erhoben:

bei Beförderung mit Personen- oder Güterzügen .... 7,00 Mark,
bei Beförderung mit Eil- oder Schnellzügen .... 10,50 „

in beiden Fällen unter Zuschlag einer Abfertigungsgebühr von 100 Mark für die Leiche. Wenn eine Leiche teils mit Güter- oder Personenzügen, teils mit Eil- oder Schnellzügen befördert werden soll, so werden der für die Gesamtentfernung zum Güter- oder Personenzugsatze berechneten Fracht 3,50 Mark für jedes Tarifkilometer der Eil- oder Schnellzugstrecke zugerechnet.

8. (1) Die Fracht für Leichen wird nach den in den Tarifteilen II enthaltenen Entfernungen berechnet. Bei der Beförderung über Verbindungsbahnen zu erhebende Gebühren enthält die Anlage I. (Nicht abgedruckt.)

(2) Wird die durchgehende Abfertigung in Stationsverbindungen verlangt, für die Entfernungen in den Tarifteilen II nicht vorgesehen sind, oder wünscht der Absender einen abweichenden Bahnweg, so wird die Gesamtstreckenlänge durch Zusammenrechnung von Teilentfernungen ermittelt. Die Abfertigungsgebühr wird auch in diesem Falle nur einmal erhoben.

9. Wenn die Leichen vor dem Abgange des Zuges vom Absender zurückgenommen werden, oder

wenn die Beladung der bereitgestellten Wagen nicht innerhalb der für den Güterverkehr festgesetzten Frist bewirkt wird, so werden 50 Mark für jeden Wagen und angefangenen Tag der Fristversäumung erhoben.

HGB. §§ 425–471; JÜ. Art. 3; AB. §§ 1, 3.

[1] Unterscheiden: a) Beförderung zur Beisetzung (§ 44) auf Beförderungsschein durch Gepäckabfertigung und b) Versendung zu wissenschaftlichen Zwecken (§ 47) auf Frachtbrief durch Güterabfertigung; ersteres ist reiner Werkvertrag, letzteres Frachtvertrag.

[2] Leichen gelten im Falle zu a nicht als Gut i. S. des Frachtrechts (vgl. Dernburg, Bürgerl. Recht II 2, § 326 Anm. 2; Rundnagel, BefGesch. § 29, S. 116; EEE. 22 37. Abw. Eger Anm. 167 (der sie des Sarges wegen als Gut ansehen will); Kittel Anm. 1; Sendpiehl S. 26. Es können jedenfalls im Falle zu a nur die Bestimmungen der Abschn. I, II und VI, sowie das HGB. (§§ 425ff.) gelten, nur mit den Abweichungen, die sich durch die Natur des zu befördernden Gegenstandes von selbst ergeben (Pfandrecht!). Der Vertrag wird nur zwischen Eisenbahn und Absender geschlossen; er ist kein Vertrag zugunsten Dritter. Beförderungsschein ist nicht Frachtbrief, wohl auch nicht dem Gepäckschein gleichzustellen; er ist lediglich Bescheinigung über den Abschluß des Vertrages.

[3] S. auch EVO. § 47 Abs. 2.

[4] Bei Tod infolge ansteckender Krankheit (Pest, Cholera, Pocken, Scharlach) ist Überführung erst 1 Jahr nach dem Tode zugelassen (PrMinErl. v. 1888).

[5] S. AAB. § 38.

[6] Abweichungen darf die Eisenbahn nicht zulassen (s. EVO. § 47).

[7] EVO. § 47 Abs. 2.

[8] Der Leichenpaß lautet: Die nach Vorschrift eingesargte Leiche de . am . . ten . . . . . . 10 . . zu . . . . . . an . . . .

(Todesursache) verstorbenen . . jährigen . . . . (Name, Vor- u. Zuname) soll mittels Eisenbahn von . . . . . über . . . . . nach . . . . . zur Bestattung gebracht werden. Nachdem zu dieser Überführung dem Begleiter . . . . . . die Genehmigung erteilt worden ist, werden sämtliche Behörden, deren Bezirk durch diesen Leichentransport berührt werden, ersucht, denselben ungehindert und ohne Aufenthalt weitergehen zu lassen. Ort, Datum, Siegel, Unterschrift.

[9] Ohne diesen muß Annahme verweigert werden, s. AAB. § 38.

[10] Im Zentralblatt für das Deutsche Reich.

[11] S. oben Anm. 2.

[12] Auch strafrechtliche Verfolgung.

[13] obligatio ex lege, aber nur für Absender, da Empfänger nicht in den Frachtvertrag eintritt. § 60 EVO. ist wohl versehentlich nicht aufgenommen; daher BGB. 339ff. (s. Rundnagel, BefGesch. S. 495; Kittel S. 92). (Leichen als Reisegepäck: EVO. § 30 Abs. 4; Leichen als Handgepäck: Bestrafung aus BBO. § 82.)

§ 45. Beförderung.

(1) Leichen sind in bedeckten Wagen zu befördern[1]. Die Beiladung von Gütern, die nicht zur Leiche gehören, ist verboten. Mehrere Leichen, die gleichzeitig von derselben Versandstation nach derselben Bestimmungsstation aufgegeben werden[2], können zusammen in einen Wagen verladen werden. Leichen, die in rings umschlossenen Leichenfuhrwerken aufgeliefert werden, dürfen in offenen Wagen befördert werden.

(2) Jeder Sendung ist ein Begleiter beizugeben, der eine Fahrkarte zu lösen und denselben Zug zu benutzen hat[3]. Begleitung ist nicht erforderlich,

wenn der Bestimmungsort eine Eisenbahnstation ist und der Absender bei der Aufgabestation die schriftliche oder telegraphische Erklärung des Empfängers[4] hinterlegt, daß er die Sendung sofort nach Empfang der Nachricht von ihrem Eintreffen abholen lassen werde. Bei Sendungen an Beerdigungs- und an Leichenverbrennungsanstalten ist diese Erklärung nicht erforderlich[5].

(3) Leichen dürfen unterwegs nicht ohne Not umgeladen werden. Sie sind möglichst schnell und ohne Unterbrechung zu befördern. Läßt sich auf einer Station ein längerer Aufenthalt nicht vermeiden, so ist der Wagen mit der Leiche tunlichst auf ein abseits liegendes Gleis zu stellen. Wird die Beförderung einer unbegleiteten Leiche mit den in Aussicht genommenen Zügen unmöglich, so hat die Station, wo das Hindernis eintritt, dem Empfänger kostenfrei telegraphisch mitzuteilen, mit welchem Zuge die Beförderung erfolgt.

1. Zur Leiche gehörige Gegenstände[7] werden bis zu einem Höchstgewichte von 500 kg in dem Wagen, in welchem die Leiche verladen ist, unentgeltlich mitbefördert. Eine Haftpflicht für diese Gegenstände übernimmt die Eisenbahnverwaltung nicht[6].
2. Begleiter von Leichen haben, wenn sie in den Wagen Platz nehmen, in welchen die Leichen verladen sind, Fahrkarten der im Zuge befindlichen niedrigsten Wagenklasse, sonst Fahrkarten der zu benutzenden Wagenklasse zu lösen.

HGB. § 459.

[1] Vgl. hierzu EVO. § 47 Abs. 2.

[2] Nicht erforderlich derselbe Absender, oder derselbe Empfänger.

[3] Ausnahme EVO. § 47 Abs. 2. Bestimmung hat polizeilichen Charakter. Die Begleitung hat nicht die Bedeutung der EVO. § 86 Abs. 2; so Rundnagel, Haftung § 19, S. 161; Eger Anm. 176; a. M. Staub § 459 Anm. 11.

[4] Stellung des Empfängers: Zur Empfangnahme bevollmächtigter Vertreter des Absenders, der sich besonders verpflichten kann, die Leiche abzuholen. Der Begleiter wird durch die Angabe eines Empfängers im Beförderungsschein in seinen Rechten nicht geschmälert.

[5] RGBl. **02** 236.

[6] Will der Absender ein größeres Gewicht aufgeben, oder der Eisenbahnverwaltung die Haftpflicht zuweisen, muß er einen besonderen Frachtvertrag abschließen.

[7] Z. B. Kränze, Leuchter u. dgl.

§ 46. Auslieferung.

(1) Die Ankunft einer unbegleiteten Leiche am Bestimmungsort ist dem Empfänger auf seine Kosten ohne Verzug durch Telegramm, Fernsprecher oder besonderen Boten mitzuteilen.

(2) Die Auslieferung von Leichen kann zu dem im § 34 Abs. (2) bestimmten Zeitpunkte verlangt werden[1].

(3) Über die Empfangnahme der Leiche hat der Empfänger eine Bescheinigung auszustellen[2].

(4) Der Empfänger hat innerhalb 6 Stunden nach Ankunft des Zuges auf der Bestimmungsstation die Sendung auszuladen und abzuholen. Geschieht dies nicht, so kann die Leiche der Ortspolizeibehörde überwiesen werden[3]. Kommt die

Leiche nach 6 Uhr abends an, so wird die Frist vom nächsten Morgen 8 Uhr ab gerechnet. Bei Überschreitung der Abholungsfrist ist die Eisenbahn berechtigt, das tarifmäßige Wagenstandgeld zu erheben.

Bei nicht rechtzeitiger Abholung oder Entladung von Leichen werden für je — auch nur angefangene — 24 Stunden der Fristversäumung und für jeden verwendeten Eisenbahnwagen erhoben:

für die ersten 24 Stunden	50	Mark
für die zweiten 24 Stunden	80	„
für die weiteren 24 Stunden ...	130	„

[1] Nur vom Absender! Vorschrift des § 37 fehlt hier; Haftung für Verzögerung daher nur bei Verschulden (s. EEE. 22 37).

[2] Rückgabe des Beförderungsscheines ist nicht verlangt. Eisenbahn hat aber den Leichenpaß zurückzugeben (EVO. § 44 Abs. 4).

[3] Auslagen hat Absender zu erstatten (BGB. § 683).

§ 47. Ausnahmebestimmungen.

(1) Für die Beförderung von Leichen nach dem Bestattungsplatze des Aufgabeorts[1] kann die Eisenbahn mit Genehmigung der Landesaufsichtsbehörde[2] abweichende Bestimmungen erlassen[3].

(2) Bei Leichen, die von Polizeibehörden, Strafanstalten, Krankenhäusern oder dergleichen an öffentliche höhere Lehranstalten gesandt oder von diesen weiterversandt werden, ist Begleitung nicht erforderlich. Sie dürfen in dicht verschlossenen Kisten aufgeliefert und in offenen Wagen befördert werden. Güter von fester Beschaffenheit (Holz, Metall oder dergleichen) oder in fester Verpackung

(Kisten, Fässern oder dergleichen) dürfen beigeladen werden, es ist aber Fürsorge zu treffen, daß die Leichenkisten nicht beschädigt werden. Von der Beiladung sind ausgeschlossen: Nahrungs- und Genußmittel sowie deren Rohstoffe, ferner die in der Anlage C aufgeführten Gegenstände. Von der Beibringung eines Leichenpasses kann mit Genehmigung der Landesaufsichtsbehörde[2] abgesehen werden. Solche Leichen sind auf Frachtbrief abzufertigen[4].

Leichen auf Frachtbrief werden bei den Güterabfertigungen abgefertigt.

[1] Daß beide in derselben Gemarkung liegen, wird nicht verlangt (z. B. Berlin-Stahnsdorf).

[2] Jetzt Reichsverkehrsministerium.

[3] Soweit Exklusivberechtigungen von Kirchengemeinden bestehen, darf die EVO. oder die besonders erlassenen Bestimmungen der Eisenbahn sie nicht aufheben (RGEntsch. **23** 22).

[4] Auf die Beförderung von Leichen nach Abs. 2 ist der Abschn. VIII in seiner Gesamtheit anzuwenden, soweit nicht die in der Natur des Beförderungsgutes liegenden Eigentümlichkeiten dies ausschließen (Rundnagel, BefGesch. § 164, S. 496; auch Senckpiehl S. 197 im Gegensatz zu S. 194).

VII. Beförderung von lebenden Tieren.

1. Auf die Beförderung von Tieren sind anzuwenden: EVO. Abschn. I u. II, ferner

a) bei toten Tieren Abschn. VIII;

b) bei lebenden Tieren:

α) Abschn. VII,

β) Abschn. VIII (ergänzend; vgl. EVO. § 52).

2. Der Tierbeförderungsvertrag ist a) bei Abfertigung auf Frachtbrief besonders gearteter Frachtvertrag, b) bei Abfertigung auf Beförderungsschein reiner Werkvertrag (vgl. aber

EVO. § 27 [Hunde], § 30 Abs. 2 [Tiere als Reisegepäck], § 40 [Expreßgut]).

3. Bezüglich der Begleitung vgl. EVO. § 48 Abs. 9. Stößt dem Begleiter ein Unfall zu, haftet die Eisenbahn (ZVDEisV. **09** 392) außer bei dessen eigenem Verschulden (EEE. **22** 45). Für Schaden an den Tieren infolge Unachtsamkeit des Begleiters haftet Eisenbahn nicht (s. EVO. § 86; EEE. **22** 121). Viehbegleiter ist Vertreter des Absenders, jedoch nur zu solchen Handlungen berechtigt, die mit dem wirklichen oder mutmaßlichen Willen des Absenders nicht im Widerspruch stehen. Über nachträgliche Verfügungen vgl. RG. v. 3. 6. 1912 (Arch. f. Eis. **12** 1623).

4. Abschn. VII enthält keine Bestimmung über die Haftung der Eisenbahnen; anzuwenden also Abschn. VIII EVO.

5. Die allgemeine Polizei ist nicht zuständig zum Erlaß von Vorschriften über die Beförderung von Tieren auf Haupt- und Nebenbahnen. Entsch. Kammerger. v. 14. 4. 1916 (EEE. **34** 79).

§ 48. Auflieferung.

(1) Die Eisenbahn hat bekanntzumachen, mit welchen Zügen Tiere befördert werden[1]. Die Beförderung einzelner Stücke kann abgelehnt werden[2], wenn im Zuge kein geeigneter Raum vorhanden ist, es sei denn, daß die Tiere mindestens 24 Stunden vorher[3] angemeldet worden sind.

I. Über die Züge, womit je nach Art und Richtung der Sendungen von der Versandstation aus die Beförderung in der Regel stattfindet, geben die Dienststellen auf den Stationen Auskunft.

II. 1. Bei Zügen, die im allgemeinen für die Beförderung von Tieren oder für die Beförderung der in Betracht kommenden Tierart nicht bestimmt sind, kann die Eisenbahn auf Antrag des Absenders — auf Unterwegsstationen auch des Begleiters — nach ihrem Ermessen die Beförderung von Tieren gegen Zahlung eines Zuschlags (vgl. Abschnitt B)[4] zulassen.

2. Der Antrag ist in den Eilfrachtbrief oder den Beförderungsschein aufzunehmen oder sonst schriftlich zu stellen. Wird er nicht auf einzelne, bestimmt bezeichnete Züge oder Strecken beschränkt, so hat er zu lauten:
„Mit Beförderung in zuschlagpflichtigen Zügen einverstanden."

(2) An Sonn- und Festtagen[5] werden Tiere nicht angenommen. Ausnahmen sind durch Aushang an den Abfertigungsstellen bekanntzumachen.

(3) Die Beförderung kranker Tiere kann abgelehnt werden[6].

(4) Zur Beförderung wilder Tiere[7] ist die Eisenbahn nur verpflichtet, wenn die von ihr im Interesse der Sicherheit vorzuschreibenden Bedingungen erfüllt sind.

III. Die in den Tarifen nicht genannten Tiere, insbesondere wilde Tiere, werden zur Beförderung angenommen, wenn die Gefahr einer Beschädigung von Menschen, Tieren und Gütern durch die Art und Weise der Verpackung oder Verladung nach dem Ermessen der Versandstation ausgeschlossen ist[8]. Größere Raubtiere werden nur in dauerhaften Behältnissen – Käfigen, Kästen,

Kisten oder in besonders eingerichteten Wagen — aus starkem, hartem Holz mit fest verankerten Gitterstäben und durch Blechbeschläge oder Eisenklammern befestigten Ecken zur Beförderung angenommen; die Gitter müssen mit Lattenverschlägen verkleidet oder mit fest angeschlossenen Holzwänden oder Holzrahmen mit Drahtgeflecht versehen sein. Behältnisse für Bären, mit Ausnahme ganz junger Tiere, müssen ferner innen vollständig mit Blech ausgeschlagen sein. Bei Einzelsendungen von Raubtieren sind die Behältnisse außen mit der Bezeichnung „Raubtier" in auffallender Schrift zu versehen. Wegen der Beförderungsgebühren für Schaustellungen wilder Tiere in Sonderzügen vgl. Ausf.-Best. zu § 4.

(5) Die Tiere müssen rechtzeitig, einzelne Stücke mindestens 1 Stunde vor Abgang des Zuges, auf die Station gebracht werden.

IV.[9] 1. Die Bestellung von Wagen zur Verladung von lebenden Tieren ist — in der Regel schriftlich — an die Versandstation zu richten. In der mit Tag und Unterschrift zu versehenden Bestellung sind die Anzahl und Gattung der Wagen — bedeckte oder offene, Stallungs-, Vieh- oder mehrbödige Wagen — die Bestimmungsstation, der Tag sowie tunlichst sowohl die Stunde der Verladung wie die Zahl und Gattung der zu verladenden Tiere und die Größe der Wagen anzugeben.

2. Verlangt der Absender die ausschließliche Benutzung eines Wagens für die Beförderung einzelner Stücke, so ist dies — tunlichst schon bei der Bestellung — zu erklären.

(6) Der Absender muß das Einladen der Tiere[10] und ihre sichere Unterbringung im Wagen[11] besorgen, auch die erforderlichen Befestigungsmittel beschaffen[12].

V. Für alle außergewöhnlichen, d. h. nicht als natürliche Abnutzung anzusehenden Beschädigungen, die durch Tiere an den Eisenbahnfahrzeugen oder Bahnanlagen bei der Ein-, Um- oder Ausladung oder während der Beförderung angerichtet werden, haftet der Absender, sofern nicht ein Verschulden der Eisenbahn vorliegt. Durch den Eintritt in den Frachtvertrag geht die Haftung auf den Empfänger über[13].

VI. Für einzelne Stücke Kleinvieh stellt die Eisenbahn bahneigene Käfige, soweit vorrätig, gegen eine Leihgebühr zur Verfügung (vgl. Abschnitt C)[21].

VII. Das während der Beförderung zur Fütterung der Tiere erforderliche Futter und die zu der Wartung notwendigen Geräte sowie das vor der Verladung der Tiere benutzte Geschirr, auch wenn es ihnen während der Bahnfahrt abgenommen ist, und das Handgepäck der Viehbegleiter werden unentgeltlich im Viehwagen mitbefördert (vgl. § 28 EVO.)[14]. Diese Sachen sind von den Viehbegleitern selbst zu beaufsichtigen. Sonstiges Gepäck oder Güterstücke dürfen, soweit nicht von den Eisenbahnen Ausnahmen zugelassen werden, von dem Absender in den mit Vieh beladenen Wagen nicht untergebracht werden, sind vielmehr behufs regelrechter Abfertigung der Versandstation zu übergeben. Bei der Aufgabe als Eilgut sind derartige Güter auf Antrag tunlichst mit den zur Beförderung des Viehes benutzten Zügen zu befördern. Wenn unzulässigerweise Gepäck oder Güterstücke mitgeführt werden, so ist hierfür das Doppelte der Eilgutfracht für die ganze Beförderungsstrecke und, wenn die Einladestation nicht nachgewiesen werden kann, das Doppelte der Eilgutfracht für die ganze von der Viehsendung zurückgelegte Strecke als Frachtzuschlag zu entrichten[15].

(7) Die Eisenbahn ist berechtigt, Begleitung der Tiersendungen zu fordern[16]. Bei kleinen Tieren, die in tragbaren, gut verschlossenen Behältern aufgegeben werden, kann Begleitung nicht verlangt werden.

VIII. 1. Bei Aufgabe von 10 Stück Großvieh und mehr muß[17] Begleitung gestellt werden; für je 3 zu einer Sendung gehörige Wagen ist mindestens ein Begleiter zu stellen. Bei

Aufgabe von weniger als 10 Stück Großvieh oder von Kleinvieh (Schweinen, Kälbern bis zu sechs Monaten, Schafen, Ziegen, Gänsen usw.) kann von der Beigabe eines Begleiters nach dem Ermessen der Versandstation abgesehen werden.

Wenn mehrere Wagen von verschiedenen Sendungen eines Absenders nach derselben Bestimmungsstation unterwegs in einem Zuge vereinigt werden, so kann die Zurückziehung so vieler Begleiter zugelassen werden, daß auf jeden verbleibenden Begleiter nicht mehr wie 3 Wagen entfallen. Der Fahrgeldunterschied wird nachträglich auf Antrag erstattet.

Ist die erforderliche Anzahl von Begleitern nicht vorhanden, so kann die Eisenbahn diese stellen. Hierfür werden die im Nebengebührentarif (Abschnitt C)[21] festgesetzten Gebühren erhoben.

2. Die Haftpflicht der Eisenbahn für Verlust oder Beschädigung wird nicht geändert, falls von der Beigabe eines Begleiters abgesehen wird. Die Eisenbahn haftet insbesondere nicht für den Schaden, für den sie bei Begleitung nicht aufzukommen gehabt hätte.

(8) Die Begleiter haben die Tiere während der Beförderung zu warten. Der Aufsichtsbeamte hat den Begleitern auf Verlangen einen Platz im Packwagen oder in einem Personenwagen anzuweisen[18]. Ist zur Abwendung von Betriebsgefahren ihre

Gegenwart im Viehwagen notwendig, so müssen sie sich auf Verlangen des Aufsichtsbeamten oder des Zugführers darin aufhalten.

IX. 1. Zu jeder Sendung und, wenn die Sendung aus mehr als einem Wagen besteht, zu jedem Wagen wird ein Begleiter zugelassen. Für die hiernach zugelassenen oder nach der Ausf.-Best. VIII 1 zu stellenden Begleiter ist ein Fahrgeld von 30 Pfennig für das Tarifkilometer zu zahlen, wenn sie im Viehwagen, im Packwagen oder in der niedrigsten Klasse des Zuges fahren, sonst das Fahrgeld der benutzten Klasse.

2. Über diese Zahl hinaus werden Begleiter zur Fahrt in den Güter-, Eilgüter- und Viehzügen zugelassen, soweit Platz vorhanden ist. Für diese Begleiter ist, wenn sie im Viehwagen oder im Packwagen fahren, ebenfalls ein Fahrgeld von 30 Pfennig für das Tarifkilometer, wenn Personenwagen gestellt werden, jedoch das Fahrgeld der benutzten Klasse zu zahlen.

X. Wenn sich Stroh, Heu oder andere leicht entzündliche Stoffe in den Viehwagen befinden, so ist das Rauchen darin verboten, und dürfen brennende Zigarren, Zigaretten oder Tabakspfeifen beim Einsteigen nicht mitgenommen werden.

(9) Tiersendungen sind je nach Vorschrift des Tarifs auf Beförderungsschein[19], den die Eisenbahn ausstellt, oder auf Eilfrachtbrief abzufertigen[20].

XI. Die Dienststelle, wo die Auflieferung zu erfolgen hat, wird von der Versandbahn bestimmt.

XII. 1. Tiere ohne Begleitung, ferner Zuchttiere, Schlachtpferde, Wanderschafherden und Weidetiere (§§ 14—17 ATV.) werden nur mit Eilfrachtbrief zur Beförderung angenommen.

2. Im Eilfrachtbrief hat der Absender die Stückzahl, Gattung und — soweit zur Frachtberechnung erforderlich — das Alter und das Gewicht der Tiere anzugeben. Bei Abfertigung auf Beförderungsschein hat der Absender eine schriftliche Erklärung (Verladeerklärung nach dem in der Anlage IV vorgeschriebenen Vordruck) abzugeben, die vorstehende Angaben enthält.

3. Zur Schlachtung im Zollinlande bestimmte Pferde sind im Eilfrachtbrief als solche zu bezeichnen und nach Geschlecht, Farbe, Alter und etwaigen besonderen Kennzeichen zu beschreiben.

4. Als Fahrausweis der Begleiter dienen nach näherer Bestimmung der Eisenbahnverwaltungen entweder die Beförderungsscheine oder besondere Fahrscheine oder Fahrkarten.

XIII. Der Preis der Vordrucke für die Verladeerklärung (Ausf.-Best. XII 2) und der Vordrucke, die bei Aufgabe von Zuchttieren, Wanderschafherden und Weidetieren zu verwenden sind (s. die Anlagen I, II, III und IV)[21] sowie die Verkaufspreise für andere Vordrucke und die Gebühren für deren Ausfüllung und Abstempelung sind im Nebengebührentarif (Abschnitt C) festgesetzt.

XIV. Wegen

a) der Gebühren für die Ausführung nachträglicher Verfügungen (§§ 73 und 81 EVO.),

b) der Gebühren für die Vorbereitung der Beförderung und das Wiederausladen bei Beförderungshindernissen (§ 74 EVO.)

siehe den Nebengebührentarif (Abschnitt C)[21].

XV. 1. Bei unbegleiteten Tiersendungen kann der Absender im Eilfrachtbriefe vorschreiben, daß er oder der Empfänger benachrichtigt werden, wenn ein Tier in der Zeit von der Annahme zur Beförderung bis zur Ablieferung beschädigt oder getötet wird oder verendet.

2. Das Verfügungsrecht des Absenders und des Empfängers wird durch die Frachtbriefvorschrift nicht berührt.

3. Die Verpflichtung zur Abgabe der Benachrichtigung tritt ein, sobald die Eisenbahn die Beschädigung oder den Tod des Tieres entdeckt. Eine besondere Verpflichtung der Eisenbahn, dafür zu sorgen, daß diese Kenntnis erlangt werde, wird durch diese Bestimmung nicht begründet.

4. Der Absender kann vorschreiben, wie die

Benachrichtigung erfolgen soll; mangels einer Vorschrift erfolgt sie nach Wahl der Eisenbahn.

5. Die Barauslagen werden nachgenommen.
6. Eine Verpflichtung, die Verfügung des benachrichtigten Absenders oder Empfängers abzuwarten, wird durch die Frachtbriefvorschrift und die Benachrichtigung nicht begründet.

(10) Die Angabe des Interesses an der Lieferung hat bei den auf Beförderungsschein abgefertigten Tieren nur dann rechtliche Wirkung, wenn sie von der Abfertigungsstelle der Abgangsstation im Beförderungsscheine vermerkt ist[24].

XVI. Wegen der Gebühr für Angabe des Interesses an der Lieferung s. den Nebengebührentarif (Abschnitt C)[21].

(11) Vorausbezahlung der Fracht kann gefordert werden.

XVII. Bei den auf Beförderungsschein abgefertigten Tiersendungen ist die Fracht vorauszubezahlen und Nachnahmebelastung ausgeschlossen. Bei Frachtbriefsendungen ist dem Ermessen der Eisenbahnverwaltungen überlassen, Frachtüberweisung und Nachnahmebelastung zuzulassen.

Näheres ist bei den Abfertigungsstellen zu erfahren[23].

XVIII. Der Frachturkundenstempel wird durch die Eisenbahn verwendet.

[1] Amtliche Tierfahrpläne. Das amtliche Tierkursbuch wird

zurzeit nicht mehr herausgegeben (früher Erl. des REif. Amtes v. 13. 4. 1875). PrErl. betr. Fischsendung s. EVBl. **90** 235. Viehsendungen bei Zugverspätungen EVBl. **92** 9.

[2] S. EVO. § 3 Abs. 1 Ziff. 3.

[3] D. h. vor Beginn der Beförderung, d. h. Abfahrt des Zuges; dies gilt auch für die Unterwegsstationen eines Zuges (Einschränkung des § 3 EVO.).

[4] 50 v. H. der Fracht für die Tarifentfernung der zuschlagpflichtigen Strecken.

[5] Die gesetzlichen, d. h. die als allgemeine bürgerliche Feiertage staatlich anerkannten Festtage (vgl. RStGB. § 366 Nr. 1; EVO. § 63 Abs. 3, § 75 Abs. 8).

[6] S. EVO. § 3 Abs. 1 Ziff. 2.

[7] Wild, nicht im Sinne von § 960 BGB., sondern des täglichen Lebens = gefährlich.

[8] Nach Erfüllung dieser Bedingungen ist aber die Eisenbahn zur Beförderung verpflichtet. Eger (Anm. 188, S. 188) trägt daher Bedenken, ob AAB. III („nach dem Ermessen") gültig ist; das dürfte aber zu bejahen sein, da es ganz selbstverständlich ist, daß zunächst die Versandstation über die Erfüllung der Bedingung entscheiden muß.

[9] S. AAB. I § 39.

[10] Vgl. wegen der Haftungsbeschränkung EVO. § 86 Abs. 1 Ziff. 3.

[11] Prüfung der Beschaffenheit des Wagens s. EE.E **22** 121.

[12] Über die Verladung und Beförderung lebender Tiere auf Eisenbahnen vgl. Anl. B (abgedruckt S. 386).

[13] Haftung auch ohne Verschulden. Bestimmung gilt nicht für Personenschäden oder Beschädigung mitverladener Tiere und nur im Verhältnis zwischen den am Frachtvertrag Beteiligten und der Eisenbahn. Sonst BGB. § 833. Empfängerhaftung nur bei Abfertigung auf Eilfrachtbrief; Absender müßte auch nach Eintritt des Empfängers weiter haften, doch ist es sehr fraglich, ob bei der Fassung der Bestimmung diese Auslegung sich halten läßt (vgl. dazu z. B. § 60 Abs. 4).

[14] Alle diese Gegenstände gelten also als „Handgepäck"; die Eisenbahn haftet für dieses nur in dem Umfange, wie für sonstiges Handgepäck, also nicht für Schäden, die aus mangelnder Beaufsichtigung durch die Eisenbahn oder deren Bediensteten entstehen. [15] Obligatio ex lege; vgl. EVO. § 44 Anm. 12.

[16] Vgl. EVO. § 86 Abs. 1 Ziff. 6; AAB. § 41; Viehseuchengesetz v. 23. 6. 1880/1. 5. 1894, §§ 9, 63, 65 und Pr AusfGes. v. 12. 3. 1881, § 27.

[17] Abweichungen sind weder der Versand- noch den Unterwegsstationen gestattet; wird das Fehlen eines Begleiters festgestellt, hat die betr. Station entweder einen neuen Begleiter auf Kosten des Absenders zu stellen, oder bis zur Gestellung eines Begleiters durch den Absender die Beförderung zu verweigern.

[18] Maßgebend ist also das Verlangen der Begleiter, abgesehen vom Falle des Satzes 3. Die Haftung der Eisenbahn ist aber verschieden, ob sich der Begleiter in dem einen oder anderen Wagen aufhält (vgl. EVO. § 86).

[19] Beförderungsschein steht rechtlich dem Gepäckschein gleich. Er ist Empfangsbescheinigung, Beweisurkunde und Legitimationszeichen, im Tierverkehr oft auch Fahrtausweis. Empfangsberechtigt ist bei Abfertigung auf Beförderungsschein der Absender und dessen bevollmächtigter Begleiter, der Empfänger nur dann, wenn er als Beauftragter des Absenders gelten kann (anders bei Abfertigung auf Eilfrachtbrief). Kein Vertrag zugunsten Dritter; Empfänger tritt nicht in den Vertrag ein; Begleiter kann über die Sendung namens des Absenders verfügen, auch wenn besonderer Empfänger angegeben ist, vgl. EVO. § 32 Anm. 18).

[20] S. Vorbem. zu Abschn. VII Anm. 4.

[21] Hier nicht abgedruckt. [22] Nicht abgedruckt.

[23] Und zwar in Buchstaben.

[24] Vgl. EVO. §§ 92, 93. Gültigkeit zu Unrecht unter Hinweis auf HGB. § 471 bestritten, vgl. Eger, Anm. 194, S. 190 und die dort Angeführten.

§ 49. Beförderung.

(1) Der Absender darf den Beförderungsweg vorschreiben[1]. Solche Vorschriften muß die Eisenbahn beachten, sie kann aber die Fracht für den vorgeschriebenen Weg verlangen.

I. Die Vorschrift ist in den Frachtbrief unter „Zulässige oder vorgeschriebene Erklärungen“ aufzunehmen. Sie wird auch in den Beförderungsschein eingetragen. Die Fracht wird für den vorgeschriebenen Weg erhoben.

(2) Die näheren Bestimmungen über die Beförderung von lebenden Tieren sind in der Anlage B enthalten[2].

II. Als leicht entzündliche Stoffe im Sinne des § 3 (6) der Anlage B sind anzusehen und daher nicht zu verwenden: Stroh, Spreu und grasartige Streu; dagegen darf mit Wasser besprengtes Sägemehl, mit oder ohne Zusatz von Sand, sowie Torfstreu, wenn sie vorher mit Wasser mäßig angefeuchtet ist, verwendet werden. Zu den offenen Wagen im Sinne dieser Bestimmung gehören auch solche Wagen, die zwar eine feste Decke haben, deren Wände aber aus Latten bestehen (mehrbödige Wagen).

III. Die in § 6 (1) Satz 2 der Anlage B vorgeschriebene Fütterung und Tränkung der Tiere liegt dem Absender ob. Er hat bei der Auflieferung unbegleiteter Sendungen eine in den Frachtbrief oder in den Beförderungsschein aufzunehmende Erklärung darüber abzugeben, wo und wie er die Fütterung und Tränkung vornehmen will. Wenn er die Erklärung nicht abgibt oder wenn die Verpflegung nicht rechtzeitig vorgenommen wird, so wird die Eisenbahn die Fütterung und Tränkung auf Gefahr und Kosten des Absenders veranlassen.

Unterbleibt die Fütterung oder Tränkung oder wird die Verpflegung nicht sachgemäß ausgeführt, so haftet die Eisenbahn für den daraus entstandenen Schaden nicht.

IV. Der Station, auf der die Fütterung oder Tränkung stattfinden soll, wird die Sendung auf Antrag des Absenders oder Begleiters telegraphisch vorgemeldet. Unbegleitete Sendungen werden stets telegraphisch vorgemeldet. Wegen der Gebühr für das Telegramm s. den Nebengebührentarif (Abschnitt C).

V. Auf Wunsch der Absender wird auf geeigneten Stationen zum Tränken der Tiere in den Wagen Wasser am Zuge bereitgehalten, wenn der Zugaufenthalt zum Tränken der Tiere genügend Zeit bietet. Für die Verabreichung des Wassers werden die im Nebengebührentarif (Abschnitt C) ersichtlichen Gebühren erhoben.

Die zum Tränken der Tiere geeigneten Stationen sind bei den Abfertigungsstellen zu erfragen.

[1] Nicht nur bei Aufgabe mittels Eilfrachtbriefes (vgl. EVO. § 67 Abs. 2), sondern auch auf Beförderungsschein, s. AAB. § 39 Ziff. 20.

[2] Abgedruckt S. 386.

§ 50. Auslieferung.

(1) Tiersendungen sind nach Ankunft auf der Bestimmungsstation mit tunlichster Beschleunigung zur Abnahme bereitzustellen[1]. Meldet sich nach Eintreffen unbegleiteter Tiersendungen auf der Bestimmungsstation kein zum Empfange Berechtigter, so ist der Empfänger unverzüglich, jedenfalls aber innerhalb der für Eilgut festgesetzten Frist [§ 79 (2)] zu benachrichtigen[2]. Der Empfänger hat die Tiere spätestens 2 Stunden nach der Bereitstellung auszuladen und abzutreiben[3]. Diese Frist beginnt, wenn der Empfänger benachrichtigt werden muß, frühestens 2 Stunden nach der Benachrichtigung [§ 79 (3)][4]. Nach Ablauf der Frist kann die Eisenbahn auf Gefahr und Kosten des Verfügungsberechtigten die Tiere in Verpflegung geben[5] oder, wenn sie deren ferneren Aufenthalt im Wagen oder auf dem Bahnhofe gestattet, das tarifmäßige Standgeld erheben[6]. Die Frist ruht während einer zoll- oder steueramtlichen oder polizeilichen Abfertigung, soweit diese nicht durch den Absender, Empfänger oder Begleiter verzögert wird.

(2) Der Beförderungsschein ist bei Empfang der Sendung an die Eisenbahn zurückzugeben[7]. War die Sendung auf Eilfrachtbrief abgefertigt, so ist dieser dem Empfänger gegen Bescheinigung über den Empfang der Sendung auszuhändigen.

I. Die Dienststelle, die die Sendungen ausliefert, wird von der Empfangsbahn bestimmt.

II. Für die Desinfektion der Eisenbahnwagen[8], die zur Beförderung von Pferden, Maultieren, Eseln,

Rindvieh, Schafen, Ziegen, Schweinen, lebendem Geflügel, fremdländischen oder wilden Tieren verwendet sind, und der bei der Beförderung benutzten Gerätschaften werden die aus dem Nebengebührentarif (Abschnitt C) ersichtlichen Gebühren erhoben. Diese Gebühren sind stets zugleich mit der Fracht zu zahlen.

III. Das Standgeld ist im Nebengebührentarif (Abschnitt C) festgesetzt.

[1] Keine Ordnungsvorschrift; Haftung erst bei Lieferfristüberschreitung. Über Behinderung infolge seuchenpolizeilicher Vorschriften vgl. Calmberg, ZVDEisV. **11** 249 ff.

[2] Haftung hierfür nach allgemeinen Rechtsgrundsätzen (nur bei Verschulden, dann aber auf vollen Schadensersatz), da Lieferfrist bereits durch Bereitstellung gewahrt (Rundnagel, BefGesch. § 157, S. 490).

[3] Vgl. EVO. § 86 Abs. 1 Ziff. 3. Es ist natürlich gemeint, „spätestens binnen 2 Stunden".

[4] D. h. frühestens 2 Stunden von dem Zeitpunkt an gerechnet, in dem gemäß § 75 Abs. 3 EVO. die Benachrichtigung als bewirkt gilt.

[5] Ohne vorherige Benachrichtigung (Gegensatz EVO. § 81 Abs. 1). Verwahrungsvertrag; Haftung für die Sorgfalt eines ordentlichen Kaufmanns (HGB. § 347).

[6] Unter Fortdauer der Haftung aus dem Frachtrecht.

[7] Ist das nicht möglich, muß Eisenbahn nach EVO. § 50 Abs. 1 Satz 5, § 81 verfahren, es sei denn, daß der Empfänger seine Legitimation zur Empfangnahme nicht in anderer Weise nachweisen kann.

[8] S. Kundmachung 7 des DEVerkVerb.

§ 51. Lieferfrist.

(1) Die Lieferfrist ist durch den Tarif festzusetzen[1].

(2) Die Lieferfrist beginnt für Sendungen, die mit einem vormittags abgehenden Zuge befördert werden[2], um 12 Uhr mittags, bei Sendungen, die mit einem nachmittags abgehenden Zuge befördert werden[2], mit der auf die Annahme folgenden Mitternacht. Sie ist gewahrt, wenn vor ihrem Ablaufe die Tiere auf der Bestimmungsstation zur Abnahme bereitgestellt sind[3].

(3) Der Lauf der Lieferfrist ruht außer in den Fällen des § 75 Abs. (7) auch für die Dauer des Aufenthalts auf den Tränkstationen und für die Dauer der ärztlichen Viehbeschau.

(4) Die Auslieferung der mit Personenzügen beförderten Pferde und Hunde kann zu den im § 34 Abs. (2) bestimmten Zeitpunkte verlangt werden. Müssen die Pferde jedoch unterwegs auf einen anderen Zug übergehen, so kann ihre Weiterbeförderung erst mit dem nächsten Personenzuge verlangt werden[4].

Die Lieferfrist beträgt bis auf weiteres: bei einer Entfernung bis zu 150 Tarifkilometer 2 Tage, bei größeren Entfernungen für weitere angefangene je 300 Tarifkilometer 2 weitere Tage.

HGB. §§ 466, 471, 429, 463.

[1] Neufassung seit 1. 5. 22.

Die alte Fassung lautete:

Die Lieferfristen dürfen nachstehende Höchstfristen nicht überschreiten:

bei einer Entfernung bis zu 150 Tarifkilometer 1 Tag,

bei größeren Entfernungen für weitere angefangene je 300 Tarifkilometer einen weiteren Tag. (Vgl. § 75 EVO.)

[2] Oder hätten befördert werden können (EVO. § 48 Abs. 1 u. 5.)

[3] Benachrichtigung des Empfängers ist also zur Wahrung der Frist nicht erforderlich (Gegensatz EVO. § 43, AAB. Ziff. 2 b).

[4] Vgl. EVO. § 34 Anm. 4.

§ 52. Weitere Vorschriften.

Im übrigen gelten für die Beförderung von Tieren sinngemäß die Vorschriften im Abschnitt VIII.

I. Wegen des Verfahrens bei Überlastung eines mit Tieren beladenen Wagens vgl. § 60 (1) der EVO.

II. Erleiden Tiersendungen deshalb eine Verzögerung, weil die zur Erfüllung etwa bestehender Zoll-, Steuer- oder Polizeivorschriften erforderlichen Begleitpapiere ohne Verschulden der Eisenbahn fehlen oder unzulänglich sind, so wird für den hierdurch entstehenden Mehraufenthalt das Standgeld oder Wagenstandgeld nach dem Nebengebührentarif (Abschnitt C) erhoben[1].

III. Die Gebühren für die Mitwirkung der Eisenbahn bei der zollamtlichen Abfertigung und der Untersuchung durch den Grenztierarzt, die Ladegebühren und die Gebühr für bare Auslagen der Eisenbahn sind im Nebengebührentarif (Abschnitt C) festgesetzt.

[1] Nicht abgedruckt; das Wagenstandgeld entspricht dem im Güterverkehr erhobenen.

VIII. Beförderung von Gütern.

1. „Gut" im Sinne des Abschn. VIII ist alles außer Reisegepäck, Expreßgut, Leichen (aber § 47 Anm. 2) und lebenden Tieren.

2. Unterscheiden: Stückgut und Wagenladungen; gewöhnliches Frachtgut und Eilgut (beschl. Eilgut s. § 67).

3. Frachtvertrag ist Werkvertrag (Staub § 425 Anm. 1; BGB. 631 ff.) bestritten ist, ob er auch eine Geschäftsbesorgung zum Gegenstand hat (BGB. § 675) s. Düringer-Hachenburg S. 814); zugleich ist er ein Vertrag zugunsten Dritter (s. Rundnagel, BefGesch. S. 141; RG. **73** 148; Hellwig, Vertr. auf Leistungen S. 152, 477; EEE. **1** 132, **4** 412, **19** 298; a. A. Eger, EVO. Anm. 384; Blume, JU. Art. 15, S. 103), dies auch wenn Absender und Empfänger identisch sind, nicht aber wenn Eisenbahn Empfänger ist (s. Kittel § 56 Anm. 3). Vertragsparteien sind zunächst Eisenbahn und frachtbriefmäßiger Absender. Tod des Absenders läßt Frachtvertrag unberührt (§ 672 BGB.), derjenige des Empfängers verhindert dessen Eintritt in den Frachtvertrag. Konkurs des Absenders beendet an sich, wenn das Gut zur Konkursmasse gehört, den Frachtvertrag (§ 23 Abs. 2 KonkO.). Eisenbahn hat aber Beförderung oder Verwahrung fortzusetzen (BGB. § 674). Verfügungsrecht des Absenders geht auf den Konkursverwalter über. Im Konkurs hat Eisenbahn Absonderungsrecht (HGB. § 440; KonkOrd. § 49); die nach der Konkurseröffnung entstandenen Ansprüche muß Eisenbahn als Konkursgläubiger geltend machen (KonkOrd. § 27). Der Dienstgutbeförderung liegt ein Frachtvertrag nicht zugrunde (ZVDEisV. **21** 649). Dem Empfänger wird das Recht eingeräumt, in den Vertrag einzutreten (BGB. § 328; die besonderen Bestimmungen des Abs. 2 trifft EVO.).

4. Frachtvertrag ist Formalvertrag; Frachtbrief muß ausgestellt werden; Milchbeförderungsschein (EVO. § 55 Abs. 5) genügt; bei Beförderung ohne solches Papier (Arzneimittelkasten) liegt nur Landfrachtvertrag (HGB.) vor.

5. Frachtvertrag ist Realvertrag (§ 61 EVO.). Abschluß durch Hingabe von Gut und Brief, sowie Annahme durch Abfertigung an ordentlicher Annahmestelle. Ohne Gut oder Brief kein Vertrag, auch kein Landfrachtvertrag (EEE. **33** 73; Rundnagel, BefGesch. § 96, S. 309; a. A. Eger Anm. 211); vgl. aber EEE. **34** 99.

6. Zahl der Briefe ergibt Zahl der selbständigen Frachtgeschäfte; Zahl der Güter auf einem Brief beschränkbar; aber nur Ordnungsvorschrift (EVO. § 56, Abs. 2).

7. Erfüllungsort ist der Ablieferungsort (RG. **9** 52; EEE. **5** 64, **21** 390; JW. **05** 147; ZVDEisV. **06** 169). Bei Beförderungsverweigerung gilt Recht des Ortes des Annahmeversuchs.

8. Entgeltlichkeit ist keine Voraussetzung für den Eisenbahnfrachtvertrag; Schienentransport ebenfalls nicht (Fährdampfer, Überführung zwischen Bahnhöfen und Stadt; bei Güternebenstellen) (§ 63 Abs. 10 EVO.); Staub § 453 Anm. 6. Eisenbahn muß dem öffentlichen Güterverkehr dienen, s. EVO. § 1.

9. EVO. ist durch Vertrag nicht abänderbar; auch nicht zugunsten der Verfrachter (HGB. § 472).

10. Über die Rechtsstellung des Eigentümers zum rollenden Gut vgl. Jacoby, EEE. **33** 119; Leutke, VerfRecht beim Frachtgeschäft. Eigentumsklage gegenüber der Eisenbahn bzgl. der Frachtgüter wird verneint (vgl. auch JW. **22**, 88; **21**, 837).

11. Über die Güterbeförderung bestimmt der deutsche Eisenbahn-Gütertarif in seinem Vorwort:

Die Beförderung von Eil- und Frachtgütern erfolgt auf Grund der allgemeinen Bestimmungen des DEGT. Teil I Abt. A u. B, sowie der für die einzelnen Verkehre bestehenden besonderen Vorschriften, welche in einem Teil II für jeden Verkehr besonders ausgegeben werden.

Die Ausgabe der Teile I A und I B und der dazu erscheinenden Nachträge wird durch die geschäftsführende Verwaltung (Eisenbahndirektion Berlin) im Deutschen Reichs- und Preußischen Staatsanzeiger und in der Zeitung des Vereins Deutscher Eisenbahnverwaltungen bekanntgemacht.

Für die Gültigkeit der Tarifänderungen ist lediglich die Bekanntmachung durch den Deutschen Reichs- und Preußischen Staatsanzeiger entscheidend.

12. Bezüglich der Haftung der Eisenbahnverwaltung ist zu bemerken: a) Die Haftung für Sachschäden außerhalb eines Vertragsverhältnisses regelt sich im Reiche nach BGB. Für Preußen gilt außerdem § 25 PrEisGes. v. (s. EG.z. BGB. Art. 105). Hier ist § 254 BGB. nicht anwendbar (vgl. EEE. **23** 53), vgl. RG. **70** 174, **74** 317, **92** 8; vgl. § 84, Abs. 1. b) Haftung aus unerlaubter Handlung, ebenfalls beim Fehlen vertraglicher Haftung, aber nur für verfassungsmäßige Vertreter (BGB. §§ 31, 89; HGB. § 231), z. B. Präsident, Dezernent einer Eisenbahndirektion; nicht z. B. Betriebsbeamte (EEE. **20** 179), Bahnmeister (RG. **55** 229), Bahnhofsvorsteher (EE.E **20** 253); über die Haftung aus unerlaubter Handlung vgl. EEE. **33** 423 und Kommentar der RG.Räte z. BGB., Vorbem. zu § 823. c) Haftung des Staates für seine Beamte, soweit sie Hoheitsrechte ausüben, s. EG. z. BGB., Art. 77, (z. B. Bahnpolizei). d) Haftung aus Vertrag s. EVO.

13. Der Frachtvertrag endet durch Erfüllung (BGB. § 362), d. h. durch Übergabe von Frachtbrief und Gut, an den Empfänger. Löst der Empfänger lediglich den Frachtbrief ein, ohne sich das Gut übergeben zu lassen, kommt er in Annahmeverzug. Eisenbahn haftet nur für Vorsatz und grobe Fahrlässigkeit (§ 300 BGB.); bezüglich des auf dem Güterboden ohne Vorwissen der Eisenbahnverwaltung zurückgebliebenen Gutes entsteht kein Verwahrungsvertrag, (unentschieden ZVDEisV. **21** 787), dagegen: ZVDEisV. **22**, 113 vgl. auch RG. **98**, 32, **99**, 245, Staub, 453, Anm. 1, RG. 102, 206; vgl. ferner § 84 Anm. 7, § 81 Anm. 20.

§ 53. Durchgehende Beförderung.

Die Eisenbahn ist verpflichtet[1], Güter zur Beförderung von und nach allen für den Güterverkehr[2] eingerichteten Stationen und Güternebenstellen[3] anzunehmen, ohne daß es für den Übergang von einer Bahn[4] auf die andere einer Vermittlungsadresse bedarf[5].

HGB. § 453, JÜ. 5, EVO. § 3.

Literatur: Enermann, Der Beförderungszwang der Eisenbahn, EEE. **22** 204.

[1] Gesetzliche Beförderungspflicht, Schadensersatz bei verschuldeter Ablehnung (EEE **20** 350). § 3 EVO. gilt nur für das eigene Bahngebiet, aber auch für Personenverkehr.

[2] So können Wagenladungen nicht nach nur für Stückgut eingerichteten Stationen aufgegeben werden und umgekehrt. Ferner: Einschränkungen für Sprengstoffe; Rampengüter u. dgl.; ferner Einrichtungen von Stationen lediglich für den Personenverkehr, für angeschlossene Werke (Gruben!) usw.; vgl. auch EVO. § 54 Abs. 2 B2, auch § 63 Abs. 1, S. 1.

[3] Keine Verpflichtung zur Annahme nach Stationen solcher Bahnen, die nicht innerhalb des Deutschen Reiches liegen Ausnahme s. JÜ. Art. 1, 6; EVO. § 1, AAB.; RG. **18** 171), oder die innerhalb des Deutschen Reiches nicht der EVO. unterliegen (Kleinbahnen!). Hier kann ein gültiger Frachtvertrag nur abgeschlossen werden bis zur Kleinbahnübergangsstation (s. Eger aaO. S. 201 und die angeführten MinErl. für Preußen), a. A. Senckpiehl S. 207 u. 61).

[4] Gleichviel, ob die Bahnen untereinander im Verbandsverkehr stehen. Gleiche Spurweite ist nicht erforderlich, ebensowenig das Bestehen durchgehender Tarife.

[5] Haftung s. EVO. § 100.

§ 54. Von der Beförderung ausgeschlossene oder nur bedingungsweise zur Beförderung zugelassene Gegenstände.

(1) Von der Beförderung ausgeschlossen[1] sind:

A. die dem Postzwang unterliegenden Gegenstände;

I. Die einschlägigen Bestimmungen des Gesetzes über das Postwesen des Deutschen Reiches lauten wie folgt:

§ 1 (Gesetz vom 28. Oktober 1871) (s. RGBl. S. 347). Die Beförderung

1. aller versiegelten, zugenähten oder sonst verschlossenen Briefe;
2. aller Zeitungen politischen Inhalts, welche öfter als einmal wöchentlich erscheinen, gegen Bezahlung von Orten mit einer Postanstalt nach anderen Orten mit einer Postanstalt des In- oder Auslandes auf andere Weise als durch die Post ist verboten. Hinsichtlich der politischen Zeitungen erstreckt dieses Verbot sich nicht auf den zweimeiligen Umkreis ihres Ursprungsorts.

Wenn Briefe und Zeitungen (Nr. 1 und 2) vom Auslande eingehen und nach inländischen Orten mit einer Postanstalt bestimmt sind oder durch das Gebiet des Deutschen Reiches transitieren sollen, so müssen sie bei der nächsten inländischen Postanstalt zur Weiterbeförderung eingeliefert werden.

Unverschlossene Briefe, welche in versiegelten, zugenähten oder sonst verschlossenen Paketen befördert werden, sind den verschlossenen Briefen gleichzuachten. Es ist jedoch gestattet, versiegelten, zugenähten oder sonst verschlossenen Paketen, welche auf andere Weise als durch die Post befördert werden, solche unverschlossene Briefe, Fakturen, Preiskurante, Rechnungen und ähnliche Schriftstücke beizufügen, welche den Inhalt des Pakets betreffen.

§ 1a*). Die §§ 1 usw. dieses Gesetzes finden auch Anwendung auf verschlossene und solchen gleichzuachtende Briefe, die innerhalb der Gemeindegrenzen ihres mit einer Postanstalt versehenen Ursprungsortes verbleiben.

B. soweit nicht in Abs. (2) A Ziffer 1 Ausnahmen zugelassen sind:

1. explosionsgefährliche Gegenstände**):
   a) Sprengstoffe***)[2],
   b) Munition,
   c) Zündwaren und Feuerwerkskörper,
   d) verdichtete und verflüssigte Gase,
   e) Stoffe, die in Berührung mit Wasser entzündliche oder die Verbrennung unterstützende Gase entwickeln;
2. selbstentzündliche Stoffe[3].

(2) Bedingungsweise sind zur Beförderung zugelassen[4]:

A. nach den in der Anlage C[5] enthaltenen Vorschriften:

1. die in der Anlage C unter I und II aufgeführten explosionsgefährlichen Gegenstände und selbstentzündlichen Stoffe [Abs. (1) B][6];

---

*) Durch Gesetz v. 20. 12. 1899 hinzugefügt.

) Zu den explosions g e f ä h r l i c h e n Gegenständen im Sinne dieses Paragraphen gehören alle explosions f ä h i g e n Substanzen, vgl. jedoch Anm. *.

***) Explosionsfähige Substanzen, die nicht Schieß- oder Sprengzwecken dienen, durch Flammenzündung nicht zur Explosion gebracht werden können und gegen Stoß und Schlag nicht empfindlicher sind, als Dinitrobenzol, gehören nicht zu den Sprengstoffen im Sinne dieses Paragraphen.

2. die in der Anlage C unter III bis VI aufgeführten brennbaren Flüssigkeiten, giftigen, ätzenden und fäulnisfähigen Stoffe[7].

Solche Gegenstände dürfen miteinander oder mit anderen Gegenständen nur dann zusammengepackt werden, wenn dies in der Anlage C zugelassen ist.

B. außerdem:

1. Gold- und Silberbarren, Platina, Geld[8], Münzen und Papiere mit Geldwert[9], Dokumente, Edelsteine, echte Perlen besonders wertvolle Spitzen und besonders wertvolle Stickereien sowie andere Kostbarkeiten[10], ferner Kunstgegenstände, wie Gemälde, Bildwerke, Gegenstände aus Erzguß, Kunstaltertümer.

   Die Beförderungsbedingungen[10] für diese Gegenstände hat der Tarif zu bestimmen[11].

   Als Papiere mit Geldwert sind nicht zu behandeln: Postfreimarken[12], Stempelbogen und Stempelmarken sowie ähnliche amtliche Wertzeichen.

II[(1)]. (1) Gold- und Silberbarren, Platina, Geld und Münzen mit Geldwert aus edlen Metallen, Papiere mit Geldwert, Dokumente, Edelsteine und echte Perlen, Waren aus Gold, Silber oder Platina, auch in Verbinnug mit Edelsteinen oder echten Perlen, Geld und Münzen mit Geldwert aus unedlen Metallen, ferner Kunstgegenstände, wie Gemälde, Bildwerke, Gegenstände aus Erzguß und Kunstaltertümer im Einzelwerte von mehr als 5000 Mark, sowie andere Kostbarkeiten sind, soweit sie vorstehend namentlich aufgeführt sind, unter diesem Namen, soweit sie nicht genannt sind, unter ihrer tarifarischen oder handelsüblichen Benennung mit dem Zusatz „Kostbarkeit“ oder — unbeschadet der Ausführungsbestimmung zu § 89 (2) EVO. — unter Angabe des Wertes im Frachtbrief in der Spalte „Inhalt“ zu bezeichnen. Bei Kunstgegenständen im Einzelwert von mehr als 5000 Mark muß die Inhaltsangabe lauten: „Kunstgegenstände im Einzelwert von mehr als 5000 Mark.“

(2) Die unter (1) genannten Gegenstände werden nur als Eilgut oder als beschleunigtes Eilgut zur Beförderung angenommen und dürfen nicht bahnlagernd gestellt werden. Über die Annahme der in den Anlagen C und II verzeichneten Gegenstände als Eilgut siehe diese Anlagen. Wenn die Gegenstände nicht in festverschlossenen Fässern oder Kisten oder gemäß den besonderen Vorschriften der Anlagen C und II verpackt sind, muß der Absender das Fehlen oder die Mängel der Verpackung gemäß § 62 (2) anerkennen. Auch Ballenverpackung wird ohne dieses Anerkenntnis da zugelassen, wo sie handelsüblich ist. Sie muß jedoch derart sein, daß die Ware dem leichten Zugriff nicht zugänglich ist. Bei Aufgabe als Eilgut darf das einzelne Stück nicht weniger als 20 kg und bei Aufgabe als beschleunigtes Eilgut nicht weniger als 10 kg wiegen.

(3) Die unter (1) genannten Gegenstände können auch mit anderen Gütern zusammengepackt aufgegeben werden. In diesem Fall sind für die ganze Sendung die vorstehend unter (2) genannten Bestimmungen anzuwenden.

Sofern die Gegenstände Umzugsgut darstellen und zusammen mit den zugehörigen Umzugsgütern in Wagenladungen aufgegeben werden, brauchen sie nicht als Kostbarkeiten im Frachtbrief bezeichnet werden. Sie unterliegen in diesem Falle nicht den unter (2) genannten Vorschriften. Diese Bestimmung ist jedoch nur anzuwenden, wenn der Wagen mit gutschließenden Schlössern gesichert ist. Möbelwagen müssen außerdem durch eiserne Vorlegestangen verschlossen sein.

(4) Auf Antrag des Absenders findet die Beförderung in besonderen Wagen mit den von der Eisenbahn zu bestimmenden Zügen statt. In diesem Falle obliegt das Einladen dem Absender, das Ausladen dem Empfänger, und es ist Auslieferung als „Stückgut" ausgeschlossen.

Auf Antrag des Absenders kann auch die Beförderung in einem Abteil eines Personenwagens zugelassen werden. Das Einladen liegt dann ebenfalls dem Absender, das Ausladen dem Empfänger ob.

Der Antrag ist im Frachtbrief unter „zulässige oder vorgeschriebene Erklärungen" zu setzen.

(5) Bei Beförderung im besonderen Abteil eines Personenwagens muß mindestens ein Begleiter, bei Beförderung in besonderen Wagen auf Verlangen der Eisenbahn für jeden Wagen ein Begleiter gestellt werden, der in dem Abteil oder Wagen fahren und das Abteil oder den Wagen unter Verschluß halten kann. Weitere Begleiter können auf Verlangen des Absenders zugelassen werden.

(6) Die Beförderung in Sonderzügen unterliegt besonderer Vereinbarung zwischen dem Absender und der Eisenbahn.

2. Gegenstände, deren Verladung oder Beförderung nach der Anlage oder dem Betrieb einer beteiligten Bahn außergewöhnliche Schwierigkeit verursacht.

Ihre Beförderung kann die Eisenbahn von besonders zu vereinbarenden Bedingungen abhängig machen[10].

3. Eisenbahnfahrzeuge, die auf eigenen Rädern befördert werden sollen.

Sie müssen sich in lauffähigem Zustande befinden. Lokomotiven, Tender, Dampf- und Kraftwagen müssen von einem sachverständigen Beauftragten des Absenders begleitet sein.

III. (1) Eisenbahnfahrzeuge, die auf eigenen Rädern befördert werden sollen, werden zur Beförderung nur angenommen, wenn ihre Lauffähigkeit von einer Eisenbahnverwaltung geprüft worden und durch einen Prüfungsvermerk an den Fahrzeugen oder in einer besonderen Bescheinigung bestätigt ist.

(2) Die Beladung der Eisenbahnfahrzeuge bedarf besonderer Genehmigung. Für die verladenen Gegenstände ist die tarifmäßige Fracht zu zahlen.

(3) Eisenbahnfahrzeuge, die auf eigenen Rädern befördert werden sollen, werden nicht als Eilgut angenommen.

(4) Das Schmieren der Lokomotiven, Tender, Dampf- und Kraftwagen liegt dem Begleiter ob.

(5) Anderen Eisenbahnfahrzeugen kann ein Be-

gleiter beigegeben werden. Dieser hat das Schmieren zu besorgen. Ist kein Begleiter beigegeben, so übernimmt die Eisenbahn das Schmieren auf Kosten des Absenders.

(6) Die Begleiter von Eisenbahnfahrzeugen werden frei befördert und haben auf oder in den begleiteten Fahrzeugen Platz zu nehmen. Ausnahmsweise kann ihnen der zeitweilige Aufenthalt im Packwagen oder in einem Wagen 3. Klasse vom Zugführer gestattet werden.

JÜ. Art. 2, 3; AAB. § 1; HGB. §§ 453, 456, 462, 429.

[1] D. h. unbedingt verboten; werden sie aus Versehen oder Unkenntnis doch angenommen, kommt ein Eisenbahnfrachtvertrag nicht zustande, auch kein Landfracht- oder Werkvertrag. Es liegt Nichtigkeit vor (§§ 306, 134 BGB.). Der Absender hat also keinen Anspruch auf Erfüllung oder auf Schadensersatz aus dem Vertrage; Eisenbahn hat kein Recht auf Fracht. Trotzdem natürlich rechtliche Wirkungen: § 812 BGB. ungerechtfertigte Bereicherung, d. h. Eisenbahn muß herausgeben, was sie ohne rechtlichen Grund erlangt hat; der Vertragsgegner ist ebenfalls bereichert, und zwar in Höhe des durch die vollendete Beförderung hervorgerufenen Vermögensvorteils; ferner kann § 823ff. anzuwenden sein, nicht aber § 307 BGB., da eben ein Vertrag nicht vorliegt. Bei teilweiser Nichtigkeit § 139 BGB; s. Senckpiehl S. 212.

[2] S. Gesetz gegen den verbrecherischen und gemeingefährlichen Gebrauch von Sprengstoffen v. 9. 6. 1884 (RGBl. S. 61); RStGB. § 367 Ziff. 5; RG. i. EEE. 5 138.

[3] Aller Art, z. B. getrocknete Krabben; geteerte Netze. Entscheidung nach pflichtmäßigem Ermessen der Versandstation, dagegen Beschwerde oder Klage.

[4] Die Bedingungen sind enthalten für Güter unter Abs. 2 A 1 u. 2 in der Anlage C, für Güter unter B 1 in den Tarifen;

B 2 sieht besondere Auflagen vor; B 3 enthält sie in Abs. 2 und AusfBest. III. Die Anlagen sind hier nicht abgedruckt.

[5] S. DEGT. Teil I, S. 37ff. Anl. C ist hier nicht abgedruckt, da sie ständig Änderungen unterliegt (veröffentlicht im RGBl. [muß!] und im Reichsanzeiger [soll!]). Sie ist bei den Güterabfertigungen besonders käuflich.

[6] Die nicht aufgeführten fallen unter Abs. 1 B 1 und 2.

[7] Die nicht aufgeführten Güter werden bedingungslos angenommen, wenn sie nicht unter Abs. 1 B 2 fallen.

[8] Auch Papiergeld; außer Kurs gesetztes Geld ist kein Geld mehr.

[9] Wertpapiere im weiteren Sinne sind alle Urkunden, die entweder Wertträger sind oder unmittelbar zum Beweis von Rechten dienen, auch wenn sie unverkäuflich sind, z. B. Kreditpapiere, Staatspapiere, Kupons, Hypothekenbriefe, Schuldurkunden (Rundnagel, BefGesch. § 65, S. 226; Düringer-Hachenburg § 429 Anm. 19; a. A. Eger, Frachtrecht I Anm. 45 III).

[10] Zum Begriff Kostbarkeiten vgl. JW. **20** 782; Goltermann, EEE. **27** 203; Arch. f. Eis. **21** 670f.; RG .**75** 195, 101, 87; 102, 258; Starck, JW. 1921, 1304; **22**, 89; Senckpiehl, Kostbarkeiten im Frachtrecht. Als Kostbarkeiten sind Güter anzusehen, die im Verhältnis zu ihrem Umfang und Gewicht einen außerordentlich und, verglichen mit anderen Gütern gleichen Umfangs und Gewichts, einen ungewöhnlich hohen Wert haben (vgl. BGB. §§ 372, 702). Ob der Wert sich auf den Stoff, die Bearbeitung oder andere Umstände (Seltenheit, Mode, Liebhaberei) gründet, ist gleichgültig. Nicht erforderlich ist allgemeine Seltenheit oder Luxuseigenschaft. Die allgemeine Verkehrsanschauung ist nur insofern maßgebend, als nach übereinstimmender Anschauung von Absender und Eisenbahn für bestimmte Güter Ausnahmen geschaffen werden können. Bei der Beurteilung ist nicht das Frachtgut als solches zu betrachten, sondern die einzelnen Gegenstände, die in ihm enthalten sind (s. Rundnagel,

Haftung S. 67 Anm. 5; auch Senckpiehl), z. B. Schmuck in einem Anzug, bzgl. Umzugsgut vgl. AAB. III Abs. 3; abweichend die herrschende Meinung, so RG. **100** 110; ZVDEisV. **21** 176; Ergebnis dieser Anschauung ist unbefriedigend. Die Unterscheidung zwischen absoluten und relativen Kostbarkeiten ist unbegründet (s. Pietzker, Hanseat. Ger.-Ztg. **21**, 81). Als Kostbarkeiten sind anerkannt: Ölgemälde (RGEntsch. **13** 38); Pelze (RGEntsch. **75** 191); Spitzen (RGEntsch. **94** 115); Rohseide (JW. **19** 681); Films (Arch. f. Eis. **19** 305); ZVDEisV. **20** 107); ferner silberne Taschenuhren, Textilwaren, Schmuckstücke; Boa (EEE. **28** 96, **30** 67); Teppiche (EEE. **24** 8); Manuskripte (EEE. **31** 211); Kaschmir (EEE. **37** 204); seidene Damenstrümpfe (EEE. **38** 63). Demgegenüber ist die Eigenschaft als Kostbarkeit verneint für: Films (EEE. **29** 244, 313, 443, **33** 88, **30** 23; abw. ZVDEisV. **21** 177); ferner für photographische Apparate (ZVDEisV. **21** 177); Senckpiehl (Tr.Gesch. S. 213) wollte alle Gebrauchs- und Verbrauchsgüter ausschließen, ebenso alle Pflanzen und Gegenstände, die der Wissenschaft, der Technik und dem Gewerbe dienen. Diese Einschränkung findet im Gesetz keine Stütze. Allen Streitfragen glaubte die Eisenbahnverwaltung dadurch ein Ende bereiten zu können, daß sie im August 1919 in einer AAB. alle Gegenstände zu Kostbarkeiten erklärte, deren Wert den Betrag von 150 ℳ je Kilogramm überstieg. Nach anfänglichem Schwanken, s. Staub § 429 Anm. 20, hat jedoch das Reichsgericht (**99** 251, ferner **100** 112, **101** 84, **102** 258; EEE. **38** 63) diese Bestimmung insoweit für ungültig erklärt, als sie den handelsrechtlichen Begriff Kostbarkeit außer acht ließ. Die Entscheidung **101**, 86 will aber nur den irrigen Kostbarkeitsbegriff verwerfen, nicht auch die Beförderungsbedingungen für echte Kostbarkeiten. Die Eisenbahnverwaltung beabsichtigt nunmehr den Begriff Kostbarkeit überhaupt aus dem Tarif verschwinden zu lassen. Dies würde eine Änderung der EVO. und des HGB. bedingen; dafür soll eine Wertversicherung zugelassen werden. Die Absicht der Eisenbahnverwaltung ist bisher noch nicht verwirklicht.

[11] Kunstgegenstände müssen nach der Art ihrer Herstellung der darstellenden Kunst oder dem Kunstgewerbe angehören und in concreto Kunstwert haben, s. Rundnagel, Haftung S. 55); letzteres Erfordernis verneint die herrschende Meinung, Staub § 429 Anm. 20, s. auch RG. **13** 37 (die Verkehrssitte muß den Maßstab bilden). Die Bezeichnung im Frachtbrief muß erkennen lassen, daß es sich um Gegenstände mit Kunstwert handelt (nicht genügend, z. B. Denkmalsgipsstudien [EEE. **17** 357; ZVDEisV. **01** 172], § 254 BGB. wäre zum mindesten hier am Platze), vgl. noch EEE. **24** 8. Films können Kunstgegenstände sein (s. EEE. **29** 244, 443, **30** 23).

[12] Die Eisenbahn kann, wenn sie Güter annimmt, die sie nicht zu befördern braucht, beliebige Beförderungsbedingungen vereinbaren, namentlich bezüglich der Haftung; Rundnagel, BefGesch. § 94 S. 306; RG. **18** 170; abw. wenigstens bzgl. der Haftung Eger Anm. 209, S. 211; Staub § 453 Anm. 13; Coermann, EEE. **22** 313.

[13] Sind die Beförderungsbedingungen nicht erfüllt, entfällt bei Verlust und Beschädigung der vertragliche Ersatzanspruch, selbst dann, wenn die Eisenbahn den Inhalt des Gutes gekannt hat (s. Staub § 429 Anm. 23; Rundnagel § 65 Anm. 3) oder wenn sie oder ihre Leute ein Verschulden trifft, z. B. wenn die Leute das Gut entwendet haben (s. Staub aaO., Anm. 23 u. 24; ROHG. **8** 271; RG. **13** 38; Rundnagel, Haftung § 12, S. 67; BefGesch. S. 223). Es ist auch kein Anspruch auf Bezahlung des mittleren Wertes anzuerkennen. Ob außerdem bei falscher Inhaltsangabe die erhöhte Fracht zu zahlen ist, muß EVO. § 60 entscheiden.

[14] Briefmarken mit Sammelwert sind hiermit naturgemäß nicht gemeint (s. EEE. **24** 129).

§ 55. Frachtbrief; seine Form.

(1) Jede Sendung muß[1] von einem Frachtbriefe[2] begleitet sein, der für gewöhnliches Fracht-

gut dem Muster der Anlage D[3], für Eilgut dem Muster der Anlage E zu entsprechen hat.

(2) Zu den Frachtbriefen ist weißes[12] Schreibpapier in der vom Reichs-Eisenbahnamte festgesetzten Beschaffenheit zu verwenden[4]. Alle Güterabfertigungsstellen sind verpflichtet, Frachtbriefe zu den im Tarife festzusetzenden Preisen zu verkaufen.

(3) Die Frachtbriefe[5] müssen zum Nachweise, daß sie den Vorschriften entsprechen, den Prüfungsstempel einer inländischen Eisenbahn[6] tragen[7]. Die Stempelung der nicht für Rechnung der Eisenbahn gedruckten Frachtbriefe erfolgt gegen eine im Tarife festzusetzende Gebühr; sie kann abgelehnt werden, wenn nicht gleichzeitig mindestens 100 Frachtbriefe vorgelegt werden[8].

Die Preise der Frachtbriefe und die Gebühr für die Stempelung der nicht für Rechnung der Eisen bahn gedruckten Frachtbriefe sind in dem Nebengebührentarif (Teil I Abteilung B) festgesetzt.

(4) Die stark umrahmten Teile des Musters sind für die Eintragungen der Eisenbahn, die übrigen für die Eintragungen des Absenders bestimmt [vergleiche jedoch § 56 Abs. (1) f][9, 10].

(5) Für regelmäßig wiederkehrende[11] Sendungen zwischen bestimmten Orten und für Sendungen, die zur Weiterbeförderung über See bestimmt sind, kann die Landesaufsichtsbehörde[11] nach Zustimmung des Reichs-Eisenbahnamts[12] Abweichungen von den vorstehenden Bestimmungen genehmigen.

Vgl. JÜ., Art. 6 AusfBest. § 2; HGB. § 426.

[1] Der Frachtbrief hatte früher die Form eines an den Empfänger gerichteten offenen Schreibens; so noch heute das Formular im internationalen Verkehr: „Sie empfangen die nachstehend verzeichneten Güter." Im neuen Muster der EVO. ist diese Fassung geändert, so daß nunmehr der Frachtbrief mehr die Form eines Begleitpapiers zeigt. Der Frachtbrief ist Vertragsurkunde im Sinne des BGB. § 126 und zugleich Beweisurkunde, d. h. er liefert Beweis dafür, daß die in ihm enthaltenen Erklärungen von dem Aussteller abgegeben sind. Ob er auch den Beweis für seinen Inhalt liefert, ist Tatfrage (EEE. **7** 397, **18** 343); jeder ohne Übergabe eines Frachtbriefes geschlossene Beförderungsvertrag ist kein Eisenbahnfrachtvertrag (Ausnahmen s. Abs. 5), vgl. Einl. zu Abschn. VIII Anm. 4 (abw. EEE. **25** 374). Da, wo der Absender die Wahl hat zwischen deutschem und internationalem Recht (s. EVO. § 1, AAB. zu b), vollzieht er diese durch die Übergabe des entsprechenden Musters (s. AAB. § 9 Ziff. 2); das gleiche gilt für die Unterscheidung von Fracht- und Eilgut. Eine dem gewählten Muster nicht entsprechende Frachtbriefangabe ist ungültig. Vgl. EVO. § 56 Anm. 1.

[2] Bzgl. der strafrechtlichen Seite vgl. EEE. **23** 181 und § 56 Einl. Frachtbrief der Reichseisenbahnen ist öffentliche Urkunde, ebenso seine einzelnen wichtigen Eintragungen (RGSt. **3** 168; Stenglein, Lexikon **2** 1190, 1469, 1528).

[3] Die Muster sind wegen ihrer allgemeinen Zugänglichkeit nicht abgedruckt. Für Schnellzugsgut gibt es noch kein besonderes Muster. Meist wird die Form einer deutlich sichtbaren Aufschrift: „Schnellzugsgut" oder „beschl. Eilgut" gewählt, s. AAB.

[4] Während des Weltkrieges sind die Bestimmungen wesentlich gemildert worden, vgl. Bekanntmachung des REis.Amts v. 13. 10. 1892, EVBl. **92** 339 (ZentrBl. f. d. D. R. S. 632), v. 25. 5. 1893 (ebenda S. 154). Es genügt nunmehr genügend geleimtes Schreibpapier, auch ohne Wasserzeichen, mit nicht mehr als 40% Holzschliff; Reißlänge < 3300 m, Dehnung

< 2%, weiße Farbe, Größe 76 × 60, Gewicht 35–40 kg für 1 Ries.

[5] Gilt nicht für Duplikate, die als solche bezeichnet sind.

[6] Auch solcher, die nicht an der Beförderung beteiligt ist; nicht aber einer Kleinbahn, die der EVO. nicht untersteht.

[7] Nichtbeachtung der Formvorschriften des Abs. 1–3 (Verwendung unrichtigen Musters, unvorschriftsmäßigen Papiers, Fehlen eines gültigen Prüfungsstempels, Herstellung des roten Randes beim Eilfrachtbrief mittels Buntstiftes) beeinflussen die Gültigkeit des Vertrages nicht; sie geben der Eisenbahn nur das Recht und den Beamten die Pflicht zur Zurückweisung.

[8] Größeren Druckereien wird vertraglich das Recht eingeräumt, für Private Briefe mit dem amtlichen Stempel zu versehen (s. EVBl. **01** 119). Stempelung ohne Genehmigung s. StGB. § 360, Ziff. 4, 5 (EVBl. **78** 274). Betrug?

[9] Überklebte Frachtbriefe dürfen nicht angenommen werden.

[10] Hat der Absender den stark umrahmten Teil, abgesehen von der Wagennummer und dem Ladegewicht, ausgefüllt (z. B. ein Anschlußgleisbesitzer den Leitungsweg eingetragen), so haftet die Eisenbahn trotzdem, wenn nicht Haftung vertraglich abweichend geregelt, s. EEE. **20** 18, bzgl. der Änderungen im Frachtbrief s. unten § 57.

[11] Z. B. Milch, Arzneiwaren, s. Einl. zu Abschn. VIII.

[12] Jetzt Reichsverkehrsministerium (EVO. § 2 Anm. 5).

§ 56. Inhalt des Frachtbriefs.

(1) Der Absender hat[1] in den Frachtbrief einzutragen[2]:

a) den Namen und den Wohnort dessen, an den das Gut abgeliefert werden soll (des Empfängers)[3];

I. Der Frachtbrief darf nur an einen Empfänger gerichtet sein.

II. Frachtbriefe, die an die Güterabfertigung der Bestimmungsstation gerichtet sind, werden nur angenommen, wenn die Berechtigung zur Benutzung dieser Anschrift nachgewiesen wird oder aus dem Tarif hervorgeht. Vergleiche im besonderen die Bestimmungen über die Beförderung der Privatwagendecken und der nicht der Eisenbahn gehörenden Ladegeräte in Abschnitt V der Allgemeinen Tarifvorschriften (Teil I Abteilung B).

b) die Eisenbahnstation oder Güternebenstelle, bis zu der das Gut befördert werden soll (Bestimmungsstation)[4];

III. Bei Wagenladungen kann der Absender ohne Verbindlichkeit für die Eisenbahn im Frachtbrief unter „zulässige oder vorgeschriebene Erklärungen" die gewünschte Entladestelle der Bestimmungsstation bezeichnen.

c) den Bestimmungsort, wenn dieser ein anderer ist als die Bestimmungsstation;

d) die Bezeichnung der Sendung[5] nach ihrem Inhalte[6], bei Stückgut auch Anzahl, Art der Verpackung und Adresse (oder statt dieser das Zeichen und die Nummer) der Frachtstücke[3]. Die Eisenbahn kann auch bei Wagenladungen die Bezeichnung des Inhalts nach Anzahl und Verpackungsart verlangen, wenn die Beschaffenheit der Ladung es zuläßt. Die in der Anlage C aufgeführten Gegenstände sind mit der dort gebrauchten Bezeichnung zu benennen[8];

IV. (1) Der Inhalt der Frachtstücke ist im Frachtbrief genau zu bezeichnen. Für die in den Allgemeinen Tarifvorschriften und in der Gütereinteilung (Teil I Abteilung B) aufgeführten Güter sind die dort gebrauchten, für alle übrigen die handelsgebräuchlichen Benennungen anzuwenden. Die hochwertigen Felle: Biber-, Seehund (Seal), Blaufuchs, Chinchilla, Hermelin, Marder, Nerz, Otter, Persianer, Seeotter, Silberfuchs, Skunks und Zobel sind als solche im Frachtbrief zu bezeichnen. Frachtbriefe mit allgemeinen Bezeichnungen, wie „ätherische Öle, Chemikalien, Effekten, Kalisalze, Kaufmannsgut, künstliche Düngemittel, Meßgut, Steuergut, Teerabfälle usw.", werden zurückgewiesen. Bei Frachtstücken, die als Stückgut aufgegeben werden und Gegenstände verschiedener Art, jedoch keine Gegenstände enthalten, die nach den Bestimmungen der Eisenbahn-Verkehrsordnung von der Beförderung ausgeschlossen oder nur bedingungsweise zur Beförderung zugelassen oder die in der Anlage II oder im Verzeichnis der sperrigen Stückgüter (Teil I Abteilung B) genannt sind, genügt eine allgemeine Bezeichnung des Inhalts oder die Angabe des hauptsächlichen Inhalts mit einem Zusatz, der erkennen läßt, daß das Frachtstück außer den angegebenen Gegenständen noch andere enthält. Die ermäßigte Eilgutklasse und die ermäßigte Stückgutklasse werden auf solche Sendungen nicht angewendet.

(2) Die Bezeichnungen „Drogen", „chemische Präparate zum wissenschaftlichen Gebrauch" und „pharmazeutische Präparate" werden als Inhalts-

angabe zugelassen, wenn der Absender im Frachtbriefe erklärt, daß die Frachtstücke keinen Gegenstand enthalten, der nach den Bestimmungen der Eisenbahn-Verkehrsordnung von der Beförderung ausgeschlossen oder nur bedingungsweise zur Beförderung zugelassen ist. Für regelmäßige Sendungen solcher Güter ist auch die Hinterlegung einer allgemeinen Erklärung nach Anlage I[32] bei der Versandstation statthaft. Auf diese Erklärung ist bei jeder einzelnen Sendung im Frachtbriefe Bezug zu nehmen.

(3) Will der Absender der tarifmäßigen oder handelsgebräuchlichen Bezeichnung des Gutes noch eine andere Benennung oder eine besondere Inhaltsangabe beifügen, wie z. B. bei geschlachtetem Geflügel die Angabe der Art und Zahl der Stücke, so hat er diese Angaben in der Frachtbriefspalte „Inhalt" in Klammern oder auf die Rückseite des Frachtbriefes zu setzen.

e) das Gewicht der Sendung[9] (vergleiche jedoch § 58 Abs. (2) und (3)] oder statt dessen eine den Vorschriften der Versandbahn entsprechende Angabe;

f) bei Gütern, die er selbst verladen hat, die Nummer, die Eigentumsmerkmale und das Ladegewicht des Wagens[10];

g) im Falle der Vorausbezahlung der Fracht den Freivermerk[11];

V. Ist im Frachtbrief das Ladegewicht des verwendeten Wagens nicht angegeben, so trägt es die Versandgüterabfertigung ein.

VI. Vgl. § 69 nebst Ausführungsbestimmungen.

h) den etwaigen Antrag auf Ausstellung eines Frachtbriefduplikats[12] oder Aufnahmescheins;

VII. Die Ausstellung eines Frachtbriefduplikats ist durch Eintragung des Wortes „ja" an der im Frachtbrief hierfür vorgesehenen Stelle zu beantragen. Ob Aufnahmescheine ausgestellt werden und in welcher Form die Ausstellung eines Aufnahmescheines zu beantragen ist, ist in den Tarifteilen II bestimmt.

i) die etwaige Angabe des Interesses an der Lieferung[13] und der auf dem Gute lastenden Nachnahme[14];

k) das etwaige Verlangen, daß das Gut bahnlagernd zu stellen ist[15]. Bei den in der Anlage C aufgeführten Gegenständen ist ein solches Verlangen unzulässig;

VIII. Vgl. auch § 54 Ausf.-Best. II (2).

l) die genaue Bezeichnung der zur Erfüllung[16] der Zoll-, Steuer- oder Polizeivorschriften beigegebenen Begleitpapiere [§ 65 Abs. (1)][17];

m) bei Sendungen, die einer zoll- oder steueramtlichen Abfertigung unterliegen, die zu berührende Abfertigungsstelle, wenn er eine solche zu bezeichnen wünscht [§ 67 Abs. (2)][18];

n) den Ort und den Tag der Ausstellung;

o) die Unterschrift mit Namen oder Firma unter Angabe der Wohnung[19]. Die Beifügung der Telegrammadresse und Fernsprechnummer ist gestattet.

IX. Auf Antrag des Absenders übernehmen die Güterabfertigungen die Ausfüllung der Frachtbriefe gegen die im Nebengebührentarif (Teil I Ab teilung B) festgesetzte Gebühr, vgl. die Ausf.-Best. zu § 57.

(2) Die Eisenbahn[20] kann verlangen, daß jeder Wagenladung ein besonderer Frachtbrief beigegeben wird[21].

X. Jeder Wagenladun gist ein besonderer Frachtbrief beizugeben, soweit nicht in den Tarifteilen II Ausnahmen zugelassen sind.

(3) Mehrere Gegenstände dürfen in denselben Frachtbrief aufgenommen werden, wenn sie nach ihrer Beschaffenheit ohne Nachteil zusammengeladen werden können und keine Zoll-, Steuer- oder Polizeivorschriften entgegenstehen.

(4) Den vom Absender aufzuladenden oder vom Empfänger abzuladenden Gütern sowie den nach § 54 Abs. (2) bedingungsweise zur Beförderung zugelassenen Gütern sind besondere, andere Gegenstände nicht umfassende Frachtbriefe beizugeben. Eine Ausnahme hiervon ist nur statthaft, wenn die Gegenstände der Anlage C nach den dort getroffenen Vorschriften mit anderen Gütern zusammengepackt aufgegeben werden. In dem gemeinsamen Frachtbriefe müssen dann aber die nur bedingungsweise zugelassenen Güter besonders aufgeführt und durch Hinzufügung des Wortes „(bedingungsweise)" gekennzeichnet sein.

(5) Reicht der für die Beschreibung der Güter vorgesehene Raum auf der Vorderseite des Frachtbriefs nicht aus, so ist die Rückseite zu benutzen; nötigenfalls sind dem Frachtbriefe gleichgroße Blätter

anzuheften und dann besonders zu unterzeichnen. Im Frachtbrief ist auf sie zu verweisen. Wird das Gesamtgewicht einer solchen Sendung angegeben, so ist es im Frachtbrief an der hierfür vorgesehenen Stelle einzutragen. Bei Gütern verschiedener Tarifklassen ist, wenn getrennte Frachtberechnung verlangt wird, das Gewicht für jede Tarifklasse besonders anzugeben.

(6) Der Absender darf im Frachtbriefe vorschreiben, daß die Güter auf der Bestimmungsstation nachgezählt und nachgewogen werden[22]; hierfür ist die tarifmäßige Gebühr zu bezahlen [vgl. jedoch § 77 Abs. (2)].

XI. Der Antrag auf Nachzählung oder Nachwägung auf der Bestimmungsstation ist im Frachtbriefe unter „zulässige oder vorgeschriebene Erklärungen" zu setzen.

(7) Bei Aufgabe von Gütern nach einem Bestimmungsorte, wo keine für den Güterverkehr eingerichtete Eisenbahnstation oder Güternebenstelle vorhanden ist, kann der Absender im Frachtbrief über die Weiterbeförderung des Gutes von der Bestimmungsstation bis zum Bestimmungsorte Verfügung[23] treffen [vgl. § 76 Abs. (9)].

(8) Auf die Rückseite des Frachtbriefs darf die Firma des Ausstellers gedruckt werden. Auch können dort die Sendung betreffende Vermerke für den Empfänger nachrichtlich angebracht werden, zum Beispiel „von Sendung des N. N.", „im Auftrage des N. N.", „zur Verfügung des N. N.", zur „Weiterbeförderung an N. N.", „für Dampfer N. N.", „ver-

sichert bei N. N.", „zur Ausfuhr nach N. N."[24]. Für die Eisenbahn sind diese Vermerke unverbindlich.

(9) Die Aufnahme anderer Erklärungen in den Frachtbrief[25] und die Beifügung anderer Schriftstücke zum Frachtbriefe[26] sind unzulässig, soweit es nicht durch diese Ordnung oder — mit Genehmigung der Landesaufsichtsbehörde nach Zustimmung des Reichs-Eisenbahnamts — im Tarife vorgeschrieben oder für statthaft erklärt ist. Die Erklärungen und Schriftstücke dürfen nur das Frachtgeschäft betreffen.

XII. Vorschriften in den Frachtbriefen über die Verladungs- oder Beförderungsweise, z. B. „Tonnen aufrecht zu stellen" oder „Gut vor Sonne zu schützen" sind für die Eisenbahn nicht verbindlich.

XIII. Die Vorschrift, auf einer Station vor der im Frachtbriefe angegebenen Bestimmungsstation das Gut auszuladen oder den Wagen auszusetzen, ist unzulässig.

(10) Alle Eintragungen im Frachtbriefe müssen in deutscher Sprache geschehen[27]; sie dürfen auch durch Druck oder Stempel bewirkt werden[28].

XIV. Alle Eintragungen im Frachtbriefe müssen mit deutscher oder lateinischer Schrift geschehen und deutlich sein. Die handschriftlichen Eintragungen müssen mit Tinte geschrieben sein[29]. Frachtbriefduplikate dürfen auch gepaust sein.

XV. Versiegelte, verschlossene oder überklebte Frachtbriefe werden nicht angenommen.

Frachtbriefe mit geänderten Eintragungen können

zurückgewiesen werden. Werden sie angenommen, so muß der Änderung die Unterschrift des Absenders beigesetzt sein. Änderungen von Ziffern müssen in Buchstaben wiederholt werden.

XVI. Frachtbriefe über Frachtstückgut und Eilstückgut hat der Absender mit eingedrucktem Stempel oder aufgeklebten Marken in dem vorgeschriebenen Betrage des Frachturkundenstempels zu übergeben. Die Marke ist an der für den Stempel der Versandstation vorgesehenen Stelle des Frachtbriefes aufzukleben. Bei Frachtbriefen über Wagenladungen wird der Stempel durch die Eisenbahn verwendet.

Vgl. JÜ. Art. 6; HGB. S. 426, 455.

Literatur: Staub, Lit. zu §§ 425, 426, 453; Gerstner, JÜ. S. 110; AAB. §§ 10 u. 23.

[1] Erfordernisse gründen sich auf HGB. § 426. Formulierung ungenau; HGB. sagt: „soll" enthalten; trotz der Fassung der EVO. („hat") bewirkt Fehlen eines oder mehrerer Angaben nicht Nichtigkeit, es sei denn, daß es sich um eine wesentliche Angabe handelt; als solche wird anzusehen sein die Angabe des Empfängers, der Bestimmungsstation, die Bezeichnung der Sendung, die Angabe des Absenders (vgl. EEE. **34** 90; DJZ. **12** 1234). Frachtbrief ist zwingendes Erfordernis beim Eisenbahnfrachtvertrag — Ausnahme EVO. § 55 Abs. 5; seiner geschichtlichen Entwicklung nach ist er eine der Sendung beigefügte Mitteilung des Absenders an den Empfänger (offener Brief), der zum Beweispapier über den abgeschlossenen Frachtvertrag dadurch wird, daß der Frachtführer ihn liest und annimmt, was bei der Eisenbahn durch Stempel (§ 61 Abs. 1 EVO.) und weitere Eintragungen seitens des Personals beurkundet wird. Vgl. EVO. § 55 Anm. 1.

Frachtbrief ist Urkunde (§ 267 StGB.), s. RGSt. **3** 169; EEE. **23** 181; Beweisurkunde EEE. **7** 397, **18** 343; nachträgliche

Änderungen nur in Form nachträglicher Verfügungen möglich. Über Frachturkundenstempel vgl. Anm. 30.

Für die Frachtberechnung ist die Bezeichnung maßgebend, die der Absender dem Gute gibt, auch wenn das Gut unter einer anderen Bezeichnung einen billigeren Frachtsatz genösse (s. EEE. **23** 237, **25** 363, **23** 258; Kittel § 56 Anm. 6).

[2] Nicht vorgeschrieben ist: Versandstation, Bestimmungsbahn, Ausnahmetarife, Eil- oder Frachtgut, Beförderungsweg (s. EVO. § 67 Abs. 2).

[3] Bei Vollkaufmann genügt Angabe der im Handelsregister eingetragenen Firma (Literatur: Rundnagel, BefGesch. § 32, S. 125, Anm. 3). Unzulässig ist: An A. und B. (Ausnahme vorstehend bei Kaufleuten), an A. für B., an Order des A., an den Inhaber oder Vorzeiger des Duplikats u. ä. Deutsche Bezeichnung kann nicht verlangt werden, wenn z. B. in gemischtsprachigen Bezirken Firma in fremder Sprache eingetragen ist, s. aber Abs. 10. Empfänger und Absender können identisch sein. Bzgl. Sendungen an Güterabfertigungen s. AAB. II.

[4] D. h. der „Großbahn". Ist versehentlich die Station einer Kleinbahn angegeben, für die EVO. nicht anwendbar ist, wird man Gültigkeit des Vertrages bis zur Übergangsstation annehmen dürfen; keinesfalls gilt deshalb EVO. auch für die Kleinbahnstrecke (vgl. EVO. §§ 57, 70 Abs. 3; EEE. **19** 10). Form: nach Bahnhof X zur Weiterbeförderung mit der Kleinbahn nach Y.

[5] Im Frachtbrief selbst, nicht in den sonstigen Begleitpapieren (s. EEE. **22** 378; gebräuchliche Abkürzungen sind gestattet). Angaben über Menge und Gewicht sind bis zur Feststellung der Unrichtigkeit maßgebend (EEE. **23** 149).

[6] HGB. sagt „Beschaffenheit"; „eine Kiste", „ein Collo" genügt also nicht, wohl aber eine „leere Kiste", „leere Fässer". Bezeichnung soll möglichst sich der Aufzählung in der Anl. C zur EVO., den Allg. Tarifvorschriften und der Gütereinteilung (DEGT. I B) anschließen; sonst handelsgebräuchliche oder übliche Benennung anzuwenden. Bzgl. der Benennung

der Hölzer vgl. RGEntsch. **64** 123. Im Verkehr mit dem Ausland möglichst Inhaltsbezeichnung gemäß RGes. betr. Statistik des Warenverkehrs (v. 7. 2. 1906), bzgl. Sammelladungen vgl. AAB. § 10 Ziff. 21 (vgl. EEE. **23** 137, **24** 291, **23** 251, 257, **25** 147).

[7] S. EEE. **19** 55. Über Zeichen und Nummer vgl. JW. **02** 29 Nr. 24.

[8] Unrichtige Angabe s. EVO. §§ 57 u. 60, auch Haftbefreiung der Eisenbahn s. EEE. **22** 246.

[9] Unrichtige Angabe s. § 60 EVO.; EEE. **19** 44, vgl. auch Abs. 6.

[10] Vgl. EVO. § 55 Abs. 4, der Zusatz „das Ladegewicht" ist durch EVO. v. 20. 11. 1920 (RGBl. **20** 1899) eingeführt. Er wurde durch die Neuordnung der Gütertarife notwendig.

[11] Vgl. EVO. § 69, über Teilfrankaturen s. AAB. § 10 Ziff. 29 (zugelassen Frankierungen eines in einer bestimmten Summe anzugebenden Frachtteils oder der besonders zu benennenden Nebengebühren (z. B. frei 100 M.; frei Zoll; nicht aber: frei halbe Fracht, frei Fracht bis zur Zwischenstation N.).

[12] Literatur über Frachtbriefduplikate s. Rundnagel, BefGesch. § 101 Anm. 1, S. 324; vgl. EVO. § 61 Abs. 5, § 73 Abs. 5.

[13] S. EVO. § 92.

[14] S. EVO § 72

[15] S. EVO. § 79 Abs. 5. Kein Lagerungs- oder Verwahrungsvertrag, sondern nur Vereinbarung über den Ablieferungsort.

[16] D. h. der vor Ablieferung an den Empfänger zu erfüllenden.

[17] Das sollen alle erforderlichen sein, vgl. Rundnagel, Bef.-Gesch. § 32, S. 127.

[18] Wegevorschrift auch in diesem Falle gleichgültig (§ 67 EVO.), aber § 49, Abs. 1, ebendort und Jll. **6** (s. Reindl, ZVDEisV. **98** 1165, **99** 213, 681, 449; RG. **18** 171).

[19] Unterschrift bedeutet „eigenhändige Unterschrift": zu-

gelassen ist aber Unterzeichnung mit dem Namen des Vertretenen durch einen bevollmächtigten Vertreter (Plenarentscheidung RG. 74 69). Als Absender gilt derjenige, der im Frachtbrief als solcher bezeichnet ist (unrichtig EEE. 33 76, 34 99), nicht etwa der, der den Frachtvertrag tatsächlich abgeschlossen hat (richtig RGEntsch. in Zeitschr. f. Kleinbahnen 20 325 u. 99 245). Auch hier nur eine Person oder Firma als Absender zugelassen; also nicht Spediteur A. für Firma B. oder Firma A. und Spediteur B., s. EEE. 10 173, 19 144, 21 127, 23 10). Schriftgetreue Nachbildung wird nicht verlangt, s. Staub, HGB. § 426 Anm. 14, s. auch unten Abs. 10. Beifügung von reklameartigen Zusätzen (z. B. Geschäftsumfang, Preismedaillen) unstatthaft. Firmen unterzeichnen lediglich mit der Firma, Prokuristen mit Zusatz p. p., Handlungsbevollmächtigte „In Vollmacht" oder „Als Bevollmächtigter". Fälschung des Absenders: strafrechtlich verfolgbar, s. EEE. 31 280.

[20] D. h. die Verwaltung, nicht die Dienststelle; Verstoß macht Frachtvertrag nicht ungültig.

[21] S. AAB. §§ 10 Abs. 3, 11 Abs. 4. Zurzeit sind Ausnahmen nicht zugelassen.

[22] Aufhebung nur durch nachträgliche Verfügung des Absenders. Einschränkung EVO. § 77 Abs. 2; Gegenwart des Empfängers kann nicht vorgeschrieben werden, s. auch EEE. 30 102; vgl. EVO. §§ 61 Abs. 4 (Absender!), 97 Abs. 3 (Empfänger!), 82 u. 97 Abs. 2 (beide!), 58 Abs. 2, 3 (s. auch EEE. 24 141).

[23] D. h. nicht jede beliebige, vgl. hierüber Rundnagel, BefGesch. § 98, S. 317, fehlt die Verfügung, dann EVO. §§ 76, 78.

[24] Nicht zulässig ist z. B. Rechnungsaufstellung.

[25] S. EEE. 23 3, zugelassen sind Erklärungen in §§ 56, 58, 59, 62, 64, 65, 66, 67, 75, 79, 80, 81, 86 u. 89.

[26] Z. B. der sog. Ursprungsfrachtbriefe, es sei denn, daß der Tarif dies zuläßt, z. B. bei Reexpeditionen.

[27] Bzgl. der Adresse vgl. oben Anm. 3. Stationsname muß unter allen Umständen deutlich sein. Verstoß hat Zurück-

weisung, nicht aber Nichtigkeit zur Folge (Düringer-Hachenburg, HGB. S. 916).

[28] Auch von dritter Hand geschrieben oder lithographiert (a. M. Eger Anm. 239, S. 236; vgl. Rundnagel, BefGesch. § 97 Anm. 7; EEE. **25** 128.) Verwendung gedruckter Briefe durch Unbefugte vgl. Senckpiehl, BefGesch. S. 221. Rollkutscher sind grundsätzlich nicht Vertreter des Absenders: sie dürfen also ohne weiteres Frachtbriefe nicht abändern (vgl. hierzu BGB. § 120). Doch kann nach der Plenarentscheidung des RG. (**74** 69) ein tatsächlich bevollmächtigter Vertreter im Namen des Vertretenen unterzeichnen.

[29] Nicht Tintenstift.

[30] Anm.: Über Frachturkundenstempel vgl. RGes. v. 15. 7. 1917 (RGBl. S. 833). Steuer ist verwirkt mit der Versendung, nicht der Ausstellung des Briefes. Einziehung erfolgt bei Wagenladungen nach Wahl vom Absender oder Empfänger, d. h. grundsätzlich vom Frachtzahler (hiergegen Staub § 426 Anm. 19), bei Auslandssendungen vom inländischen Vertragsbeteiligten, doch kann bei Sendungen nach dem Ausland der Frachturkundenstempel nachgenommen werden. Ob im Verhältnis zueinander Empfänger oder Absender den Stempel zu tragen hat, regelt das dem Frachtgeschäft zugrunde liegende Rechtsgeschäft (Senckpiehl, DJZ. **12** 1243; RG. **68** 43). Grundsätzlich gehören die Stempelkosten zu den Kosten der Versendung; diese hat beim Kauf mangels abweichender Vereinbarungen der Käufer zu tragen (EEE. **24** 398).

[31] Anm.: Satz 1 gilt ab 10. 1. 1918, Abs. 2 seit 12. 4. 1918. (Nicht abgedruckt.)

§ 57. Haftung für die Angaben im Frachtbriefe[1]).

Der Absender haftet der Eisenbahn für die Richtigkeit[2] und die Vollständigkeit[3] der in den Frachtbrief[4] aufgenommenen Angaben und Erklärungen und trägt alle Folgen[5], die aus unrichtigen, ungenauen[6] oder ungenügenden Eintragungen entspringen[7, 8, 9].

Die Haftung des Absenders ändert sich nicht, wenn die Güterabfertigung auf seinen Antrag den Frachtbrief ausfüllt.

Vgl. JÜ. 7; AusfBest. § 3; HGB. § 426

[1] Frachtbrief ist einseitige Erklärung des Absenders über den von ihm beabsichtigten Frachtvertrag. Daher Haftung des Absenders für seine Angaben, auch ohne Verschulden; bei konkurrierendem Verschulden § 254 BGB., s. RGEntsch. **37** 11; Düringer-Hachenburg § 426, V; Berufung auf eigenen Irrtum oder den seiner Leute bei der Ausstellung ist daher nicht zugelassen. Hiervon zu trennen ist die Frage der Beweiskraft. Angaben des Frachtbriefes liefern Beweis gegen Eisenbahn nur dann, wenn diese Nachprüfung vorgenommen hat oder dazu verpflichtet war (vgl. EVO. § 58), (EEE. **25** 194, **24** 372, **21** 164 u. 251). Gegenbeweis offen (EEE. **21** 265). Angabe eines Bahnhofs ohne nähere Bezeichnung und Annahme des Frachtbriefes ist kein Verschulden der Eisenbahn (vgl. Senckpiehl „Verkehr" **21** Nr. 1). Falsche Gewichtsangabe ist nicht maßgebend für Frachtvertrag; auch bei unrichtiger Bezeichnung des Gutes kann anderweite Tarifierung verlangt werden, es sei denn, daß wie z. B. häufig bei Ausnahmetarifen besondere Formalien verlangt werden.

[2] Vgl. § 56 EVO. Anm. 6. Verlangt wird nicht Übereinstimmung mit dem Tarif; Eisenbahn muß sich aber auf Grund der Angaben ein richtiges Bild von dem Inhalt des Frachtvertrages machen. Inwieweit die Eisenbahn eine Prüfungspflicht hat, ist streitig (vgl. Rundnagel, Haftung § 14, S. 83; BefGesch. § 99, S. 320, Anm. 6); bejaht gegen die herrschende Meinung EEE. **24** 290, **23** 114; RG. **37** 12.

[3] Vervollständigung oder Änderungen durch Dritte, namentlich Eisenbahnbedienstete, gehen dann nicht zu seinen

Lasten, wenn er keine Kenntnis von ihnen hat oder ihnen nicht zustimmt (Literatur bei Rundnagel, BefGesch § 99 Anm. 4), s. EEE. **13** 65.

[4] D. h. außerhalb des starkumrahmten Teils (aber Wagennummer und Ladegewicht, EVO. § 55 Abs. 4).

[5] Frachtunterschied s. EEE. **21** 9, **23** 137, 237, **24** 291, **25** 120; Frachtzuschlag, Ersatz des der Eisenbahn oder Dritten, alleinige Tragung des ihm selbst entstandenen Schadens, strafrechtliche Folgen, Zollstrafen usw., z. T. abw. Rundnagel, Haftung S. 86, Anm. 14, s. Anm. 9.

[6] Die Ungenauigkeit darf aber nicht auf unklarer Fassung der Tarife fußen, s. EEE. **21** 15 u. 78, **19** 55, **30** 178. Diese hat Eisenbahn zu vertreten.

[7] Gilt auch für unrichtige Empfangsstation (s. AAB. § 10 Ziff. 13 u. EEE. **32** 65). Hat Eisenbahn ein unrichtiges Gewicht eingetragen, hat sie nur Frachtdifferenz zu erstatten, nicht etwa einen tatsächlich nicht eingetretenen Gewichtsverlust, EEE. **20** 317.

[8] Falsche Inhaltsangabe zwecks Erschleichung der Beförderung ist, da nur Vermögensgefährdung vorliegt, kein Betrug (RGSt. **9** 168).

[9] Streitig, ob Absender auch für die durch seine Angaben verursachten Folgen des Verlustes, der Beschädigung und der Lieferfristüberschreitung haftet. Dies wird unter Hinweis auf die erschöpfende Regelung der §§ 456 HGB., 84 EVO. verneint (Rundnagel, BefGesch. § 136, Anm. 7; RG. **14** 345, **15** 152, **20** 78, **37** 11).

§ 58. Prüfung des Inhalts der Sendung. Feststellung von Anzahl und Gewicht.

(1) Die Eisenbahn ist berechtigt[1], die Übereinstimmung der Sendung mit dem Frachtbriefe nach Stückzahl, Gewicht und Inhalt jederzeit zu prüfen. Gebühren dürfen hierfür nicht erhoben werden[2].

Zur Prüfung des Inhalts ist der Verfügungsberechtigte[3] einzuladen, wenn sie nicht auf Grund polizeilicher Maßregeln stattfindet, die der Staat im Interesse der Sicherheit oder der öffentlichen Ordnung zu ergreifen berechtigt ist. Erscheint der Berechtigte nicht, so sind zwei Zeugen zuzuziehen[4]. Etwa entstehende Auslagen sind der Eisenbahn zu ersetzen[5], wenn die Frachtbriefangaben sich als unrichtig erweisen. Soweit die Tarife für ein Gut bei Verwendung zu bestimmten Zwecken oder bei Erfüllung besonderer Bedingungen Frachtermäßigungen oder andere Vergünstigungen gewähren, kann die Eisenbahn auch nach der Ablieferung des Gutes den Nachweis der Richtigkeit der Frachtbriefangabe fordern. Der Nachweis ist auf Verlangen der Eisenbahn durch Vorlage der Geschäftsbücher oder sonstiger Unterlagen der am Frachtvertrag Beteiligten zu führen.

(2) [6]Bei Stückgütern, die von der Eisenbahn verladen werden [§ 59 Abs. (1)], ist diese verpflichtet, Anzahl und Gewicht bei der Annahme gebührenfrei festzustellen. Dem Absender oder dessen Beauftragten steht frei, der Feststellung beizuwohnen[7]. Die Eisenbahn kann von der Verwägung absehen oder — bei gleichartigen Stücken — Probeverwägungen vornehmen, wenn der Absender das Gewicht in den Frachtbrief eingetragen und die Nachwägung im Frachtbriefe nicht verlangt hat[8].

(3) Bei allen anderen Sendungen[9] ist die Eisenbahn auf Antrag des Absenders im Frachtbriefe verpflichtet, das Gewicht und die Stückzahl[10] fest-

zustellen, es sei denn, daß die vorhandenen Wägevorrichtungen nicht ausreichen oder die Beschaffenheit des Gutes oder die Betriebsverhältnisse dies nicht gestatten. Das Gewicht[11] hat die Eisenbahn auch ohne Antrag festzustellen, wenn es im Frachtbriefe nicht angegeben ist. Für diese Feststellungen ist die tarifmäßige Gebühr zu zahlen[12]. Ist die Feststellung des Gewichts auf der Versandstation nicht angängig, so erfolgt sie auf einer anderen Station[13].

I. Der Antrag auf Feststellung des Gewichts oder der Stückzahl ist im Frachtbriefe unter „zulässige oder vorgeschriebene Erklärungen" zu setzen.

(4) Der Absender kann bei der Aufgabe verlangen, daß ihm Gelegenheit geboten werde, der Feststellung der Stückzahl und des Gewichts beizuwohnen, wenn sie auf der Versandstation erfolgt. Stellt er ein solches Verlangen nicht oder versäumt er die ihm gebotene Gelegenheit, so hat er die tarifmäßige Gebühr nochmals zu zahlen, wenn die Feststellung auf seinen Antrag wiederholt wird.

(5) Die Eisenbahn kann die Verwägung der Wagenladungsgüter auf der Gleiswage vornehmen und der Gewichtsberechnung das an den Eisenbahnwagen angeschriebene Eigengewicht zugrunde legen. Jedoch ist einem Antrage des Verfügungsberechtigten auf Verwägung des leeren Wagens zu entsprechen, wenn es die Betriebsverhältnisse gestatten. Ob und welche Gebühr zu erheben ist, hat der Tarif zu bestimmen.

II. Ergibt die ohne Antrag des Verfügungsberechtigten vorgenommene bahnamtliche Nachwägung von Wagenladungen auf der Gleiswage keine größere Abweichung von dem im Frachtbrief angegebenen Gewicht als 2 v. H., so wird das im Frachtbrief angegebene Gewicht als richtig angenommen.

III. Ergibt die von dem Verfügungsberechtigten beantragte Feststellung des Eigengewichts eines Wagens keine größere Abweichung von dem angeschriebenen Eigengewicht als 2 v. H., so wird Wägegeld erhoben.

IV. Die Bestimmungen II und III gelten auch bei den vom Absender verladenen Stückgutsendungen.

(6) Die Feststellung des Gewichts und der Stückzahl hat die Eisenbahn auf dem Frachtbriefe zu bescheinigen[14]. Erfolgt die Feststellung auf der Versandstation, so ist die Bescheinigung auch auf das Frachtbriefduplikat oder auf den Aufnahmeschein zu setzen.

V. Die Feststellung des Gewichts oder der Stückzahl wird von der Eisenbahn handschriftlich oder durch Stempel bescheinigt[15]. Wird das Gewicht durch Probeverwägung ermittelt, so ist dies in der Bescheinigung auszudrücken.

VI. Das Wägegeld und die Zählgebühr sind im Nebengebührentarif (Teil I Abteilung B) festgesetzt.

Vgl. JÜ. Art. 7.

Literatur: Sendpiehl, Die Pflicht der Eisenbahn zur Verwiegung der Stückgüter, EEE. **22** 303.

[1] Berechtigt ist jede an der Beförderung beteiligte Verwaltung, jedoch nur zwischen Annahme und Ablieferung, nicht auch später (EEE. **16** 38, **34** 107; Ausnahme letzter Satz des Abs. 1). Äußere Untersuchung; auch auf Tragfähigkeit des ver-

wendeten Wagens (EEE. **22** 17; innere Untersuchung Satz 3; a. A. EEE. **24** 58).

[2] Wohl aber Auslagen, z. B. Zeugengebühren, s. Satz 5. Daneben Frachtzuschlag (§ 60 EVO.).

[3] D. i. der Absender oder Empfänger, vgl. hierzu EVO. § 99 Anm. 3 (EVO. §§ 73, 76), auch Vertreter; Einladung obligatorisch, sonst Verfahren nicht wirksam.

[4] Auch nicht beteiligte Eisenbahnbedienstete.

[5] Von dem aus dem Frachtvertrag Berechtigten, nötigenfalls aus dem Gut.

[6] Verwiegung: nur bestimmt, den Zwecken des Frachtvertrages zu dienen (Berechnung der Fracht, Feststellung der Identität und der abzuliefernden Menge); daher keine Haftung für Wiegefehler, selbst dann, wenn z. B. nach Bahngewicht verkauft, auch wenn Gewichtsfeststellung gegen Gebühr erfolgt ist; auch nicht, wenn dadurch Zollschwierigkeiten entstehen (arg. e. EVO. § 61 Abs. 4), s. Senckpiehl, EEE. **22** 303, **26** 410, **20** 317, **32** 296; aber Kittel § 58 Anm. 4; Staub S. 1479, Anm. 5. Literatur: Rundnagel S. 347 Anm. 7. Bei Abweichungen der Gewichtsfeststellungen muß Eisenbahn beweisen, daß sie das ihr zur Beförderung übergebene Gut vollständig abgeliefert hat, s. EEE. **14** 357, **20** 175, **17** 207, **11** 114, **13** 46. An diesen Grundsätzen ändert sich nichts, wenn etwa Angestellte des Empfängers auf das Bahninteresse verpflichtet sein sollten, was namentlich im Zuckerrübenverkehr früher üblich war. Dadurch wird das Gewicht nur dann zu einem bahnamtlichen, wenn dies vertraglich vereinbart ist, aber es darf hierbei nicht der amtliche Wiegestempel aufgedrückt werden. Nicht hierher gehört die Verwiegung außerhalb des Frachtvertrages; (z. B. Verwiegung von Vieh auf bahnamtlicher Wage für jedermann). Werkvertrag; Haftung nach BGB. §§ 631ff., 278 bei Verschulden.

[7] Einladung nicht vorgeschrieben.

[8] AAB. II § 6, auch Probeverwiegung; Haftung wird durch dieses Verfahren nicht geändert (Begr.).

[9] Die vom Absender verladenen.

[10] Je nach Antrag, eins oder beides; nur das tatsächlich Festgestellte liefert Beweis. AAB. II § 7.

[11] Nicht auch die Stückzahl.

[12] Ist das Gewicht angegeben, muß Nachwiegung gebührenfrei erfolgen, es sei denn, daß sie beantragt ist.

[13] D. h. jede auf dem Beförderungswege liegende, einschl. der Bestimmungsstation nach Wahl der Eisenbahn.

[14] Fälschung § 267 StGB. (RGSt. 3 169).

[15] Gegenbeweis auch bei plombierten Sendungen (EEE. 21 265).

§ 59. Beladung der Wagen. Ladegewicht. Tragfähigkeit.

(1) Ob die Güter durch die Eisenbahn oder durch den Absender zu verladen sind[1, 2], hat der Tarif zu bestimmen, soweit nicht diese Ordnung Vorschriften darüber enthält, oder eine besondere Vereinbarung[3] zwischen dem Absender und der Eisenbahn im Frachtbriefe getroffen ist[4].

I. Welche Güter durch die Eisenbahn und welche durch den Absender zu verladen sind, ist im Abschnitt II der Allgemeinen Tarifvorschriften (Teil I Abteilung B) bestimmt.

(2) Für die Beladung der Wagen ist das daran vermerkte Ladegewicht[5] maßgebend. Eine Belastung bis zu der an den Wagen angeschriebenen Tragfähigkeit ist zulässig, wenn nach der natürlichen Beschaffenheit des Gutes nicht zu befürchten ist, daß die Belastung infolge von Witterungseinflüssen während der Beförderung die Tragfähigkeit überschreiten werde. Eine die Tragfähigkeit überschreitende Belastung — Überlastung — ist

in keinem Falle gestattet. Bei außerdeutschen Wagen, die nur eine, die zulässige Belastung kennzeichnende, dem Ladegewichte der deutschen Wagen entsprechende Anschrift tragen, darf die angeschriebene Gewichtsgrenze bis zu 5 v. H. überschritten werden.

II. 1) Bei Überlastung eines Wagens wird das Übergewicht von der Eisenbahn abgeladen. Für das auf dem Wagen verbleibende Gewicht wird die Fracht von der Versand- bis zur Bestimmungsstation berechnet. Die Fracht für das abgeladene Gewicht wird für die durchlaufenen Strecken nach den Tarifsätzen berechnet, die von der Versandstation bis zur Unterwegsstation für die Hauptsendung gelten. Der abgeladene Teil wird auf Lager genommen und dem Absender zur Verfügung gestellt[6].

Falls es von einer Unterwegsstation abgenommen ist und nach der Bestimmung des Absenders weitergesandt werden soll, ist es als besondere Sendung zu behandeln und die tarifmäßige Fracht zu erheben. Verlangt der Absender dagegen die Rückbeförderung des Übergewichts nach der Versandstation, so wird die Fracht für die Rückbeförderung nach den Tarifsätzen berechnet, die von der Versandstation bis zur Unterwegsstation für die Hauptsendung gelten.

(2) Dem Absender kann die Zuladung des abgenommenen Übergewichts zu einer anderen, von derselben Versandstation kommenden, die Unterwegsstation berührenden Ladung gestattet werden, wenn die Verwägung ausdrücklich oder durch Unterlassung der Gewichtsangabe im Frachtbriefe beantragt war, jedoch mangels einer geeigneten

Wägevorrichtung nicht ausgeführt werden konnte. Der Absender muß dann den zweiten Wagen um dasjenige Gewicht, das er auf der Unterwegsstation zuladen will, weniger belasten und das Anhalten auf der Unterwegsstation im Frachtbriefe beantragen. Die Fracht wird in diesem Falle für die ganze Ladung, also einschließlich des unterwegs zuzuladenden Teils, von der Versand- bis zur Bestimmungsstation berechnet.

(3) Für das Ab- und Aufladen des Übergewichts werden die tarifmäßigen Gebühren berechnet. Erleidet der Wagen durch das Auf- und Abladen Aufenthalt, so wird das tarifmäßige Wagenstandgeld erhoben.

(4) Für die Einlagerung des abgeladenen Übergewichts wird erhoben:

a) Platzgeld für das auf einer Unterwegsstation abgenommene Übergewicht, wenn es im Freien lagert und die Verwägung der Sendung ausdrücklich oder durch Unterlassung der Gewichtsangabe im Frachtbriefe beantragt war, jedoch mangels einer geeigneten Wägevorrichtung auf der Versandstation nicht ausgeführt werden konnte;

b) Lagergeld in allen anderen Fällen.

III. (1) Muß eine Wagenladung[7] ohne Verschulden des Absenders umgeladen oder anderweit verladen werden, so wird dies durch die Eisenbahn kostenlos bewirkt und ein etwa entladener Teil der Sendung ohne besondere Frachtberechnung weiterbefördert. Ist jedoch die Umladung oder anderweite Verladung vom Absender durch mangelhafte

Verladung veranlaßt, so hat der Absender oder Empfänger die Kosten zu tragen. Ein etwa abgeladener Teil der Sendung ist nach der Ausf.-Best. II (1), (3) und (4b) zu behandeln.

(2) Enthält der umzuladende Wagen Güter, deren Umladung besondere Sorgfalt oder Sachkenntnis erfordert (z. B. lose verladenes Obst, unverpacktes Glas, Porzellan oder Steingut, Bier in Eispackung u. dgl.), so ist die Eisenbahn berechtigt, vom Absender Anweisung über die Umladung einzuholen[8].

(3) Der Absender kann die Umladung übernehmen und haftet[9] dann für die ordnungsmäßige Ausführung nach § 86 (1) Ziffer 3. Hat der Absender die Umladung durch mangelhafte Verladung veranlaßt, so kann er den Ersatz seiner Kosten nicht verlangen; anderenfalls werden ihm die tarifmäßigen Ladegebühren als Entschädigung gewährt.

(4) Ist die Umladung oder anderweite Verladung vom Absender durch mangelhafte Verladung veranlaßt, so wird für den Aufenthalt, den der Wagen erleidet, das tarifmäßige Wagenstandgeld erhoben.

IV. Die Ladegebühren, das Lagergeld, Platzgeld und Wagenstandgeld sind im Nebengebührentarif (Teil I Abteilung B) festgesetzt.

Vgl. JÜ., AusfBest. § 3.

[1] Reihenfolge: a) EVO. (auch § 63 Abs. 11, § 62 Abs. 6, Anl. C); b) Vereinbarung zwischen Absender und Eisenbahn (schriftlich im Frachtbrief); c) Tarifvorschriften (Teil I B § 49).

[2] Im Falle der Verladung durch den Absender wird man den Empfänger zur Entladung für verpflichtet halten müssen (vgl. EVO. § 76 Abs. 6).

[3] S. Rundnagel, Haftung § 20; EEE. 20 335, 28 185.

[4] Hat Absender zu verladen, haftet er für den in seinem Auftrage ladenden Spediteur (RG. **66** 402). Leute der Eisenbahn, deren sich der Absender hierbei bedient, gelten als seine Leute; das gleiche gilt von Geräten u. dgl. Eisenbahn haftet nur bei Verschulden gemäß § 831 BGB. (RG. **97** 16). Soll die Eisenbahn ihr nicht obliegende Be- oder Verladung übernehmen, muß der Antrag schriftlich gestellt werden (DEGT. Teil I Abt. B § 48).

[5] Fehlt dies, muß Absender es feststellen lassen, vgl. auch BBO. § 42 Abs. 1d.

[6] Verfügt der Absender nicht, ist nach EVO. § 81 zu verfahren (vgl. § 74 Abs. 4).

[7] Abgesehen von II 1.

[8] Wegen der Lieferfrist vgl. § 75 Abs. 7.

[9] EVO. § 86; d. h. richtiger: Die Eisenbahn haftet nicht.

§ 60. Frachtzuschläge[1, 2, 3].

(1) Bei unrichtiger[4] Angabe[5] des Inhalts, des Gewichts oder der Stückzahl einer Sendung oder des Ladegewichts des verwendeten Wagens, bei Wagenüberlastung sowie bei Außerachtlassung der Sicherheitsvorschriften in Anlage C sind ohne Rücksicht darauf, ob ein Verschulden des Absenders vorliegt oder nicht[6], Frachtzuschläge zu entrichten[7], für die folgende Bestimmungen gelten:

a) Wenn die im § 54 Abs. (1) B und Abs. (2) A aufgeführten Gegenstände unter unrichtiger Inhaltsangabe zur Beförderung aufgegeben oder wenn die Sicherheitsvorschriften in Anlage C außer acht gelassen werden, beträgt der Frachtzuschlag für jedes Kilogramm Rohgewicht des Versandstücks, worin ein solcher Gegenstand enthalten war[8], bei den gemäß § 54 Abs. (1) B von der Beförderung ausgeschlossenen sowie bei den in Anlage C unter I und II aufgeführten explosionsgefährlichen und selbstentzündlichen Gütern: 30 Mark*),

bei den in Anlage C unter III, IV und V aufgeführten brennbaren Flüssigkeiten, giftigen und ätzenden Stoffen: 9 Mark*),

bei den in Anlage C unter VI aufgeführten fäulnisfähigen Stoffen: 2 Mark[8]*).

b) In anderen Fällen unrichtiger Inhaltsangabe beträgt der Frachtzuschlag, wenn sie keine Frachtverkürzung herbeiführen kann, 3 Mark für den Frachtbrief, sonst das Doppelte des Unterschieds zwischen der infolge der unrichtigen Angabe entstandenen und der richtig berechneten Fracht von der Aufgabe- bis zur Bestimmungsstation. Sind Güter verschiedener Tarifklassen zu einer Sendung vereinigt, und kann ihr Einzelgewicht ohne besondere Schwierigkeit festgestellt werden, so ist der Ermittlung des Frachtzuschlags getrennte Frachtberechnung zugrunde zu legen, sofern sie sich billiger stellt. Mindestens werden 3 Mark erhoben*).

c) Bei unrichtiger Angabe der Stückzahl[9] oder

---

*) Unter Einrechnung der Verkehrssteuer erhöhen sich die Frachtzuschläge von

30	Mark	auf	32,10	Mark.
9	„	„	8,70	„
3	„	„	3,20	„
2	„	„	2,20	„

des Gewichts einer vom Absender verladenen Sendung oder bei unrichtiger Angabe des Ladegewichts des verwendeten Weges beträgt, wenn hierdurch eine Frachtverkürzung herbeigeführt werden kann, der Frachtzuschlag das Doppelte des Unterschieds zwischen der infolge der unrichtigen Angabe entstandenen und der richtig berechneten Fracht von der Aufgabe- bis zur Bestimmungsstation.

d) Bei Überlastung eines Wagens beträgt der Frachtzuschlag das Sechsfache der Fracht von der Aufgabe- bis zur Bestimmungsstation für das Gewicht, das die im § 59 Abs. (2) festgesetzten Belastungsgrenzen übersteigt. Diese Bestimmung gilt sinngemäß auch für Gegenstände, deren Fracht nicht nach dem Gewichte berechnet wird. Ist zum Beispiel die Fracht nach der Ladefläche zu berechnen, so wird der Frachtzuschlag derart ermittelt, daß die nach der Ladefläche des verwendeten Wagens berechnete Fracht als Fracht für das zulässige höchste Belastungsgewicht angesehen, danach die Fracht für das Übergewicht berechnet und der gefundene Betrag sechsfach genommen wird.

e) Die unter a bis d festgesetzten Frachtzuschläge werden nebeneinander erhoben, wenn gegen mehrere dieser Vorschriften gleichzeitig verstoßen wird[10]. Trifft unrichtige Inhaltsangabe, die eine Frachtverkürzung herbeiführen kann[11], mit unrichtiger Angabe der Stückzahl oder des

Gewichts der Sendung oder des Ladegewichts des verwendeten Wagens zusammen und handelt es sich nicht um Gegenstände der im § 54 Abs. (1) B und Abs. (2) A genannten Art, so beträgt der Frachtzuschlag das Doppelte des Unterschieds zwischen der Fracht für den angegebenen Inhalt und die angegebene Stückzahl, das angegebene Gewicht oder das angegebene Ladegewicht einerseits und der Fracht für den ermittelten Inhalt und die ermittelte Stückzahl, das ermittelte Gewicht oder das ermittelte Ladegewicht anderseits.

Außerdem ist der Frachtunterschied nachzuzahlen[12] und der entstandene Schaden[13] zu ersetzen, auch sind die durch andere gesetzliche oder polizeiliche Bestimmungen[14] vorgesehenen Strafen verwirkt.

(2) Der Tarif muß einheitlich die Grundsätze bestimmen, nach denen etwa von Erhebung der im Abs. (1) festgesetzten Frachtzuschläge aus Billigkeit[15] abgesehen wird oder geringere Zuschläge erhoben werden.

I. Die Eisenbahn kann von Erhebung der Frachtzuschläge absehen oder geringere Zuschläge erheben,

wenn der Verstoß gegen die Vorschriften auf entschuldbarem Versehen beruht, ein Schaden für die Eisenbahn nicht oder nicht in Höhe des Frachtzuschlags entstanden, und eine erhebliche Gefährdung der Betriebssicherheit nicht herbeigeführt worden ist,

wenn die Höhe des Zuschlags eine unverhältnismäßige Härte in sich schließt oder

wenn andere Billigkeitsgründe vorliegen.

(3) Ein Frachtzuschlag darf nicht erhoben werden:

a) bei unrichtiger Gewichtsangabe oder bei Überlastung, wenn die Eisenbahn zur Verwägung verpflichtet war[16];

b) bei einer während der Beförderung eingetretenen Gewichtszunahme ohne Überlastung, wenn der Absender nachweist, daß die Gewichtszunahme auf Witterungseinflüsse zurückzuführen ist;

c) bei einer während der Beförderung durch Witterungseinflüsse verursachten Überlastung, wenn der Absender nachweist, daß er bei der Beladung des Wagens das angeschriebene Ladegewicht nicht überschritten hat.

II. Wird einer der in Abs. (3) b und c aufgeführten Gründe für Nichterhebung des Frachtzuschlags geltend gemacht, aber der erforderliche Nachweis vom Absender nicht bis zur Einlösung des Frachtbriefs erbracht, so ist die Eisenbahn berechtigt, Hinterlegung in Höhe des Frachtzuschlags zu fordern.

(4) Der Frachtzuschlag ist verwirkt[17], sobald der Frachtvertrag abgeschlossen ist (§ 61)[18]. Zur Zahlung des Zuschlags ist der Absender verpflichtet. Hat der Empfänger den Frachtbrief und das Gut angenommen, so haftet er gemäß § 76 Abs. (4) neben dem Absender als Gesamtschuldner für den Zuschlag[19].

(5) Der Anspruch auf Zahlung oder Rückzahlung des Frachtzuschlags verjährt in einem Jahre[20]. Die Verjährung beginnt bei Ansprüchen auf Zahlung des Frachtzuschlags mit der Zahlung

der Fracht oder wenn eine Fracht nicht zu zahlen war, mit der Auflieferung des Gutes; bei den Ansprüchen auf Rückzahlung beginnt sie mit der Zahlung des Zuschlags. Gehemmt oder unterbrochen wird die Verjährung gemäß den Bestimmungen im § 71 Abs. (2).

JÜ. Art. 7, AusfBest. §§ 3 u. 11.

Vgl. Vorschriften über die Erhebung von Frachtzuschlägen (Anh. B zu AAB. Teil II. Baumgart (EEE. **22** 333); Schmitt ebendort, S. 195, 423; Schmitt, Der Frachtzuschlag im Eisenbahnfrachtrecht, Dortmund 1905.

[1] Frachtzuschläge waren ursprünglich privatrechtliche Vertragsstrafen („Konventionalstrafen" s. BetrRegl. v. 11. 5. 1874), RG. **47** 37, seit dem Inkrafttreten der EVO. v. 1. 4. 1909 sind sie es nicht mehr. EVO. enthält nunmehr Rechtsvorschriften; die Verpflichtung zur Zahlung gründet sich auf Gesetz; es besteht eine reine obligatio ex lege (Rundnagel S. 361; Fritsch S. 339, Anm. 118; Blume, BernFracht. Art. 7, S. 67); a. A. Eger Anm. 249 und die herrschende Meinung (vgl. RG. **47** 38; Schmitt aaO. § 4); die allerdings sich zum größten Teil auf das alte Recht stützt; aber auch sie erklärt fast alle Bestimmungen des BGB. über die Vertragsstrafe (§ 339 ff.) für unanwendbar (vgl. Senckpiehl S. 233), mit alleiniger Ausnahme des § 341 Abs. 3 (vgl. hierzu EEE. **22** 16, 125, 168; Rundnagel S. 361). Daß eine Herabsetzung durch das Gericht (BGB. § 343) nicht stattfinden darf, ist fast unbestritten (a. A. Schmitt aaO. § 6).

[2] Vgl. EVO. § 17 Abs. 2 u. 6; PersVerk. § 27 Abs. 5 (Gep.), § 44 Abs. 7 (Leichen).

[3] Aktiv legitimiert ist die Versandbahn gegenüber dem Absender, Empfangsbahn gegenüber dem Empfänger; nach dem Übereinkommen zum BetrRegl. erhält den Betrag die entdeckende Verwaltung, vgl. ZVDEisV. **01** 309, **09** 134; EEE. **20** 53; abw. Rundnagel § 113, S. 360.

[4] Nicht schon wie früher ungenauer. Literatur bei Rundnagel S. 356, Anm. 2. Unrichtigkeit muß sich auf frachtwichtige Punkte erstrecken (s. EEE. **22** 176). Hierzu kann Herkunftsort und Verwendungszweck gehören, wobei nicht nötig ist, daß die unrichtige Verwendung bereits bei der Aufgabe beabsichtigt war (RG. **84** 237), vgl. auch EVO. § 57 Anm. Nach EEE. **21** 9 muß die Bezeichnung nach der allgemeinen Verkehrsanschauung als falsch erscheinen; die Unrichtigkeit gegenüber dem Tarife soll nur in besonderen Fällen entscheidend sein; ebenso RG. **67** 287; dies wird mit Recht von Blume (JK. S. 66) angefochten. A. M. Kittel § 60 Anm. 1. Bei falscher Angabe eines Teils der Ladung (außer Abs. 1 Satz 2) wird Frachtzuschlag für die ganze Sendung erhoben (EEE. **23** 152). Bzgl. Kostbarkeiten vgl. EEE. **25** 120.

[5] Ebenso wenn verkehrsüblicher Benennung irreführende Zusätze beigefügt werden, s. RG., EEE. **32** 213. Maßgebend ist die Angabe auf dem Frachtbrief, nicht dem Frachtstück RG., EEE. **14** 345); oder den Zollpapieren (EEE. **22** 378).

[6] Die Tatsache der falschen Angabe oder der Außerachtlassung genügt; nicht erforderlich ist der Eintritt eines Schadens (s. Abs. 2) (EEE. **16** 305) oder Verschulden des Absenders (die entgegenstehenden Entscheidungen des RG. gründen sich auf altes Recht), (s. Schmitt, EEE. **22** 330); Absender braucht nicht einmal Kenntnis von der z. B. durch seinen Auftraggeber oder seine Leute herbeigeführten Unrichtigkeit zu haben. ZVDEisV. **05** 434. Irrtum des Absenders oder Unkenntnis des Absenders befreit ihn nicht. RG. **47** 33; vgl. EEE. **1** 244, **2** 436. Ob Mitverschulden der Eisenbahn befreit, ist strittig; jedenfalls entfält der Zuschlag, wenn die Eisenbahn die falsche Angabe wider Treu und Glauben selbst veranlaßt hat (Dernburg, BR. II § 103; ROHG. **23** 304); nach herrschender Meinung entfällt er auch dann, wenn die Eisenbahn bei der Annahme zur Beförderung die wirkliche Beschaffenheit der Güter usw. gekannt hat (s. Rundnagel S. 359; Eger Anm. 255; EEE. **22** 331; RG., EEE. **22** 74; ZVDEisV. **01** 309, **05** 29). Kennen müssen steht

hierbei der Kenntnis nicht gleich (EEE. **17** 331, **16** 305); also ist Frachtzuschlag auch bei unverpacktem Gute nicht ausgeschlossen (RG. **67** 276). Zur Klarstellung der Frachtbriefangaben ist Eisenbahn nicht verpflichtet (EEE. **33** 75); Düringer-Hachenburg verlangt, daß Eisenbahn wenigstens auf offensichtliche Irrtümer und Unrichtigkeiten aufmerksam macht (S. 959, Anm. 3). Dies geht wohl zu weit.

[7] S. Grund für Neuregelung waren namentlich die Betriebsgefährdungen (Begr.).

[8] Also einschl. Verpackung und der anderen darin verpackten Gegenstände (nötigenfalls muß Abs. 2 eintreten); anders bisher auf Grund der alten Fassung die herrschende Meinung.

[9] Z. B. bei lebenden Tieren (Begr.).

[10] Über die Berechnung des Frachtzuschlages s. ZVDEisV. **01** 389; EEE. **20** 357.

[11] Nicht herbeigeführt hat (EEE. **31** 358).

[12] Hierfür gelten die allgemeinen Grundsätze (Zahlungspflicht EEE. **26** 1); Verjährung (BGB. § 196 Abs. 1 Ziff. 3, § 201).

[13] Haftung für Verschulden (Senckpiehl, EEE. **26** 351). Schaden, der der Eisenbahn an Personal, eigenen oder Dritten gehörigen, ihr anvertrauten Sachen entstanden ist; Dritte haben keinen Anspruch gegen den Schädigenden aus EVO. § 60 1 Abs. 2.

[14] Z. B. Betrug (EEE. **1** 199; RGSt. **15** 267, **8** 242; JW. **91** 234); Urkundenfälschung (EEE. **1** 334); Transportgefährdung, Polizei-, Post-, Zollstrafen usw. Diese öffentlich-rechtlichen Strafen können nur den Absender treffen, oder auch nur dessen Leute oder Auftraggeber. Voraussetzung für strafrechtliches Einschreiten ist Verschulden, nicht so bei Zoll- und polizeilichen Übertretungen.

[15] Vgl. §§ 16 Abs. 6, 27 Abs. 5.

[16] S. EVO. § 58 Abs. 2ff. Nach Abs. 3 entfällt die Ver-

pflichtung bei nicht ausreichenden Wägevorrichtungen; das bedeutet eine Härte für den Absender (Abs. 2 muß aushelfen).

[17] Beweislast für die unrichtige Angabe liegt der Eisenbahn ob (BGB. § 345).

[18] Annahme zur Beförderung, nicht nur gemäß EVO. § 64; auch dann, wenn Eisenbahn Gut nicht hätte annehmen dürfen (RG. **47** 40); ob eine Beförderung ganz oder teilweise ausgeführt, ob das Gut noch vorhanden, ist gleichgültig. Streitig ist, ob nachträgliche Berichtigung der Inhaltsangabe befreit. Rundnagel S. 363 verneint dies; a. A. EEE. **28** 114. Man wird dem Absender das Recht des Rücktritts vom Vertrage wohl nicht streitig machen können, vorausgesetzt, daß Unrichtigkeit seiner Angabe noch nicht entdeckt ist (s. Düringer-Hachenburg III § 455). Über Anfechtung unrichtiger Angaben s. Schmitt, EEE. **22** 330; RG. **47** 40.

[19] Eger Anm. 258 sieht hierin einen Verstoß gegen § 471 HGB.; hiergegen mit Recht Rundnagel S. 360, Anm. 17. Empfänger wird durch Eintritt in den Frachtvertrag Gesamtschuldner. Nicht erforderlich ist, daß bei Ablieferung des Gutes die Nachforderung des Frachtzuschlages vorbehalten worden war (abw. Senckpiehl S. 234; EEE. **22** 17, 125, 168; ZVDEisV. **05** 29; Schmitt § 11).

[20] Es sei denn, daß Anspruch durch Urteil, Anerkenntnis oder Vergleich festgestellt ist (BGB. § 218).

§ 61. Abschluß des Frachtvertrags.

(1) Der Frachtvertrag[1] ist abgeschlossen, sobald die Abfertigungsstelle[2] das Gut[3] mit dem Frachtbriefe[4] zur Beförderung[5] angenommen hat[6]. Als Zeichen der Annahme ist dem Frachtbriefe der Tagesstempel der Abfertigungsstelle aufzudrücken[7]. Mit diesem Stempel ist auch jedes der nach § 56 Abs. (5) dem Frachtbrief etwa angefügten Blätter zu versehen.

I. Der Absender kann bei Übergabe des Frachtbriefs die Anweisung erteilen, das Gut von einem Dritten zur Beförderung anzunehmen. Für die auch nur versuchte Ausführung dieser Anweisung wird außer den etwa erwachsenden baren Auslagen die im Nebengebührentarif (Teil I, Abteilung B) festgesetzte Gebühr erhoben. Die Ausführung der Anweisung kann abgelehnt werden.

(2) Die Abstempelung hat nach vollständiger Auflieferung des im Frachtbriefe verzeichneten Gutes und nach Entrichtung der vom Absender vorauszubezahlenden Beträge[8] unverzüglich, auf Verlangen des Absenders in seiner Gegenwart zu erfolgen.

(3) Der abgestempelte Frachtbrief dient als Beweis für den Frachtvertrag[9].

(4) Bei den vom Absender verladenen Gütern dienen die Angaben des Frachtbriefs über das Gewicht und die Anzahl der Stücke nur dann als Beweis gegen die Eisenbahn, wenn sie die Stücke nachgewogen oder nachgezählt und dies im Frachtbrief beurkundet hat.

(5) Die Eisenbahn ist verpflichtet, auf Verlangen des Absenders die Annahme des Gutes unter Angabe des Tages, an dem es zur Beförderung angenommen ist, auf einem ihr mit dem Frachtbriefe vorgelegten Frachtbriefduplikate[10], das als solches zu bezeichnen ist, zu bescheinigen. Die Ausstellung eines Duplikats ist auf dem Frachtbriefe durch Stempelaufdruck zu beurkunden.

(6) Das Duplikat hat nicht die Bedeutung des Frachtbriefs oder eines Ladescheins[11].

(7) Bei Gütern, die nicht in ganzen Wagenladungen aufgegeben werden, kann mit Zustimmung des Absenders an Stelle des Duplikats ein Aufnahmeschein ausgestellt werden, der dieselbe rechtliche Bedeutung wie das Duplikat hat[12].

II. Die Gebühr für die Ausstellung von Aufnahmescheinen ist in dem Nebengebührentarif (Teil I Abteilung B) festgesetzt. Vgl. auch Ausf.-Best. VII zu § 56.

(8) Auf Verlangen des Absenders ist die Annahme des Gutes auch in anderer Form, zum Beispiel durch Unterstempelung eines Eintrags in einem Quittungsbuch[13] oder dergleichen zu bescheinigen. Eine solche Bescheinigung hat nicht die Bedeutung eines Frachtbriefduplikats.

Vgl. JÜ. Art. 8 u. 15; HGB. §§ 455, 471.

Literatur: Boethke, Frachtbriefduplikat, EEE. **26** 427.

[1] Über Frachtvertrag s. Vorbem. zu Abschn. VIII Anm. 5.

[2] Also nicht auch der anrollende Rollfuhrmann, wohl aber die Güternebenstelle.

[3] Bei Auflieferung mehrerer Teile auf einen Frachtbrief erst nach Annahme aller Teile; ohne Übergabe kein Frachtvertrag (EEE. **33** 73), vgl. Abs. 2.

[4] Frachtbrief muß die wesentlichen Erfordernisse enthalten, vgl. EVO. § 56, Einl.; auch EEE. **34** 90; Zahl der Frachtbriefe ergibt Zahl der Frachtverträge (EEE. **34** 217).

[5] Also nicht Annahme nach EVO. § 64.

[6] Bei Stückgütern gehört hierzu Verwiegung. Beförderung zur Wage geschieht außerhalb des Frachtvertrages; Absender hat Gut bis zur Annahmestelle, d. h. Raum vor oder in der Annahmeluke zu schaffen; hilft ein Eisenbahnbediensteter hierbei, haftet Eisenbahn hierfür nicht vertraglich. Auf Beförderung von Annahmeluke zur Wage sind die Bestimmungen

des Landfrachtrechts anzuwenden (Haftung nur bei Verschulden); vgl. EEE. **23** 375; RG. **14** 351, **66** 402; Annahme bei Wagenladungen vgl. EEE. **22** 356; Versender muß den fertig geladenen Wagen dem Annahmebediensteten übergeben (s. EEE. **36** 174) und dieser ihn übernehmen, bis dahin liegt nicht etwa ein Verwahrungsvertrag vor, sondern ein rein tatsächliches Verhältnis, s. § 63 Anm. 13.

[7] AAB. § 12. Annahmestempel bezeugt, nicht erzeugt den Frachtvertrag. Gegenbeweis ist möglich (Unrichtigkeit des Datums; Abschluß trotz Fehlens, Nichtabschluß trotz Vorhandenseins des Stempels), s. EEE. **22** 162, 356, **24** 203, **31** 224; Staub § 453 Anm. 5.

[8] Zahlung der Frankaturbeträge wird häufig vergessen; Frachtvertrag kommt trotzdem zustande; Eisenbahn muß Vorsorge treffen, daß Gut und Brief solange zurückgehalten werden, bis Zahlung erfolgt ist.

[9] Gegenbeweis gegen Frachtbrief ist zulässig. Vgl. EEE. **2** 25, 27, **19** 157, 328, **23** 357, **24** 372; unrichtig **32** 62.

[10] Duplikat: vgl. Rundnagel, BefGesch. § 101; Staub § 454, S. 1485; Hellwig, Verträge zugunsten Dritter, S. 493. Duplikat ist als solches bezeichnete zweite Ausfertigung des Frachtbriefes; Beweispapier für die Aufgabe des Gutes und Sperrpapier hinsichtlich des Verfügungsrechts des Absenders; bestritten, ob „steckengebliebenes Wertpapier" (s. Z. f. HR. **39** 42, abw. Kittel § 61 Anm. 5). Bei Abweichungen gilt Angabe im Frachtbrief (Warneyers Jahrb. **09** 302; Boethke, EEE. **36** 427); Verfügungsrecht des Absenders geht nicht auf Inhaber des Duplikats über. Übergabe des Duplikates sind für Eigentums- und Besitzverhältnisse ohne Bedeutung (RG. **27** 85). Häufig üblich Zahlung gegen „Duplikatbrief (s. hierüber Staub § 455 Anm. 6, S. 1487). Ist Duplikat erschlichen, liegt kein Frachtvertrag vor. Haftung daher nur aus BGB. § 831 (839!). Aufnahmeschein steht dem D. gleich, nicht aber das Quittungsbuch (Abs. 8). Das Duplikat kann nicht für kraftlos erklärt werden. Bei Verlust muß Absender Sicherheit

leisten, oder Genehmigung des Empfängers beibringen, wenn er verfügen will (s. Staub § 455 Anm. 8, S. 1488), vgl. auch EVO. § 73 Abs. 6. Bei Abtretungen vgl. BGB. § 402.

11 Ob die Ausfolgung des Frachtbriefduplikates nicht unter Umständen als Abtretung des Herausgabeanspruchs aufzufassen ist, vgl. Düringer-Hachenburg III § 455 EEE. **25** 164; Staub S. 1486, § 455 Anm. 4 u. 6. Die Regel ist das aber nicht, s. auch JW. **21**, 837.

12 s. EEE. **16** 98, **25** 427.

13 Quittung ist öffentliche Urkunde, s. RG. i. EEE. **24** 353 (ebenso das Duplikat), wenn sie von der Reichseisenbahn ausgestellt ist (EEE. **1** 334, **3** 48, **4** 352).

§ 62. Verpackung und Bezeichnung.

(1) Das Gut muß, soweit es seine Natur[1] erfordert, gegen Verlust, Minderung oder Beschädigung sicher verpackt sein[2].

(2) Ist dies nicht der Fall, so kann die Eisenbahn die Annahme des Gutes ablehnen oder verlangen, daß der Absender im Frachtbriefe[3] das Fehlen oder die Mängel der Verpackung anerkennt[4]. Pflegt ein Absender gleichartige der Verpackung bedürftige Güter unverpackt oder mit den gleichen Mängeln der Verpackung auf derselben Station aufzugeben, so kann er ein für allemal eine Erklärung nach dem Muster der Anlage F[5] abgeben. In diesem Falle muß der Frachtbrief einen Hinweis auf die allgemeine Erklärung enthalten[6].

I. Der Preis des Vordrucks nach Anlage F ist im Nebengebührentarif (Teil 1 Abteilung B) festgesetzt.

II. Nur mit Anerkenntnis oder Erklärung nach Absatz (2) werden z. B. angenommen: unverpackte, nur verschnürte Felle, Zucker in losen Broten und gefüllte Fässer, deren Beschaffenheit wegen Schmutzes oder aus anderen Gründen nicht erkennbar ist, namentlich beschmutzte Öl- und Sirupfässer.

III. Sind gebrauchte Packmittel in anderen solchen enthalten, ohne in ihnen fest oder sicher verpackt zu sein, so wird auch ohne Anerkenntnis oder Erklärung nach Absatz (2) eine Gewähr für den Verlust des Inhalts nicht übernommen.

(3) Inwieweit die Eisenbahn für den Schaden haftet, der infolge eines im Frachtbrief anerkannten oder äußerlich nicht erkennbaren Mangels[7] der Verpackung entsteht, ist in den §§ 86 und 84 bestimmt. Ist ein äußerlich erkennbarer Mangel der Verpackung nicht im Frachtbrief anerkannt, so ist die Eisenbahn von der Haftpflicht nur dann befreit, wenn der Absender arglistig handelt[8].

(4) Die Verpackung muß ferner so beschaffen sein, daß das Gut bei ordnungsmäßiger Behandlung durch die Eisenbahn keinen Schaden verursachen kann. Anderenfalls ist die Eisenbahn berechtigt, wenn sie das Gut trotzdem zur Beförderung annimmt, ein Anerkenntnis im Frachtbriefe[3] nach Maßgabe des Abs. (2) zu verlangen. Für den Schaden, der aus so bescheinigten oder aus äußerlich nicht erkennbaren Mängeln der Verpackung entsteht, haftet der Absender[9]. Ist ein äußerlich erkennbarer Mangel der Verpackung nicht anerkannt, so haftet der Absender nur, wenn er arglistig handelt[8].

(5) Die Eisenbahn kann verlangen, daß kleine Stückgüter (Kleineisenzeug oder dergleichen), deren

Annahme und Verladung nicht ohne erheblichen Zeitverlust möglich ist, durch Verbindung oder Verpackung zu größeren Einheiten zusammengefaßt werden.

(6) Den Eisenbahnen bleibt überlassen, für Güter, die nicht zu den in § 54 Abs. (2) A aufgeführten gehören, die aber wegen ihrer Eigenschaften Unzuträglichkeiten während der Beförderung herbeiführen können, mit Genehmigung der Landesaufsichtsbehörden nach Zustimmung des Reichs-Eisenbahnamts durch den Tarif einheitliche Vorschriften über die Verpackung und Verladung zu treffen.

IV. Vorschriften über die Verpackung und Verladung bestimmter Güter, über die Beladung der Güterwagen und über die Verladung von Fahrzeugen (auch fahrbaren Maschinen) auf offenen Wagen, sind in den Anlagen II, III und IV enthalten. (Nicht abgedruckt.)

(7) Die Stückgüter sind haltbar, deutlich und in einer Verwechselungen ausschließenden Weise zu bezeichnen. Diese Bezeichnungen müssen mit den Angaben im Frachtbrief übereinstimmen. Ältere Bezeichnungen (Eisenbahnbeförderungszeichen, Postbeförderungszeichen oder andere Zeichen, die mit den Eisenbahnbeförderungszeichen verwechselt werden könnten) müssen entfernt sein[10].

V. Die Stückgüter sind übereinstimmend mit den Angaben im Frachtbriefe entweder mit der Anschrift des Empfängers oder mit Buchstaben und Nummern oder mit Zeichen und Nummern zu versehen. Einfache Striche oder Kreuze dürfen nicht als Zeichen gebraucht werden. Zeichen, die nicht leicht wiedergegeben werden können, sind nicht zulässig. Auch bei Auflieferung mehrerer gleichartiger Stücke muß jedes Frachtstück gezeichnet werden. Die Zeichnung ist auf dem Gute selbst oder auf einer an dem Gute dauerhaft befestigten Tafel oder Fahne aus Holz, Pappe oder anderem haltbaren Stoff anzubringen. Die Ösen der Fahnen müssen ausreichend gesichert sein. Bei den nachstehend verzeichneten Gütern sind noch folgende Vorschriften zu beachten:

1. Bei unverpackten Eisen-, Stahl-, Messing-, Blei- oder Zinkwaren ist die Zeichnung, wenn sie auf dem Gute selbst angebracht wird, einzustanzen oder mit Öl-, Lack-, Mennig- oder Kalkfarbe oder mit ölhaltiger Kreide auszuführen. Fahnen müssen mit Klammern oder mit geglühtem Draht befestigt sein.

2. Bei eisernen Fässern, in denen Petroleum, Benzin, Öl oder andere fetthaltige Flüssigkeiten enthalten sind oder enthalten waren, ist die Bezeichnung auf einem dauerhaft befestigten Metallschild oder in mindestens 10 cm hohen Buchstaben, Zeichen oder Nummern mit schwarzer Öl- oder Lackfarbe auf dem einen Boden des Fasses anzubringen. Dieser Boden muß, wenn das Faß nicht verzinkt ist, mit heller Farbe gestrichen sein.

3. Bei hölzernen Fässern, in denen Petroleum, Benzin, Öl oder andere fetthaltige Flüssigkeiten,

Sirup oder Teer enthalten sind oder enthalten waren, ist die Zeichnung einzubrennen oder mit Farbe auf dem einen Boden oder auf einer an dem einen Boden dauerhaft befestigten Tafel aus Holz, Pappe oder anderem haltbaren Stoff anzubringen.

4. Auf Körben, namentlich Reisekörben, sowie auf Ballen und Säcken darf die Zeichnung nicht aufgeklebt, sondern sie muß, wenn nicht eine Fahne benutzt wird, mit starkem Faden aufgenäht oder durch Farbe oder Druck angebracht sein (vgl. auch Anlage II Ziff. 22).

5. Unverpackte trockene Felle und Häute sind mit Farbe auf der Innenseite oder mit Fahnen zu zeichnen; bei gesalzenen oder grünen Fellen und Häuten sind Fahnen von Holz mit eingebrannter oder von Blech mit eingestanzter Zeichnung zu verwenden.

Die vorstehenden Bestimmungen gelten nicht für Güter, die in Seehafenplätzen aufgegeben werden, wenn diese ohne Mitwirkung des Absenders unmittelbar aus den Seeschiffen in die Eisenbahnwagen übergeladen werden.

VI. Hat der Absender Stückgüter nicht oder nicht genügend gezeichnet, so kann die Annahme zur Beförderung abgelehnt werden, wenn nicht die Eisenbahn die vorgeschriebene Zeichnung gegen Berechnung der im Nebengebührentarif (Teil I Abteilung B) vorgesehenen Gebühr übernimmt. Als ungenügende Zeichnung ist es auch anzusehen, wenn alte Zeichnungen nicht entfernt worden sind.

(8) Die Eisenbahn kann verlangen, daß Stückgüter vom Absender mit dem Namen der Versandstation, dem Tage der Aufgabe und dem Namen der Bestimmungsstation dauerhaft bezeichnet werden, wenn es ihre Beschaffenheit ohne besondere Schwierigkeit zuläßt.

VII. (1) Der Absender hat Stückgüter mit dem Namen der Versandstation, dem Tage der Aufgabe und dem Namen der Bestimmungsstation dauerhaft zu zeichnen, wenn es ihre Beschaffenheit ohne besondere Schwierigkeit zuläßt. Zur Zeichnung von Frachtgut ist weißes Papier, zur Zeichnung von Eilgut oder eilgutmäßig zu beförderndem Frachtgut rotes Papier oder weißes Papier mit rotem Rande zu verwenden. Hat der Absender Stückgüter nicht gemäß dieser Vorschrift oder nur undeutlich gezeichnet, obgleich es ihre Beschaffenheit ohne besondere Schwierigkeit zuläßt, oder hat er unvorschriftsmäßige Beklebezettel oder Anhängeschilder verwandt, so kann die Annahme zur Beförderung abgelehnt werden, wenn nicht die Eisenbahn die vorgeschriebene Zeichnung gegen Berechnung der im Nebengebührentarif (Teil I, Abteilung B) vorgesehenen Gebühr übernimmt.

(2) Bei Stückgütern, die in Seehafenplätzen aufgegeben werden, ist die Zeichnung mit der Bestimmungsstation nicht erforderlich, wenn sie ohne Mitwirkung des Absenders unmittelbar aus den Seeschiffen in die Eisenbahnwagen übergeladen werden.

Vgl. JÜ. Art. 9 AusfB., § 4; HGB. §§ 456, 459.

[1] Zweck der Verpackung: das Gut vor den Gefahren der Eisenbahnbeförderung zu schützen und die Beschädigung anderer

Güter, Personen und der Betriebsmittel zu verhindern. Vgl. hierzu EVO. § 86 Abs. 1 Ziff. 2 (Erschütterungen, Rangierstöße, auch Diebstahl), (RG. **15** 151; EEE. **19**, 21, **20** 37); Vorschriften in Anl. C § 54, AusfBest. II, Polizei- und Zollvorschriften, sowie Anl. II, III, IV (s. DEGT. I A, S. 77 bis 96), s. auch Abs. 4. Kostenfrage oder Handelsbrauch ist unbeachtlich.

[2] Prüfung ist nur eine äußere; Rundnagel, Haftung § 16, S. 133ff. Kenntnisse eines Fachmannes sind hierbei nicht zu verlangen (EEE. **24** 241); Beriechen, Behorchen, Befühlen ist nicht zu verlangen; so auch Senckpiehl S. 241, abw. AAB. II § 5 Ziff. 2 und Staub § 456, S. 1562.

[3] Zwingend! Jede außerhalb des Briefes abgegebene Erklärung ist nichtig (RG. **1** 4). Wirkungslos ist auch ein einseitiger Vorbehalt der Eisenbahn bei der Annahme. Eisenbahn hat das Recht, trotz abgegebener Erklärung Annahme zu verweigern (abw. Senckpiehl S. 240).

[4] Mängel müssen ihrer Art nach einzeln aufgezählt sein (s. AAB. II § 5 Ziff. 8), also: „unverpackt", „nur in Papier verpackt", „nur zum Teil mit Stroh umwickelt". Dies liegt auch im Interesse des Absenders. Ob die Verpackung genügt, muß zunächst die annehmende Abfertigung entscheiden. Dagegen Beschwerde an Direktion; nach dem Kriege mußten naturgemäß die Anforderungen der Eisenbahn an die Verpackung sich steigern. Einheitliche Vorschriften lassen sich nicht aufstellen. Vorschriften anderer Beförderungsanstalten (Schiffahrt) sind wesentlich strenger. Für die rechtlichen Folgen genügt der allgemeine Vermerk „mangelhaft verpackt". Über die Anfechtung dieses Anerkenntnisses (§§ 139, 142 BGB.) s. Rundnagel, Haftung § 17, S. 138, Abs. 2. Beweispflichtig für die Entstehung des Schadens infolge Verstoßes gegen § 62, Abs. 1 ist die Eisenbahn. Das Anerkenntnis muß besonders unterzeichnet werden, wenn es nicht offensichtlich vom Absender in den Frachtbrief eingetragen ist (s. AAB. II § 5 Ziff. 10; falsch Eger, JÜ. Art. 9 Anm. 65).

[5] Käufliche Drucksache.

[6] Bei Verlust des Frachtbriefes hat Eisenbahn zu beweisen, daß das Anerkenntnis abgegeben war (a. M. Rundnagel, S. 441).

[7] Bei Wagenladungen ist Erkennbarkeit eng begrenzt (auffällige Sichtbarkeit von der Erde aus muß genügen).

[8] Gegen die Zulässigkeit dieser Ausnahme Rundnagel (Haftung S. 135, BefGesch. S. 336), der nur Anfechtung zulassen will; für seine Auffassung spricht, daß Klage nicht auf § 62, sondern §§ 84, 86 EVO. gestützt wird. Anders herrschende Meinung (zit. bei Rundnagel, BefGesch. Anm. 2, S. 336). Arglist ist Täuschung über die verursachende Bedeutung des Tuns; sie ist mehr als Vorsatz und umfaßt keinesfalls die grobe Fahrlässigkeit (s. § 95).

[9] Aber nur nach BGB. §§ 276, 278, nicht 823 (Verschulden!), s. Sendpiehl, EEE. **26** 352; RG. **15** 151.

[10] Entfernung durch Eisenbahn (Signiergebühr). Für entstandene Verzögerung in der Beförderung haftet die Eisenbahn nach § 94 EVO., doch kann sie sich bei Verstoß gegen Abs. 7 auf § 254 BGB. berufen (Verteilung des Schadens nach dem Grade des beiderseitigen Verschuldens).

§ 63. Annahme.

(1) Die Eisenbahn ist nur insoweit verpflichtet[1], Güter zur Beförderung[2] anzunehmen, als die Beförderung sofort erfolgen kann. Sofern zwingende Gründe des Betriebs oder das öffentliche Interesse es erfordern, ist die Eisenbahn berechtigt, die Annahme von Sendungen ganz oder zum Teil einzustellen oder die Reihenfolge in der Annahme und Beförderung der Güter zu bestimmen[3].

(2) Die Güter müssen[4] während der Dienststunden aufgeliefert werden, die von der Eisenbahn

festzusetzen und durch Aushang bekanntzumachen sind[5].

(3) An Sonn- und Festtagen[6] braucht die Eisenbahn Frachtgut[7] nicht anzunehmen; Eilgut anzunehmen ist sie verpflichtet[8], wenn seiner zoll- oder steueramtlichen Behandlung kein Hindernis entgegensteht.

I. An Sonn- und Festtagen wird Frachtgut nicht angenommen.

(4) Wird die Annahme einer durch die Eisenbahn zu verladenden Sendung vom Absender dadurch verzögert, daß er nicht alle zum Frachtbriefe gehörenden Güter binnen 24 Stunden aufliefert oder daß er den wegen Unrichtigkeit oder Unvollständigkeit beanstandeten Frachtbrief nicht binnen 24 Stunden[9] nach Beginn der Auflieferung berichtigt übergibt oder bei Freivermerk die vorauszuzahlenden Frachtbeträge und Gebühren nicht innerhalb derselben Frist begleicht, so kann die Eisenbahn für das eingelagerte Gut[10] das tarifmäßige Lagergeld erheben[11].

II. Zur Ansammlung von Wagenladungen oder zur vorübergehenden Niederlegung nach der Entladung kann die Lagerung von Gütern auf verfügbaren Plätzen der Bahnhöfe im Freien gestattet werden. In solchen Fällen wird statt des Lagergeldes Platzgeld erhoben.

Lagergeld und Platzgeld sind im Nebengebührentarif (Teil I Abteilung B) festgesetzt.

(5) Die Bereitstellung der Wagen[13] für Güter, die der Absender zu verladen hat, muß unter An-

gabe des Gutes, des ungefähren Gewichts und der Bestimmungsstation für einen bestimmten Tag nachgesucht werden. Können die Wagen nicht bereitgehalten werden, so ist der Besteller, soweit tunlich, hiervon kostenfrei zu benachrichtigen[14]. Werden schriftlich zugesagte Wagen nicht rechtzeitig gestellt, so hat die Eisenbahn die Kosten der vergeblich versuchten Auflieferung[15], mindestens aber den Betrag des Wagenstandgeldes für einen Tag zu erstatten. Wird ein Wagen erst nach der Bereitstellung[16], aber vor Ablauf der Beladefrist [Abs. (6)] wieder abbestellt, so hat der Besteller eine im Tarif festzusetzende Gebühr zu entrichten, die jedoch das Wagenstandgeld für einen Tag nicht übersteigen darf. Geschieht die Abbestellung erst nach Ablauf der Beladefrist, so ist das tarifmäßige Wagenstandgeld zu zahlen. Bei Bestellung eines Wagens kann die Eisenbahn eine Sicherheit in Höhe der bezeichneten Gebühr verlangen[17].

III. (1) Die Bestellung von Wagen ist in der Regel schriftlich an die Versandstation und, wenn dort eine besondere Güterabfertigung besteht, an diese zu richten, es sei denn, daß für Massengüter wie Kohlen, Erze usw. die Annahme und Ausführung der Wagenbestellung anderen Dienststellen übertragen ist.

(2) Bei der Bestellung ist anzugeben, wieviel Wagen, ob bedeckte oder offene, sowie ob großräumige Wagen gewünscht werden. Über die Stellung großräumiger Wagen vgl. Abschnitt IV der Allgemeinen Tarifvorschriften (Teil I Abteilung B).

Für Güter, die in großräumige Wagen verladen werden sollen, sind in der Bestellung, die in den Verzeichnissen der in großräumigen Wagen zu befördernden Güter (Teil I Abteilung B) gebrauchten Bezeichnungen anzuwenden. Sollen den in diesen Verzeichnissen genannten Gütern andere Güter in großräumigen Wagen beigeladen werden, so ist in der Bestellung das Gewicht der verschiedenen Güter genau anzugeben.

IV. Die Gebühr für die Abbestellung von Wagen und das Wagenstandgeld sind in dem Nebengebührentarif (Teil I Abteilung B) festgesetzt.

(6) Die Verladung durch den Absender hat in der Regel während der Dienststunden zu erfolgen; sie muß innerhalb der von der Eisenbahn durch Aushang bekanntzumachenden Frist vollendet sein. Wird die Frist überschritten oder wird der wegen Unrichtigkeit oder Unvollständigkeit beanstandete Frachtbrief nicht innerhalb der Ladefrist berichtigt übergeben oder werden bei Freivermerk die vorauszuzahlenden Frachtbeträge und Gebühren nicht innerhalb derselben Frist beglichen, so hat der Absender das tarifmäßige Wagenstandgeld zu zahlen. Für Sonn- und Festtage ist Wagenstandgeld nur dann zu zahlen, wenn die Ladefrist schon am Tage vorher nachmittags 2 Uhr abgelaufen ist. Folgen mehrere Sonn- und Festtage aufeinander, so ist nur für einen Tag Wagenstandgeld zu erheben. Die Eisenbahn kann, wenn die Ladefrist um mehr als 24 Stunden überschritten wird, auf Kosten und Gefahr des Absenders das Gut ausladen und auf

Lager nehmen oder einem Spediteur oder öffentlichen Lagerhaus übergeben[18].

(7) Der Lauf der Fristen in den Abs. (4) und (6) ruht[19] an Sonn- und Festtagen sowie für die Dauer einer zoll- oder steueramtlichen oder polizeilichen Abfertigung, soweit diese nicht durch den Absender verzögert wird.

(8) Die Eisenbahn kann[20] die Stückgüter innerhalb des Stationsorts oder von benachbarten Orten gegen eine durch Aushang bekanntzumachende Gebühr selbst anfahren oder Rollfuhrunternehmer dafür bestellen[21]. Die hierbei verwendeten Personen gelten als Leute der Eisenbahn im Sinne des § 5[22]. Die Rollfuhrleute haben ihren Gebührentarif bei sich zu tragen und auf Verlangen vorzuzeigen.

(9) Den Absendern steht frei, von dieser Einrichtung Gebrauch zu machen oder die Güter selbst anzufahren oder sie durch andere Unternehmer anfahren zu lassen[23].

(10) Für die Abfertigung von Gütern kann die Eisenbahn Güternebenstellen einrichten[24].

(11) Die Eisenbahn kann im Tarife vorschreiben, daß das Überladen von Gütern, die auf der Versandstation von Schiffen unmittelbar[25] auf die Eisenbahn übergehen sollen, gegen Zahlung der im Tarif oder durch Aushang bekanntzumachenden Gebühren von ihr selbst oder durch besondere Unternehmer ausgeführt wird. Die hierbei verwendeten Personen gelten als Leute der Eisenbahn im Sinne des § 5.

V. Die Stationen, auf denen Güter von Schiffen auf die Eisenbahn durch die Eisenbahn — selbst oder durch Unternehmer — übergeladen werden, sind in den Tarifteilen II genannt.

Vgl. JÜ. Art. 5; HGB. § 453 Abs. 2.

[1] EVO. § 3 wird dadurch nicht eingeschränkt.

[2] EVO. § 64.

[3] Die Gültigkeit dieser durch Nachtrag V eingeführten Fassung ist zweifelhaft gegenüber den Bestimmungen des HGB. §§ 453, 471 (EVO. § 3). Bestritten ist vor allem, ob es zulässig ist, die Annahme von Sendungen zu verweigern, um sie andern Transportmitteln z. B. dem Landverkehr oder dem Wasserweg zuzuführen; dies dürfte zu verneinen sein; auch die Verweisung der Annahme auf die Ausgangsbahnhöfe großer Städte fällt hierunter. Es wird daher erforderlich sein, diese während des Krieges eingeführte, damals notwendige und nicht anzufechtende Vorschrift so umzuändern, daß der Zweifel an deren Gültigkeit beseitigt wird. Die ursprüngliche Fassung des Satzes 2 lautete: „Wenn es notwendig wird, die Annahme von Sendungen allgemein oder für bestimmte Versandbezirke oder für bestimmte Arten von Gütern einzustellen, weil zwingende Gründe des Eisenbahnbetriebes oder das öffentliche Interesse die sofortige Beförderung nicht gestatten, so bedarf es der Genehmigung der Landesaufsichtsbehörde." Gegen diese Fassung werden Bedenken nicht zu erheben sein.

[4] Sollvorschrift: Gültigkeit des Frachtvertrages davon nicht abhängig. Amtlicher Rollfuhrmann, oder bahnamtlich verpflichtete Kraftverkehrsgesellschaft kann auch außerhalb der Dienststunden aufliefern (s. Rundnagel, BefGesch. S. 332; a. A. Eger Anm. 248).

[5] Können örtlich verschieden sein.

[6] Nur die gesetzlichen.

[7] „Gewöhnliches Frachtgut" (EVO. § 55 Abs. 1).

[8] Jedoch nicht während des ganzen Tages.

[9] Nachtstunden rechnen mit; nicht aber Sonn- und Festtage (BGB. § 193).

[10] Also nicht für das trotz Nichtbezahlung der Frankaturfracht bereits abbeförderte Gut.

[11] Haftung der Eisenbahn als Verwahrer; Grad der Haftung nach BGB. § 690. Eisenbahn hat nicht das Recht der Zurückweisung. Ein Verschulden des Absenders wird nicht verlangt. Läßt der Absender ohne Einverständnis der Eisenbahn Gut auf der Annahmerampe stehen, liegt kein Vertrag vor. Gegen Eisenbahn nur Klage aus ungerechtfertigter Bereicherung (vgl. EVO. § 64).

[12] Derartiges Überlassen ist rechtlich Miete.

[13] Wagengestellung geschieht auf Grund eines dem Frachtvertrag vorangehenden Vertrages. Eisenbahn verpflichtet sich, Wagen zu stellen, Besteller ihn zu beladen. Erfüllt ist der Vertrag mit der Gestellung des Wagens (Realvertrag) (s. Eger Anm. 292; a. M. Rundnagel, Haftung § 2, S. 8; BefGesch. S. 344). Die Bestellung eines Wagens ist die Erklärung des Bestellers, demnächst einen Wagengestellungsvertrag abschließen zu wollen. Pflicht zum Abschluß eines Frachtvertrages ist nicht gewollt. Abbestellung ist Rücktritt vom Vertrag. Folgen der Nichtgestellung für Eisenbahn und der Nichtbeladung durch EVO. geregelt (s. Senckpiehl § 34, S. 56 u. 247; RG. **66** 402; EEE. **23** 21, **26** 456, **29** 239, 328, **28** 391); Haftung des Verladers für Beobachtung der Sorgfalt beim Verladen aus diesem Vertrage, auch für seine Leute (§ 278 BGB.). In der Gestellung von Wagen zur Beladung liegt kein Verwahrungsvertrag, EEE. **33** 54; daher keine Haftung für Diebstahl zwischen Beladung und Abschluß des Frachtvertrages.

[14] Schadensersatz!, s. EEE. **23** 368.

[15] EVO. § 80 Abs. 7. Allgemeine Äußerung (Wagen werde gestellt werden), genügt nicht; nicht erforderlich, daß Bestellung schriftlich erfolgt ist (a. A. EEE. **34** 91).

[16] D. h. Laderechtstellung auf dem Ladegleis. Vor-

handensein auf dem Bahnhof oder gar Anrollen von einer anderen Station genügt nicht.

[17] Draufgabe (BGB. §§ 336ff.).

[18] Wird die Ladefrist am Gestellungstage nicht benutzt, kann Eisenbahn den Wagen dem Besteller entziehen, da der Wagen nur für einen bestimmten Tag bestellt war (s. Abs. 5). Das ausgeladene Gut darf Eisenbahn nicht einfach auf die Ladestraße werfen! Verwahrungsvertrag liegt nur vor, wenn Absender zustimmt, s. Kittel § 63 Anm. 7.

[19] D. h. Frist vor und nach der Unterbrechung wird zusammengezählt. Verzögerung des Absenders hat Eisenbahn zu beweisen.

[20] Bahnamtliche Anrollung (vgl. EVO. § 78); Einrichtung steht im freien Ermessen der Eisenbahn, nicht mehr zugelassen für Ladungsgüter (a. M. Rundnagel, BefGesch. S. 350 Anm. 1).

[21] Die Anfuhr liegt vor dem Abschluß des Frachtvertrages (EVO. § 61); Haftung der Eisenbahn, und zwar lediglich der Versandbahn (EVO. § 100 Abs. 2) nur für Verschulden nach Landfrachtrecht. Eisenbahn kann also vom Bahnroller angebrachten Güter zurückweisen, wenn sie nicht in Ordnung sind. Auch die Anrollbedingungen können von den eisenbahnfrachtrechtlichen Bedingungen abweichen, so hinsichtlich der Haftung.

[22] Rollfuhrmann steht zum Absender in keinem Vertragsverhältnis (s. Staub § 458 Anm. 3 und Angeführte; Rundnagel S. 350; EEE. **23** 359, **26** 258, **27** 65, **28** 192; RG. **66** 406); a. M. Eger, Anm. 299. Er und seine Leute sind Erfüllungsgehilfen, nicht Unterfrachtführer (a. A. Senckpiehl S. 246). Beförderung von der Güternebenstelle zur Eisenbahnabfertigung ist unterliegt dem Eisenbahnfrachtrecht; denn das Gut ist bereits angenommen (a. A. Senckpiehl S. 246).

[23] Selbständiges Frachtgeschäft (HGB. § 425). Dies Recht ist nicht beschränkbar (anders EVO. § 78 Abs. 2).

[24] Also EVO. § 61 Abs. 1, 2.

[25] D. h. ohne Vermittlung Dritter.

§ 64. Vorläufige Einlagerung des Gutes[1].

(1) Güter, die nicht sofort befördert werden können, hat die Eisenbahn, soweit es die Räumlichkeiten gestatten[2], gegen Empfangsbescheinigung einstweilen in Verwahrung zu nehmen[1]. Dabei kann sie vorbehalten, daß die Annahme zur Beförderung erst erfolgt, wenn die Beförderung möglich ist. Der Absender hat sein Einverständnis auf dem Frachtbriefe zu erklären und auf dem Duplikate zu wiederholen[3]. In diesem Falle haftet die Eisenbahn bis zum Abschlusse des Frachtvertrags (§ 61 Abs. (1))[4] nach den Grundsätzen für entgeltliche Verwahrung[5]. Die Verwahrung leicht verderblicher Güter und der im § 54 Abs. (2) aufgeführten Gegenstände kann abgelehnt werden.

I. Leicht verderbliche Güter und die in § 54 (2) aufgeführten Gegenstände werden zur Verwahrung nicht aufgenommen.

II. Das Einverständnis des Absenders mit der Verwahrung ist im Frachtbrief unter „Zulässige oder vorgeschriebene Erklärungen" auszusprechen.

(2) Wenn die Eisenbahn Wagenladungsgüter, die nicht sofort befördert werden können, gleichwohl zur Beförderung annimmt[6], so ist sie mit Genehmigung der Landesaufsichtsbehörde berechtigt, mit dem Absender zu vereinbaren[7], daß die Lieferfrist von dem Tage an läuft, an dem die Absendung erfolgt[8]. Der Absender hat sein Einverständnis auf dem Frachtbriefe zu erklären und auf dem Duplikate zu wiederholen. Die Eisenbahn ist verpflichtet, den Zeitpunkt der Absendung auf dem Frachtbriefe durch

einen besonderen Stempel ersichtlich zu machen und diesen Zeitpunkt dem Absender ohne Verzug mitzuteilen.

Vgl. JÜ. Art. 5 Abs. 2.; HGB. § 453 Abs. 2.

Literatur: Eger Anm. 303; Rundnagel, BefGesch. § 111, S. 351; Gorden in EEE. **15** 75; Janzer in ZVDEisV. **04** 704; Senckpiehl in EEE. **21** 323, **22** 107. Über russ. Otschereblagerung vgl. Blume, JÜ. Art. 5 Bem. II, S. 50.

[1] Verwahrungsvertrag (BGB. §§ 688ff.). Formalvertrag; Abschluß durch Übergabe des Gutes und eines ordnungsmäßigen, das Einverständnis (Satz 3) tragenden Frachtbriefes (RG. in SpedSchiffZtg. **14** 11). EEE. **21** 248, 356, **23** 54; vgl. EVO. § 63 Anm. 11 u. 12). Lediglich die Bereitstellung eines Eisenbahnwagens genügt nicht. Selbständiger Vertrag, der dem Frachtvertrag vorangeht (RG. **1** 251, 253; Staub § 453, S. 1482, Anm. 13; RG. **2** 58; Hinterleger hat jederzeit Recht zur Rückforderung (BGB. § 695); keine Verpflichtung zum Abschluß des Frachtvertrages. Eisenbahn ist nicht Lagerhalter (HGB. § 416); so Kittel § 64 Anm. 1; Senckpiehl S. 251; Düringer-Hachenburg § 416 Anm. 2 u. § 453 Anm. 13; s. auch Anm. 3),

[2] Räume hierfür zu schaffen, ist Eisenbahn nicht verpflichtet.

[3] Ohne dies kein Vertrag; Haftung nur für ungerechtfertigte Bereicherung; nicht für Diebstahl, s. EVO. § 63 Anm. 11, 12; EEE. **23** 54, **22** 356; außer bei Verschulden der Eisenbahn. EVO. § 5 ist nicht anzuwenden.

[4] Zeitpunkt wichtig für Haftpflicht, Lieferfrist, Frachtsatz, Anspruch des Empfängers, Verjährung. Nötig: schlüssige Handlung der Eisenbahn (Verladung, Aufdrucken des Annahmestempels usw.); s. RG. **2** 57; EEE. **27** 158; teilw. abw. Senckpiehl S. 251.

[5] Haftung der Eisenbahn nach §§ 276, 249, 690 BGB. (Vorsatz, Fahrlässigkeit, Beweis, daß sie kein Verschulden trifft, liegt Eisenbahn ob (BGB. § 282). Sie hat Zurückbehaltungsrecht

(BGB. § 273; HGB. §§ 369, 370). Verjährung nach BGB. § 194 (30 Jahre).

6 Also Frachtvertrag, nicht Verwahrungsvertrag. Freies Ermessen! Haftung aus § 84 EVO.

7 Ohne Vereinbarung kein Vertrag (s. EEE. **22** 248, 394).

8 D. h. tatsächlich erfolgt ist, bei schuldhafter Verzögerung Haftung nach allgemeinen Grundsätzen (EEE. **25** 374 u. Anm. 4).

§ 65. Zoll-, Steuer-, Polizei- und statistische Vorschriften.

(1) Der Absender ist verpflichtet, dem Frachtbrief alle Begleitpapiere beizugeben, die zur Erfüllung der Zoll-, Steuer- oder Polizeivorschriften vor der Ablieferung an den Empfänger erforderlich sind; sie sind im Frachtbriefe genau zu bezeichnen[1]. Die Eisenbahn ist nicht verpflichtet, diese Papiere auf ihre Richtigkeit und Vollständigkeit zu prüfen[2]. Der Absender haftet[3] der Eisenbahn, sofern sie nicht ein Verschulden trifft, für alle Folgen, die aus dem Mangel, der Unzulänglichkeit oder der Unrichtigkeit der Papiere entstehen[4]; auch hat er für die Dauer eines hierdurch verursachten Aufenthalts in der Beförderung von mehr als 48 Stunden das tarifmäßige Lager- oder Standgeld zu zahlen.

I. Alle Waren, die zur Einfuhr nach oder zur Durchfuhr durch das deutsche Zollgebiet bestimmt sind, müssen von einer deutlich geschriebenen, dem Frachtbrief offen beigelegten Warenerklärung in doppelter Ausfertigung begleitet sein. Der Absender hat diese Erklärungen beizugeben und dies auf dem Frachtbriefe zu vermerken.

II. Güter, deren zoll- oder steueramtlicher Verschluß verletzt oder mangelhaft ist, werden nicht angenommen.

III. Güter mit Begleitscheinen des deutschen Zollgebietes, deren Frachtbriefe auf eine außerhalb des deutschen Zollgebietes gelegene Bestimmungsstation lauten, werden nur angenommen, wenn der Begleitschein auf das Ausgangszollamt gestellt ist.

IV. Bei Gütern, die unter Zoll- oder Steuerverschluß in offenen Wagen befördert werden sollen, hat der Absender für eine den zoll- oder steueramtlichen Vorschriften genügende Deckung der Wagen zu sorgen, es sei denn, daß die Zoll- oder Steuerverwaltung die Verwendung offener Wagen ohne Decken gestattet.

(2) Die Zoll-, Steuer- und Polizeivorschriften sind[5], solange das Gut unterwegs ist[6], gegen die tarifmäßigen Gebühren von der Eisenbahn zu erfüllen. Sie kann diese Aufgabe unter ihrer Verantwortlichkeit auf Kosten des Verfügungsberechtigten einem Spediteur übertragen[7]. In beiden Fällen hat sie die Pflichten eines Spediteurs[8].

V. Die Preise der Vordrucke zu Zoll- und Steuerpapieren, die Gebühren für ihre Ausfüllung sowie für die Erfüllung der Zoll-, Steuer- und Polizeivorschriften durch die Eisenbahn sind im Nebengebührentarif (Teil I Abteilung B) festgesetzt.

(3) Wenn der Absender[9] eine unzulässige oder unausführbare[10] Art der Abfertigung beantragt hat, so hat die Eisenbahn die Abfertigung zu veranlassen, die sie als die vorteilhafteste für den Absender erachtet. Dieser ist hiervon zu benachrichtigen.

(4) Der Absender kann im Frachtbrief erklären, daß er selbst oder ein namhaft gemachter Bevollmächtigter der Zoll- oder Steuerbehandlung beiwohnen wolle. Auf Antrag und gegen Erstattung der Kosten ist der Absender oder sein Bevollmächtigter von der Ankunft des Gutes auf der Station, wo diese Behandlung stattfindet, zu benachrichtigen. Der Absender oder sein Bevollmächtigter ist berechtigt, die nötigen Aufklärungen über das Gut zu geben. Das Gut in Besitz zu nehmen oder die Zollbehandlung selbst zu betreiben, sind sie nicht befugt.

VI. (1) Die Erklärung des Absenders ist im Frachtbrief unter: „Zulässige oder vorgeschriebene Erklärungen" in folgender Form auszusprechen:

Der $\frac{\text{Zoll-}}{\text{Steuer-}}$behandlung in ....
werde ich ....
.....,....................... (genaue Wohnungsangabe) wird .... in ....
beiwohnen. (Ich beantrage Benachrichtigung von der Ankunft des Gutes auf dieser Station.)

Unterschrift.

(2) Wenn der Absender oder sein Bevollmächtigter der Zoll- oder Steuerbehandlung beiwohnen, können sie den Zoll- oder Steuerbetrag bezahlen und die Zoll- oder Steuerquittung übernehmen. Der Empfang der Quittung ist auf dem Frachtbrief in folgender Form zu bestätigen:

$\frac{\text{Zoll-}}{\text{Steuer-}}$quittung übernommen.

Unterschrift.

(5) Auf der Bestimmungsstation kann der Empfänger die zoll- oder steueramtliche Behandlung betreiben, wenn der Absender im Frachtbriefe nichts anderes bestimmt hat[11]. Wird diese Behandlung weder durch den Empfänger noch gemäß einer Erklärung im Frachtbriefe durch den Absender oder einen Dritten betrieben, so hat die Eisenbahn sie zu veranlassen; auch kann die Eisenbahn damit unter ihrer Verantwortlichkeit auf Kosten des Verfügungsberechtigten einen Spediteur beauftragen

VII. Die Vorführung von Gütern unter zoll- oder steueramtlichem Verschluß und von Gütern mit Begleitschein I wird dem Empfänger oder dem Absender oder dem von diesem beauftragten Dritten nur gegen Sicherheitsleistung gestattet.

VIII. Güter, die auf einen von der Eisenbahn ausgewirkten Begleitschein II abgefertigt sind, werden nur ausgeliefert, wenn die Erledigung des Begleitscheins durch Vorlegung der Zoll- oder Steuerquittung nachgewiesen wird.

(6) Bei den über die Grenzen des deutschen Zollgebiets ein-, aus- oder durchzuführenden Gütern hat der Absender oder der Empfänger die nach den Bestimmungen über die Statistik des Warenverkehrs[12] vorgeschriebenen Anmeldescheine zu beschaffen. Werden sie von der Eisenbahn beschafft, so sind hierfür die tarifmäßigen Gebühren zu entrichten. Anmeldescheine, die nicht den Stempel des Statistischen Amtes tragen, hat die Eisenbahn gegen die tarifmäßige Gebühr auf ihre Überein-

stimmung mit dem vorgeschriebenen Muster zu prüfen und abzustempeln.

IX. Der Preis der Anmeldescheine für die Statistik und die Gebühren für ihre Ausfüllung oder Abstempelung sind im Nebengebührentarif (Teil I Abteilung B) festgesetzt.

Vgl. IÜ. Art. 10; HGB. § 427.

Zusammenstellung sämtlicher Zoll- usw. Vorschriften in der Kundmachung 6 des Deutschen Eisenbahnverkehrs-Verbandes. Es sind dies hauptsächlich: Vereins-Zoll-Gesetz (v. 1. 7. 1869); Zollbegleitschein- sowie Niederlage-Regulativ (sämtlich v. 1. 2. 1870); Zolltarifgesetz v. 15. 7. 1879 / 22. 5. 1885 / 18. 4. 1886) und Gesetz betr. Statistik des Warenverkehrs v. 7. 2. 1906, weiter ausgestaltet durch das Gesetz v. 15. 1. 1919, s. ferner die Bestimmung über die Beförderung von bestimmten Gütern (Reblaus, Sprengstoffe, Wein usw., s. Fritsche S. 344 Anm. 131; vgl. auch AAB. § 11.

[1] Das Gut beförderungsbereit zu machen, ist Sache des Absenders (Kittel § 65 Anm. 1 sagt unrichtig, des Eigentümers). Er haftet für Anstände, die sich bei der Verzollung ergeben, es sei denn, daß ein Verschulden der Bahn vorliegt, s. RG. **77** 317; z. B. Verlust der Papiere infolge Verschuldens der Eisenbahn oder ihrer Leute. Der Eisenbahn liegt der Beweis ob für das Fehlen, die Unrichtigkeit der Papiere; sie hätte die Beförderung ablehnen können (RG. **11** 212, **15** 376); Verwahrungspflicht s. EEE. **10** 192. Ruhen der Lieferfrist nach EVO. § 75 Abs. 7.

[2] Die herrschende Meinung verlangt aber, daß Eisenbahn den Absender auf offenbare Mängel aufmerksam macht (Rundnagel, BefGesch. S. 373; Eger Anm. 307; EEE. **24** 41; JW. **95** 16.

[3] Verschulden des Absenders ist nicht erforderlich; er trägt sogar den Zufall (Untergang der Papiere durch höhere Gewalt; Änderung der Gesetzgebung; Rücknahme der Ausfuhr-

genehmigung); bei beiderseitigem Verschulden Ausgleich gemäß § 254 BGB. (so Staub § 427 Anm. 5, s. ROHG. **24** 213; RG. **67** 171; Zollstrafen infolge unrichtiger Verwiegung bedeuten noch kein Verschulden der Eisenbahn (Rundnagel. BefGesch. S. 373 Anm. 7; Senckpiehl, EEE. **22** 303; abw. EEE. **14** 109).

[4] Kosten, Gebühren, auch Zollstrafen (VerZollGes. §§ 59, 94, 134, 143); RG. **20** 78, **15** 51; Konfiskation s. EEE. **24** 41; Ausladung (ROHG. **13** 6, **16** 30); EEE. **2** 461, **4** 41, 82, 177, 391.

[5] Literatur: s. Blume, Arch. f. Eis. **13** 1201; ZVDEisV. **05** 256, 1241, 548; Fuld, EEE. **21** 304. Sog. Klarierungsmonopol der Eisenbahn, sie hat auch den Zoll zu entrichten (RG. **67** 214).

[2] S. EEE. **21** 254; d. h. zwischen Annahme und Ablieferung. Bestritten ist, ob Eisenbahn berechtigt ist, dem Empfänger das Gut zwecks Vornahme der Verzollung zu überlassen, auch wenn sie den Zollbegleitschein beantragt hat und die Abfertigung auf einem Amte erfolgen muß, das nicht mit der Empfangsabfertigung in räumlicher Verbindung steht, die Überführung aber durch den Empfänger erfolgt. Dies wird meist verneint, vgl. Abs. 5 unten Anm. 11.

[7] Eine Verpflichtung zur Übertragung liegt nicht vor; bei Unterwegsverzollung wird sie allgemein abgelehnt, s. AAB. II § 11 Ziff. 3.

[8] Auch die Rechte! s. EEE. **18** 34, abw. Kittel § 65 Anm. 4, der ihr die Rechte als Frachtführer beläßt. Bedeutung dieser Bestimmung zweifelhaft; soll wohl nur die Haftung für diese Tätigkeit verringern (z. B. BGB. § 278, nicht EVO. § 5; HGB. §§ 407ff.). Sorgfalt eines ordentlichen Kaufmanns (s. RG. **38** 26; EEE. **14** 46); Haftung für Verlust, Beschädigung und Lieferfristüberschreitung bleibt unverändert (Literatur s. Rundnagel, BefGesch. S. 374 Anm. 12; abw. Kittel § 65 Anm. 4).

[9] Anträge des Empfängers hat sie nicht zu beachten (EEE. **14** 46).

[10] Z. B. Verzollung nach Rein- statt nach Rohgewicht

von Holz nach Festmetern statt nach Gewicht (Begr.); Abweichung, nur um eine günstigere Abfertigung zu erreichen, ist nicht gestattet (a. M. Blume, Arch f. Eis. **13** 1207).

[11] Vgl. Anm. 6. Recht des Empfängers erstreckt sich nicht auf polizeiliche oder statistische Vorschriften.

[12] S. Ges. v. 20. 7. 1879 in der Fassung v. 7. 2. 1906 (RGBl. S. 104) und AusfBest. (S. 108), sowie Dienstvorschriften vom gleichen Tage (s. S. 109) sowie 15..1. 19.

§ 66. Verwendung bedeckter oder offener Wagen.

(1) Der Absender ist, wenn nicht Bestimmungen dieser Ordnung[1] oder Zoll-, Steuer- oder Polizeivorschriften[2] oder zwingende Gründe des Betriebs entgegenstehen, berechtigt, im Frachtbriefe zu verlangen:

1 daß Güter in bedeckten Wagen befördert werden, für die der Tarif[3] offene Wagen vorsieht;

2. daß Güter in offenen Wagen befördert werden, für die der Tarif[3] bedeckte Wagen vorsieht.

(2) Im ersteren Falle kann die Eisenbahn eine im Tarife festzusetzende höhere Fracht erheben.

(3) Ob[4] und unter welchen Bedingungen Decken für offene Wagen mietweise[5] überlassen werden, hat der Tarif zu bestimmen.

Die Bestimmungen über die Beförderung der Güter in bedeckten oder offenen Wagen, über die Frachtberechnung für Güter, die auf Verlangen des Absenders in bedeckten Wagen befördert werden und über die Überlassung von Wagendecken finden sich in Abschnitt III der Allgemeinen Tarifvorschriften (Teil I Abteilung B). Die Deckenmiete und die Verzögerungsgebühr für verspätete Rückgabe von Decken sind im Nebengebührentarif (Teil I Abteilung B) festgesetzt.

Vgl. JÜ. Art. 31; HGB. § 459 Abs. 1.

[1] Namentlich der Anl. C (nicht abgedruckt).

[2] Vgl. EVO. § 65.

[3] S. DEGT. I Abt. B §§ 50ff.

[4] Eine Verpflichtung besteht also nicht; Antrag des Absenders ist nicht erforderlich, wenn Zoll- oder Polizeivorschriften Bedeckung verlangen (Begr.), s. DEGT. I B § 54; sonst Antrag im Frachtbrief. Nach DEGT. I B v. 1. 2. 1922 erhebt die Eisenbahn für Benutzung eines bedeckten Wagens einen Frachtzuschlag von 10%.

[5] Eger Anm. 315 sieht in der Hergabe der Decken einen Mietvertrag, entsprechend dem Wortlaut der EVO., als Nebenvertrag abgeschlossen (so auch Senckpiehl S. 257; EEE. **26** 89ff.; vgl. auch EEE. **24** 141, **22** 294). Hiergegen mit Recht Rundnagel, Haftung S. 170, Anm. 18 und BefGesch. § 105, S. 339, der in der Hergabe der Decken nur einen besonders gearteten Teil des Frachtvertrags sieht. Daraus folgt, daß Eisenbahn zur Lieferung schadhafter Decken nach Frachtrecht haftet. Ein offener Wagen wird aber durch eine Decke niemals zu einem geschlossenen (s. Reindl, EEE. **32** 549; Rundnagel S. 456; RG. in EEE. **10** 15, 181, **20** 13, 222, **32** 68; vgl. EVO. § 86 Abs. 1).

§ 67. Art und Reihenfolge der Beförderung.

(1) Das Gut ist je nach dem gewählten Frachtbriefmuster als Frachtgut oder als Eilgut zu befördern. Im Tarife kann mit Genehmigung der Landesaufsichtsbehörden[1] nach Zustimmung des Reichs-Eisenbahnamts[1] einheitlich bestimmt werden, ob und unter welchen Bedingungen Eilgut zu be-

schleunigter Beförderung anzunehmen ist (beschleunigtes Eilgut, Schnellzugsgut).

I. Der Antrag auf beschleunigte Beförderung von Eilgut ist durch den Eintrag „Beschleunigtes Eilgut" im Frachtbrief unter „Zulässige oder vorgeschriebene Erklärungen" zu stellen. Die Bestimmungen über beschleunigtes Eilgut finden sich in Abschnitt I der Allgemeinen Tarifvorschriften (Teil I Abteilung B).

II. Das Verlangen, eine Sendung nur auf einem Teile der Beförderungsstrecke als Eilgut zu befördern, ist unzulässig.

III. Zur Beförderung als Eilstückgut werden nur solche Güter angenommen, die nach Form, Umfang, Gewicht und sonstiger Beschaffenheit hierzu geeignet sind. Über die Annahme der in der Anlage C verzeichneten Gegenstände als Eilstückgut vgl. die Ausführungsbestimmungen zur Anlage C.

(2) Die Eisenbahn hat die Abfertigung vorzunehmen, die nach den Tarifen[2] den billigsten Frachtsatz und, bei gleichen Frachtsätzen über mehrere Wege, die günstigsten Beförderungsbedingungen bietet[3]. Verlangt der Absender die Abfertigung nach einem Tarife, der nicht den billigsten Frachtsatz bietet[4], so hat er die Anwendung dieses Tarifs im Frachtbrief ausdrücklich vorzuschreiben*). Der Absender kann im Frachtbriefe das Zoll- oder Steueramt für die zoll- oder steueramtliche Abfertigung[5] bei Eilgütern auch den Beförderungsweg vorschreiben[5]. Solche Vorschriften muß die Eisenbahn beachten[6], sie kann aber die Fracht für den

*) S. RGBl. 21 1510.

vorgeschriebenen Weg verlangen[7]. Andere Wegevorschriften sind ungültig.

IV. Wird im Frachtbrief das Zoll- oder Steueramt für die zoll- oder steueramtliche Abfertigung bei Eilgütern der Beförderungsweg vorgeschrieben, so wird die Fracht für den vorgeschriebenen Weg erhoben.

V. Frachtbriefe mit unzulässigen Wege- oder Abfertigungsvorschriften werden dem Absender oder seinem Beauftragten zur Streichung dieser Vorschriften und unterschriftlichen Bestätigung der Streichung zurückgegeben. Ist die Rückgabe nicht tunlich, so streicht die Versandstation jene Vorschriften und bemerkt dazu: „Von Amts wegen gestrichen."

(3) Die Güter sind in der Reihenfolge zu befördern, in der sie zur Beförderung angenommen wurden, wenn nicht zwingende Gründe des Eisenbahnbetriebs[8] oder das öffentliche Interesse[9] eine Ausnahme rechtfertigen. Eine Zuwiderhandlung[10] gegen diese Vorschriften begründet den Anspruch auf Ersatz des daraus entstehenden Schadens[11].

Vgl. JÜ. Art. 5; HGB. § 453 Abs. 3, 4.

[1] Jetzt Reichsverkehrsministerium (vgl. § 2).

[2] S. RG. **18** 172; gemeint sind direkte Tarife; Eisenbahn braucht von Amts wegen keine Umabfertigung vorzunehmen, um einen billigeren Frachtsatz zu erreichen (EEE. **15** 255, **21** 83, **23** 237, **19** 153). Sie hat nicht größere Aufmerksamkeit anzuwenden als der Absender (EEE. **24** 2); dies gilt auch bei Rückvergütungen.

[3] EEE. **24** 239, **22** 270.

[4] Weil er z. B. ein Gebiet Deutschlands umfahren will, wenn z. B. Gut aus dem unbesetzten Deutschland nach einem

anderen Ort im unbesetzten Gebiet befördert werden soll, und der kürzeste Weg durch besetztes Gebiet (Saargebiet, geht.

[5] Nicht aber der Weg dorthin, außer da, wo er auch sonst den Beförderungsweg vorschreiben kann (Eilgut, Tiere).

[6] Vorschrift muß deutlich im Frachtbriefe vermerkt sein: daß sie an der vorgeschriebenen Stelle steht, wird nicht unter allen Umständen verlangt (ZVDEisV. **04** 1063).

[7] Absender kann nicht Anwendung eines direkten Frachtsatzes verlangen, wenn er eine vom Leitungsweg abweichende Beförderung vorschreibt (abw. RG., EEE. **33** 68; s. auch **22** 270).

[8] Beförderung von Fischen, Eilgut, Tieren.

[9] Mobilmachung, Feuersbrunst, Versorgung der Großstädte mit Nahrungsmitteln, Düngemittel zur Bestellzeit.

[10] Frachtvertrag muß abgeschlossen sein (Teubner, ZVDEisV. **07** 263; abw. Eger Anm. 325). Haftung nach allgemeinen Rechtsgrundsätzen, d. h. nur bei Verschulden (Staub § 453, Anm. 15; Coermann, EEE. **22** 326; abw. Eger Anm. 322; EEE. **20** 350, **21** 47). Der letzte Satz besagt allerdings dann etwas Selbstverständliches

[11] Auch des entgangenen Gewinns. Beweislast für Eintritt und Höhe des Schadens trifft den Absender.

§ 68. Berechnung der Fracht, Nebengebühren und Auslagen.

(1) Die tarifmäßigen Beträge für Fracht[1] und für die in dieser Ordnung oder im Tarife zugelassenen Nebengebühren[2] sind von der Eisenbahn in den Frachtbrief einzutragen[3].

I. Die Grundsätze für die Frachtberechnung, die Gütereinteilung und den Nebengebührentarif enthält Teil I Abteilung B.

(2) Außer diesen Beträgen darf die Eisenbahn nur bare Auslagen[4] in Rechnung stellen, zum Bei-

spiel von ihr bezahlte Aus-, Ein- oder Durchgangsabgaben, Kosten für Überführung, Ausgaben für notwendige Ausbesserungen oder für andere Arbeiten zur Erhaltung des Gutes[5]. Auch diese Beträge sind unter Beifügung der Beweisstücke im Frachtbrief ersichtlich zu machen.

(3) Die Eisenbahn darf für bare Auslagen die tarifmäßige Gebühr (Provision) erheben; ausgenommen sind die von der Eisenbahn verauslagten Rollgelder[6], die Fracht, die Nebengebühren und die Beträge für Porto und Frachturkundenstempel[7].

II. Die Gebühr ist im Nebengebührentarif (Teil I Abteilung B) festgesetzt.

III. Die Gebühren für bare Auslagen und für Nachnahmen (vgl. § 72 Ausf.-Best. IV) werden getrennt berechnet. Erwachsen für eine Sendung auf mehreren Stationen bare Auslagen, so wird die Gebühr von jeder Station gesondert berechnet.

IV. Bei Umbehandlung einer Sendung oder bei Änderung der Bestimmungsstation auf nachträgliche Verfügung des Absenders wird die Gebühr für bare Auslagen nicht nochmals erhoben.

V. Frei sind auch die Gebühren für Ausfüllung der Frachtbriefe und für Zeichnung der Frachtstücke, wenn der Rollfuhrunternehmer die Ausfüllung oder Zeichnung im Namen der Eisenbahn besorgt.

VI. Für die von der Eisenbahn entrichteten Zoll- oder Steuerbeträge wird keine Gebühr erhoben, wenn der Absender den voraussichtlichen Betrag bei der Versandstation hinterlegt hat und diese einer deutschen Verwaltung untersteht.

VII. Die von der Eisenbahn verauslagten Gebühren für die Statistik des Warenverkehrs sind frei.

Vgl. JÜ. Art. 11.

Literatur: ZVDEisV. **99** 545; Blume, Zeitschr. f. int. EisTr. **13** 280, 310.

[1] Fracht ist Beförderungspreis; Eisenbahn setzt sie in den Frachtbrief ein; der eingesetzte Betrag ist maßgebend unter der Voraussetzung, daß er dem Tarif entspricht. Ist dies nicht der Fall, ist er für beide Teile unschädlich. Rundnagel, BefGesch. S. 163, 363; Cosack S. 435; ROHG. **9** 73, **21** 181, 185; EEE. **22** 295; bei Fehlen s. EVO. § 70 und die bei Rundnagel S. 363, Anm. 3 angeführten zahlreichen Entscheidungen. Beweislast hat Kläger, wenn er einen billigeren Satz verlangt, s. EEE. **23** 372; vgl. auch EEE. **13** 100, **14** 325; Auskunft s. EVO. § 70.

[2] D. h. Vergütungen für besondere Leistungen; auch Provision (Abs. 3).

[3] Ordnungsvorschrift, denn da der Frachtbrief besagt: „Für den Frachtvertrag gelten die EVO. und die in Betracht kommenden Tarife", muß Empfänger gleichwohl zahlen, auch wenn die Beträge versehentlich nicht eingetragen (vgl. EVO. §§ 70, 76 Abs. 4; ROHG. **21** 184).

[4] D. h. Aufwendungen, die die Eisenbahn den Umständen nach für erforderlich halten darf (BGB. §§ 677, 683). Streitig ist, ob Eisenbahn nachträglich erhobene Zölle vom Empfänger einholen kann. Dies wird wohl mit Recht bejaht in EEE. **25** 149 und Kittel § 68 Anm. 3; RG. **71** 342. Die Rechtsprechung ist jedoch nicht einheitlich.

[5] Nicht hierher gehören z. B. Ansprüche aus Beschädigung des Wagens durch das Gut (EEE. **20** 64, 163), oder Forderungen aus anderen Frachtverträgen (EEE. **32** 54); hat Empfänger trotzdem gezahlt, hat er nur condictio indebiti (BGB. § 812), d. h. Rückforderung des zu Unrecht gezahlten, er hat die Unrichtigkeit der Zahlung zu beweisen.

[6] D. h. die Kosten für die von der Eisenbahn selbst oder durch ihre Leute einschl. des Bahnrollers bewirkten amtlichen

Anfuhr; die von den Bahnrollern nachgenommenen Kosten für die Anfuhr ihrer Privatkundschaft sind gebührenpflichtig (Begr.).

[7] Vgl. EVO. § 56 Anm. 30 Verjährung s. EVO. § 71.

§ 69. Zahlung der Fracht.

(1) [1]Bei Gütern, die nach dem Ermessen der Versandbahn schnell verderben oder deren Wert die Fracht nicht sicher deckt, kann[2] Vorausbezahlung der Fracht verlangt werden[2]. Die Eisenbahn ist ferner berechtigt, bei Sendungen, die zu ermäßigten Frachtsätzen (Ausnahmetarifen) befördert werden sollen, im Tarife zu bestimmen, ob die Fracht bei Aufgabe des Gutes zu bezahlen oder ob sie auf den Empfänger zu überweisen ist[3].

I. Für Güter, die schnell verderben oder deren Wert die Fracht nicht sicher deckt, muß die Fracht vorausbezahlt werden, sofern nicht dem Absender von der Verwaltung der Versandbahn[3] die Überweisung gestattet worden ist. Als solche Güter sind z. B. anzusehen: Ballons, gebrauchte, leere in Körben, Christbäume (Weihnachtsbäume), Eis, frische Fische, frisches Fleisch, geschlachtetes Geflügel, frisches Gemüse, Girlanden, Hefe, gebrauchte leere Kisten und Körbe, lebende Pflanzen, Seeschaltiere, Wildpret, frische Zweige, ferner frisches Obst bei Aufgabe in der Zeit vom 1. Oktober bis zum 30. April.

II. Ob für Sendungen, die nach den Ausnahmetarifen abgefertigt werden sollen, die Fracht vorauszubezahlen ist, bestimmen die Tarifteile II.

(2)[1] In allen anderen Fällen hat der Absender die Wahl, ob er die Fracht bei Aufgabe des Gutes bezahlen oder auf den Empfänger überweisen will[4].

Es ist gestattet, auf die Fracht einen beliebigen Teil anzuzahlen[5].

III. Der Teil der Fracht, der ausgezahlt werden soll, muß in einer bestimmten Summe angegeben werden.

(3) Will der Absender die Fracht bezahlen, so hat er dies im Frachtbrief an der vorgeschriebenen Stelle zu erklären (Freivermerk)[6].

(4) Fügt der Absender dem Freivermerke keine Einschränkung bei, so verpflichtet er sich zur Bezahlung der ganzen Fracht einschließlich aller Nebengebühren und Auslagen, die auf der Versandstation bis zur Annahme des Gutes erwachsen (unbeschränkter Freivermerk)[7].

(5) Auf Nebengebühren und Auslagen, die erst nach der Annahme des Gutes zur Beförderung erwachsen, bezieht sich der Freivermerk nicht. Will der Absender die Zahlung auch dieser Kosten übernehmen, so hat er es im Frachtbriefe besonders zu erklären.

IV. Es ist gestattet, Nebengebühren oder Auslagen ohne die Fracht vorauszubezahlen.

V. Der Freivermerk hat wie folgt zu lauten:

1. wenn er unbeschränkt sein soll: „frei",
2. wenn ein Teil der Fracht angezahlt werden soll: „frei ... (Zahl in Buchstaben) Mark .... Pfennig",
3. wenn Nebengebühren oder Auslagen, die von dem unbeschränkten Freivermerk getroffen werden, ausgenommen werden sollen, oder
4. Nebengebühren oder Auslagen, die von dem un-

beschränkten Freivermerk nicht getroffen werden vorausbezahlt werden sollen, oder

5. Nebengebühren oder Auslagen, ohne die Fracht vorausbezahlt werden sollen: „frei" mit einem Zusatz, in dem die Nebengebühren oder Auslagen bezeichnet werden, z. B.:

zu 3: „frei ausgenommen Nachnahmegebühr",

zu 4: „frei einschließlich Zoll", „frei einschließlich aller Nebengebühren und Auslagen",

zu 5: „frei Gebühr für Angabe des Interesses an der Lieferung", „frei Zoll".

VI. Es ist nicht gestattet, in dem Freivermerk die Stempelgebühr für Frachturkunden auszuschließen.

(6) Die vom Absender übernommenen Beträge[8] hat die Versandstation außer im Frachtbrief auch im Duplikat oder im Aufnahmeschein einzeln aufzuführen.

(7) Wenn der nach dem Freivermerke des Absenders zu zahlende Betrag bei der Aufgabe des Gutes nicht berechnet werden kann, so ist die Versandstation berechtigt, die Hinterlegung einer diesem Betrage voraussichtlich entsprechenden Sicherheit zu verlangen[9]. Ebenso kann für die vom Absender übernommenen Zollkosten und dergleichen Sicherheit verlangt werden.

VII. Die Hinterlegung einer Sicherheit für Freibeträge, deren Betrag bei der Aufgabe des Gutes nicht berechnet werden kann, sowie für die vom Absender übernommenen Zollkosten usw. wird verlangt. Die Abrechnung erfolgt nach Feststellung der zu zahlenden Beträge.

Vgl. JÜ. Art. 12; AusfBest. § 5. Boethke, Die Frachtforderung der Eisenbahn, EEE. **24** 302.

[1] Abs. 1 enthält die Ausnahme, Abs. 2 den Grundsatz. Weitere Ausnahmen (Frankaturzwang s. EVO. § 32 Abs. 4 [Gepäck]; § 40 AusfBest. 6 [Expreßgut]; § 44 Abs. 7 [Leichen]; § 48 Abs. 11 und AAB. XV [Tiere]). Privatwagendecken (DEGT. I Abt. B § 56).

[2] Aber nur bei der Auflieferung; Ausnahmen genehmigt in Preußen der Vorstand des Verkehrsamtes, gegebenenfalls gegen Sicherheitsleistung.

[3] Richtiger: überwiesen werden darf.

[4] Frachtforderung bleibt an sich bestehen, auch wenn Absender Gut vor Beginn oder Beendigung der Beförderung zurücknimmt (BGB. § 649). Doch läßt Eisenbahn hiervon Ausnahmen zu (vgl. EVO. § 73, AusfBest. V). Literatur: Frachtforderung bei unterwegs eingetretenen Untergang s. Reindl, ZVDEisV. **03** 1233, **04** 68; Boethke, EEE. **25** 302, 404.

[5] Nachträgliche Frankierung (EVO. § 73 Abs. 1).

[6] Zahlt Absender trotz Freivermerks nicht, ist das Gut zurückzuweisen; geschieht dies versehentlich nicht, kommt trotzdem ein Frachtvertrag zustande; Empfänger muß dann zahlen (EVO. § 76).

[7] Vorschrift: „Frei Fracht", „frei Haus", „frei einschließlich Rollgeld" sind nicht zugelassen, s. AAB. § 18 Ziff. 11.

[8] Z. B. der Frankaturvorschuß (Abs. 7); übrigens nicht immer bestimmte Beträge (s. Abs. 5 Satz 2).

[9] Frankaturvorschüsse; keine Hinterlegung im Rechtssinn, sondern Vorschußzahlung; Verjährung läuft von Abrechnung ab; EEE. **16** 135, **19** 204.

§ 70. Ansprüche wegen unrichtiger Frachtberechnung[1].

(1) Ist der Tarif[2] unrichtig[3] angewendet worden oder sind Fehler[4] bei Berechnung der Fracht oder

der Nebengebühren vorgekommen, so ist das zuwenig Geforderte nachzuzahlen, das zuviel Erhobene zu erstatten[5, 6]. Der Verpflichtete oder der Berechtigte ist unverzüglich zu benachrichtigen.

(2) Die Nachzahlung[7] hat der Absender zu leisten, wenn der Frachtbrief nicht eingelöst wird. Erfolgt die Einlösung, so haftet er für die Nachzahlung nur nach Maßgabe seines Freivermerkes. Im übrigen ist der Empfänger zur Nachzahlung verpflichtet [§ 76 Abs. (4)][8].

(3) Zur Empfangnahme erhobener Mehrfracht[9] und zur Geltendmachung von Frachterstattungsansprüchen ist berechtigt, wer[9] die Mehrzahlung an die Eisenbahn geleistet hat.

(4) Für die gerichtliche Geltendmachung der Frachterstattungsansprüche gegen die Eisenbahn bewendet es bei den Vorschriften des § 100[10, 11, 12].

Vgl. JÜ. Art. 12 u. 45; HGB. § 470.

Literatur: Reindl, ZVDEisV. **99** 545; EEE. **21** 318; DJZ. **03** 100, 122; Schmidt, EEE. **22** 195, 328, 423; Eppstein, ebendort **22** 320; ZVDEisV. **02** 386, 553, 627.

[1] Sog. Frachterstattungsanträge; an sich Anspruch aus ungerechtfertigter Bereicherung, der aber durch EVO. § 70 zum Vertragsanspruch wird, so Begr. und Senckpiehl S. 266 (a. A. Eger Anm. 338). § 70 gilt nur bzgl. der Fracht und der Gebühren, s. hierüber Anm. 11. Beweispflichtig ist der Fordernde; a. A. Senckpiehl S. 266; EEE. **13** 100. Für Auslagen s. Anm. 11.

[2] Auch Anwendung eines noch nicht oder nicht mehr geltenden Tarifs (EEE. **21** 387).

[3] Vgl. EEE. **24** 291, **20** 59, **25** 47; namentlich: irrige Auslegung (EEE. **15** 33); Nichtanwendung direkter Sätze (EEE. **20** 59, **21** 128); Erhebung von Mehrbeträgen (EEE. **21** 165);

Frachtzuschlägen (EEE. **22** 16, 34, **23** 134, 196); Desinfektionsgebühren (EEE. **21** 114). Ungenaue, unklare Fassung des Tarifs trifft die Eisenbahn (EEE. **21** 30, 78); unklare Deklaration den Absender (EVO. § 57; EEE. **20** 3, 64, **61** 352, 376, **22** 295). Druckfehler im Tarif (EEE. **2** 236, **31** 318).

[4] Rechenfehler s. EEE. **19** 55, **22** 176; Wiegefehler, Senckpiehl, EEE. **22** 305.

[5] Haftung der Eisenbahn für Schaden nur bei Verschulden, s. hierüber Senckpiehl S. 268; EEE. **24** 184.

[6] Vorlegung des Frachtbriefes ist nicht Voraussetzung für den Erstattungsanspruch, vgl. EVO. § 99; BGB. § 810.

[7] Nachzahlung auch dann, wenn Verpflichteter Schaden erleidet (EEE. **9** 196, **25** 135, **24** 348). Auch keine Aufrechnung mit Schadensersatzanspruch s. Rundnagel, BefGesch. S. 364; Reindl, ZVDEisV. **99** 546; RG. **98** 363; a. M. Senckpiehl S. 268; vgl. EEE. **24** 184; auf § 823 BGB. kann der Anspruch nicht gestützt werden, da keines der dort genannten Rechtsgüter verletzt ist; EEE. **24** 184, **19** 214.

[8] Auch bei Freivermerk des Absenders? Bejaht EEE. **32** 425. Eger Anm. 336 bezweifelt Rechtsgültigkeit mit Rücksicht auf § 435 Abs. 1; § 440 HGB. Dagegen Senckpiehl S. 266, s. auch EVO. § 76 Anm. 3.

[9] Verzinsungspflicht ist bei Erstattung aus Rechts- nicht aus Billigkeitsgründen) für beide Teile zu bejahen; Anspruch der Eisenbahn auf Nachzahlung und des Frachtzahlers auf Rückerstattung gründen sich auf Frachtvertrag. Daher: Ist der Gegner Kaufmann, gilt HGB. § 353: 5% Zinsen ab Fälligkeitstag (Zahlung der Frankatur oder Einlösung der Überweisungsfracht). Bei Frachterstattung auf besonderen Nachweis, z. B. bei der Ausfuhr, gelten die besonderen Bestimmungen des Tarifes oder Tag der Einreichung des Antrages zuzüglich angemessener Bearbeitungsfrist. Ist Gegner Nichtkaufmann: 4% Zinsen vom Tage des Verzugs ab, d. h. der Mahnung (BGB. § 284); s. Blume, Arch. f. Eis. **14** 981; Reindl, ZVDEisV. **99** 545; EEE. **32** 77; abw. EEE. **32** 47; RG. **54** 27, **72** 152).

[9] D. h. Absender oder Empfänger (auch deren Zessionar). Wem kommt eine spätere Ermäßigung zugute? (EEE. **29** 20); Teilfrankaturen (ZVDEisV. **99** 548).

[10] Aktiv legitimiert: jede Bahn für ihre eigene Forderungen, Versandbahn soweit Absender verpflichtet, sonst Empfangsbahn (HGB. § 441; EEE. **21** 61, **20** 53, **25** 149).

[11] § 70 bezieht sich nicht auf Auslagen (wohl aber auf die Provision dafür). Für Auslagen gilt: Anspruch auf Rückzahlung stützt sich auf ungerechtfertigte Bereicherung (BGB. § 812); Verjährungsfrist 30 Jahre (BGB. § 195). Der Anspruch der Eisenbahn auf Nachzahlung von Auslagen entspringt dem Frachtvertrag; Absender ist zahlungspflichtig, wenn Auslage unter Freivermerk fällt, der Empfänger nicht in den Frachtvertrag eingetreten ist, oder die Einziehung von ihm ohne Verschulden nicht möglich war, s. Blume, Arch. f. Eis. **13** 1216; EEE. **18** 34, **15** 249; Empfänger hat nicht nachzuzahlen, wenn sich die Auslage in einer festen Summe aus dem Frachtbrief ergibt (HGB. § 436), es sei denn, daß er ungerechtfertigt bereichert ist; unter allen Umständen besteht aber eine Zahlungspflicht, wenn im Frachtbrief lediglich der Vorgang angegeben ist, der die Auslage veranlaßt hat; s. Rundnagel, BefGesch. S. 368; vgl. RG. **71** 342; EEE. **1** 304; **13** 324; **24** 348; aber auch **25** 149. Verjährung § 196 Abs. 3 BGB. auch § 201 aaO. (2 Jahre nach Jahresschluß) s. EEE. **25** 278.

[12] Nicht hierher gehört der Anspruch auf nachträgliche Bewilligung einer billigeren Abfertigungsart (Senckpiehl S. 267; EEE. **24** 70, 329).

§ 71. Verjährung der Ansprüche wegen unrichtiger Frachtberechnung.

(1)[1] Ansprüche der Eisenbahn auf Nachzahlung zu wenig erhobener Fracht oder zu wenig erhobener Gebühren sowie Ansprüche gegen die Eisenbahn auf Erstattung zuviel erhobener Fracht oder Gebühren verjähren in einem Jahre, sofern der Anspruch auf eine unrichtige Anwendung des Tarifs oder auf Fehler bei der Berechnung gestützt wird[2]. Die Verjährung beginnt mit dem Ablaufe des Tages, an dem die Zahlung erfolgt ist[3].

(2) Die Verjährung des Anspruchs auf Erstattung wird durch die schriftliche Anmeldung des Anspruchs[4] bei der Eisenbahn[5] gehemmt[6]. Ergeht auf die Anmeldung ein abschlägiger Bescheid, so läuft die Verjährungsfrist von dem Tage ab weiter[7], an dem die Eisenbahn ihre Entscheidung dem Anmeldenden schriftlich bekanntmacht und ihm die der Anmeldung etwa angeschlossenen Beweisstücke zurückstellt[8]. Weitere Gesuche, die an die Eisenbahn oder an die vorgesetzten Behörden gerichtet werden, hemmen die Verjährung nicht. Wegen der Unterbrechung[9] der Verjährung bewendet es bei den allgemeinen gesetzlichen Vorschriften.

Vgl. JÜ. Art. 12, 45; HGB. § 470.

Literatur: Vgl. § 98 EVO.

[1] Es verjähren die Ansprüche der Eisenbahn: a) auf Zahlung der berechneten Fracht und Gebühren in 2 Jahren (BGB. § 196). Beginn der Verjährungsfrist: Ende des Entstehungsjahres; b) auf Nachzahlung von zu wenig erhobener Fracht oder Gebühren in einem Jahre (§ 71 EVO.); c) auf Rückerstattung von Auslagen in 30 Jahren (vgl. EVO. § 70 Anm. 11); d) auf Zahlung des Frachtzuschlages in 1 Jahre (EVO. § 60 Abs. 5). Wegen Verjährung der Ansprüche des Frachtvertragsgegners vgl. EVO. § 71, § 60, wegen der Nachnahmeforderungen EVO. § 72 Anm. 12, ferner auch § 98 (wegen Verlustes usw.).

[2] Unterscheidend ist der Grund des erhobenen Anspruchs (RG. **64** 285, **67** 276); nicht hierunter fällt Nacherhebung infolge unrichtiger Deklaration zuwenig erhobener Fracht (RG.

64 285; EEE. 22 70); ebensowenig Nacherhebung infolge eines Fehlers bei der bahnamtlichen Verwiegung oder bei der Erhebung richtig berechneter Fracht oder auf Grund des § 57 EVO. (diese Ansprüche fallen unter Anm. 1a oben), vgl. auch Reindl, EEE. 25 13; ZVDEisV. 99 545; unter § 71 fallen aber Rückerstattungen zuviel erstatteter Frachtrückvergütungen (EEE. 24 263).

[3] S. EEE. 28 60, 24 263; bei Frachthinterlegung läuft die Frist von der endgültigen Verrechnung ab (EEE. 16 135). Erfolgt keine Zahlung, beginnt keine Verjährung aus § 71. Hingabe an Zahlungs Statt und Aufrechnung stehen der Zahlung gleich. Ist der Frachtanspruch verjährt, ehe ein Anspruch aus § 71 erhoben wird, trifft auch diesen die Verjährung; ist er aber vorher erhoben, läuft für ihn die Frist des § 71 selbständig.

[4] Durch den Reklamationsberechtigten; auch dessen Bevollmächtigten (Düringer-Hachenburg § 470 Anm. 11); auch zu Protokoll

[5] Einer der in § 100 genannten und an der zuständigen Stelle. Abw. Düringer-Hachenburg § 470 Anm 10 Anmeldung und Ablehnung sind empfangsbedürftige Willenserklärungen; wer sich auf ihren Eingang beim Gegner beruft, muß ihn beweisen.

[6] Weitere Hemmungsgründe BGB. § 202.

[7] BGB. § 205. [8] Beides muß geschehen.

[9] S. BGB. §§ 206, 217. [10] EVO. § 98, (3).

§ 72. Nachnahme nach Eingang[1]. Barvorschuß.

(1) Der Absender[2] kann[3] das Gut bis zur Höhe des Wertes[4] mit Nachnahme nach Eingang belasten.

I. Ob eine Nachnahme in der angegebenen Höhe zulässig ist, entscheidet die Versandabfertigung.

(2) Als Bescheinigung über die Belastung mit Nachnahme dient der abgestempelte Frachtbrief,

das Duplikat oder die sonst zugelassene Bescheinigung über die Auflieferung des Gutes[5]. Auf Verlangen sind außerdem besondere Nachnahmescheine gebührenfrei auszuhändigen[6].

(3) Die Eisenbahn hat, sobald die Nachnahme bezahlt ist, den Absender zu benachrichtigen und ihm die Nachnahme auszuzahlen[7]. Ist die Auszahlung im Tarife vom Ablauf einer bestimmten Frist abhängig gemacht, so ist keine besondere Benachrichtigung erforderlich.

II. (1) Nachnahmen im Betrage von 500 Mark oder mehr, Nachnahmen auf Frachtgüter (nicht auch Eilgüter), für welche nach § 69 (1) Vorausbezahlung der Fracht verlangt werden kann, und Nachnahmen auf bahnlagernde Güter werden erst ausgezahlt, wenn die Versandstation die Anzeige der Bestimmungsstation über die Zahlung der Nachnahme durch den Empfänger erhalten hat.

(2) Alle anderen Nachnahmen werden, falls die Bestimmungsstation nicht Einspruch erhoben hat, nach Ablauf einer mit dem Tage der Aufgabe beginnenden Frist ausgezahlt, die bei einer Beförderungsstrecke bis 1000 Tarifkilometer 2 Wochen, bei einer längeren Beförderungsstrecke 3 Wochen beträgt*). Vor Ablauf dieser Frist werden sie ausgezahlt, wenn die Versandstation die Anzeige der Bestimmungsstation über die Zahlung der Nachnahme durch den

*) Bis auf weiteres sind die Eisenbahnverwaltungen ermächtigt, auch für diese Nachnahmen die Bestimmungen der Ziffer II (1) allgemein oder für den Verkehr mit einzelnen Verkehrsgebieten anzuwenden oder die in Ziffer II (2) festgesetzte Zahlungsfrist zu verlängern.

Empfänger erhalten hat oder der Absender eine Einzahlungsbenachrichtigung der Bestimmungsstation nach dem in Anlage V vorgeschriebenen Vordruck vorlegt.

(3) Die in Abs. 2 erwähnte Einzahlungsbenachrichtigung wird dem Absender von der Bestimmungsstation durch die Post übersandt, wenn er im Frachtbrief unter „Zulässige oder vorgeschriebene Erklärungen" folgenden Antrag gestellt hat:

„Ich beantrage Benachrichtigung von der Einzahlung der Nachnahme durch die Bestimmungsstation."

Die Gebühr für die Benachrichtigung ist im Nebengebührentarif (Teil I Abteilung B) festgesetzt.

(4) Ist das Gut ohne Einziehung der Nachnahme ausgeliefert worden, so hat die Eisenbahn dem Absender den Schaden bis zum Betrage der Nachnahme zu ersetzen, vorbehaltlich ihres Anspruchs gegen den Empfänger[8].

(5) Die Eisenbahn kann einen Barvorschuß[9] gewähren, wenn er nach dem Ermessen der Versandstation durch den Wert des Gutes[10] sicher gedeckt wird.

III. Barvorschüsse werden bis zur Höhe von 30 Mark für eine Sendung gewährt, wenn sie nach dem Ermessen der Versandstation durch den Wert des Gutes sicher gedeckt sind. Auf Güter, wofür nach § 69 (1) Vorausbezahlung der Fracht verlangt werden kann, und auf bahnlagernde Güter werden keine Barvorschüsse gewährt.

(6) Der Betrag der Nachnahme und des etwa gewährten Barvorschusses ist vom Absender in den Frachtbrief an der hierfür vorgesehenen Stelle mit Buchstaben einzutragen. Dieser Eintrag ist auch bei einer Abweichung von einem Eintrag in Ziffern maßgebend.

(7) Für die Belastung einer Sendung mit Nachnahme oder mit Barvorschuß darf die Eisenbahn die tarifmäßige Gebühr (Provision) erheben[11, 12].

IV. Die Gebühr ist im Nebengebührentarif (Teil I Abteilung B) festgesetzt.

V. Bei Umbehandlung einer Sendung oder bei Änderung der Bestimmungsstation auf nachträgliche Verfügung des Absenders wird die Nachnahmegebühr nicht nochmals erhoben.

Vgl. JÜ. Art. 13, 15; HGB. §§ 426, 441, 445.

[1] Eigentliche Nachnahme: Geldbetrag, den die Eisenbahn nach Vereinbarung mit dem Absender Zug um Zug gegen Aushändigung des Gutes vom Empfänger einziehen und dem Absender abliefern soll (Nachnahme nach Eingang); s. auch Abs. 5 Anm. 9. Kein besonderer Vertrag, etwa Auftrag, sondern besondere Ausgestaltung des Frachtvertrages (abw. Blume, JÜ. Art. 13 und Kittel, EVO. § 72 Anm. 2, der „Geschäftsbesorgungsvertrag" annimmt).

[2] Nur der frachtbriefmäßige Absender, s. RGEntsch. **99** 245 und oben § 56 Anm. 19.

[3] Bei der Aufgabe (EEE. **20** 17) oder durch nachträgliche Anweisung (§ 73 EVO.; EEE. **21** 65). (AAB. § 21 Ziff. 1, 2).

[4] D. h. des gemeinen Wertes des Gutes am Absendeort; abw. Rundnagel, BefGesch. S. 369 und Senckpiehl S. 272.

[5] EVO. § 61 Abs. 7, 8.

[6] S. EEE. **21** 65, 182.

[7] Haftung für falsche Ausantwortung der Nachnahme (EEE. **21** 182); s. auch Abs. 4 und BGB. § 370. Überbringer des quittierten Nachnahmescheins gilt als zur Empfangnahme berechtigt (s. EEE. **21** 182; a. M. Eger Anm. 346); bei verspäteter Benachrichtigung Schadensersatz.

[8] Voraussetzung ist Eintragung an der vorgeschriebenen Stelle des Frachtbriefes und Entstehung eines Schadens (s. EEE. **20** 18, **23** 261). Rückgriff gegen Empfänger EEE. **20** 6, **26** 146; BGB. § 255.

[9] Uneigentliche Nachnahme (s. EEE. **17** 39, **21** 140) ist rechtlich vorzeitige Zahlung einer künftigen Schuld unter der Erwartung der Einziehung der auferlegten Nachnahme; Deckung durch das Pfandrecht (vgl. EVO. § 76). Die Annahme eines Darlehns scheitert an der mangelnden Rückzahlungsabsicht.

[10] Wert am Versand- und Empfangsort.

[11] Provision ist auch fällig, bei nachträglicher Zurückziehung der Nachnahme (BGB. §§ 641, 649).

[12] Verjährung der Nachnahmeforderung: 30 Jahre (BGB. § 195).

§ 73. Nachträgliche Verfügungen des Absenders.

(1)[1] Der Absender[2] kann verfügen[3], daß das Gut auf der Versandstation zurückgegeben[4], unterwegs angehalten[5], auf der Bestimmungsstation zurückgehalten oder an einen andern Empfänger[6] oder an einem andern Orte ausgeliefert[7] oder nach der Versandstation zurückgesandt werde[8]. Ebenso kann der Absender verfügen, daß eine Nachnahme nach Eingang[9] nachträglich aufgelegt, erhöht, gemindert oder zurückgezogen, sowie daß die Sendung[10] fracht- und gebührenfrei abgeliefert werde. Die Eisenbahn darf die Ausführung solcher Verfügungen nur dann ablehnen oder hinausschieben oder die Verfügung in veränderter Weise ausführen, wenn durch ihre Befolgung der regelmäßige Güterverkehr gestört werden würde[11]. Sie hat in diesem Falle den Absender unverzüglich zu benachrichtigen.

(2) Verfügungen anderer Art können durch den Tarif einheitlich zugelassen werden[12].

I. Der Absender ist berechtigt, neben der Rücksendung des Gutes die Streichung der Angabe des Interesses an der Lieferung in der „Nachträglichen Verfügung“ zu beantragen.

(3) Die Verfügungen müssen sich auf die ganze Sendung beziehen[13]. Sie sind schriftlich[14] unter Verwendung eines von der Eisenbahn durch den Tarif einheitlich festzusetzenden Musters bei der Versandstation[15] einzureichen. Die Unterschrift darf auch durch Druck oder Stempel bewirkt werden[16]. Die Versandstation hat die Verfügung sobald wie möglich, auf Wunsch des Absenders unter den im Tarif einheitlich festzusetzenden Bedingungen auch durch Telegramm oder Fernsprecher, weiterzugeben.

II. (1) Die Verfügung des Absenders muß für alle Teile der Sendung die gleiche sein.

(2) Die Weitergabe durch Telegramm oder Fernsprecher ist vom Absender in der „Nachträglichen Verfügung“ zu beantragen.

(3) Die Gebühren der Weitergabe (Postgeld, Telegramm- und Fernsprechgebühren, Botenlöhne) hat der Absender auf Verlangen sofort zu entrichten.

(4) Für die nachträgliche Verfügung ist der Vor-

druck in Anlage VI zu verwenden. Der Verkaufspreis ist im Nebengebührentarif (Teil I Abteilung B festgesetzt.

(4) Einem bei der Bestimmungsstation unmittelbar gestellten Antrage, die Sendung zurückzuhalten, kann vorläufig entsprochen werden[17]. Der Absender hat jedoch die vorgeschriebene Verfügung innerhalb einer angemessenen Frist beizubringen[18]. Anderenfalls ist nach § 76 zu verfahren.

III. (1) Einem bei der Bestimmungsstation unmittelbar gestellten Antrage wird auf Kosten des Absenders vorläufig entsprochen, wenn kein Zweifel besteht, daß er vom Absender herrührt.

(2) Im übrigen bleiben nachträgliche Verfügungen des Absenders, die nicht durch Vermittlung der Versandstation gegeben werden, unbeachtet.

(5) Im Falle der Ausstellung eines Frachtbriefduplikats oder eines Aufnahmescheins steht dem Absender das Verfügungsrecht nur zu, wenn er diese Urkunden vorlegt und auch darin die Verfügungen einträgt[19]. Befolgt die Eisenbahn die Verfügungen des Absenders, ohne die Vorlegung des Duplikats oder Aufnahmescheins zu verlangen, so ist sie für den daraus entstehenden Schaden dem Empfänger, dem der Absender[20] die Urkunde übergeben hat, haftbar[21]. Ist ein Frachtbriefduplikat oder ein Aufnahmeschein nicht ausgestellt, so kann die Eisenbahn verlangen, daß sich der Absender entsprechend ausweist[22].

(6) Verweigert der Empfänger die Annahme des Gutes, so steht dem Absender das volle Ver-

fügungsrecht auch dann zu, wenn er das Frachtbriefduplikat oder den Aufnahmeschein nicht vorweisen kann[23].

(7) Verfügt der Absender, daß die Sendung unterwegs angehalten oder auf der Bestimmungsstation zurückgehalten wird, so ist die Eisenbahn berechtigt, für jede Verzögerung über 6 Stunden das tarifmäßige Stand- oder Lagergeld zu erheben. Beträgt die Verzögerung mehr als 24 Stunden, so kann die Eisenbahn das Gut auf Gefahr und Kosten des Absenders ausladen und auf Lager nehmen oder einem Spediteur oder öffentlichen Lagerhaus übergeben.

IV. Bei Verzögerungen über 6 Stunden wird das im Nebengebührentarif (Teil I Abteilung B) festgesetzte Lager-, Platz- und Wagenstandgeld, sowie das Standgeld für Eisenbahnfahrzeuge auf eigenen Rädern erhoben.

(8) Die Eisenbahn kann, wenn die nachträgliche Verfügung nicht durch ihr Verschulden veranlaßt ist, für deren Ausführung neben Erstattung der erwachsenden Frachtkosten, Nebengebühren und Auslagen eine im Tarife festzusetzende Gebühr verlangen[24]. Bei leichtverderblichen Gütern sowie bei Sendungen, deren Wert die entstehenden Frachtkosten, Nebengebühren und Auslagen nicht deckt, kann Vorausbezahlung verlangt werden.

V. Für die Ausführung einer nachträglichen Verfügung des Absenders werden folgende Frachtbeträge neben den etwa erwachsenden Nebengebühren, Auslagen und Gebühren erhoben:

a) wenn das Gut auf einer Unterwegsstation angehalten und ausgeliefert wird, die Fracht bis zu dieser Unterwegsstation;

b) wenn das Gut von der Bestimmungsstation oder von einer Unterwegsstation nach der Versandstation zurück- oder nach einer anderen Station befördert wird, außer der Fracht für die Beförderung bis zur ursprünglichen Bestimmungsstation oder bis zu der Unterwegsstation, auf welcher das Gut angehalten wird, die Rückfracht bis zur Versandstation oder die Fracht bis zur neuen Bestimmungsstation.

VI. Für die — auch nur versuchte — Ausführung nachträglicher Verfügungen werden die im Nebengebührentarif (Teil I Abteilung B) festgesetzten Gebühren erhoben. Diese sind sogleich bei Übergabe der nachträglichen Verfügung vom Absender zu entrichten. Neben diesen Gebühren wird bei nachträglicher Auflegung oder Erhöhung von Nachnahmen die im Nebengebührentarif (Teil I Abteilung B) festgesetzte Nachnahmegebühr berechnet, bei Erhöhung für den zugesetzten Betrag besonders; bei nachträglicher Minderung oder Zurückziehung von Nachnahmen bleibt die bereits berechnete Gebühr unverändert.

(9) Das Verfügungsrecht des Absenders erlischt[25], wenn nach der Ankunft des Gutes am Orte der Ablieferung der Frachtbrief dem Empfänger übergeben[26] oder wenn von dem Empfänger gemäß § 76 Abs. (2) Klage gegen die Eisenbahn erhoben wird. Die Eisenbahn hat dann nur die Anweisungen

des Empfängers[27] zu beachten[28]; verletzt sie diese Verpflichtung, so ist sie dem Empfänger für das Gut verhaftet[29].

Vgl. JÜ. Art. 15; AusfBest. z. § 7; HGB. §§ 433, 455, 471.

Literatur: Hertzer, ZVDEisV. **07** 981 ff.; Düringer-Hachenburg § 433 Anm. IV; AAB. II; § 30; Leutke, Das Verfügungsrecht beim Frachtgeschäft; Reindl in EEE. **38** 9.

1 „Verfolgungsrecht"; „droit de suite", „right of stoppage". Da Frachtvertrag Werkvertrag, kann Absender jederzeit kündigen (BGB. § 649); hieraus folgt, daß er grundsätzlich berechtigt ist, jede Verfügung über das Gut zu treffen, soweit dem nicht seine vertragliche Verpflichtung gegenüber der Eisenbahn als Frachtführer entgegensteht. EVO. beschränkt den Absender auf die in Abs. 1 aufgezählten und im Abs. 2 zugelassenen Fälle. § 471 HGB. steht dem nicht im Wege. Ob materiell, d. h. im Verhältnis zum Empfänger oder zum Gut der Absender zur Verfügung berechtigt ist, hat Eisenbahn nicht zu prüfen (Staub § 433 Anm. 4; ROHG. **25** 331). Über Eigentum und Besitz am rollenden Gute s. Literatur bei Rundnagel, BefGesch. S. 142, Anm. 4. Der Eigentümer kann an das Gut nur heran, wenn er sich den Anspruch des Verfügungsberechtigten auf Herausgabe übertragen oder pfänden und überweisen läßt (ZPO. §§ 808, 846, 916, 928). Die Anweisungen sind empfangsbedürftige Willenserklärungen; Gefahr der Übersendung trägt der Absender, s. ROHG. **25** 331. Außer den in Abs. 1 genannten 8 Fällen kennt EVO. noch weitere: z. B. § 74 Abs. 2. Recht des jederzeitigen Widerrufs; vgl. auch Konkursordnung § 44.

2 Also weder der Empfänger (s. Abs. 9) noch der Inhaber des Duplikats, noch der Eigentümer, s. EEE. **19** 144, **21** 65, 127). Abtretung des Rechts des Absenders ist möglich, Duplikat ist an den neuen Gläubiger zu übergeben (BGB. § 402); Anzeige an Eisenbahn (§ 409 aaO.), s. auch EEE. **25** 164.

3 Auch mehrmalig (z. B. Ablieferung an mehrere Empfänger nacheinander), es können auch mehrere Anweisungen

miteinander verbunden werden (z. B. Änderung des Empfängers und des Ablieferungsortes, auch noch der Nachnahme und Frankierung).

[4] Umtausch ist nicht zulässig. Rückgabe bedeutet Kündigung des Frachtvertrags (BGB. § 649).

[5] Soweit der Aufenthalt des Gutes zu ermitteln (EEE. **26** 456).

[6] S. aber Abs.9, EEE. **20** 314. Bei irrtümlicher Auslieferung an den alten Empfänger hat Eisenbahn Rückforderungsrecht (RGEntsch. **3** 80; EEE. **1** 133).

[7] Auch Berichtigung einer ursprünglich falsch bezeichneten Bestimmungsstation (EEE. **16** 14).

[8] Dadurch wird an sich kein neuer Frachtvertrag abgeschlossen (a. M. Eger Anm. 352 mit Literatur, die sich aber auf die alte Fassung stützt). Nur, wenn Absender einen neuen Frachtbrief beifügt (notwendig bei Änderung der Beförderungsart; AAB. II § 30 Ziff. 15), ist neuer Frachtvertrag anzunehmen. Rundnagel, BefGesch. S. 388, Anm. 4; ZVDEisV. **04** 459, 421; s. auch AAB. II § 30 Ziff. 11—13.

[9] Nicht Barvorschüsse, EVO. § 72, Anm. 9 (EEE. **21** 65, **14** 259, **17** 125.)

[10] Mit Rücksicht auf EVO. § 69 Abs. 2 Satz 2 ist anzunehmen, daß Teilfrankierung möglich ist, aber nur bezgl. der ganzen Sendung (s. Abs. 3 S. 1).

[11] Die Eisenbahn kann also nicht gezwungen werden, ihre Rechte aus dem Werkvertrag zu schmälern, s. EEE. **26** 453. Senckpiehl S. 276 will diese Einschränkung nur auf die Anweisungen des Satzes 2 beschränken; aber gerade diese sind am wenigsten geeignet, zu stören.

[12] Über Bedenken gegen diese einschränkende Art der Regelung s. Eger Anm. 356 S. 361.

[13] Auch bei Sammelgut, s. Anm. 10 (EEE. **18** 161.)

[14] Nicht mündlich, telegraphisch oder durch Fernsprecher, EEE. **22** 126.

[15] Ausnahme Abs. 4, AusfBest. III Abs. 2 und § 81 Abs. 1 EVO.

[16] Der Formvorschrift nicht entsprechende Anweisungen sind zurückzuweisen; werden sie angenommen, sind sie nicht nichtig.

[17] Nicht Unterwegsstation. Für Bestimmungsstation besteht keine rechtliche Verpflichtung; Anweisungen anderer Art als auf Zurückhaltung sind nicht zu beachten. Die Lieferfrist ruht nicht (§ 75 Abs. 7). Der Vorlegung des Duplikats bedarf es nicht.

[18] D. h. durch Versandstation unter Vorlegung des Duplikats; Recht des Absenders erlischt mit Ende der Frist oder Erhebung der Klage durch den Empfänger gemäß EVO. § 76 (2), § 74 (9); s. Reindl in EEE. **38** 11.

[19] S. § 61 EVO. Anm. 10. Händigt Absender das Duplikat dem Empfänger aus, so erwirbt dieser nicht das Verfügungsrecht (RG. in EEE. **13** 160), es ist nur bis zur Ankunft des Gutes niemand verfügungsberechtigt (s. EVO. § 74 Abs. 4). Ausstellung nicht verlangten Duplikats kann die Eisenbahn schadensersatzpflichtig machen (ZVDEisV. **90** 304). Bei Verlust des Frachtbriefduplikats ist Kraftloserklärung nicht möglich (Senckpiehl S. 237; Staub § 456 Anm. 5; a. A. Eger Anm. 359). Absender bleibt nur der Weg übrig, durch gerichtliche einstweilige Verfügung die Auslieferung des Gutes zu verhindern. Fraglich ist, ob Zustimmung des Empfängers die Vorlage des Duplikats ersetzt. Dessen Schadensersatzanspruch wird man jedenfalls die exceptio doli entgegenstellen können (vgl. Zeitschr. für intern. EisTransp. **95** 371; Düringer-Hachenburg § 455 Anm. 7). Sicherheitsleistung des Absenders genügt nicht (so Rundnagel S. 331; a. A. Staub § 455 Anm. 5; Senckpiehl S. 237; auch v. d. Leyen, Zeitschr. f. Handelsrecht **39** 80). Abs. 5 bezieht sich auf Verfügungen aller Art (a. A. Rundnagel, BefGesch. S. 329).

[20] Daß Empfänger noch im Besitz ist, wird nicht verlangt; nur darf der Absender nicht wieder Besitzer sein. Über die rechtliche Bedeutung der Übergabe vgl. EEE. **37** 122.

[21] Für allen Schaden ohne die Beschränkung des § 88 EVO. (a. A. Rundnagel S. 330); passiv legitimiert sind die in EVO. § 100 Abs. 3 aufgeführten Eisenbahnen, EEE. **21** 176. Die Verfügungen des Absenders sind auch ohne Vorlage des Duplikats gültig, wenn sie die Eisenbahn ausführt.

[22] An sich selbstverständlich.

[23] Eger (Anm. 362) hält diese Vorschrift, weil wider HGB. § 471 Abs. 1 verstoßend, für nichtig. Dem ist nicht zuzustimmen; es handelt sich nicht um eine Einschränkung der Verpflichtung der Eisenbahn; außerdem ist eine Haftung dem Empfänger (Abs. 5) gegenüber rechtlich dann nicht zu begründen, wenn dieser es abgelehnt hat, in den Frachtvertrag einzutreten.

[24] Hat die nachträgliche Verfügung eine Verringerung der Vertragsleistung zur Folge, dann hat Eisenbahn trotzdem Anspruch auf Fracht, jedoch unter Anrechnung des Ersparten (BGB. § 649, s. AusfBest. V).

[25] Vorausgesetzt, daß es bis dahin nicht ausgeübt wurde, und zwar auch dann, wenn Absender das Duplikat in Händen hat.

[26] Bei Teilverlust genügt teilweise Ankunft des Gutes; bei Verlust des Frachtbriefes: Übergabe eines Ersatzbriefes; diese kann auch durch vertragliche Vereinbarungen ersetzt werden: z. B. bei Anschlußgleisbesitzern. Es kann nicht etwa eine bestimmte Reihenfolge (erst Ankunft des Gutes, dann Frachtbriefübergabe) verlangt werden. Aufforderung, den Frachtbrief einzulösen, ersetzt nicht dessen Übergabe (ROHG. **6** 273, **14** 294). Nach herrschender Meinung hat aber auch Auslieferung des Gutes ohne den (nicht vorhandenen) Frachtbrief die gleiche Wirkung (s. Rundnagel, Haftung S. 28, Anm. 4; Staub, Einl. zu § 433; EntschROHG. **20** 194). Das Gut muß aber tatsächlich angekommen sein; Zeitpunkt des Ankommensollens oder etwa Ablauf der Lieferfrist ersetzt dies nicht (a. A. Eger Anm. 365 und Angeführte). Streitig ist, ob das Erlöschen des Verfügungsrechts endgültig ist (so Eger Anm. 365; EEE. **15** 112, **19** 39, **24** 253); richtiger ist wohl, daß das Recht des

Absenders wieder auflebt, wenn der Empfänger von seinem Verfügungsrecht keinen Gebrauch macht (s. Rundnagel S. 145; EEE. **19** 278; Staub § 433 Anm. 6; ROHG. **6** 276; EEE. **4** 412). Verzicht auf seine Rechte durch Rückgabe des Frachtbriefes (ROHG. **6** 273).

[27] Empfängeranweisungen. Der Empfänger kann allgemein einen Dritten (z. B. einen Spediteur) bevollmächtigen zur Empfangnahme, Quittungsleistung, Annahmeverweigerung (s. AAB. II § 34 Ziff. 14); er kann außerdem die Rechte aus dem Frachtbrief abtreten (BGB. §§ 398ff.) und endlich in bezug auf die einzelne Sendung Anweisung erteilen, jedoch nur innerhalb des Rahmens des bestehenden Frachtvertrages (z. B. Bereitstellung an einer bestimmten Entladestelle; Aushändigung an einen Dritten). Nicht hierher gehört die Weitersendung des Gutes auf neuen Frachtvertrag usw., s. AAB. II § 38. Der „Dritte" hat nicht das Recht weiterer Anweisungen nach EVO. § 73 Abs. 9, sondern nur das der Abtretung seiner Rechte nach BGB. Die Anweisung kann auch schon vor Ankunft des Gutes der Empfangsabfertigung zugehen; geht das Gut nicht innerhalb einer Woche ein, soll Empfangsstation die Anweisung zurücksenden (interne Ordnungsvorschrift!). Nicht zulässig sind Anweisungen, durch die der ursprüngliche Frachtvertrag geändert wird (z. B. Weitersendung auf Grund des alten Frachtbriefs) oder der Eisenbahn Handlungen übertragen werden sollen, die außerhalb des Frachtvertrages liegen (z. B. Verteilung der Sammelgüter). Eine derartige Verpflichtung kann nur auf Grund besonderer Vereinbarung übernommen werden.

[28] Ist der Absender zugleich Empfänger, hat er die Wahl, ob er nach Abs. 1 oder Abs. 9 verfügen will.

[29] D. h. nicht der volle Schaden ist zu ersetzen, sondern nur derjenige, den der Empfänger an dem Gute selbst erleidet (s. Staub § 433 Anm. 8; RG. in Arch. f. Eis. **97** 1005; vgl. hierzu Rundnagel, BefGesch. S. 145f. und Angeführte). Bezgl. etwaigen Schadens des Absenders vgl. JW. **97** 12.

[30] Ob der Empfänger berechtigt ist, schon vor Ankunft

des Gutes Verfügungen über das rollende Gut zu treffen, namentlich die zu dessen Sicherstellung erforderlichen Maßregeln zu ergreifen, ist streitig. Düringer-Hachenburg (§ 434 Anm. 4) bejaht die Anwendung des § 434 HGB. Ebenso Senckpiehl S. 276. Dagegen Rundnagel, BefGesch. S. 391. Klärung durch EVO. wäre erwünscht.

[31] Durch die Übergabe des Frachtbriefs oder die Klageerhebung wird der Empfänger nicht schon Eigentümer (wichtig im Konkurs, s. RGEntsch. **27** 84). Der Frachtführer besitzt also das Gut bis zu dessen Übergabe noch für den Absender.

§ 74. Beförderungshindernisse.

(1) Wird die Beförderung eines aufgelieferten[1] Gutes auf dem vom Absender in zulässiger Weise vorgeschriebenen oder auf dem von der Eisenbahn bestimmten Wege verhindert, so hat die Eisenbahn das Gut[2] ohne Erhebung von Mehrfracht[3] auf einem Hilfswege der Bestimmungsstation zuzuführen. Den Bahnen bleibt überlassen, gegeneinander Rückgriff zu nehmen.

(2) Ist kein Hilfsweg vorhanden[4], so hat die Eisenbahn den Absender um Verfügung zu ersuchen. Der Absender kann in diesem Falle[5] auch vom Vertrage zurücktreten[6], muß dann aber der Eisenbahn, wenn sie kein Verschulden trifft[7], außer der Fracht für die etwa zurückgelegte Eisenbahnstrecke die tarifmäßigen Gebühren für die Vorbereitung der Beförderung und für das Wiederausladen entrichten.

Die im Falle des Rücktritts vom Frachtvertrage vom Absender zu zahlende Gebühr für die Vorbereitung der Beförderung und das Wiederausladen ist im Nebengebührentarif (Teil I Abteilung B) festgesetzt.

(3) Verfügt der Absender auf die Aufforderung der Eisenbahn über das Gut, legt aber das etwa ausgestellte Frachtbriefduplikat oder den Aufnahmeschein nicht vor, so darf er weder die Person des Empfängers noch den Bestimmungsort ändern[8].

(4) Verfügt der Absender der Aufforderung ungeachtet nicht über das Gut, so ist damit nach den Vorschriften im § 81 zu verfahren.

Vgl. JÜ., Art. 18. HGB. §§ 428, 455, 471.

Literatur: Rundnagel, BefGesch. § 49, S. 172; Eger, EEE. **27** 38.

[1] Ist das Gut noch nicht aufgeliefert, gilt EVO. § 63 Abs. 1.

[2] Ohne Nachfrage beim Absender, und ohne dessen Benachrichtigung s. Rundnagel S. 393; a. A. Eger Anm. 367, dem man wohl im Falle der EVO. § 65 Abs. 4 zustimmen wird.

[3] Und ohne Verpflichtung zur Erstattung einer etwaigen Minderfracht, Rundnagel S. 393; a. A. Eger Anm. 367. Für Auslagen gelten beide Vorschriften nicht. Die Lieferfrist ruht (EVO. § 75 Abs. 7).

[4] Fassung nicht gut; hierher gehört auch der Fall, daß das Beförderungshindernis selbst durch mögliche Umleitung nicht behoben werden kann, z. B. Ein-, Aus- und Durchfuhrverbote, Maßnahmen der Zoll- und Polizeibehörde, s. EEE. **23** 175, **26** 125ff.

[5] D. h. solange das Hindernis dauert, s. EEE. **11** 316ff.

[6] Rücktrittsrecht des Absenders, das der Eisenbahn nicht zusteht; Bestimmung ersetzt der § 636 BGB., doch bleibt § 649 BGB. (jederzeitiges Kündigungsrecht) bestehen (vgl. JW. **04** 170; RG. **5** 279, **42** 115).

[7] Mit dem Verschulden entfällt das Recht der Entschädigung. Dem Absender stehen die Rechte aus BGB. § 326 zu. Bei beiderseitigem Verschulden nur Kündigung nach BGB. § 649.

Entschädigung der Eisenbahn nach § 649 oder § 254 BGB. (Verteilung nach dem Grade des Verschuldens.)

[8] Und auch nicht vom Vertrage zurücktreten.

§ 75. Lieferfrist*).

(1)*) Die Lieferfristen[1] dürfen die nachstehenden Höchstfristen nicht überschreiten[2]:

a) für Eilgut:

1. Abfertigungsfrist .... 1 Tag,

---

*) Die starren Lieferfristen der EVO. sind zurzeit aufgehoben (s. Bekanntm. des Reichseisenbahnamtes v. 10. 8. 1914 (RGBl. S. 368); vgl. § 94 Anm. 2. Befugnis stützt sich auf EVO. § 2 Ziff. 4 (vgl. EEE. **33** 82; Werneburg, ZVDEisV. **19** 24). Über die Folgen vgl. RGEntsch. **99** 17 und § 94 EVO. und Sommerfeldt in ZVDEisV. **21** 602.

An Stelle der Lieferfristen gelten jetzt angemessene, gegebenenfalls durch den Richter festzusetzende Fristen (ZVDEisV. **20** 502). Es ist dringend erwünscht, daß alsbald wieder Lieferfristen eingeführt werden, die allerdings den veränderten Zeitverhältnissen angepaßt werden müssen.

Voraussichtlich wird dies zum 1. 4. 22 geschehen. Die dadurch nötigen Änderungen der EVO. sind folgende:

a) Im § 34 (2) ist der zweite Satz wie folgt zu fassen: Muß Gepäck unterwegs auf einen andern Zug übergehen, so kann die Weiterbeförderung erst mit dem nächsten der Personenbeförderung dienenden Zuge verlangt werden.

b) § 51 (1) erhält folgende Fassung: Die Lieferfrist ist durch den Tarif festzusetzen.

c) Im § 51 (2) erhält der erste Satz folgende Fassung: Die Lieferfrist beginnt mit der auf die Annahme folgenden Mitternacht.

d) In §§ 87 (2) und 94 (2) erhält der Eingang der Be-

2. Beförderungsfrist für angefangene je 300 Tarifkilometer .... 1 Tag;

b) für Frachtgut:

1. Abfertigungsfrist .... 2 Tage,
2. Beförderungsfrist bei einer Entfernung bis zu 100 Tarifkilometern 1 Tag, bei größeren Entfernungen für weitere angefangene je 200 Tarifkilometer .... 1 Tag.

---

stimmung folgende Fassung: Ist ein Schaden nicht nachgewiesen und übersteigt die Überschreitung der Lieferfrist 12 Stunden, so hat die Eisenbahn usw. wie bisher.

e) Der § 75 ist wie folgt zu ändern:
(1) Die Lieferfrist besteht aus einer Abfertigungsfrist und einer Beförderungsfrist
(2)—(4) wie bisher.
(5) Die Lieferfrist beginnt mit der auf die Annahme folgenden Mitternacht. Sie ist gewahrt usw. wie bisher.
(6) wie bisher.
(7) hinter Betriebsstörung ist einzufügen: oder einer von der zuständigen Stelle angeordneten Sperrmaßnahme.
(8) und (9) ist zu ersetzen durch: (8) Für jeden der in den Lauf der Lieferfristen fallenden Sonntage und Festtage wird die Lieferfrist um je 1 Tag verlängert.

Alsdann werden durch die **Tarife** folgende Bestimmungen getroffen werden:

a) § 32 Ausf.Best. 5 u. § 92 (3): Die Gebührensätze werden auf 5 Pf. für die Einheit und der Mindestbetrag auf 4 Mark erhöht.

b) § 43 Ausf.Best. 2c: c) bei einer Sendung, die unterwegs von einem Zuge auf einen anderen überzugehen hat, mit der Ankunft des anschließenden oder des nächst-

(2)*) Die Abfertigungsfrist wird ohne Rücksicht auf die Zahl der beteiligten Eisenbahnverwaltungen

---

folgenden zur Beförderung freigegebenen Zuges am Bestimmungsorte.

§ 51 Ausf.Best.: Die Lieferfrist beträgt bis auf weiteres: bei einer Entfernung bis zu 150 Tarifkilometer 2 Tage, bei größeren Entfernungen für weitere angefangene je 300 Tarifkilometer 2 weitere Tage.

§ 75 Ausf.-Best. I (1) Die Lieferfristen betragen bis auf weiteres:

a) für beschleunigtes Eilgut:
   1. Abfertigungsfrist . . . . ½ Tag,
   2. Beförderungsfrist für je auch nur angefangene 300 Tarifkilometer . . . . 1 Tag,

b) für Eilgut:
   1. Abfertigungsfrist . . . . 1 Tag,
   2. Beförderungsfrist für je auch nur angefangene 300 Tarifkilometer . . . . 2 Tage,

c) für Frachtgut:
   1. Abfertigungsfrist . . . . 2 Tage,
   2. Beförderungsfrist
      bei einer Entfernung bis zu 100 Tarifkilometern 2 Tage,
      bei größeren Entfernungen für weitere angefangene je 100 Tarifkilometer . . . . 1 Tag.

(2) Die Lieferfrist für beschleunigtes Eilgut gilt als gewahrt, wenn das Gut so schnell befördert wurde, wie es mit den dafür freigegebenen Zügen möglich war.

(3) Für Stückgutsendungen von Gütern, die nach den Bestimmungen der Anlage C zur EVO. nur bedingungsweise zur Beförderung zugelassen sind, sowie von leeren Packmitteln und Behältern, in denen solche Güter enthalten waren, beträgt die Lieferfrist das Doppelte der Sätze in Abs. (1) dieser Ausführungsbestimmung.

nur einmal[3] berechnet. Die Beförderungsfrist wird nach der Gesamtentfernung zwischen der Versand- und der Bestimmungsstation berechnet[4].

(3)*) Die Eisenbahn kann mit Genehmigung der Landesaufsichtsbehörde[5] Zuschlagsfristen festsetzen:

1. für die Beförderung von und nach Güternebenstellen,
2. für den Übergang auf Bahnen mit anderer Spurweite[6],
3. für außergewöhnliche Verkehrsverhältnisse[7], wobei die Zuschlagsfristen ausnahmsweise vorbehaltlich der Genehmigung der Landesaufsichtsbehörde[5] festgesetzt werden dürfen.

(4)*) Die Abfertigungs- und Beförderungsfristen [Abs. (1)] sowie die Zuschlagsfristen im Abs. (3) Ziffer 1 und 2 sind durch den Tarif festzusetzen. Die Zuschlagsfristen in Abs. (3) Ziffer 3 sind besonders zu veröffentlichen und treten nicht vor der Veröffentlichung in Kraft[8]. Aus der Veröffentlichung muß zu ersehen sein, ob die Genehmigung erteilt oder vorbehalten ist; wird die nachträgliche Genehmigung von der Landesaufsichtsbehörde[5] versagt oder die Genehmigung nicht innerhalb 8 Tagen nach Veröffentlichung der Zuschlagsfristen bekanntgemacht, so ist die Festsetzung wirkungslos[9].

(5)*) Die Lieferfrist beginnt für die im Laufe des Vormittags aufgelieferten Güter um 12 Uhr mittags, für die nachmittags aufgelieferten Güter um Mitternacht[10]. Sie ist gewahrt, wenn vor ihrem Ablaufe das Gut dem Empfänger zugeführt ist[11]. Für Güter, die nach den Bestimmungen der

Empfangsbahn oder nach einer Verfügung des Empfängers nicht zugeführt werden, ist die Lieferfrist gewahrt, wenn vor ihrem Ablaufe der Empfänger von der Ankunft benachrichtigt [§ 79 (3)] und das Gut zur Auslieferung bereitgestellt ist[12].

(6)*) Für bahnlagernd gestellte Güter, für die der Absender die Benachrichtigung des Empfängers nicht im Frachtbriefe vorgeschrieben hat, und für Güter, deren Empfänger auf die Benachrichtigung schriftlich verzichtet hat, ist die Lieferfrist gewahrt, wenn vor ihrem Ablaufe die Güter auf der Bestimmungsstation zur Auslieferung bereitgestellt sind.

(7)*) Der Lauf der Lieferfristen ruht für die Dauer der zoll- oder steueramtlichen oder polizeilichen Abfertigung[13], für die Dauer einer durch nachträgliche Verfügung des Absenders verursachten Verzögerung[14] und für die Dauer einer ohne Verschulden der Eisenbahn eingetretenen Betriebsstörung[15], durch die der Beginn oder die Fortsetzung der Beförderung zeitweilig verhindert wird[16].

(8)*) Ist der auf die Auflieferung des Gutes folgende Tag ein Sonntag oder Festtag, so beginnt bei nachmittags aufgeliefertem Frachtgute die Lieferfrist einen Tag später.

(9)*) Ist der letzte Tag der Lieferfrist ein Sonntag oder Festtag, so läuft bei Frachtgut die Lieferfrist erst mit der entsprechenden Stunde des nächsten Werktags ab.

I.*) Als Lieferfristen gelten, sofern nicht besondere kürzere Fristen veröffentlicht sind, die vorstehend festgesetzten Höchstfristen mit Zurechnung der von den einzelnen Eisenbahnen mit Genehmigung ihrer Aufsichtsbehörden veröffentlichten Zuschlagsfristen.

II.*) (1) Die Lieferfrist für beschleunigtes Eilgut beträgt:

1. Abfertigungsfrist .... ½ Tag,
2. Beförderungsfrist für je auch nur angefangene 300 Tarifkilometer .... ½ Tag.

(2) Die Lieferfrist für beschleunigtes Eilgut gilt als gewahrt, wenn das Gut so schnell befördert wurde, wie es mit den dafür freigegebenen Zügen möglich war[17].

Vgl. JÜ. Art. 14; AusfBest. § 6; HGB. § 428.

[1] Zeitraum, innerhalb dessen die Eisenbahn gewisse Erfüllungshandlungen vorzunehmen hat. Grundsätzlich sind dies Beförderung und Zuführung oder Bereitstellung zur Auslieferung (Rundnagel, Haftung § 10, S. 43), s. § 94 Anm. 5.

[2] EVO. setzte nur Höchstfristen fest (s. Abs. 4). EEE. **18** 145. Ab 1./4. 22 Neuregelung durch Tarif. Die Bedeutung der Lieferfristen besteht darin, daß die Eisenbahn die Pflicht hat, die Erfüllungshandlungen innerhalb einer bestimmten Frist vorzunehmen; sie hat aber auch das Recht, die Frist auszunutzen. Für Transportverzögerungen innerhalb der Lieferfrist tritt also keine Haftung ein, auch wenn sie grobfahrlässig herbeigeführt sein sollte (RGEntsch. v. 16. 6. 1920 [I 54/20]). Festsetzung im einzelnen in den Tarifen. Die Folgen der Lieferfristüberschreitung regelt EVO. § 94.

[3] D. h. für den durchgehenden Frachtbrief. Bei Änderung der Bestimmungsstation auf Grund nachträglicher Anweisung ist Abfertigungsfrist doppelt zu berechnen (s. EEE. **31** 340). Reexpedition ist Neuaufgabe.

[4] Berechnung bei Hilfsweg (EVO. § 74), s. EEE. **18** 21.

[5] Reichsverkehrsministerium (s. oben § 2 Anm. 3).

[6] S. EEE. **17** 160.

[7] S. EEE. **25** Sonderheft **26** 38, **27** 181. Z. B. Eisgang. Güterandrang infolge Versagens der Schiffahrt, Ausstände, Krieg, s. EEE. **21** 57, Messen (vgl. JA., AusfBest. § 6).

[8] Sie werden sofort wirksam (Abweichung von § 6 Abs. 5). Für die laufenden Frachtverträge gelten die alten Fristen, aber prüfen, ob EVO. § 75 Abs. 7 und § 94 Abs. 4 zutreffen (vgl. Eger Anm. 374; EEE. **17** 319, **25** Sonderheft); s. auch EEE. **32** 297.

[9] S. EEE. **25** 28.

[10] Epstein, EEE. **24** 203; maßgebend tatsächliche Auflieferung, nicht der Tagesstempel (abw. Eger Anm. 376; EEE. **24** 24); Vereinbarungen über den Beginn der Lieferfristen sind ungültig (EEE. **10** 85, **14** 145, **15** 52; Senckpiehl S. 282).

[11] Nicht erforderlich Vorliegen des Frachtbriefs (EEE. **21** 375).

[12] Kann auch im Eisenbahnwagen sein (EEE. **31** 209).

[13] EEE. **25** 145, **29** 77.

[14] Auch bei nachträglicher Bestimmung des Entladebahnhofs (EVO. § 73), Rundnagel, Haftung S. 49 Anm. 19; EEE. **21** 128.

[15] Betriebsstörung ist jedes Ereignis, das den Betrieb unmöglich macht; Störung einzelner Beförderungshandlungen genügt nicht (EEE. **17** 347, **21** 395, **25** 28; abw. **27** 45). Bloße Betriebserschwernisse, z. B. infolge Güteranhäufung, fallen nicht unter Abs. 7 (s. Abs. 3; EEEE. **24** 343, **21** 57, **33** 77, 288). Senckpiehl (S. 283) will nur höhere Gewalt anerkennen; dagegen mit Recht Rundnagel S. 383, Anm. 19. Beweispflichtig ist Eisenbahn (EEE. **24** 343). Zeitpunkt des Eintritts der Störung ist unerheblich (ZVDEisV. **14** 381); vgl. ferner hierzu EVO. § 94, namentlich Anm. 8.

[16] Verlängerung infolge Prüfung der Inhaltsangabe? Ja, wenn diese unrichtig war (EEE. **31** 209).

[17] Fassung nicht glücklich, s. Rundnagel, BefGesch. S. 380.

§ 76. Ablieferung.

(1) Die Eisenbahn ist verpflichtet, am Orte der Ablieferung[1] dem Empfänger[2] gegen Zahlung der durch den Frachtvertrag begründeten Forderungen[3] und gegen Empfangsbescheinigung[4] den Frachtbrief und das Gut zu übergeben[5]. Der Übergabe des Gutes an den Empfänger steht gleich die Übergabe an die Zoll- oder Steuerverwaltung in deren Abfertigungsräumen oder Niederlagen, wenn diese nicht unter Verschluß der Eisenbahn stehen[6], sowie die nach dieser Ordnung[7] zulässige Hinterlegung bei einem Spediteur oder in einem öffentlichen Lagerhause[8, 9].

(2) Der Empfänger ist nach[10] Ankunft[11] des Gutes am Orte der Ablieferung berechtigt[12], die durch den Frachtvertrag begründeten Rechte[13] gegen Erfüllung der sich daraus ergebenden Verpflichtungen im eigenen Namen gegen die Eisenbahn geltend zu machen, ohne Unterschied, ob er hierbei in eigenem oder in fremdem Interesse handelt[14]. Er ist insbesondere berechtigt, von der Eisenbahn die Übergabe des Frachtbriefs und die Auslieferung des Gutes zu verlangen[15], wenn nicht der Absender der Eisenbahn eine nach § 73 noch zulässige entgegenstehende Verfügung erteilt hat.

I. (1) Außer den durch den Frachtvertrag begründeten Anweisungen [§§ 76 (2) und 73 (9)] kann der im Frachtbrief bezeichnete Empfänger Anweisung erteilen,

1. daß das Gut mit dem Frachtbrief gegen Zahlung der Fracht und der sonst auf dem Gute haftenden

Beträge auf der Bestimmungsstation einem Dritten ausgeliefert wird,

2. daß ihm der Frachtbrief gegen Zahlung der Fracht und der sonst auf dem Gute haftenden Beträge, das Gut aber auf der Bestimmungsstation einem Dritten ausgeliefert wird,

3. daß ihm der Frachtbrief, das Gut aber gegen Zahlung der Fracht und der sonst auf dem Gute haftenden Beträge auf der Bestimmungsstation einem Dritten ausgeliefert wird,

4. daß das Gut nach Zahlung oder gegen Nachnahme der Fracht und der sonst auf dem Gute haftenden Beträge mit neuem Frachtbrief von der Bestimmungsstation nach einer anderen Station gesandt wird.

(2) Für die — auch nur versuchte — Ausführung dieser Anweisungen wird außer den etwa erwachsenden baren Auslagen die im Nebengebührentarif (Teil I Abteilung B) festgesetzte Gebühr erhoben. Die Ausführung der Anweisungen kann abgelehnt werden.

(3) Als Ort der Ablieferung im Sinne der Abs. (1) und (2) gilt, vorbehaltlich der Festsetzungen im § 78 Abs. (1), die vom Absender bezeichnete Bestimmungsstation[16] oder Güternebenstelle auch dann, wenn im Frachtbrief ein anderer Bestimmungsort[17] angegeben ist.

(4)[18] Durch Annahme[19] des Frachtbriefs und des Gutes wird der Empfänger[20] verpflichtet, der Eisenbahn nach Maßgabe[21] des Frachtbriefs Zahlung[22] zu leisten [vgl. jedoch § 70 Abs. (2)].

(5) Die Empfangsbahn hat bei der Ablieferung alle durch den Frachtvertrag begründeten Forde-

rungen, wie Fracht, Nebengebühren, Nachnahmen, Zollgelder und andere Auslagen einzuziehen. Auch hat sie erforderlichenfalls das Pfandrecht an dem Gute geltend zu machen[23].

(6) Ob die Güter durch die Eisenbahn oder durch den Empfänger auszuladen sind, hat der Tarif zu bestimmen, soweit nicht diese Ordnung Vorschriften darüber enthält[28].

II. Welche Güter durch die Eisenbahn und welche Güter durch den Empfänger auszuladen sind, ist in Abschnitt II der Allgemeinen Tarifvorschriften (Teil I Abteilung B) festgesetzt.

(7) Der Eisenbahn steht frei, Stückgüter, die von ihr auszuladen sind, dem Empfänger auf seine Kosten zuzuführen (§ 78) oder ihn von der Ankunft zu benachrichtigen[24]. Auf den Stationen, wo Stückgüter dem Empfänger zugeführt werden, ist dies durch Aushang an den Abfertigungsstellen bekanntzumachen. Von der Ankunft anderer Güter ist der Empfänger zu benachrichtigen [vgl. jedoch § 79 Abs. (5)].

(8) Die Eisenbahn kann im Tarife vorschreiben, daß das Überladen von Gütern, die auf der Bestimmungsstation vom Eisenbahnwagen unmittelbar in Schiffe übergehen sollen, gegen Zahlung der im Tarif oder durch Aushang bekanntzumachenden Gebühren von ihr selbst oder durch besondere Unternehmer ausgeführt wird. Die hierbei verwendeten Personen gelten als Leute der Eisenbahn im Sinne des § 5.

III. Die Stationen, auf denen Güter von der Eisenbahn in Schiffe durch die Eisenbahn — selbst oder durch Unternehmer — übergeladen werden, sind in den Tarifteilen II genannt.

(9) Ist am Bestimmungsorte keine Güterabfertigungs- oder Güternebenstelle vorhanden, hat die Eisenbahn auch keine allgemeinen Einrichtungen für die Weiterbeförderung der Güter dorthin getroffen [§ 78 Abs. (1)] und hat weder der Absender noch der Empfänger für die unmittelbare Weiterbeförderung gesorgt, so hat die Eisenbahn wegen der Weiterbeförderung die Pflichten des Spediteurs [§ 85 Abs. (1)][25].

(10) Bei der Ablieferung dürfen außer der Empfangsbescheinigung[26] weitere Erklärungen, namentlich über tadellose oder rechtzeitige Ablieferung, nicht verlangt werden. Vom Empfänger abzuholende Güter sind ihm, wenn die Eisenbahn sie auszuladen hat, auf den Güterböden, sonst auf den Entladeplätzen zur Verfügung zu stellen. Der Empfänger hat den eingelösten[27] Frachtbrief vorzuzeigen.

Vgl. JÜ. Art. 16, 17, 20, 21; HGB. §§ 435, 436, 440, 441, 468.

Literatur: Ritter, Verpflichtung der Eisenbahn zur Vorzeigung der Güter, ZVDEisV. 08 430; Senckpiehl, Frachtführerpfandrecht, EEE. 25 205.

[1] Begriff vgl. Anm. 5 und EVO. § 84 Anm. 7.

[2] S. EVL. § 56 1 Abs. (9), oder nachträglich bezeichnet, § 73 (EEE. 1 51). Vorzeiger der Postbenachrichtigung muß als legitimiert gelten, vgl. EEE. 32 54. Auslieferung an Nichtbevollmächtigte s. EEE. 31 185; AAB. § 39 Ziff. 4.

[3] Auch wenn Absender frankiert, aber nicht bezahlt hat, vgl. EVO. § 69 Anm. 8 und unten Anm. 13.

[4] Vgl. Abs. 10, § 97 Abs. 4, auch Anm. 26, bei Ablieferung ohne Quittungsleistung hat die Eisenbahn die Ablieferung auf andere Weise zu beweisen. Die Echtheit der Unterschrift hat Eisenbahn darzutun.

[5] Auslieferung, d. i. Aufgabe des Gewahrsams mit Genehmigung des Empfängers. Übergabe des Frachtbriefs steht dem des Gutes nicht gleich (Arch. f. Eis. **92** 153; RGEntsch. **27** 84). Empfänger kann auf Grund des BGB. § 810 vorherige Einsicht in den Brief verlangen. Übergabe des Frachtbriefes ist keine notwendige Voraussetzung für die Ablieferung (Rundnagel, Haftung S. 28). Bei Überstellung auf Anschlußgleisen bedarf es ebenfalls des Einverständnisses des Empfängers, das allerdings meist vertraglich als von vornherein mit der Überstellung gegeben vereinbart ist (s. EEE. **18** 201; ROHG. **8** 27; RGEntsch. **17** 335).

[6] S. auch § 84, Arch. f. Eis. **08** 971; EEE. **1** 270, **4** 163, 434; ROHG. **2** 247, **8** 26. Bei Einstellung in Eisenbahnzollschuppen (Mitverschluß) endet Haftung noch nicht; a. A. vgl. RGEntsch. **66** 335 und EVO. § 97.

[7] EVO. § 76 Abs. 9, § 81 Abs. 3.

[8] Ferner sind zu beachten: Pfändungsbeschlüsse gegen den Empfänger (zuzustellen der zur Vertretung bestimmten Behörde, grundsätzlich der Eisenbahndirektion), (Reindl, ZVDEisV. **03** 1425, aber auch daselbst S. 882). Anweisungen des Empfängers auf Auslieferung an andere (s. EEE. **30** 6; ZVDEisV. **13** 1429, **14** 202).

[9] Auch wenn die Eisenbahn das Gut selbst auf Lager nimmt, s. Rundnagel, BefGesch. S. 396, Haftung S. 39, Senckpiehl S. 286; a. M. EEE. **27** 190.

[10] Vor Ankunft unzulässig, RG. in EEE. **11** 302.

[11] Nicht nach Ablauf der Lieferfrist, also auch nicht bei Totalverlust, s. Staub § 435 Anm. 1; unrichtig Eger Anm. 384; EEE. **16** 339. Literatur bei Rundnagel, BefGesch. S. 157, Anm. 22. Ankunft eines Teiles des Gutes verschafft dem Empfänger Gläubigerstellung (Rundnagel S. 157 und Anm. 25

daselbst), und zwar bezüglich des ganzen Gutes. Wird das Gut versehentlich weitergesandt, behält der Empfänger seine Rechte (ROHG. **11** 293).

[12] Nicht verpflichtet; daher keine Klage des Frachtführers auf Abnahme (EEE. **17** 219; JW **00** 339; EEE. **21** 62). Das Vertragsverhältnis zwischen Eisenbahn und Absender bleibt trotzdem bestehen, s. oben Einleitung zu Abschn. VIII Anm. 3, § 73 Anm. 4). Nur sind die Rechte des Absenders zugunsten des Empfängers ausgeschlossen (s. ROHG. **6** 275). Ob der Empfänger dem Absender gegenüber zur Abnahme verpflichtet ist, bestimmt das zwischen ihnen bestehende Vertragsverhältnis.

[13] S. Anm. 3 u. 21. Nicht nur die aus dem Frachtbrief ersichtlichen Rechte (ROHG. **7** 217, **8** 196), denn der Frachtbrief ist keine Skripturobligation; gemeint ist alle tarifmäßig auf Grund des Frachtvertrages geschuldeten Beträge (s. ROHG. **20** 410, **21** 181; auch EEE. **22** 295); auch Frachtzuschläge (EEE. **2** 436); Lagergeld (RGEntsch. **15** 76); auch Nachzoll (EEE. **24** 348); abw. das nicht überzeugende Urteil des RG. v. 16. 6. 1909 (JW. **09** 502). Entscheidend ist der Rechtszustand, der zur Zeit der Geltendmachung zwischen Eisenbahn und Absender besteht (RG. **13** 75; z. B Aufrechnungsmöglichkeit). Erst von da ab sind sie unabänderlich. Auch die Pflichten sind aus dem Frachtvertrag, nicht dem Frachtbrief zu entnehmen. Erfüllung Zug um Zug. Eisenbahn kann die Ausfolgung des Gutes verweigern, bis zur Zahlung der Fracht, Zölle, Nachnahmen usw. (s. RG. **36** 2; ROHG. **14** 272, **20** 377).

[14] Also auch das Interesse des Absenders; auch eines Dritten, z. B. Spediteur, vgl. ROHG. **4** 359; RGEntsch. **13** 75, **43** 172; JW. **00** 256; RG. **58** 39.

[15] Ein vorheriges Besichtigungsrecht des Empfängers wird mit Recht als unvereinbar mit dem Eisenbahnbetrieb verneint, es widerspräche auch dem Grundsatz der Leistung Zug um Zug. Bei Wagenladungen steht sie dem Empfänger frei, bezieht sich aber nur auf Unverletztheit des Plombenverschlusses u. ä., bei Stückgütern ist sie unausführbar, s. Rund-

nagel S. 398 und Zit. Anm. 7—10; Staub § 438 Anm. 3; a. A. Eger Anm. 385. Empfänger kann Besichtigung durch EVO. § 83 erreichen.

[16] S. EVO. § 56 Abs. 1b; EEE. **11** 302.

[17] S. EVO. § 56 Abs. 1c. Kleinbahnstation (s. EVO. § 75 Abs. 3, 4, § 85 Abs. 2). Auch die Kleinbahn kann als Rollfuhrunternehmer bestellt sein.

[18] Zahlungspflicht des Absenders ist nirgends festgelegt, wohl weil selbstverständlich. Grundsatz schon im Abs. 2 enthalten. Fassung des Abs. 4 nicht glücklich; s. namentlich Anm. 21. Über die Zahlungspflicht des Empfängers (Anweisungstheorie) Busch, Arch. **6** 3957.

[19] D. h. Wechsel der Verfügungsgewalt und der Aufbewahrungspflicht mit Zustimmung oder nachträglicher Genehmigung des Empfängers. Annahme nur zur Besichtigung würde nicht genügen, s. auch JW. **09** 309. Annahme unter Vorbehalt wäre nur wirksam bei Zustimmung der Eisenbahn; sie liegt auch in der Abfuhr durch den allgemein hierzu bevollmächtigten Spediteur (EEE. **19** 337, **23** 274, **23** 306). Der Empfänger muß in der Lage sein, das Gut ordnungsgemäß in Besitz zu nehmen. Wird er darin gestört, dann Haftung bis zur vollendeten Ablieferung nach Eisenbahnfrachtrecht, sonst nur bei Verschulden (§ 278 BGB; § 5 EVO.), s. EEE. **33** 302 (Betreten der Gleise), **33** 320 Entladung) und S. 402 (Zugang zur Entladestelle). Bloße Avisierung genügt nicht, v. d. Leyen, Zeitschr. f. HR. **16** 86. Nachträgliche Rückgabe von Gut und Brief hebt die eingetretene Wirkung nicht auf; es ist nur Anfechtung wegen Irrtums, Täuschung (z. B. über die Beschaffenheit des Gutes) möglich.

[20] Auch der Adreßspediteur (EEE. **19** 337).

[21] S. Anm. 13 und 18. Will man zu einem befriedigenden Ergebnis gelangen, muß man diese Bestimmung dahin deuten: wie es das aus dem Frachtbrief ergebende Frachtverhältnis mit sich bringt, so auch Abs. 1 und 2 (s. Anm. 3 und 13). Der Frachtbrief ist also nicht unbedingt maßgebend, vgl. EEE. **25**

374, **26** 189, **22** 295; sicher ist, daß nicht nötig ist, den geschuldeten Betrag ziffernmäßig im Frachtbrief ersichtlich zu machen (s. ROHG. **21** 183), vgl. EVO. § 68 Abs. 1 (oben Anm. 1) und namentlich Eger Anm. 387 (a. A. RG. in EEE. **26** 189). A. A. RGEntsch. **71** 344; Düringer-Hachenburg § 436 Anm. 6, der allerdings Anfechtung des Inhalts nachträglich zulassen will (ROHG. **9** 71, **21** 182).

[22] Fracht, Gebühren, Auslagen, Nachnahmen, Frachtzuschläge (s. EEE. **22** 295), vgl. auch EVO. § 70, die sich aus dem Frachtbrief ergeben oder sich aus den darin angeführten Tarifen usw. errechnen lassen; oder für die sonst eine Verpflichtung aus dem Frachtvertrag besteht (s. Anm. 21).

[23] S. HGB. §§ 440, 441; JÜ. Art. **20** 21, 22. Literatur: s. Rundnagel § 54, S. 186ff.; Senckpiehl, EEE. **25** 204ff.; Staub, HGB. § 440 Anm. 1ff. Beispiele bei Cosack § 122, S. 448 und Rundnagel § 55, S. 190. Empfangsbahn ist letzter Frachtführer. Das Pfandrecht entsteht als gesetzliches Pfandrecht; es steht der Eisenbahn an dem Frachtgut zu für Forderungen aus demselben Frachtvertrag (RGEntsch. **74** 400), und zwar für alle Ansprüche (Fracht, Zölle, Auslagen, Nachnahmen, eigener Schaden), die einer oder mehreren an der Beförderung beteiligten Eisenbahnen zustehen, auch wenn sie sich nicht aus dem Frachtbrief ergeben (ROHG. **15** 200, **20** 100, **24** 288; RGEntsch. **74** 400). Das Pfandrecht dauert über die Ablieferung hinaus, wenn es innerhalb dreier Tage, den Tag der Ablieferung nicht mitgerechnet (BGB. § 18⁷), gerichtlich geltend gemacht wird und das Gut noch im Besitz des Empfängers ist Pfandverkauf muß dem Empfänger angedroht werden (BGB. §§ 1228, 1234); Realisierungsfrist 1 Woche (HGB. § 368 und BGB. § 1234); wegen Benachrichtigung vgl. BGB. §§ 1235, 1241 (HGB. § 440 und EVO. § 81); Ablösungsrecht BGB. § 1249. Über die Rangordnung mehrerer Pfandrechte vgl. HGB. § 443. Belastung mit Nachnahme schließt das Pfandrecht nicht aus (EEE. **26** 414). Neben dem Pfandrecht steht dem Frachtführer noch das Zurückbehaltungsrecht des § 273

BGB. und das kaufmännische des § 369 HGB. zu. Das JÜ. kennt nur Faustpfand.

[24] Für verspätete oder unrichtige Zustellung durch die Post haftet Eisenbahn nicht; die Post gehört nicht zu den Leuten des § 5 EVO., vgl. ZVDEisV. **03** 741; a. A. EEE. **19** 274.

[25] Vgl. hierzu Rundnagel S. 401.

[26] BGB. § 368.

[27] Er hat also vorzuleisten, s. EEE. **30** 53; Staub Anm. 7 zu § 435; ROHG. **20** 377; RG. **71** 344.

[28] Stellt die Eisenbahn bei Gütern, die der Empfänger zu entladen hat, ohne schriftlichen Antrag gemäß § 50 Abs. 3 EisGütTar. Kran und Kranwärter, so gelten diese als Leute des Empfängers, nicht als Erfüllungsgehilfen der Eisenbahn. Letztere haftet also nur bei Verschulden für Gestellung des Kranes oder der Auswahl des Wärters (Arch. f. Eis. **20** 468 und RGEntsch. **97** 17). BGB. § 831.

§ 77. Nachzählung und Nachwägung auf der Bestimmungsstation.

(1) Der Empfänger kann bei[1] der Ablieferung verlangen, daß die Güter in seiner Gegenwart auf dem Bahnhofe nachgezählt und nachgewogen werden; er hat hierfür die tarifmäßige Gebühr zu zahlen (vgl. auch § 56 Abs. (6)].

I. Für die Gewichtsermittlung oder Feststellung der Stückzahl der angekommenen Güter wird das im Nebengebührentarif (Teil I Abteilung B) bestimmte Wägegeld oder die Zählgebühr erhoben.

(2) Die Eisenbahn ist verpflichtet, die beantragte Nachwägung und Nachzählung vorzunehmen, es sei denn, daß die vorhandenen Wägevorrichtungen nicht ausreichen oder die Beschaffenheit des Gutes oder die Betriebsverhältnisse dies nicht gestatten.

Wird die Nachwägung abgelehnt, so kann der Empfänger das Gut auf der nächsten geeigneten Wage[2] in Gegenwart eines Bevollmächtigten der Eisenbahn nachwägen. Er hat die hierdurch entstehenden Kosten einschließlich der Entschädigung für den Bevollmächtigten zu zahlen.

(3) Für die Verwägung von Wagenladungsgütern gelten die Vorschriften des § 58 Abs. (5).

II. Ergibt die auf Antrag des Absenders oder Empfängers auf der Bestimmungsstation vorgenommene Nachwägung von Wagenladungen auf der Gleiswage keine größere Abweichung von dem der Frachtberechnung zugrunde gelegten Gewicht als 2 v. H., so wird das der Frachtberechnung zugrunde gelegte Gewicht als richtig angenommen. Diese Bestimmung gilt auch bei den vom Absender verladenen Stückgutsendungen. Die Ausf.-Best. III zu § 58 findet Anwendung.

(4) Wird bei der Nachzählung oder Nachwägung eine Minderzahl oder ein Mindergewicht festgestellt, die von der Eisenbahn zu vertreten[3], aber noch nicht anerkannt sind, so darf die Eisenbahn für die Feststellung keine Gebühren erheben und hat dem Empfänger die ihm verursachten Kosten zu ersetzen[4].

[1] Zeitpunkt wesentlich; Verlangen formlos; auch bei der Zuführung durch bahnamtliche Rollfuhrunternehmer. Rechte und Pflichten ergeben sich aus dem Frachtvertrag (nicht etwa besonderen Werkvertrag), so Senckpiehl S. 289.

[2] Z. B. Fuhrwerkswage, Dezimalwage. EEE. **18** 305, aber nach Einlösung des Frachtbriefs s. AAB. § 36 Ziff. 4.

[3] Der Eisenbahn bleibt der Gegenbeweis offen, daß die erste Verwiegung unrichtig war (EEE. **25** 194f.).

[4] D. h. nur die nachgewiesenen notwendigen Kosten, s. Kittel, EVO. § 77 Anm. 3.

§ 78. Zuführung.

(1) Die Eisenbahn kann[1] die Stückgüter und Ladungen[2] innerhalb des Stationsorts oder nach benachbarten Orten gegen eine durch Aushang bekanntzumachende Gebühr selbst zuführen[3] oder Rollfuhrunternehmer[4] dafür bestellen [§ 76 Abs. (7) und (9)]. Die hierbei verwendeten Personen gelten als Leute der Eisenbahn im Sinne des § 5[5]. Die Rollfuhrleute haben ihren Gebührentarif bei sich zu tragen und auf Verlangen vorzuzeigen[6].

Auch wenn für die Zuführung von beschleunigtem Eilgut Rollfuhrunternehmer bestellt sind, ist die Eisenbahn berechtigt, an Stelle der Zuführung Benachrichtigung eintreten zu lassen.

(2) Auch auf den Stationen, wo die Eisenbahn für die Zuführung sorgt, sind die Empfänger berechtigt, ihre Güter selbst abzuholen oder sie durch andere als die von der Eisenbahn bestellten Fuhrunternehmer abholen zu lassen. Wollen sie von diesem Rechte Gebrauch machen, so haben sie es der Abfertigungsstelle vor der Ankunft des Gutes schriftlich anzuzeigen. Die Eisenbahn kann jedoch im allgemeinen Verkehrsinteresse mit Genehmigung der Landesaufsichtsbehörde dieses Recht vorübergehend oder, wenn besondere Verhältnisse es erfordern, auch dauernd beschränken oder aufheben.

(3) Müssen Güter nach Räumen der Zoll- oder Steuerverwaltung gebracht werden, die außerhalb der Bahnhöfe liegen, so kann dies die Eisenbahn gegen Erstattung der Kosten selbst besorgen oder unter ihrer Verantwortung auf Kosten des Verfügungsberechtigten durch einen Spediteur besorgen lassen, auch wenn der Empfänger sich die Selbstabholung vorbehalten hat.

(4) Die Fristen, innerhalb deren die Güter dem Empfänger von der Eisenbahn zugeführt werden, sind durch Aushang an den Abfertigungsstellen bekanntzumachen.

Vgl. JÜ. Art. 19.

[1] Eine Verpflichtung besteht nicht.

[2] Vgl. § 76 EVO. Abs. 7.

[3] D. h. in die Behausung schaffen; die Weiterbeförderung innerhalb des Hauses (Keller, Boden, Lager) ist nicht Sache des Bahnrollers (vgl. Rundnagel, Haftung § 5, S. 26, § 6 Anm. 1 u. 2; BefGesch. S. 400).

[4] Sie sind nicht nachfolgende Frachtführer (§ 432 HGB.), sondern Erfüllungsgehilfen; sie treten mit Absender und Empfänger in kein Vertragsverhältnis, so Rundnagel, BefGesch. S. 350 und 401; Senckpiehl S. 294; a. M. mit eingehender Literaturangabe: Eger Anm. 404, S. 414ff.

[5] Sofern sie nicht als Spediteure im Privatauftrag handeln (RGEntsch. **66** 406). EEE. **22** 371 gibt ihnen ein selbständiges Pfandrecht neben der Eisenbahn.

[6] Annahmeverzug des Empfängers verwandelt die Bringschuld nicht in eine Holschuld (Staub § 435 Anm. 5). Selbstverständlich Gebühr für doppelte Zurollung (s. Rundnagel S. 137 Anm. 7), sowie Ersatz der Kosten für Aufbewahrung (BGB. § 304).

§ 79. Benachrichtigung des Empfängers von der Ankunft.

(1) Die Benachrichtigung über die Ankunft des Gutes [§ 76 Abs. (7)] geschieht nach Wahl der Eisenbahn[1] durch die Post[2], durch Fernsprecher oder schriftlich durch besonderen Boten unter Angabe der Frist, innerhalb deren das Gut abzunehmen ist[3]. Auf schriftlichen Antrag des Empfängers kann die Abfertigungsstelle eine besondere Art der Benachrichtigung mit ihm vereinbaren.

I. Wollen die Empfänger für den Einzelfall oder ein für allemal mit der Eisenbahn die Art der Benachrichtigung vereinbaren, so haben sie dies durch eine schriftliche Erklärung bei der Güterabfertigungsstelle rechtzeitig zu beantragen. Erklärungen, die ein für allemal abgegeben werden, sind nach dem Vordruck der Anlage VII auszustellen.

(2) Die Benachrichtigung hat bei Frachtgut nach der Ankunft, spätestens aber sofort nach der Bereitstellung, bei Eilgut binnen 2 Stunden nach der Ankunft zu erfolgen[4]. Bei Eilgut, das an Werktagen nach 6 Uhr abends, an Sonn- und Festtagen nach 12 Uhr mittags ankommt, kann die Benachrichtigung erst am folgenden Morgen verlangt werden[5].

(3) Die Benachrichtigung gilt als bewirkt[6]:

a) bei Zustellung durch die Post vier Stunden, durch Telegramm eine Stunde nach der Aufgabe[7],

b) bei Zustellung durch Fernsprecher mit der Aufgabe[7],

c) bei anderer Zustellung mit der Aushändigung.

(4) Ausgefertigt wird die Benachrichtigung unentgeltlich, für die Zustellung kann die Eisenbahn den Ersatz ihrer Auslagen[8] verlangen.

II. Die Gebühren für die Zustellung der Benachrichtigung sind im Nebengebührentarif (Teil I Abteilung B) festgesetzt.

(5) Die Benachrichtigung unterbleibt, wenn der Empfänger schriftlich darauf verzichtet, und bei bahnlagernd gestellten Gütern, wenn der Absender[9] sie im Frachtbriefe nicht ausdrücklich vorgeschrieben hat.

III. Die Eisenbahn kann Empfänger, deren Anschrift im Frachtbrief angegeben ist, von der Ankunft bahnlagernd gestellter Güter auch dann benachrichtigen, wenn dies vom Absender im Frachtbrief nicht vorgeschrieben ist. Auf den Beginn der Abnahmefrist [§ 80 (3) EVO.] ist die Benachrichtigung ohne Einfluß.

(6) Ist eine Wagenladung wegen Laufunfähigkeit des Wagens unterwegs umgeladen worden, so muß das dem Empfänger bei der Benachrichtigung mitgeteilt werden[10].

Vgl. JÜ. Art. 19.

Literatur: Hertzer, Verspätete .... Zustellung des Avises, EEE. **19** 274.

[1] S. EEE. **26** 149.

[2] D. h. durch Postkarte oder Brief; bisher wird nicht hierher gerechnet Telegramm.

[3] S. EEE. **29** 322; ohne Fristangabe wirkungslos. Ausdruck ist ungenau, da zunächst noch keine Abnahmepflicht besteht (§ 76 Abs. 4).

[4] Verschuldete Verspätung verpflichtet zum Schadensersatz (EEE. **33** 289, 296), vgl. ferner EEE. **19** 210, 239, **20** 320, **23** 355), aber nicht vor Ablauf der Lieferfrist (EEE. **25** 385).

[5] Ausdruck ungenau; gemeint ist Ruhen der Frist.

[6] Gilt für die Frist des Abs. 2 und auch für EVO. § 75 Abs. 5, und zwar zugunsten der Eisenbahn.

[7] Zustellung ist Sache der Post; also § 278 BGB. nicht anwendbar; für durch die Post unterlassene oder verzögerte Zustellung haftet Eisenbahn nicht (Rundnagel, Haftung S. 51, Anm. 23; BefGesch. S. 382 und die dort Anm. 16 Angeführten; namentlich: EEE. **16** 64, **24** 280; ZVDEisV. **03** 741; ferner Senckpiehl S. 295; Eger Anm. 411 unrichtig: EEE. **29** 273, **30** 40, **33** 418; Hertzer, EEE. **19** 279.

[8] Ungenau; s. Rundnagel S. 403, Anm. 4.

[9] Der Empfänger hat dies Recht nicht.

[10] Durch Unterlassung macht Eisenbahn sich schadensersatzpflichtig.

§ 80. Fristen für die Abnahme der nicht zugerollten Güter[1].

(1) Die von der Eisenbahn auszuladenden[2] Güter sind innerhalb der im Tarife festzusetzenden Frist während der Dienststunden [§ 63 Abs. (2)] abzunehmen. Die Frist beginnt mit der Benachrichtigung von der Ankunft des Gutes und muß mindestens 24 Stunden[3] betragen.

(2) Die Frist, innerhalb deren die vom Empfänger auszuladenden Güter abzunehmen sind, ist durch Aushang an der Abfertigungsstelle oder durch den Tarif bekanntzumachen. Die Frist beginnt mit der Benachrichtigung über die Ankunft des Gutes. Sind die zu entladenden Wagen nicht rechtzeitig bereitgestellt, so beginnt die Entladefrist erst mit

dem Zeitpunkte der Bereitstellung[4]. Die Eisenbahn kann verlangen, daß die Güter während der Dienststunden ausgeladen und abgefahren werden.

(3) Sind die Güter bahnlagernd gestellt, und hat der Absender im Frachtbriefe die Benachrichtigung des Empfängers nicht ausdrücklich vorgeschrieben oder hat der Empfänger auf die Benachrichtigung schriftlich verzichtet oder ist die Benachrichtigung nicht möglich, so beginnt die Abnahmefrist mit der Bereitstellung[4] des Gutes.

I. (1) Die Dauer der Abnahmefristen ist in den Tarifteilen II festgesetzt.

(2) Für die Neuaufgabe beladener Wagen auf der Bestimmungsstation durch den Empfänger zur Weiterbeförderung ohne Umladung wird nur die einfache Entladefrist standgeldfrei gewährt; bei Überschreitung dieser Frist wird das im Nebengebührentarif (Teil I Abteilung B) festgesetzte Wagenstandgeld erhoben. In gleicher Weise wird bei Weitersendung durch den Absender verfahren; nur wird in diesem Falle die Entladefrist bereits von Eingang der Sendung, nicht erst von der etwa erfolgten Benachrichtigung des Empfängers an berechnet.

(4) An Sonn- und Festtagen ist nur Eilgut auszuliefern, wenn seiner zoll- oder steueramtlichen Behandlung kein Hindernis entgegensteht[5].

(5) Der Lauf der Abnahmefristen ruht während der Sonn- und Festtage, ferner während einer zoll- oder steueramtlichen oder polizeilichen Abfertigung, soweit sie nicht durch den Absender oder den Empfänger verzögert wird.

(6) Wird das Gut nicht innerhalb der festgesetzten Fristen abgenommen, so ist das tarifmäßige Lager- und Wagenstandgeld verwirkt[6]. Auch kann die Eisenbahn die vom Empfänger nicht rechtzeitig ausgeladenen Güter auf seine Gefahr und Kosten ausladen[7] [vgl. auch § 81 Abs. (6)]. Für Sonn- und Festtage ist Wagenstandgeld nur dann zu zahlen, wenn die Entladefrist schon am Tage vorher nachmittags 2 Uhr abgelaufen ist[8]. Folgen mehrere Sonn- und Festtage aufeinander, so ist nur für einen Tag Wagenstandgeld zu erheben.

II. Das Lager-, Platz- und Wagenstandgeld sowie das Standgeld für Eisenbahnfahrzeuge auf eigenen Rädern ist im Nebengebührentarif (Teil I Abteilung B) festgesetzt[6].

(7) Meldet sich der benachrichtigte[9] Empfänger zur Abnahme des Gutes und kann es ihm nicht innerhalb einer Stunde nach seinem Eintreffen bereitgestellt werden, so hat die Eisenbahn ihm die Kosten der vergeblich versuchten Abholung zu ersetzen[10]. Auf Verlangen des Empfängers hat die Eisenbahn die vergeblich versuchte Abholung auf dem Frachtbriefe zu bescheinigen.

(8) Wenn die ordnungsmäßige Abwicklung des Verkehrs durch Güteranhäufungen gefährdet wird, so ist die Eisenbahn berechtigt, nach Maßgabe des Bedarfs die Entladefristen und die lagerzinsfreie Zeit abzukürzen sowie das Wagenstandgeld, das Lagergeld und die Gebühr für die Abbestellung von Wagen zu erhöhen. Hierfür gelten sinngemäß die Vorschriften im § 75 Abs. (4) über Festsetzung, Ge-

nehmigung und Veröffentlichung von Zuschlagsfristen für außergewöhnliche Verkehrsverhältnisse.

[1] Bei zuzurollenden Gütern keine Abnahmefrist, vgl. EVO. § 78, namentlich Anm. 6.

[2] S. EVO. § 76 Abs. 6, in der Regel also Stückgut.

[3] Nicht Dienststunden, sondern Tag- und Nachtstunden zusammengerechnet (lagerzinsfreie Zeit; vgl. EVO. § 80 Abs. 8).

[4] Nicht schon der Ankunft auf dem betr. Bahnhof.

[5] S. EVO. § 63 Abs. 3 I.

[6] Über Lagergeld s. Senckpiehl, EEE. **25** Juliheft S. 111. Erhöhung mit Zustimmung der Aufsichtsbehörde für einzelne Orte oder Bezirke möglich.

[7] Haftung dem Empfänger gegenüber oder dessen Rechtsnachfolger nach BGB. §§ 688 ff. für Vorsatz und grobe Fahrlässigkeit, wegen des Gläubigerverzugs BGB. § 300 Abs. 1; so Staub § 429 Bem. 9; Düringer-Hachenburg § 429 Bem. III; EEE. **24** 407. A. A. Rundnagel, Haftung § 9, S. 37 f.; BefGesch. S. 406; Senckpiehl S. 298 und Eger Anm. 421, die Weiterhaftung nach Frachtrecht fordern; das ist nicht richtig, denn Verzug eines der am Frachtvertrag Beteiligten muß der andere gegen sich gelten lassen, s. § 81 Anm. 23.

[8] S. EVO. § 63 Abs. 6.

[9] Ist dies nicht geschehen, dann Haftung nur bei Verzug, Rundnagel S. 407; a. A. Eger Anm. 422.

[10] Ohne daß ein Verschulden vorliegen muß und nur in Höhe der nachgewiesenen Selbstkosten, s. Rundnagel, Haftung § 10, S. 56; EEE. **23** 355. Wartet der Empfänger länger, und wird das Gut dann ausgeliefert, kein Ersatz, s. Rundnagel S. 407; a. A. Eger Anm. 422. Ansprüche wegen etwaiger Lieferfristüberschreitung werden dadurch nicht berührt.

§ 81. Ablieferungshindernisse. Verzögerung der Abnahme.

(1)[1] Ist der Empfänger des Gutes nicht zu ermitteln[2], verweigert er die Annahme[3] oder löst er den Frachtbrief nicht innerhalb der von der Eisenbahn im Tarife festzusetzenden Frist[4] ein, oder ergibt sich ein sonstiges Ablieferungshindernis[5], so hat die Bestimmungsstation unverzüglich[6] den Absender[7] durch die Versandstation von der Ursache des Hindernisses zu benachrichtigen[8] und seine Anweisung einzuholen[9] [vgl. auch § 73 Abs. (6)]. Der Absender kann im Frachtbriefe vorschreiben, daß er auf seine Kosten unmittelbar telegraphisch oder durch die Post benachrichtigt werde; er ist in diesem Falle unter den im Tarife festzusetzenden Bedingungen berechtigt, seine Anweisung gleichfalls unmittelbar an die Bestimmungsstation zu richten. Der Absender kann unter den im Tarife festzusetzenden Bedingungen im Frachtbrief auch vorschreiben, daß ihm das Gut bei Eintritt eines Ablieferungshindernisses ohne vorherige Benachrichtigung zurückgeschickt werde. Sonst darf das Gut nur zurückgeschickt werden, wenn es der Absender infolge der Benachrichtigung verlangt.

Die Eisenbahn kann, wenn das Ablieferungshindernis nicht durch ihr Verschulden veranlaßt ist, neben Erstattung der erwachsenen Frachtkosten, Nebengebühren und Auslagen für die Benachrichtigung des Absenders eine im Tarife festzusetzende Gebühr verlangen*).

I. Der Frachtbrief ist einzulösen

a) bei leicht verderblichen Gütern innerhalb der im § 80 bezeichneten Abnahmefristen;

---

*) Zusatz s. RGBl. 21 84.

b) bei anderen bahnlagernd gestellten Stückgütern, von deren Ankunft der Empfänger nicht benachrichtigt worden ist oder nicht benachrichtigt werden konnte [§ 80 (3)], innerhalb fünf Tagen nach ihrer Bereitstellung;

c) sonst innerhalb zweier Tage nach Ablauf der im § 80 bezeichneten Abnahmefristen.

II. (1) Die Gebühren für Unbestellbarkeitsmeldungen sind im Nebengebührentarif (Teil I Abt. B.) festgesetzt.

(2) Für die Ausführung der Anweisung des Absenders werden von diesen die gleichen Gebühren erhoben, die für die Ausführung nachträglicher Verfügungen im Nebengebührentarif (Teil I Abteilung B) festgesetzt sind (zu vgl. Ausf.-Best. VI zu § 73 EVO.). Diese Gebühren sind unabhängig von den Gebühren für Unbestellbarkeitsmeldungen zu erheben.

III.[2] (1) Der Antrag auf unmittelbare Benachrichtigung durch die Bestimmungsstation oder auf Rücksendung des Gutes ohne Benachrichtigung ist unter „Zulässige oder vorgeschriebene Erklärungen" wie folgt zu stellen:

„Bei Ablieferungshindernis unmittelbare telegraphische Benachrichtigung durch die die Bestimmungsstation auf meine Kosten"

oder

„Bei Ablieferungshindernis unmittelbare briefliche Benachrichtigung durch die Bestimmungsstation auf meine Kosten"

oder

„Bei Ablieferungshindernis Rücksendung ohne vorherige Benachrichtigung."

(2) Einem Antrag auf frachtfreie Auslieferung wird nur dann entsprochen, wenn der auf der Sendung haftende Betrag bei der Bestimmungsstation eingezahlt ist oder dieser die Zahlung an die Versandstation nachgewiesen wird.

(2) Hat der Empfänger die Annahme des Gutes verweigert und ist der Absender von dem Hindernis benachrichtigt[10], so darf das Gut nur mit seiner Zustimmung nachträglich abgeliefert werden. In allen übrigen Fällen wird das Gut dem nachträglich zur Annahme bereiten Empfänger abgeliefert, wenn nicht inzwischen eine andere Verfügung des Absenders auf der Bestimmungsstation eingetroffen ist[11].

(3) Ist die Benachrichtigung des Absenders nicht tunlich[12] oder ist der Absender mit der Erteilung der Anweisung säumig[13] oder ist die Anweisung nicht ausführbar, so hat die Eisenbahn das Gut auf Gefahr und Kosten des Absenders auf Lager zu nehmen[14]; sie hat in diesem Falle für die Sorgfalt eines ordentlichen Kaufmanns einzustehen[15]. Die Eisenbahn ist jedoch auch berechtigt[16], unanbringliche Güter unter Nachnahme der darauf lastenden Kosten und Auslagen bei einem Spediteur oder in einem öffentlichen Lagerhause für Rechnung und Gefahr des Verfügungsberechtigten zu hinterlegen[17].

(4) Die Eisenbahn ist ferner berechtigt:

a) Güter, die nicht abgeliefert werden können, wenn sie schnellem Verderben unterliegen oder nach den örtlichen Verhältnissen weder einem

Spediteur übergeben noch eingelagert werden können, sofort,

b) Güter, die nicht abgeliefert werden können und die vom Absender nicht zurückgenommen werden, 4 Wochen nach Ablauf der lagerzinsfreien Zeit, wenn aber ihr Wert durch längeres Lagern unverhältnismäßig vermindert würde oder wenn die Lagerkosten in keinem Verhältnisse zum Werte des Gutes stehen würden, schon früher[18] ohne Förmlichkeit bestmöglich zu verkaufen[19]. Von dem bevorstehenden Verkaufe sind der Absender und der Empfänger zu benachrichtigen, es sei denn, daß dies untunlich ist. Die Eisenbahn kann, wenn sie den Verkauf selbst vornimmt, außer den baren Auslagen eine im Tarife festzusetzende Gebühr erheben.

IV. Für den Verkauf unanbringlicher Güter durch die Eisenbahn und die Vorbereitung eines nicht vollzogenen Verkaufs werden außer den baren Auslagen die im Nebengebührentarif (Teil I Abteilung B) festgesetzten Gebühren berechnet.

(5) Von der Hinterlegung und vom erfolgten Verkaufe des Gutes hat die Eisenbahn den Absender und den Empfänger unverzüglich zu [6]benachrichtigen, es sei denn, daß dies untunlich ist; unterläßt sie es, so ist sie zum Schadensersatze verpflichtet. Dem Absender ist der Verkaufserlös nach Abzug der Auslagen und Gebühren zur Verfügung zu stellen.

(6)[1 u. 20] Wird der Frachtbrief vom Empfänger eingelöst, das Gut aber nicht innerhalb der für die

Abnahme festgesetzten Frist abgenommen, so ist der Empfänger nochmals zur Abnahme aufzufordern und zu benachrichtigen, daß das Gut auf seine Gefahr und Kosten lagere. Für die Lagerung solcher Güter, für ihre Überweisung an einen Spediteur oder an ein öffentliches Lagerhaus, sowie für ihren Verkauf gelten sinngemäß die Vorschriften der Abs. (3) bis (5). Im Falle des Verkaufs ist der Erlös nach Abzug der Kosten[21] dem Empfänger zur Verfügung zu stellen[22].

Vgl. JÜ. Art. 24; HGB. §§ 437, 373 Abs. 2ff.

[1] § 81 unterscheidet zwischen Annahme und Abnahme. Abs. 1—5 beziehen sich auf die verweigerte Annahme; der Absender hat noch das Verfügungsrecht; Abs. 6 behandelt die verzögerte Abnahme; die Rechte des Absenders sind bereits erloschen (Begr.).

[2] § 242 BGB.; § 346 HGB.; mangelnde Adresse; Ableben, mangelnde Verfügungsfähigkeit (s. EEE. **9** 83, **21** 115); nicht bei Konkurs. Umfangreiche Ermittelungen nach dem Empfänger anzustellen, ist Eisenbahn nicht verpflichtet. In der Regel genügt Aufgabe des Benachrichtigungsschreibens zur Post unter der im Frachtbrief angegebenen Adresse.

[3] D. h. den Eintritt in den Frachtvertrag (s. EEE. **15** 168, **20** 349). Auch Annahmeverzug gehört hierher, ferner Nichtabholung bahnlagernder Güter (EVO. § 79 Abs. 5). Rückzahlung der Nachnahme s. EEE. **32** 196.

[4] S. AAB. I.

[5] Nach Ankunft des Gutes auf der Bestimmungsstation; sonst EVO. § 74. Beispiele: Krieg, Ansprüche Dritter, Verweigerung der Frachtzahlung usw. (s. EEE. **24** 41; ROHG. **2** 417, 238, **20** 377). Verbot der Auslieferung durch einstweilige Verfügung. Verlust des Benachrichtigungsschreibens durch die Post; EEE. **23** 261. Pfändung des Anspruchs auf

Herausgabe des Gutes. Das Hindernis braucht kein dauerndes zu sein.

[6] Ohne schuldhaftes Zögern (BGB. § 121); RG. **26** 347.

[7] Den frachtbriefmäßigen Absender, auch wenn er nicht mehr im Besitze des Duplikates ist; dessen Besitz ist aber wichtig bei Erteilung der Anweisungen (EVO. § 73).

[8] Gefahr der Übermittlung trägt Absender, s. EEE. **23** 261.

[9] Wenn dies möglich (Gefahr im Verzuge, Aufenthalt unbekannt; s. Coermann, EEE. **16** 181, **23** 235). Wird die Benachrichtigung schuldhaft unterlassen, Schadensersatz (ROHG. **20** 347, **21** 115).

[10] S. AAB. II § 42 Ziff. 10. Gegen die Zulässigkeit derartiger Anordnung s. Eger Anm. 425, S. 439, und Angeführte; s. ferner: Sendpiehl, EEE. **21** 204; zur alten Fassung: Rundnagel, EEE. **21** 398; Staub § 437 Anm. 2; Blume, JÜ. Art. 24 Bem. IV, S. 120; Zeitschr. f. intern. EisTr. **97** 840, **06** 107; Rindl, EEE. **21** 398.

[11] Satz 2 ist die Regel, Satz 1 die Ausnahme. Eger Anm. 428. [12] S. EEE. **17** 344.

[13] In einer nach Lage der Dinge gebotenen Frist.

[14] S. Gorden EEE. **28** 140. Von da ab haftet sie als Verwahrer (BGB. §§ 688ff.); s. EEE. **21** 157. Z. B. keine Haftung für Frostschäden. Für Haftung aus der Lagerung gilt Verjährung aus BGB. § 196 Abs. 1 Ziff. 1, nicht Ziff. 3 und Abs. 2.

[15] S. Sendpiehl, EEE. **21** 107; EEE. **21** 157.

[16] Eisenbahn kann auch ihr Pfandrecht durch Verkauf realisieren (§ 76 Abs. 5 Anm. 23), auch hat sie das Recht aus EVO. § 83, EEE. **23** 176.

[17] Durch Hinterlegung wird der Frachtvertrag beendet; streitig ist, ob die Eisenbahn den Verwahrungsvertrag im Namen des Verfügungsberechtigten oder im eigenen Namen abschließt. Jedenfalls erlangt der Verfügungsberechtigte einen Anspruch unmittelbar gegen den Verwahrer, s. EEE. **17** 399; **30** 97; RG. **100** 163. Hinterlegung von Nachnahmesendungen s. EEE. **31** 237.

[18] S. EEE. **28** 186, **16** 243, **19** 15, **20** 258.

[19] S. EEE. **17** 309, **19** 254 und **31** 247. Literatur auch bei Grünberg, Unanbringliche Güter EEE. **32** 3.

[20] Über die Entstehungsgeschichte des Abs. 6 s. Rundnagel S. 413. Kein Verwahrungsvertrag; Eisenbahn haftet nur für grobes Verschulden. Ob solches bei Verschwinden ganzer Stücke vom Güterboden gegeben, ist Tatfrage. Vgl. v. d. Leyen, JW. **21** 1318; s. Einl. zu Abschn. VIII Anm. 13.

[21] Und der Verkaufsgebühr, s. Rundnagel S. 413; a. A. Eger Anm. 344.

[22] Bei einem Verstoß gegen die Vorschriften des § 81 ist voller Schadensersatz zu leisten; z. B. bei Modewaren, EEE. **20** 347; besteht der Schaden jedoch in Verlust, Minderung, oder Beschädigung des Gutes, haftet Eisenbahn nur gemäß § 88 EVO.; s. EEE. **17** 251, **21** 173, **24** 537, **28** 61.

[23] Über Annahmeverzug des Berechtigten vgl. Rundnagel, BefGesch. § 71 S. 239. Die herrschende Meinung nimmt an, daß mit dem Annahmeverzug sich die Haftung der Eisenbahn auf Vorsatz und grobe Fahrlässigkeit beschränkt, und zwar auch gegenüber dem Absender beim Verzug des Empfängers; vgl Staub § 429 Anm. 9; Düringer-Hachenburg § 429 Anm. 4; Boethke, EEE. **24** 407, **29** 283; a. A. Senckpiehl S. 302, 71 und 78. Vgl. auch Hellwig, Leistung an Dritte § 18, S. 111.

§ 82. Feststellung von Minderung, Beschädigung oder Verlust des Gutes durch die Eisenbahn[1].

(1) Wird eine Minderung oder Beschädigung des Gutes[2] von der Eisenbahn entdeckt oder vermutet[3] oder vom Verfügungsberechtigten behauptet, so hat die Eisenbahn den Zustand des Gutes, den Betrag des Schadens und, soweit dies möglich, die Ursache und den Zeitpunkt der Minderung oder Beschädigung ohne Verzug schriftlich festzustellen[4].

Eine Feststellung hat auch bei Verlust des Gutes stattzufinden.

(2) Das Ergebnis ist den sich ausweisenden am Frachtvertrage Beteiligten[6] auf Verlangen bekanntzugeben[3].

(3) Zur Feststellung in Minderungs- oder Beschädigungsfällen sind unbeteiligte Zeugen[7] oder Sachverständige und, wenn möglich, auch der Verfügungsberechtigte zuzuziehen.

(4) Ergibt die auf Veranlassen des Verfügungsberechtigten vorgenommene Untersuchung keine oder nur eine von der Eisenbahn schon anerkannte Minderung oder Beschädigung, so hat er die entstandenen Kosten zu tragen[8].

Die Kosten sind im Nebengebührentarif (Teil I Abt. B.) festgesetzt.

Vgl. JÜ. Art. 25; HGB. §§ 434, 438, 464; BGB. § 810.

[1] Hiermit beginnen die Vorschriften über die Haftung der Eisenbahn. Literaturangabe s. Rundnagel, BefGesch. S. 415, Anm. 1, außerdem Emil Schulz, Die Haftpflicht der Eisenbahn im Güterverkehr, Berlin 1920.

[2] Gut ist Ware und Umhüllung, Verpackung z. B. Glasballons bei Flüssigkeiten (EEE. **21** 161), Säcke (DJZ. **06** 1034).

[3] Es genügt nicht, daß Eisenbahn bei pflichtmäßiger Aufmerksamkeit die Minderung nicht hätte entgehen dürfen (s. Rundnagel S. 478; EEE. **24** 64, **27** 45, **20** 35). Verfügungsberechtigt ist Absender oder Empfänger (s. EVO. § 73) und § 99 Anm. 3.

[4] Sog. Tatbestandsaufnahme, s. EEE. **36** 1. Mündliche Anerkennung genügt nicht. Öffentliche Urkunde EEE. **18** 343. Abw. Kittel, EVO. § 82 Anm. 2. Durch die Aufnahme oder deren Unterlassung wird die Beweislast nicht umgekehrt, wenn auch die Erschwerung der Beweisführung nicht unberücksichtigt

bleiben wird, s. EEE. **29** 444; abgedruckt auch bei Rundnagel S. 419, Anm. 4; bezgl. der Beweiskraft bewendet es bei den allgemeinen Grundsätzen, s. EEE. **19** 357, **20** 14, **24** 237, d. h. Beweiserheblichkeit unterliegt der freien Beweiswürdigung des Gerichts (RGEntsch. **64** 169); EEE. **18** 343; Eisenbahnberaubungen und Beweislast s. Zedelmann, Ztschr. f. Verf. Wissenschaft 1922 Heft 1. Folgen der Unterlassung s. EVO. § 97 Abs. 2 (3).

5 Also nicht von Amts wegen und nicht in Abschrift, auch nicht Einsicht in die Akten, wohl aber in die Tatbestandsaufnahme. (EEE. **29** 310, **24** 356). Abw. auf Grund ZPO. § 810, bei Akten nicht bloß innverdienstlichen Charakters, Schulz S. 66 und das dort angeführte Urteil des Kammergerichts v. 29. 9. 1917, aber auch nur bezgl. der objektiven Feststellungen und tatsächlichen Hergänge, nicht auch bezgl. der verwaltungsseitigen Anordnungen und Rügen.

6 Also Absender oder Empfänger, einerlei wer Verfügungsberechtigt ist; nicht aber Dritte (Versicherungsgesellschaft). Abw. Eger § 82 Anm. 436, S. 451; Schulz S. 65.

7 Auch unbeteiligte Eisenbahner; bezgl. Sachverständige vgl. EEE. **22** 139.

8 Eger hält diese Vorschrift für nichtig (Anm. 438); mit Unrecht, s. Rundnagel S. 421, Anm. 11; Blume, JU. Art. 25, S. 129.

§ 83. Feststellung von Mängeln des Gutes durch Sachverständige oder durch das Gericht.

Unbeschadet des im § 82 vorgesehenen Verfahrens kann jeder Beteiligte[1] die Beschädigung oder Minderung des Gutes durch amtlich ernannte Sachverständige feststellen lassen[2]. Zu dieser Feststellung ist[2] die Eisenbahn einzuladen[3]. Die Vorschriften der Zivilprozeßordnung über die Sicherung des Beweises bleiben unberührt[4, 5].

Vgl. JÜ. Art. 25; HGB. §§ 438, 464, 471.

[1] Am Frachtvertrag Beteiligte, nicht jeder am Gut Interessierte (abw. Eger § 83 S. 454 und Schulz S. 68).

[2] Amtlich, d. h. vom Gericht besonders ernannt. Wirkung: sie steht der bahnamtlichen gleich im Falle des § 97 Abs. 2 Ziff. 3, nicht auch Ziff. 4, bahnamtliche Feststellung wird hierdurch nicht entbehrlich.

[3] Nur Sollvorschrift, da sie HGB. § 438 nicht kennt (§ 471 HGB.!). Nichtbefolgung ist ohne Wirkung.

[4] Auch diejenigen bezgl. der Kosten dieses Verfahrens, vgl. ZPO. §§ 485ff. Ges. über die Freiwillige Gerichtsbarkeit § 164. Diese Feststellung steht der bahnamtlichen völlig gleich, also auch § 97 Abs. 2 Ziff. 4 (s. oben Anm. 1).

[5] Bezgl. der Kostentragung durch Sachverständigenfeststellung vgl. HGB. § 438 Abs. 4, § 471; also Eisenbahn hat Kosten zu tragen im Falle ihrer Haftpflicht (so Eger Anm. 442). Dagegen mit an sich sehr beachtlicher Begründung Rundnagel, Haftung § 36, S. 275.

§ 84. Haftung der Eisenbahn für Verlust, Minderung oder Beschädigung des Gutes im allgemeinen.

Die Eisenbahn haftet für den Schaden[1], der durch Verlust[2], Minderung[3] oder Beschädigung[4] des Gutes[5] in der Zeit von der Annahme zur Beförderung[6] bis zur Ablieferung[7,8,9] entsteht, es sei denn[10], daß der Schaden durch ein Verschulden[11] oder eine nicht von der Eisenbahn verschuldete Anweisung[12] des Verfügungsberechtigten, durch höhere Gewalt[13], durch äußerlich nicht erkennbare Mängel der Verpackung[14] oder durch die natürliche Beschaffenheit[15] des Gutes, namentlich durch inneren Verderb, Schwinden, gewöhnliche Leckage[15] verursacht ist.

Vgl. JÜ. Art. 30, 33, 36; HGB. §§ 429, 438, 456, 471.

Literatur: Rundnagel, BefGesch. §§ 129ff. und die Haftung der Eisenbahn für Verlust usw., 2. Aufl.; Staub § 456, S. 1489; Muschweck in EEE. **12** 270.

[1] Eisenbahn haftet regelmäßig bis zur höheren Gewalt, also auch für Zufall: RG. **1** 278, **14** 83, **21** 19. Höhe der Haftung §§ 88, 92, bezgl. Kostbarkeiten § 54 B 1, § 89 Abs. 2; Einschränkungen § 86; zum Schaden gehört nicht entgangener Gewinn (vgl. aber § 94 Abs. 3). Über Haftung in Preußen für bei einem Eisenbahnunfall verbrannte Postpakete auf Grund des § 25 EisGes. v. 3. 11. 1838 vgl. RGEntsch. **92** 8. Das Ergebnis dürfte rechtlich kaum befriedigen (vgl. Staub § 456 Anm. 1, S. 1490, § 459 Anm. 21, S. 1508; RGEntsch. **92** 10, **70** 174, **77** 317; Abreden, die von den Bestimmungen des § 84 abweichen, sind nichtig, auch wenn dies zugunsten des Dritten geschieht, s. Staub S. 1490. Bei Haftung aus EisGes. v. 1838 ist Ausschluß der Haftung durch Vertrag statthaft (s. RG. **92** 13).

[2] Liegt vor, wenn Eisenbahn aus irgendeinem Grunde nicht nur vorübergehend tatsächlich oder rechtlich außerstande ist, das Gut auszuliefern (Literatur s. bei Rundnagel, BefGesch. § 64 Anm. 1; ROHG. **4** 14, **15** 30; RG. **49** 93, **70** 175; EEE. **10** 305). Ob der Grund der Nichtauslieferung bekannt, ist gleichgültig. Liegt also auch vor, wenn Gut an einen Unberechtigten ausgeliefert ist, der Rückgabe weigert (RGEntsch. **19** 144, **58** 77; JW. **02** 398 Nr. 34), oder zwar an den ursprünglich Berechtigten, der aber durch nachträgliche Verfügung ausgeschlossen; EEE. **7** 284, **10** 101, **17** 249 oder endlich bei Auslieferung vor Erfüllung gewisser Bedingungen (Erhebung einer Nachnahme?), s. RGEntsch. **75** 109, **94** 99; Arrest: EEE. **22** 355. Verschleppung oder Diebstahl: RGEntsch. **7** 129. Beschlagnahme: ROHG. **7** 56. Untergang: RGEntsch. **49** 92. Unbefugte Versteigerung: ROHG. **15** 30; RGEntsch. **46** 7. Weigerung der Auslieferung: EEE. **24** 379). Bei Verlust eines Teiles ist nur dieser zu ersetzen, es handle sich denn um ein unteilbares Ganze. (RGEntsch. **15** 132; EEE. **22** 67 u.

137. Entwertung ist nicht Verlust. Gerät das Benachrichtigungsschreiben durch Verschulden der Eisenbahn oder ihrer Leute (Bote!) in unrichtige Hände, haftet sie für dadurch veranlaßte Falschauslieferung; nicht aber wenn die Post dies verschuldet hat (vgl. Rundnagel, Haftung § 10 Anm. 2, S. 40). Eisenbahn haftet naturgemäß nicht, wenn sie das abgeliefert hat, was ihr zur Beförderung übergeben wurde, also keine Haftung für Verlust bei Wiegedifferenzen (EEE. **20** 353) oder natürlichem Gewichtsabgang durch Eintrocknen (EEE. **31** 317); Staub § 456 Anm. 4.

[3] Begriff der Minderung ist bestritten. Staub (§ 414 Anm. 4) setzt Minderung gleich teilweiser Verlust, quantitative Verringerung, so auch EEE. **19** 44, **24** 141; also in der Regel nur bei vertretbaren Sachen (ZVDEisV. **00** Nr. 7). Richtiger aber wohl Verringerung des Gutes, ohne daß der fehlende Teil nach einem anderen Orte abhanden gekommen ist (so Düringer-Hachenburg § 414). Empfänger hat kein Abandonnierungsrecht; er ist also nicht berechtigt, Annahme zu verweigern und vollen Schadensersatz zu fordern (RG. Arch. **81** 193); vgl. EVO. § 88 Abs. 2. Er würde dadurch in Annahmeverzug geraten (HGB. § 437); ROHG. **11** 290, **13** 416, **15** 374.

[4] Verschlechterung in qualitativer Hinsicht (ROHG. **9** 278; EEE. **19** 127, 133, 210; **20** 13, 222; **23** 128; Zerspringen, Naßwerden [Hopfen]; EEE. **6** 243). Auch Minderung des Verkaufswertes (Entwertung) durch langes Lagern? (ROHG. **20** 347; Eger Anm. 445) wohl zu verneinen: Staub § 429 Anm. 6; Rundnagel, Haftung S. 42 Anm. 8; Düringer-Hachenburg § 390 II 3 b. Über völlige Entwertung vgl. ROHG. **17** 80. Beispiele s. Rundnagel, BefGesch. S. 218 Anm. 3; z. B. bei Mehlsendung (Käfer: EEE. **23** 128; Geruch: RG. **60** 45; Beseitigung des Fehlers: EEE. **6** 243, **19** 127).

[5] Bei Wagenladungen jede einzelne Ladung, bei Stückgut jedes einzelne im Frachtbrief besonders verzeichnete Stück (wichtig für EVO. § 97). Glasballons bei Flüssigkeiten? s.

EEE. **18** 159, **21** 161. Leere Privatwagen (Kesselwagen) sind Gut.

[6] EVO. §§ 61, 63, 64; EEE. **22** 162, 356, **23** 392. Annahme d. i. Besitzübernahme zum Zwecke der Beförderung, muß vollendet sein; durch Bereitstellung zur Verladung entsteht kein stillschweigender Verwahrungsvertrag (EEE. **23** 54). Bei mehreren Stücken auf einen Frachtbrief also erst beim letzten Stück; bis dahin liegt entweder ein Vertragsverhältnis überhaupt nicht vor oder ein Verwahrungsvertrag nach § 64 EVO. (EEE. **1** 46, **22** 248, **33** 73). Nach der Abstempelung des Briefes (EVO. § 61) spricht die Vermutung für vollständige Annahme (ROHG. **2** 252, **9** 301). Für Schäden während der Verladung durch Absender Haftung nicht nach Frachtrecht, sondern BGB. (Verschulden!); (EEE. **33** 295, **23** 375, 391; RGEntsch. **66** 402). Russische Otschereblagerung ist nicht Annahme zur Beförderung.

[7] Aufgaben des Gewahrsams mit Einwilligung des Empfängers, so daß dieser über das Gut verfügen kann (Staub § 429 Anm. 7; v. d. Leyen, Zeitschr. f. HandR. **16** 86ff.); Rundnagel, Haftung § 5 S. 26ff.; ROHG. **2** 251, **14** 294. Zweiseitiger Akt (RGEntsch. **52** 399). Einseitige Aufgabe des Gewahrsams genügt nicht (ROHG. **8** 29); ebensowenig Übergabe des Frachtbriefs oder Aufforderung zur Abholung des Gutes; gilt auch für „bahnlagernde" Sendungen. Mit der Ablieferung hört die Haftung aus dem Vertrage nicht auf; Eisenbahn muß dem Empfänger die Möglichkeit geben zur zweckentsprechenden Abladung und Abfuhr bis zur Bahnhofsgrenze (RGEntsch. **73** 148; ZVDEisV. **04** 211; auch **08** 269; EEE. **22** 5; Staub § 456 Anm. 4); bei Übergabe des Gutes auf dem Empfangsbahnhof an die Zollverwaltung zum alleinigen Gewahrsam liegt Ablieferung vor, wenn sie mit Wissen des Absenders oder Empfängers erfolgt und wenn Empfänger in die Lage versetzt wird, über das Gut zu verfügen (s. Staub § 429 Anm. 8; Rundnagel, Haftung S. 33; ROHG. **2** 254, **8** 26; RG in Arch. f. Eis. **08** 971; RGEntsch. **67** 336); sie liegt also

nicht vor bei bloßem Mitverschluß der Zollverwaltung; hier gehört zur Ablieferung Aufgabe des Mitgewahrsams (abw. Rundnagel, Haftung S. 35, Anm. 4). Für Schäden während der Zollbehandlung unterwegs gelten die frachtrechtlichen Bestimmungen (ROHG. **14** 1, **2** 254; EEE. **14** 105). Über Haftung aus § 59 VerZollGes. s. Rundnagel, BefGesch. S. 418, Anm. 15). Ablieferung liegt auch vor, wenn ein besonderer Verwahrungsvertrag nach der Ablieferung abgeschlossen wird (ROHG. **14** 295). Verwahrungsvertrag liegt nicht vor bei bahnlagernden Sendungen, auch nicht bei Sendungen, die nach Einlösung des Frachtbriefes nicht abgeholt werden, s. Einl. zu Abschn. VIII Anm. 13.

[8] Kein Abandonsystem; d. h. Empfänger hat auch beschädigtes oder gemindertes Gut anzunehmen unter Wahrung seiner Rechte (EVO. §§ 82, 97; ROHG. **9** 294, **13** 411, **15** 374, **16** 43); s. auch Anm. 3. Ausnahme dann, wenn Sendung ein untrennbares Ganze bildet, RG. **15** 133.

[9] Ablieferung muß an den Empfangsberechtigten, d. h. ihn selbst, seine Bevollmächtigten oder seine Leute (ROHG. **15** 141, **25** 330; RGEntsch. **1** 132, **19** 134, 337; andernfalls tritt Verlust ein (vgl. Anm. 2 oben) (EEE. **19** 144, **20** 152, 327, **21** 115). Verweigert der Empfangsberechtigte unberechtigt die Annahme, setzt er sich und zugleich den Absender in Annahmeverzug. Alsdann Haftung der Eisenbahn nur noch für Vorsatz und grobe Fahrlässigkeit (BGB. §§ 300, 644); Staub § 429 Anm. 9, S. 1423.

[10] Beweislast: s. Rundnagel, BefGesch. § 133; Haftung § 11; Staub § 429 Anm. 11; Dernburg, ER. Bd. II § 70. Der Berechtigte hat das Bestehen des Frachtvertrages und die Tatsache des Verlustes während der Haftungszeit zu beweisen (AB. aus EVO. § 90); s. ROHG. **11** 344, **17** 40, **20** 404, **25** 333; der Eisenbahn verbleibt der Beweis der richtigen Ablieferung oder der 5 Einreden des § 84, soweit nicht die Vermutungen des § 86 diesen entbehrlich machen. Ist die Ursache des Schadens nicht

aufgeklärt, haftet Eisenbahn (EEE. **3** 353; JW. **07** 368). Zuständiges Gericht: s. Vorbem. zu Abschn. VIII Anm. 9.

[11] Vgl. Droncke, EEE. **25** (Juli-Heft), **23** 66, **25** 379, **26** 24. Es genügt jedes Verschulden; wirkt Verschulden der Eisenbahn mit, dann Ausgleichung gemäß § 254 BGB.; s. Staub § 456 Bem. 13; JW. **09** 46. Beispiele: zu enge Verpackung und mangelnde Fütterungseinrichtungen bei Tieren (EEE. **22** 140, 153). Verheimlichung besonderer Beschaffenheit des Gutes (RGEntsch. **15** 151, **20** 78). Verhinderung von Sicherheitsmaßregeln (ROHG. **12** 107). Über Mitverschulden bei Verpackungsmängeln s. Anm. 14.

[12] Vgl. Rundnagel, Haftung § 14, S. 82. Nicht nur die nachträglichen Anweisungen, sondern jede Weisung, sei es im Frachtbrief, sei es auf dem Gut (Senckpiehl S. 306; abw. Eger Anm. 448). Als verfügungsberechtigt kann Absender, Empfänger, deren Bevollmächtigte, auch Konkursverwalter in Betracht kommen. Eisenbahn hat darzutun, daß sie die Verfügung nicht verschuldet hat.

[13] Über den Begriff höhere Gewalt s. oben § 3 Anm. 11.

[14] Verpackung soll Gut vor den gewöhnlichen Gefahren der Beförderung schützen. Handelsüblichkeit genügt nicht; auch nicht daß ausreichende Verpackung unwirtschaftlich wäre. Als Verpackung gilt nur die äußere Umhüllung, s. EEE. **21** 161, **16** 123, **18** 159, **19** 193, **24** 241). Gemeint sind Mängel, die bei Anwendung der Sorgfalt eines ordentlichen Kaufmannes nicht erkannt werden können; grundsätzlich genügt Erkennbarkeit für das Auge (a. A. Staub § 456 Anm. 11). Eisenbahn haftet auch, wenn Absender den Mangel gekannt hat (s. EEE. **12** 338, **19** 193, **25** 406); s. Staub § 456 Anm. 13; bei Arglist (§ 157 BGB.) keine Haftung! Vgl. EVO. § 62.

[15] Vgl. RGEntsch. **64** 171. Über das Verhältnis von § 84 (gewöhnliche Leckage) und § 86 (außergewöhnliche Leckage) vgl. Rundnagel, BefGesch. § 140. R. rechnet die natürliche Beschaffenheit stets zu den bevorrechtigten Haftausschließungsgründen des § 86; will man aber nicht, wie er in der Aufnahme

der Beschaffenheit des Gutes sowohl in § 84 als § 86 EVO. lediglich einen Redaktionsfehler ansehen, muß eine Unterscheidung gefunden werden. Die herrschende Meinung sieht in § 84 die gewöhnlichen Gefahren, die nicht lediglich mit der Beförderung zusammenhängen; § 86 zählt dagegen die außergewöhnlichen Gefahren auf, die mit dem besonderen Eisenbahntransport zusammenhängen (Reindl, ZVDEisV. **02** 825), etwas anders Staub § 456 Anm. 10. Gewöhnliche Leckage: regelmäßiges Dringen gewisser Mengen durch die Fugen der Gebinde ohne Außenbeschädigung; dagegen außergewöhnliche Leckage das durch äußere Beschädigung der Umhüllung bewirkte Auslaufen, s. RGEntsch. **56** 401, **64** 171, **15** 149; auch EEE. **23** 283; Staub § 459 Bem. 9; Düringer-Hachenburg Bem. 12). Das Ergebnis ist unbefriedigend, s. Rundnagel, BefGesch. S. 444 Anm. 5.

§ 85. Beschränkung der Haftung hinsichtlich des Bestimmungsorts.

(1) Ist auf dem Frachtbrief ein Bestimmungsort angegeben, wo sich keine für die Abfertigung des Gutes eingerichtete Güterabfertigungs- oder Nebenstelle befindet[1], so haftet die Eisenbahn als Frachtführer nur bis zur letzten dafür eingerichteten Eisenbahnstation oder Güternebenstelle. Wegen der Weiterbeförderung hat sie die Pflichten[2] des Spediteurs.

(2) Hat die Eisenbahn Einrichtungen zur Weiterbeförderung des Gutes nach solchen Orten getroffen [§ 78 Abs. (1)][3], so haftet sie bis zum Bestimmungsort als Frachtführer[4].

Vgl. JÜ. Art. 30; HGB. §§ 468, 471.

[1] Ablehnungsrecht EVO. § 53, vgl. auch § 76 Abs. 9, z. B. Kleinbahnstation.

[2] Nicht auch die Rechte, z. B. auf Provision (HGB. § 409; Staub Bem. 2).

[3] Zuführung durch eigene Leute oder bahnamtliche Roller, nicht sonstige Personen (a. A. EEE. 25 5)

[4] Daneben nicht noch als Spediteur. Abw. Staub § 468 Anm. 4.

§ 86. Beschränkung der Haftung bei besonderen Gefahren.

(1) Die Eisenbahn haftet nicht[1]:

1. bei Gütern, die nach den Vorschriften dieser Ordnung[2] oder des Tarifs oder nach einer in den Frachtbrief[3] aufgenommenen Vereinbarung[4] mit dem Absender in offenen Wagen[5] befördert werden[6],

   für den Schaden, der aus der mit dieser Beförderungsart verbundenen Gefahr[7] entsteht; hierunter ist auffallender Gewichtsabgang[8] oder der Verlust ganzer Stücke[9] nicht zu verstehen;

I. Wenn die Eisenbahn dem Absender auf dessen Antrag Decken überläßt, so übernimmt sie dadurch auch bei solchen Gütern, die nach Abschnitt III der Allgemeinen Tarifvorschriften (Teil I Abteilung B) in bedeckten Wagen zu befördern wären, keine wietergehende Haftpflicht, als ihr bei Beförderung in offenen Wagen ohne Decken obliegt.

2. bei Gütern, die, obgleich ihre Natur eine Verpackung zum Schutze gegen Verlust, Minderung oder Beschädigung während der Beförderung erfordert, nach Erklärung[10] des Absenders im Frachtbrief unverpackt oder mit mangelhafter Verpackung zur Beförderung aufgegeben sind,

für den Schaden, der aus der mit dem Mangel oder mit der mangelhaften Beschaffenheit der Verpackung verbundenen Gefahr[11] entsteht;

II. Wegen der Haftung der Eisenbahn für gebrauchte Packmittel vgl. Ausführungsbestimmung III zu § 62 (2).

3. bei Gütern, deren Auf- und Abladen nach der Vorschrift dieser Ordnung[12] oder des Tarifs oder nach einer in den Frachtbrief aufgenommenen Vereinbarung[13] mit dem Absender von diesem oder von dem Empfänger besorgt wird,

für den Schaden, der aus der mit dem Auf- und Abladen oder mit einer mangelhaften Verladung verbundenen Gefahr[14] entsteht[15];

4. bei Gütern, die vermöge ihrer eigentümlichen natürlichen Beschaffenheit[16] der besonderen[17] Gefahr ausgesetzt sind, Verlust, Minderung oder Beschädigung, namentlich Bruch[16], Rost, inneren Verderb[18], außergewöhnliche Leckage[19], Austrocknung und Verstreuung[20] zu erleiden,

für den Schaden, der aus dieser Gefahr entsteht;

III. Wenn Eisengußwaren oder gußeiserne Bestandteile anderer Waren, die nach Erklärung des Absenders auf dem Frachtbriefe unverpackt oder mit mangelhafter Verpackung aufgegeben wurden, bei der Eisenbahnbeförderung beschädigt worden sind, so werden die beschädigten Stücke auf Verlangen des Absenders oder des Empfängers als Frachtgut von der Bestimmungsstation nach der Versandstation frachtfrei befördert. Der Antrag auf frachtfreie Beförderung ist in den Frachtbrief aufzunehmen. Die frachtfreie Beförderung tritt nicht ein, wenn das Interesse an der Lieferung angegeben wird.

5. bei lebenden Tieren[21]
   für den Schaden, der aus der für sie mit der Beförderung verbundenen besonderen Gefahr entsteht;
6. bei Gütern, einschließlich der Tiere, denen nach dieser Ordnung, nach dem Tarif oder nach einer in den Frachtbrief aufgenommenen Vereinbarung mit dem Absender ein Begleiter beizugeben ist[22],
   für den Schaden, der aus der Gefahr entsteht, deren Abwendung durch die Begleitung bezweckt wird[23].

(2) Konnte ein Schaden den Umständen nach[24] aus einer der im Abs. (1) bezeichneten Gefahren entstehen, so wird vermutet[25], daß er aus dieser Gefahr entstanden sei[26].

(3) Eine Befreiung von der Haftung kann auf Grund dieser Vorschriften nicht geltend gemacht werden, wenn der Schaden durch Verschulden[26] der Eisenbahn entstanden ist[27].

Vgl. JÜ. Art. 31; HGB. §§ 459, 471.

[1] Sog. bevorrechtigte Haftausschließungsgründe; gelten nur bei Verlust und Beschädigung innerhalb des Frachtvertrages (s. RG. EEE. **23** 283; JW. **06** 775), nicht z. B. bei Versäumung der Lieferzeit (ROHG. **12** 24). Es handelt sich nicht nur um Umkehrung der Beweislast (s. EEE. **25** 49), wenn diese aus der Vermutung der Ziff. 2 sich ergebende Folge auch richtig

ist, sondern um Befreiung von Verantwortlichkeit für unverschuldeten Schaden.

[2] Hertzer, EVO. S. 137; Staub § 459 Anm. 4 und Eger Anm. 455) halten diesen Zusatz für rechtsungültig, als eine Einschränkung gegenüber § 459 HGB. (a. A. Rundnagel, Haftung S. 162; Reindl, EEE. **21** 185); eine Minderung der Haftung tritt durch diesen Zusatz übrigens nicht ein, da durch die Veröffentlichung im Tarif (§ 6 Abs. 1 EVO.) auch den Bestimmungen des HGB. genügt wird (so auch Düringer-Hachenburg § 459 Anm. 3; ROHG. **21** 108).

[3] Nichtaufnahme in den Frachtbrief beseitigt nur die Vermutung aus § 86; § 84 ist deshalb nicht ausgeschlossen; die Anweisung, in offenen Wagen zu befördern, ist kein Verschulden des Absenders (a. A. ZVDEisV. **04** 1163).

[4] Gebrauch bestimmter Worte ist nicht vorgeschrieben: („2 Wagendecken!" genügt) JW. **06** 12; Arch. f. Eis. **92** 148; EEE. **22** 293, **28** 41; abw. ZVDEisV. **04** 432); vgl. auch EEE. **26** 58, **27** 219; amtlicher Vermerk auf dem Frachtbrief genügt nicht (EEE. **16** Anl. 15; a. A. EEE. **20** 336).

[5] Gemeint ist „offen gebaut" (so HGB. § 459), d. h. Wagen, die infolge ihrer Bauart nicht ringsherum abgeschlossen sind z. B. Ve (Gatterwagen) und Kesselwagen (ZVDEisV. **20** 323); Topfwagen (EEE. **38** 49); Sendtpiehl legt die Betonung auf: „Bedeckung" (Bedachung), s. S. 311. Diese Auslegung ist zu eng. Nicht zu den offenen gehören (abw. Staub § 459 Anm. 3) aber die zu Gmm während des Krieges umgebauten Omm. Eindeckung mit Planen genügt nicht (s. ROHG. **12** 120, **14** 218, **20** 238; RGEntsch. **1** 14, **10** 105, **34** 42; falsch: Gorden, EEE. **34** 162, **38** 47). Auch die Beförderung in Möbelwagen fällt hierunter (s. EEE. **24** 58, **28** 99; ZVDEisV. **10** 1165; RGEntsch. **34** 42, **70** 174; EEE. **32** 213, 300), a. M. Düringer-Hachenburg § 459 Bem. 3; EEE. **32** 68, 306. Gedeckte Wagen werden durch Offenlassen der Tür, der Luken, oder durch schadhafte Stellen im Dach nicht zu offenen.

[6] Stellt die Eisenbahn statt eines tarifarisch vorgesehenen

oder bestellten offenen Wagens einen gedeckten, ist § 86 ebenfalls anzuwenden, es entfällt dann aber die Vermutung aus Abs. 2 (Rundnagel, BefGesch. § 143 S. 456; ROHG. **25** 170; RGEntsch. **1** 14, **10** 105, **20** 122, **34** 44; JW. **91** 297, **06** 12; a. A. Senckpiehl S. 312. Die Hergabe von Decken verwandelt keinen offenen in einen geschlossenen Wagen. Die Hergabe von schadhaften Decken verpflichtet zum Schadensersatz, wenn die Hergabe beantragt ist; Verfrachter hat aber die Verpflichtung, vor der Benutzung die gestellten Lademittel auf ihre Tauglichkeit zu untersuchen; sonst Ausgleichung des Schadens gemäß § 254 BGB. (s. Rundnagel, Haftung § 20, S. 170); EEE. **22** 293, **27** 158; ROHG. **20** 238; auch Reindl, EEE. **32** 549; a. M. Eger Anm. 459.

[7] Äußere Einwirkungen (Regen, Kälte, Funkenflug) (EEE. **33** 80, 365, **37** 158; ROHG. **6** 175, **19** 135; RGEntsch. **70** 174). Abstürzen von Teilen eines Bauwerkes (EEE. **35** 158), Herausfallen; Streitfrage, ob Diebstahl hierunter fällt; Rundnagel bejaht dies, soweit andere als Bahnangestellte in Frage kommen; dem wird man beitreten müssen (s. Rundnagel, BefGesch. S. 457; Haftung S. 165; s. RG., „Recht" **15** 1620, **21** 1630); aber die Vermutung (Abs. 2) spricht nicht dafür, daß gerade Eisenbahner die Beraubung ausgeführt haben. Dies hat Kläger zu beweisen, abw. Arch. f. Eis. **19** 305. Literatur: Gorden, EEE. **34** 160 ff.; Michalke, JW. **15** 386, **21** 409; Zeiler, EEE. **36** 93; Eckstein, EEE. **32** 249; EEE. **33** 304, 404; ZVDEisV. **16** 666, **20** 429 f. § 82 Anm. 4. Räuberische Eingriffe (Banden) stellen höhere Gewalt dar (EEE. **34** 162). A. A. Senckpiehl S. 311, Anm. 1, der aber die Haftpflicht für Diebstähle mehr auf § 5 EVO. oder Verschulden gründet, vgl. auch EEE. **32** 306, **33** 287 (dagegen Schulz S. 81). Der Berechtigte kann Gegenbeweis führen, daß Schaden aus anderer Ursache entstanden ist, z. B. infolge Verschuldens der Eisenbahn (Einstellen feuergefährlicher Ladung hinter die Lokomotive ohne zwingende Gründe des Betriebs; Senckpiehl S. 311; RG. **34** 46; EEE. **21** 120).

[8] D. h. der das Maß übersteigt, das mit den Gefahren

einer regelrecht verlaufenen Beförderung verbunden zu sein pflegt und in ihnen seine Erklärung findet. Es muß sich um Abhandenkommen (§ 935 BGB.) handeln, nicht z. B. um Vernichtung durch Verbrennen (RGEntsch. **70** 175; EEE. **31** 181; unrichtig: Gorden, EEE. **34** 168; auffallend ist nicht durch natürlichen Schwund, Witterungseinflüsse u. dgl. erklärbarer Gewichtsabgang (Gorden, EEE. **34** 171; RG. **100** 84). Es kann die Ausnahmevorschrift nur angewandt werden, wenn die Schadensursache ungeklärt ist (vgl. hierüber RG. **100** 84).

[9] D. h. Stücke, die im Verkehr als solche bezeichnet werden (Ersatzräder eines Automobils, EEE. **33** 287, **32** 76; Gorden, EEE. **34** 172). Wollte man hierunter nur Stücke rechnen, die im Frachtbrief besonders bezeichnet sind, fielen Ladungen durchweg nicht hierunter (vgl. RG. **32** 74, 300; EEE. **33** 404, **25** 393; Schulz S. 82; abw. Staub § 459 Anm. 4).

[10] Verpackung ist nur die äußerste Schutzhülle; alles andere ist Gut (Fuld in EEE. **19** 170, **24** 341). EEE. **21** 161 rechnet irrig Behälter bei Flüssigkeiten zum Gut. Abgabe einer Erklärung nach EVO. § 62 ist nicht erforderlich, s. EEE. **24** 341, **25** 292, **26** 375. Beweispflichtig für das Nichtabgeben des Anerkenntnisses ist der Berechtigte (s. Rundnagel, BefGesch. S. 441; a. M. Eger Anm. 273; Senckpiehl S. 313; EEE. **19** 21; s. auch EVO. § 62 Anm. 3ff.). Flüssigkeiten in Topf und Säurewagen gelten als unverpackt; Wagenbezeichnung auf Frachtbrief gilt als Anerkenntnis (RG. v. 11. 2. 1920 gegen Direktion Köln). Handelsübliche Verpackung genügt nicht, wenn sie den Gefahren des Eisenbahntransportes gegenüber nicht genügt. Lattenverpackung ist mangelhaft; über Versendung in Fässern s ZVDEisV. **20** 726, **21** 165; unrichtig: RGEntsch. **98** 339 s. § 62.

[11] S. Abs. 3. Witterungseinflüsse, Reiben, Schrammen, Anstoßen (EEE. **20** 37, **25** 10; ROHG. **6** 175); Diebstahl, Bruch, Verstreuen, Verschütten (EEE. **23** 186, **26** 375).

[12] S. Anm. 2.

[13] Es genügt, daß Selbstverladung aus dem Frachtbrief

ersichtlich ist (RG. in EEE. **20** 336, **28** 185). Möbelwagenverladung durch Absender hat Eisenbahn nicht nachzuprüfen. (EEE. **24** 58). Über Anträge auf eisenbahnseitige Verladung s. DEGT. I B § 50; übernimmt Eisenbahn Verladung nicht, gelten dabei beteiligte Bedienstete als Leute des Absenders (RG. **97** 17); aber Haftung aus § 831 BGB.?, vgl. auch EEE. **14** 341. Vereinbarung kommt nur bei Stückgut vor. Auch bezgl. Entladung kann Vereinbarung im Sinne des § 86 nur Absender treffen; will Empfänger Stückgut selbst entladen, ist Überweisung des Wagens auf formlosen Antrag Ablieferung (vgl. auch EEE. **27** 67). Zur mangelhaften Verladung gehört auch mangelhaftes Verschließen der Wagen (EEE. **36** 175).

[14] Verschieben der Ladung, der Schutzbretter (EEE. **23** 186); Umfallen (EEE. **24** 375); Überschreitung des Lademaßes, Diebstahl (EEE. **19** 394); Offenlassen der Ladeluken oder unangebrachtes Schließen (EEE. **20** 222, **22** 291, **28** 63); Benutzung eines durch Salz verunreinigten Wagens ohne vorherige Reinigung zur Kartoffelverladung (Staub § 459 Anm. 8); doch auch § 254 BGB. wohl anwendbar (Anm. 15). Das gleiche gilt bei Verwendung fehlerhafter Wagen oder Ladegeräte ohne vorherige Prüfung (EEE. **32** 349, **17** 275, **27** 216). Erfolgt Benutzung von Ladegeräten vor Vertragsabschluß, haftet Eisenbahn nur außervertraglich (z. B. schlechter Bohlenbelag der Verladerampe); vermietet sie die Geräte (Ladekrane), haftet sie nach Mietrecht (EEE. **2** 235). Die Prüfung der Eisenbahn erstreckt sich bei Ladungen nur auf Betriebsunschädlichkeit (Lademaß usw.), kannte sie den Mangel, wird sie mithaften müssen (Rundnagel, Haftung S. 167; EEE. **18** 140, **24** 58, **25** 307; ZVDEisV. **21** 648). Beweispflichtig für sachgemäße Verladung ist der Kläger.

[15] Die Prüfung der Tauglichkeit des Wagens zur Verladung des in Frage kommenden Gutes ist Sache des Verladers und der Eisenbahn. Ausgleich beiderseitigen Verschuldens nach § 254 BGB. (Reindl, ZVDEisV. **98** 1273; EEE. **17** 276, **19** 1, 8, 132, 137, **23** 254; a. M. EEE. **28** 59).

[16] Über das Verhältnis zu § 84 vgl. § 84 Anm. 15 (EEE. **23** 283, **24** 63; JW. **06** 775; RGEntsch. **64** 169; unrichtig: RGEntsch. **98** 340 [Weinfässer], s. Anm. 10 und die zutreffenden Ausführungen ZVDEisV. **21** 176). Bruch eines Propellerflügels s. EEE. **31** 217; Schaden darf nicht durch unsachgemäße Beförderung entstanden sein (s. EEE. **25** 129).

[17] Hierunter fallen Güter mit leichter Verletzbarkeit (RGEntsch. **15** 149; ZVDEisV. **04** 342); auch Flüssigkeiten in Fässern (vgl. Anm. 10; EEE. **38** 55). Bilder mit Glas (EEE. **20** 137); Frost: Eier (EEE. **23** 142; RGEntsch. **64** 169); auch Kartoffeln; Glasballons (EEE. **17** 340, **18** 159; aber auch **18** 137); Glastafeln (EEE. **20** 137); junger Wein (EEE. **25** 194); Selbstentzündung (RGEntsch. **15** 149); Marmorplatten (EEE. **20** 17); nicht hierher gehören Güter mit leichter Verderblichkeit, denn Abs. 4 denkt nur an solche Gefahren, die dem Gut ohne Rücksicht auf die Dauer der Beförderung drohen, auch die Verpackungsart scheidet aus.

[18] Eier s. RGEntsch. Anm. 17; Faulen von Früchten s. EEE. **34** 109. Nicht aber von Kartoffeln infolge Salzrückständen, da diese gesunden Kartoffeln nichts schaden.

[19] S. RGEntsch. **56** 400; EEE. **20** 342. Auslaufen von Flüssigkeiten EEE. **33** 300.

[20] Getreide (EEE. **23** 186).

[21] Auch Bienen, Fische; Entspringen, Ersticken, Verhungern, Umfallen (vgl. auch EEE. **25** 10, **26** 425, **22** 141, 153); Milchfieber bei Kühen (EEE. **34** 312); nicht aber Verwechslung beim Ausladen (EEE. **15** 108), s. auch ZVDEisV. **20** 219. A. M. Senckpiehl S. 315 bezgl. des Entspringens. Bei Erkrankung der Tiere ist besondere Wartung usw. nicht vorgeschrieben, s. EEE. **32** 329; auch nicht Fütterung (EEE. **32** 311); wegen der Beweislast EEE. **25** 375.

[22] Sog. Begleitgüter (Tiere, EVO. § 48). Fahrzeuge (§ 54), auch Güter der Anl. C. Es kommt nicht darauf an, daß ein Begleiter tatsächlich beigegeben war, sondern nur, daß er beigegeben werden mußte. Tatsächliche Begleitung macht Güter

nicht zu Begleitgütern. Bestritten, ob Leichen hierunter fallen. Nein, Rundnagel, BefGesch. S. 451; Eger Anm. 176; s. oben § 45 Anm. 3, a. M. Staub § 459 Anm. 11.

[23] Nicht Einstellung in den richtigen Zug (EEE. **14** 169, **17** 115, **28** 163) oder Überwachung richtiger Bezettelung (EEE. **34** 313); Verhütung eines Rangierstoßes (EEE. **31** 311); aber Verschluß der Wagen, Öffnen der Luftklappen, Befestigung, Beleuchtung des Wagens (EEE. **22** 121); Begleiter muß aber im Wagen Platz nehmen (EEE. 22 121).

[24] Verlangt wird die Möglichkeit, nicht die Wahrscheinlichkeit des besonderen Falles (ZVDEisV. **07** 148; EEE. **28** 46; RGEntsch. **64** 170; JW. **06** 775); diese Möglichkeit muß die Eisenbahn dartun (EEE. **22** 148), soweit dies nötig.

[25] S. ROHG. **12** 24, d. h. die Eisenbahn braucht nicht zu beweisen, daß der Schaden aus der bestehenden Gefahr entstanden ist. Gegenbeweis ist möglich (ZPO. § 292; RGEntsch. **10** 105) und zwar dahin, daß der gefährliche Umstand nicht Ursache des Unfalls gewesen sein kann oder daß der Schaden tatsächlich aus einer anderen Ursache entstanden ist (EEE. **31** 320), oder endlich daß ein Verschulden vorliegt (EEE. **18** 135, **19** 21, **23** 142, 283, **25** 49, **26** 63; Fuld, EEE. **19** 171); Eisenbahn verbleibt demgegenüber Gegenbeweis aus § 84 (z. B. höhere Gewalt) (EEE. **10** 299). Die Vermutung bezieht sich nicht auf Schadensersatzanspruch gegen den Absender (RGEntsch. **15** 155; EEE. **4** 424, **5** 136) und gilt nicht für EVO. § 84 (s. RGEntsch. **59** 82).

[26] Das Vorliegen eines Verschuldens sowie den ursächlichen Zusammenhang zwischen Verschulden und Schaden hat der Beschädigte zu beweisen (EEE. **18** 159). Bei konkurrierendem Verschulden ist BGB. § 254 anzuwenden (EEE. **22** 295; JW. **06** 12), es genügt nicht der Beweis, daß das Gut unversehrt angenommen wurde (EEE. **33** 301), vgl. ferner bezgl. mangelhafter Ladeeinrichtungen Anm. 14 und EEE. **20** 351; JW. **04** 265; Wagendecken (Arch. f. Eis. **92** 146; EEE. **8** 324, und oben Anm. 6). Als Verschulden ist anzusehen: Einstellen eines Wagens

mit feuergefährlicher Ladung hinter die Lokomotive ohne zwingenden Grund; Stellen eines mangelhaft gereinigten Wagens (EEE. **25** 261); s. oben Anm. 18; Unterlassen der Benachrichtigung nach § 82 Abs. 3 (EEE. **23** 175); Versehen beim Umladen von Kartoffeln (EEE. **25** 159). Nichtbeachten der Vorschriften betr. Beförderung lebender Fische (EEE. **26** 411, 419). Kein Verschulden ist Verschleppen innerhalb der Lieferfrist (s. auch ZVDEisV. **48** 1128, 169).

[27] Oder ihrer Leute (§ 5 EVO.)

[28] Abs. 2 greift nur dann Platz, wenn es sich um Güter handelt, die einer besonderen Gefahr der Beschädigung durch ihre Beschaffenheit ausgesetzt sind (s. RGEntsch. **98** 340); a. M. Rundnagel, BefGesch. S. 244.

§ 87. Beschränkung der Haftung bei Gewichtsverlusten.

(1)[1] Bei Gütern, die nach ihrer natürlichen Beschaffenheit bei der Beförderung regelmäßig einen Gewichtsverlust erleiden, ist die Haftung der Eisenbahn für Gewichtsverluste bis zu nachstehenden Normalsätzen ausgeschlossen[2].

Bis 2 Prozent bei flüssigen, bei feuchten und bei folgenden trockenen Gütern: geraspelten und gemahlenen Farbhölzern, Rinden, Wurzeln, Süßholz, geschnittenem Tabak, Fettwaren, Seifen und erhärteten Ölen, frischen Früchten, frischen Tabakblättern, Schafwolle, Häuten, Fellen, Leder, getrocknetem und gebackenem Obste, Tierflechsen, Hörnern und Klauen, Knochen (ganz und gemahlen), getrockneten Fischen, Hopfen, frischen Kitten;

bis 1 Prozent bei allen übrigen trocknen Gütern der eingangs bezeichneten Art.

(2) Der Normalsatz wird, falls mehrere Stücke auf denselben Frachtbrief befördert werden, für jedes Stück besonders berechnet, wenn das Gewicht der einzelnen Stücke im Frachtbriefe verzeichnet ist oder sonst festgestellt werden kann.

(3) Die Beschränkung der Haftung tritt nicht ein, soweit[3] der Verlust den Umständen nach nicht infolge der natürlichen Beschaffenheit des Gutes entstanden ist[4], oder soweit der angenommene Satz dieser Beschaffenheit oder den sonstigen Umständen des Falles nicht entspricht.

(4) Ist das Gut verloren gegangen, so wird für Gewichtsverlust nichts abgezogen.

(5) Die weitergehende Haftbefreiung der Eisenbahn gemäß § 86 Abs. (1)[5] Ziffer 4 wird hierdurch nicht berührt.

Vgl. JÜ. Art. 32; AusfBest. § 8; HGB. §§ 460, 471.

[1] Die Bestimmung des § 87 enthält nur eine Beweisregel, nicht etwa einen neuen Haftausschließungsgrund. Eisenbahn muß die in Abs. 1 genannte Eigentümlichkeit nachweisen. Rundnagel (BefGesch. S. 448) sieht auch in der Bestimmung des § 87 nur eine Rechtsvermutung, s. EEE. **22** 374. Dem Berechtigten bleibt der Gegenbeweis offen, daß der Verlust in einer anderen Weise liegt.

[2] Ist Verlust über den Normalsatz eingetreten, muß Eisenbahn beweisen, daß dieser auf natürliche Beschaffenheit des Gutes beruhe (EVO. § 84; EEE. **31** 217); für den normalen Gewichtsverlust entfällt aber auch hier ihre Haftung (Düringer-Hachenburg § 460 Anm. 3; Staub § 460 Anm. 2; ZVDEisV. **00** 221; a. A. EEE. **22** 347). Bei Totalverlust ist § 87 nicht anzuwenden. Als Beförderung sind alle Vorgänge anzusehen, die zwischen Annahme und Auslieferung liegen; also z. B. auch Umladung.

[3] Also z. B. an sich Abzug möglich, auch bei Beraubung, wenn diese am Bestimmungsort erfolgt ist.

[4] Beweispflichtig ist der Geschädigte.

[5] Durch andere Befreiungsgründe als Gewichtsverlust, aber auch durch einen in der natürlichen Beschaffenheit des Gutes im Einzelfall begründeten höheren natürlichen Gewichtsverlust (z. B. bei Eis, wo 2 % erfahrungsgemäß viel zu niedrig sind [Begr.]).

§ 88. Höhe des Schadensersatzes bei Verlust, Minderung oder Beschädigung des Gutes.

(1) Muß auf Grund des Frachtvertrags[1] von der Eisenbahn für Verlust oder Minderung des Gutes Ersatz geleistet werden[2], so ist der gemeine Handelswert[3] und in dessen Ermangelung der gemeine Wert[4] zu ersetzen, den Gut derselben Art und Beschaffenheit am Orte der Absendung[5] in dem Zeitpunkte der Annahme zur Beförderung[6] hatte; ferner ist zu ersetzen, was an Zöllen[7] und sonstigen Kosten[8], sowie an Fracht[9] schon bezahlt oder noch zu bezahlen ist[10].

(2) Bei Beschädigung des Gutes ist für die Verminderung des im Abs. (1) bezeichneten Wertes Ersatz zu leisten[11].

(3) Wegen der Fälle, in denen voller Ersatz zu leisten ist, vgl. § 95.

Vgl. JÜ. Art. 34; HGB. §§ 430, 457, 459–463, 471.

Literatur: Rundnagel, Haftung und Zeitschr. f. HR. **55** 444; Goltermann, Höhe des Schadensersatzes usw. in EEE. **38** 12 ff.

[1] Bestimmung regelt die Höhe des Schadensersatzes aus dem Frachtvertrag, also nicht aus § 64 EVO. (dort Haftung nach BGB. § 249, d. h. bei Verschulden auf vollen Ersatz).

[2] Voraussetzung ist, daß ein Schaden entstanden ist (so Staub, § 430 Anm. 4; abw. Düringer-Hachenburg ebendort Anm. 2).

[3] Besteht nur bei Waren, bei denen ein regelmäßiger Umsatz im kaufmännischen Verkehr stattfindet (Dernburg, Schuldrecht II 1 S. 58; JW. **93** 39 Anm. 13). In der Regel ist es der Markt- oder Börsenpreis (RG. **96** 125). Beispiele: EEE. **26** 318 (ein im Druck befindliches Buch); EEE. **24** 11 (Musterkollektion). Es ist gleichgültig, ob der Preis im Einzelfall sehr hoch ist, weil ihn etwa Wucher, Börsenmanöver in die Höhe getrieben haben (RG. **100** 104; ZVDEisV. **20** 894).

[4] Wert, den eine Sache objektiv für jedermann hat (Verkäuflichkeitswert); s. Düringer-Hachenburg § 430 Anm. 6; das ist oft der Kleinhandelspreis, aber nicht immer, es kann auch der Großhandelspreis sein, wenn es sich um eine Sendung aus einem Großhandelsvertrag handelt; z. B. Baumwolle aus Bremen. Er wird regelmäßig höher sein als der Erzeugerpreis (Selbstkosten für Arbeit und Rohstoff) (JW. **10** 32); bei gebrauchten Sachen ist es der Althändler-Verkaufspreis (Arch. f. Eis. **20** 469). Wo Höchstpreise festgesetzt sind, kann gemeiner Wert nie höher sein, als diese sind; auch nicht bei Auslandsware. Schleichhandelspreise werden nie ersetzt (RG **89** 231; Arch. f. Eis. **20** 100; RG. **96** 124; JW. **20** 502; aber auch 987; EEE. **37** 250, **38** 13); völlig unmaßgeblich ist der Anschaffungspreis (RG. **98** 151; Umzugsgut), (Arch. f. Eis. **21** 673); ebenso der individuelle Wert, den das Gut im Einzelfalle für einen der Frachtbeteiligten hat (ROHG. **13** 395). Bezgl. der Kursfrage vgl. Goltermann in EEE. **38** 13; RG. **96** 123; JW. **20** 13; ebendort **43** 957. Maßgebend in analoger Anwendung BGB. § 244. Eisenbahn hat die Wahl, ob sie in ausländischer Währung zahlen, oder umrechnen will; maßgebend hierfür ist Zeit der Zahlung, wenn diese nicht schuldhaft verzögert ist.

[5] Anders im Landfrachtrecht (HGB. § 430).

[6] Vgl. EVO. § 61.

[7] Auch Zollspesen, z. B. Kosten des Zollspediteurs.

[8] Z. B. Stempelkosten, Verkehrssteuer, Deckenmiete, Verpackungskosten, nicht aber Versicherungskosten (EEE. **37** 127). Wohl aber Zinsen, und zwar 5 % bei beiderseitigen Handelsgeschäften von der Fälligkeit ab (HGB. § 352, § 353; Art. 42 JÜ.), sonst bei Nichtkaufleuten 4 % vom Vorzuge ab (§§ 246, 288 BGB.; EEE. **35** 168) Blume, Arch. f. Eis.-Wes. 1914. Anwaltsgebühren sind dann zu ersetzen, wenn sie zur zweckentsprechenden Rechtsverfolgung erforderlich waren (JW. **20** 394; Goltermann, EEE. **38** 18); s. dort auch wegen der Umsatzsteuer.

[9] Auch Wiegegebühr, Zählkosten, Nachnahmegebühr, nicht aber Vorfrachten (Kleinbahnfracht, Rollgebühren). Diese können höchstens bei Berechnung des Versandwertes berücksichtigt werden.

[10] Bei Totalverlust sind diese Verträge in voller Höhe, bei Teilverlust pro rata zu erstatten (Rundnagel, Haftung S. 193; abw. Eger § 88, S. 499), s. Anm. 11. Unter keinen Umständen ist zu ersetzen entgangener Gewinn oder sonstiges Interesse (ROHG. **13** 393).

[11] Als Minuend ist der Wert nach Abs. 1 einzusetzen. Die herrschende Meinung zieht hiervon den Wert des beschädigten Gutes am Ort und zur Zeit der Ablieferung ab (Eger Anm. 475; Senckpiehl S. 83); s. hierzu Rundnagel, Haftung S. 197 und BefGesch. § 146. Für den Regelfall gelangt man zu folgender Formel: zu ersetzen ist der Wert im unbeschädigten Zustande am Versandort + Kosten (Abs. 1), vermindert um den Wert im beschädigten Zustande am Ablieferungsort; Rundnagel will mit Recht den Wert der Beförderung im beschädigten Zustande zugesetzt haben (ROHG. **13** 395).

§ 89. Beschränkung der Höhe des Schadensersatzes[1] durch den Tarif[2].

(1) Die Eisenbahn kann in besonderen Bedingungen (Ausnahmetarifen)[1] einen im Falle des

Verlustes, der Minderung oder der Beschädigung[4] zu erstattenden Höchstbetrag festsetzen, wenn diese Ausnahmetarife eine Preisermäßigung für die ganze Beförderungsstrecke gegenüber den gewöhnlichen Tarifen enthalten und wenn der gleiche Höchstbetrag auf die ganze Beförderungsstrecke Anwendung findet. Verlangt der Absender die Anwendung eines solchen Ausnahmetarifs, so hat er dies im Frachtbrief unter Bezeichnung des Tarifs zu vermerken.

I. Ob und für welche Güter solche Ausnahmetarife mit beschränkter Haftung bestehen, ist in den Tarifteilen II bestimmt[2].

(2) Die Eisenbahn kann ferner die bei Verlust, Minderung oder Beschädigung von Gegenständen des § 54 Abs. (2) B Ziffer 1 zu leistende Entschädigung[5] im Tarif[6] auf einen Höchstbetrag beschränken.

II. Für die in der Ausf.-Best. II zu § 54 (2) B I genannten Kunstgegenstände wird bei Verlust, Minderung oder Beschädigung keine höhere Entschädigung als von 5000 Mark für den einzelnen Gegenstand, für die übrigen dort genannten Gegenstände keine höhere Entschädigung als von 150 Mark für 1 kg Reingewicht des unverpackten Gegenstandes (sog. innere Verpackung gilt nicht als Ware) geleistet.

(3) Wegen der Fälle, in denen voller Ersatz zu leisten ist, vgl. § 95.

Vgl. JÜ. Art. 35, 37, 41, 6; HGB. §§ 461, 462, 463, 458, 471.

[1] Vgl. EEE. 28 14. Deutsche Eisenbahnen haben neuerdings von dieser Ermächtigung Gebrauch gemacht (vgl. Aus-

nahmetarif für regelmäßige Milchbeförderung: „die Eisenbahn haftet nur für den Schaden, der ausschließlich auf ihr Verschulden zurückzuführen ist" (vgl. aber Anm. 4).

2 S. Anm. 6.

3 Vereinbarungen für den Einzelfall sind nichtig. HGB. verlangt Veröffentlichung der Ausnahmetarife, s. EVO. § 8; RG. **93** 279.

4 Nicht für Lieferfristüberschreitung.

5 Gemeiner Wert ist nachzuweisen. ROHG. **20** 404.

6 Ob es zulässig ist, die Haftung im Tarif zu beschränken, ist bestritten, aber wohl zu bejahen; HGB. § 462 spricht allerdings nur von einer Beschränkung durch die EVO. (Rundnagel, Haftung S. 207; EEE. **37** 207; Sperber und v. d. Leyen, JW. **21** 1302; abw. Senckpiehl, SpedSchiffZtg. v. 21. 5. 1920).

§ 90. Vermutung für den Verlust des Gutes.

Der zum Empfange Berechtigte[1] kann[2] das Gut ohne weiteren Nachweis als verloren betrachten[2], wenn es nicht spätestens am dreißigsten Tage nach Ablauf der Lieferfrist abgeliefert werden kann[3].

Vgl. JÜ. Art. 33.

1 Die alte EVO. sagte: „zur Klage Berechtigten"; daran solche sachlich nichts geändert werden (Begr.); gemeint ist der Verfügungsberechtigte (§ 99 Abs. 1), s. EEE. **31** 188.

2 Rechtsvermutung zugunsten des Berechtigten, nicht auch der Eisenbahn; diese kann die Herausgabe später aufgefundenen Gutes nicht verweigern (EEE. **27** 137). Gegenbeweis, daß Gut noch vorhanden, steht der Eisenbahn nicht zu. Will Berechtigter vor Ablauf der Frist entschädigt sein, muß er Verlust beweisen (EEE. **25** 366). Kein Verschulden, wenn Absender bei aufgehobener Lieferfrist sich nach 30 Tagen nicht nach einem Ersatzstück umsieht (s. RG. in DJZ. **19** 100).

3 Gilt auch bei teilweisem Verlust (a. A. Eger Anm. 483).

§ 91. Wiederauffinden des Gutes.

(1) Der Entschädigungsberechtigte kann bei Empfang der Entschädigung für das verlorene Gut in der Quittung verlangen[1], daß er sofort benachrichtigt werde, wenn das Gut wiedergefunden wird[2]. Hierüber ist ihm eine Bescheinigung zu erteilen.

(2) Innerhalb 30 Tagen nach erhaltener Nachricht kann der Entschädigungsberechtigte beanspruchen, daß ihm das Gut nach seiner Wahl auf der im Frachtbrief angegebenen Versand- oder Bestimmungsstation[3] kostenfrei ausgeliefert werde. Die erhaltene Entschädigung hat er nach Abzug des gemäß § 94 für die Überschreitung der Lieferfrist zu gewährenden Schadensersatzes[4] zurückzuzahlen[5].

(3) In allen anderen Fällen kann die Eisenbahn über das wiederaufgefundene Gut frei verfügen.

Vgl. JÜ. Art. 36.

[1] Wortlaut ist nicht vorgeschrieben (z. B. „vorbehaltlich meiner Rechte am Gut"). Vorbehalt, der nur mündlich oder schriftlich in anderer Form oder in einem anderen Zeitpunkt erhoben, ist unbeachtlich. Wird keine Quittung ausgestellt (z. B. bei Übersendung durch die Post), wird man dem Empfänger des Schadensbetrages das Recht zugestehen müssen, den Vorbehalt alsbald schriftlich der Eisenbahn gegenüber zu erklären, (vgl. Rundnagel, Haftung S. 230, Anm. 7).

[2] Ohne Befristung (früher 4 Monate); die Eisenbahn muß daher die Quittung 30 Jahre aufbewahren (BGB. § 195).

[3] Nicht auch Fundbahnhof (a. A. Eger, BernFrÜb. Art. 36 Anm. 185). Versendung nach einem anderen Bahnhof setzt neuen Frachtvertrag voraus. Freie Zuführung in die Wohnung ist nicht vorgeschrieben.

[4] Also nicht auch etwaige Zahlungen aus §§ 93, 95 EVO. (so Rundnagel, BefGesch. S. 474; abw. Eger Anm. 487).

[5] Also keine Vergütung für etwaige Mehrleistung (Aufbewahrung, Rückbeförderung u. a., s. Boethke, EEE. 14 407).

[6] Eigentumsübergang kraft Gesetzes; aber nur, wenn die Eisenbahn Entschädigung gezahlt hat. In der vorbehaltlosen Annahme des Entschädigungsbetrages liegt eine Einigung über den Eigentumsübergang (BGB. § 929 Satz 2), vgl. auch BGB. § 255. Ist eine Entschädigung nicht gezahlt, ist Eisenbahn zur Auslieferung des wieder aufgefundenen Gutes verpflichtet (aber EVO. § 98).

§ 92. Angabe des Interesses an der Lieferung*).

(1) Der Absender kann das Interesse an der Lieferung[1] im Frachtbrief angeben. Hierfür ist eine im Tarife festzusetzende Gebühr zu zahlen.

(2) Der Betrag, der das Interesse an der Lieferung darstellt, ist in den Frachtbrief an der dafür vorgesehenen Stelle mit Buchstaben einzutragen[2].

(3) Die Gebühr ist für unteilbare Einheiten von je 10 Mark und 10 Tarifkilometer zu berechnen und darf 0,5 Pfennig für die Einheit nicht übersteigen. Überschießende Beträge werden auf 10 Pfennig aufgerundet. Als Mindestbetrag für die Beförderungsstrecke von der Versand- bis zur Bestimmungsstation werden 4 Mark erhoben*).

Die Gebühr für Angabe des Interesses an der Lieferung ist im Nebengebührentarif (Teil I Abteilung B) festgesetzt.

(4) Ist die Ersatzpflicht nach § 89 auf einen Höchstbetrag beschränkt[3], so ist eine Angabe des

) Wegen Einführung fester Lieferfristen vgl. § 75 Anm.).

Interesses an der Lieferung über diesen Betrag hinaus unzulässig[4].

Vgl. JÜ. Art. 6, 38; HGB. §§ 471, 463.

[1] EVO. kennt nur eine Angabe des Interesses an der Lieferung; dies erstreckt sich sowohl auf Fälle des Verlustes und der Beschädigung (EVO. §§ 88, 93) als der Versäumung der Lieferfrist (EVO. §§ 75, 94); beide haben die gleiche rechtliche Natur (s. Rundnagel, Haftung S. 218), a. A. Nehse, ZVDEisV. 08 1601); sie bezeichnen den Mehrwert, der die normale Entschädigung nach § 88 EVO. übersteigt (Rundnagel, BefGesch. S. 472); z. B. Wert des Gutes 1000 M., Interesse angegeben auf 4000 M., bei Nachweis des Schadens (§ 88) Entschädigung bis 5000 M., nur bei Lieferfristüberschreitung bleibt es bei 4000 M

[2] Nichtbeobachtung dieser Vorschrift bewirkt Ungültigkeit der Deklaration, Düringer-Hachenburg § 463 Anm. 2; abw. Rundnagel, Haftung S. 222. Beförderungsverweigerung aus diesem Grunde jedoch nicht möglich (EVO. § 3!); Staub § 463 (Anm. 1). Eine Höchstgrenze ist nicht vorgesehen (vgl. aber § 89 EVO.).

[3] Bezieht sich nicht auf EVO. § 94 (Rundnagel, Haftung S. 205). Da aber nur einheitliche Angabe möglich, ergibt sich folgendes: Auch im Falle des Abs. 4 kann das Interesse auch über den Betrag des § 89 EVO. angegeben werden; jedoch hat Mehrbetrag nur Bedeutung für Lieferfristüberschreitung (Schulz § 92 Anm. 3).

[4] In dem nach § 89 EVO. festgesetzten Höchstbetrag ist (abw. von Anm. 1) die Höchstgrenze für Entschädigungsleistung zu suchen (Rundnagel, Haftung S. 218)

§ 93. Höhe des Schadensersatzes für Verlust, Minderung oder Beschädigung bei Angabe des Interesses an der Lieferung.

Ist das Interesse an der Lieferung angegeben[1], so kann bei Verlust, Minderung oder Beschädigung des Gutes außer der im § 88 bezeichneten Entschädigung der Ersatz des weiter entstandenen Schadens[2] bis zu dem angegebenen Betrage beansprucht werden[3].

Vgl. JÜ. Art. 36; HGB. §§ 463 Abs. 1, 471.

[1] Vgl. EVO. § 92 Anm. 1.

[2] Jeder Schaden, also auch entgangener Gewinn; auch individuelles Interesse. Beweispflichtig für die Höhe ist der Berechtigte.

[3] Beim Zusammentreffen von Lieferfristüberschreitung und Verlust (vgl. § 94 Abs. 3, S. 2) ist der Betrag nur einmal zu zahlen (a. A. Neße, ZVDEisV. 08 1661). Bei Vorsatz oder grober Fahrlässigkeit ist Interesseangabe ohne praktische Bedeutung.

§ 94. Haftung für Überschreitung der Lieferfrist[1] *).

(1) Bei Überschreitung der Lieferfrist[2] hat die Eisenbahn den nachgewiesenen Schaden[3] zu ersetzen, und zwar:

a) wenn das Interesse an der Lieferung nicht angegeben ist, bis zur Höhe der Fracht[4],

b) wenn das Interesse an der Lieferung angegeben ist, bis zum angegebenen Betrage. Ist dieser niedriger als die unter a bestimmte Entschädigung, so kann letztere beansprucht werden[5].

(2) Ist ein Schaden nicht nachgewiesen und übersteigt die Überschreitung der Lieferfrist 12 Stunden, so hat die Eisenbahn zu zahlen:

a) wenn das Interesse an der Lieferung nicht angegeben ist,

*) Wegen Einführung fester Lieferfristen vgl. § 75 Anm. *).

bei einer Fristüberschreitung

bis einschließlich	1 Tag	$^1/_{10}$	der Fracht,
„ „	2 Tage	$^2/_{10}$	„ „
„ „	3 „	$^3/_{10}$	„ „
„ „	4 „	$^4/_{10}$	„ „
von längerer Dauer		$^5/_{10}$	„ „

b) wenn das Interesse der Lieferung angegeben ist,

bei einer Fristüberschreitung

bis einschließlich	1 Tag	$^2/_{10}$	der Fracht.
„ „	2 Tage	$^4/_{10}$	„ „
„ „	3 „	$^6/_{10}$	„ „
„ „	4 „	$^8/_{10}$	„ „

von längerer Dauer die ganze Fracht, jedoch nicht mehr als den angegebenen Betrag. Ist dieser niedriger als die unter a bestimmte Entschädigung, so kann letztere beansprucht werden[5].

(3) Die aus diesen Bestimmungen sich ergebenden Ansprüche können auch neben etwaigen Ansprüchen wegen Verlustes, Minderung oder Beschädigung des Gutes geltend gemacht werden. Ist das Interesse an der Lieferung angegeben, so kann außer dem nach § 88 zu berechnenden Schadensersatz als Ersatz für den gesamten weiteren Schaden (§ 93), einschließlich des durch die Überschreitung der Lieferfrist entstandenen, höchstens der angegebene Betrag des Interesses gefordert werden. Sinngemäß gilt die Vorschrift des zweiten Satzes im Abs. (1) b[6].

(4) Die Haftung[1] der Eisenbahn ist ausgeschlossen[6], wenn die Fristüberschreitung von einem

Ereignisse herrührt, das die Eisenbahn weder herbeigeführt hat noch abzuwenden vermochte[8].

(5) Wegen der Fälle, in denen voller Ersatz zu leisten ist[9], vgl. § 95.

Vgl. JÜ. Art. 39–41; HGB. §§ 466, 471, 429, 463.

[1] Wegen einstweiliger Aufhebung der Lieferfrist vgl. § 75 Anm*). Solange die starren Lieferfristen des § 75 aufgehoben waren, ist für jedes einzelne Beförderungsgeschäft unter Berücksichtigung der Bedürfnisse und Verhältnisse des Verkehrs, auch der vorhandenen Beförderungsmöglichkeiten, zu prüfen, innerhalb welcher Zeit die Beförderung des Gutes hätte bewirkt werden müssen (s. RGEntsch. **99** 19; EEE. **33** 82; HGB. § 428); s. EVO. § 75; namentlich Anm. 1 u. 2. Die Haftung für Überschreitung der Lieferfrist ist hier erschöpfend geregelt. Es ist nicht angängig, jede Verzögerung als positive Vertragsverletzung anzusehen und damit die gesamten Vorschriften des § 94 umzustoßen. Über den Inhalt der Haftung vgl. Düringer-Hachenburg § 66 Anm. 3, s. unten Anm. 6.

[2] D. i. Ablauf der Lieferfrist (§ 75) ohne Ablieferung des ganzen Gutes; auch bei Teilverspätung (s. Staub § 463 Anm. 4; Rundnagel, BefGesch. S. 472 Anm. 7). Nur die bestimmungsgemäße Lieferfrist ist maßgebend, nicht etwa die übliche (EEE. **31** 314, 234, **34** 316; ZVDEisV. **20** 750). Innerdienstliche Vorschriften begründen keinen Rechtsanspruch (EEE. **33** 296). Auf Verzögerung unterwegs kommt es nicht an, wenn nur die Frist im ganzen innegehalten ist (EEE. **20** 126, **25** 182, 257). Dies gilt selbst bei grobfahrlässiger Verzögerung; ob auch bei Vorsatz, kann im Hinblick auf § 226 BGB. (Schikane) fraglich sein (s. RG. **89** 338, **100** 51). Bei Verlust, Minderung oder Beschädigung leicht verderblicher Güter infolge der Beförderungsverzögerung haftet die Eisenbahn nur aus § 94, also höchstens bis zur Höhe der Fracht, nicht aber auch aus §§ 84, 86 (s. Rundnagel, Haftung S. 53; EEE. **12** 252, **19** 215; Pollaczek, EEE. **31** 150; auch **34** 311, 324; vor allem Sperber,

ZVDEisV. **20** 733 und die dort Angeführten). Die Eisenbahn haftet grundsätzlich nur im Falle des Verschuldens (vgl. Abs. 4).

[3] Also auch entgangener Gewinn und individuelles Interesse.

[4] Reine Fracht, ohne Vorfracht, Nebengebühren, Auslagen (ROHG. **14** 200; EEE. **21** 126).

[5] S. Rundnagel, Haftung S. 200; EEE. **24** 319. Interessenangabe stellt also hier Höchstgrenze dar, wenn sie Fracht übersteigt (anders bei Verlust; s. EVO. § 92 Anm. 1).

[6] Gemeint ist der Schaden, der durch eine erst während der Verzögerung eingetretene Transportgefahr entstanden ist und ohne die Verzögerung nicht eingetreten wäre. Bisher war streitig, ob Häufung der Ansprüche überhaupt, oder doch von Verlust und Verspätung zulässig sei (s. Literatur bei Eger Anm. 498). Die neue Bestimmung darf aber nicht dazu führen, bei Verlust infolge von Lieferfristüberschreitung Ersatzleistung aus §§ 84, 86 einzuführen (s. oben Anm. 2) oder gar bei jedem Verlust- oder Minderungsfall Ersatz aus § 93 EVO. zu gewähren (Schulz, Die Haftpflicht S. 108; vgl. Sperber, ZVDEisV. **20** 734; RG. **100** 51).

[7] Beweispflichtig für Art und Umfang des Schadens, sowie die Lieferfristüberschreitung ist der Entschädigungsberechtigte; dagegen hat Eisenbahn das Vorliegen der Entlastungsgründe (Abs. 4) zu beweisen.

[8] Streitig, ob Eisenbahn bis zur höheren Gewalt haftet (so Rundnagel, BefGesch. S. 458 und die dort Angeführten; Schulz, Haftpflicht S. 108; Senckpiehl S. 283, 327; auch wohl Staub § 466 Anm. 1); doch müssen die Vertreter dieser Ansicht zahlreiche Ausnahmen zulassen (Verschulden des Berechtigten, Anweisung desselben usw.). Richtiger ist wohl, daß Eisenbahn nicht haftet, wenn sie nachweist, daß sie kein Verschulden trifft (Kittel § 94 Anm. 5; Dernburg 2 § 329; Boethke, EEE. **24** 209, 343, **17** 266, **21** 168). Lieferfristüberschreitung allein ist noch kein Verschulden; Eisenbahn hat Sorgfalt eines ordentlichen Frachtführers anzuwenden. Beispiele für Haftungsausschluß: Streik (EEE. **23** 372, 399; abw. **25** 140, 197, 264;

Baumgarten, EEE. Sonderh. **25** 1); eigenmächtige Kontrolle der Betriebsräte; sind dies Eisenbahner dann, wenn nach der politischen Lage ein Einschreiten unmöglich ist; Beschlagnahme (EEE. **22** 354); Naturereignisse (Tunneleinsturz, EEE. **19** 4); Schaden an den Betriebsmitteln (Heißlaufen), aber dann schnelles Umladen (EEE. **19** 135); Verkehrsstockung infolge Güterandranges ist nicht Betriebsstörung im Sinne des § 75; sie kann aber der Eisenbahn dann wohl nicht zur Last gelegt werden, wenn sie auf Naturereignisse zurückzuführen ist; abw. wohl RG. in EEE. **33** 77, unter Hinweis auf die Möglichkeit der Annahmeverweigerung. Ausgleich beiderseitigen Verschuldens hat gemäß BGB. § 254 zu erfolgen.

[9] Zahlreiche Beispiele s. Rundnagel, BefGesch. § 148 Anm. 7.

§ 95. Schadensersatz bei Vorsatz oder grober Fahrlässigkeit der Eisenbahn.

Ist der Schaden[1] durch Vorsatz[2] oder grobe Fahrlässigkeit[3] der Eisenbahn herbeigeführt, so ist in allen Fällen[4] der volle Schaden[5] zu ersetzen.

Vgl. JÜ. Art. 41; HGB. §§ 430, 438, 451, 457, 458, 461, 464, 465, 466; BGB. §§ 276, 278, 300, 249ff.

[1] Es muß ein von der Eisenbahn zu vertretender Schaden entstanden sein. Vorsatz und grobe Fahrlässigkeit wirkt nur verschärfend durch Wegfall der Begrenzung der Schadenshöhe (Literatur s. Rundnagel, BefGesch. § 148 Anm.; s. RG. **100** 53). Ein schuldhaftes Handeln für sich allein begründet keinen Schadensersatzanspruch. Eine Pflicht zu handeln oder zu unterlassen, muß verletzt sein (Planck, BGB. § 276 Anm. 1; JW. **20** 969).

[2] Vorsatz ist Voraussehen — nach einigen auch das Wollen — des Erfolges. EVO. § 5 gilt auch hier. Diebstahl ihrer Leute ist der Eisenbahn als Vorsatz anzurechnen (ROHG. **23** 309;

RGEntsch. **7** 129; Düringer-Hachenburg S. 850); daß Leute der Eisenbahn gestohlen haben, muß der Fordernde beweisen.

[3] Grobe Außerachtlassung der Sorgfalt eines ordentlichen Frachtführers (EEE. **17** 260, **37** 162, **22** 28), „eine ohne jede Anstrengung der Aufmerksamkeit zu vermeidende Fahrlässigkeit Bei konkurrierendem Verschulden Ausgleichung des Schadens nach § 254 BGB., und zwar auch dann, wenn Absender Verschulden trifft und Empfänger klagt, oder umgekehrt, s. Düringer-Hachenburg § 430 Anm. 17. Endgültig entscheidet richterliches Ermessen, wobei die Eigentümlichkeiten des Bahnbetriebes zu beachten sind (s. Rundnagel, Haftung S. 203; Senckpiehl S. 329; EEE. **18** 215, **20** 118). Beispiele: Verschulden ist nicht angenommen: bei Verzögerung innerhalb der Lieferfrist (EEE. **33** 296). Vgl. EVO. § 94; auch EEE. **31** 234, **30** 379; selbst heftige Rangierstöße brauchen kein Verschulden darzustellen (EEE. **31** 89; RG. **64** 169; ZVDEisV. **20** 220); unrichtige Bezettelung eines Wagens (EEE. **20** 118; aber **34** 312); Fehlverladung (EEE. **27** 160; a. A. **22** 271); Verwechslung der Wagennummern (EEE. **17** 252, **18** 306, **26** 140; auch **26** 298, abw. EEE **34** 312; versäumte Ausladung auf Unterwegsstation (EEE. **17** 329, **16** 54); Verschulden ist dagegen angenommen: bei mangelhafter Handhabung des Ermittlungsdienstes (EEE. **22** 28, 371); bei verspäteter Ermittlung des Empfängers (EEE. **27** 57); bei grobfahrlässigem Zusammenladen von Gütern (Kaffee und Petroleum; s. Busch, Arch. f. Eis. **10** 388; auch Zeitschr. f. HandRecht **19** 614), Fehlverladung, Versäumung rechtzeitiger Aus- oder Umladung, Verwechslung zweier Wagen ähnlicher Nummer u. ä. Doch ist es Tatfrage, ob gerade die Umstände des Einzelfalls die Annahme grober Fahrlässigkeit rechtfertigen, vgl. die zahlreichen Entscheidungen, Rundnagel, BefGesch. § 148 Anm. 7. Bei allen Entscheidungen ist zu beachten, daß es sich um einen Massenbetrieb handelt, der eine individuelle Behandlung der Einzelgüter ausschließt. Auch Rangierstöße gehören nun einmal zum Eisenbahnbetriebe (s. Entsch. bei Eger, Haftung der Eisenbahnen S. 107; EEE. **27**

171, 309). Nicht richtig ist, wenn Senckpiehl (S. 330) in jeder Verletzung positiver Vorschriften der EVO. und der AusfBest. grobe Fahrlässigkeit sehen will; vgl. hierzu § 94 Anm.

[4] Bezieht sich nur auf den Schaden aus §§ 84ff. (so Rundnagel, Haftung S. 209; abw. Eger S. 534; Schulz, Haftpflicht S. 112).

[5] S. BGB. §§ 251ff. Betrag des Schadens, der dem Ersatzberechtigten oder dessen Auftraggeber (Spediteur) entstanden ist (s. RGEntsch. **62** 334); Empfänger macht den Schaden geltend, der ihm, dem Absender, oder dessen Auftraggeber entstanden ist (Hellwig **82**ff. 482). Der volle Schaden ist niemals geringer als der Wert, der nach § 88 zu ersetzen ist. Zu ihm gehört entgangener Gewinn, Entwertung, Konventionalstrafen. Bei gegenseitigem Verschulden Schadensausgleich nach § 254 BGB.

§ 96. Verwirkung der Ersatzansprüche.

Werden Gegenstände, deren Beförderung nach gesetzlicher Vorschrift[1] oder aus Gründen der öffentlichen Ordnung[1] verboten ist oder die von der Beförderung ausgeschlossen[2] oder nur bedingungsweise[2] zur Beförderung zugelassen sind, unter unrichtiger[3] Bezeichnung aufgegeben oder werden die für diese Gegenstände vorgesehenen Sicherheitsmaßregeln[4] vom Absender unterlassen, so ist die Haftung der Eisenbahn auf Grund des Frachtvertrages ausgeschlossen[5]. Das gleiche gilt, wenn Gegenstände aufgegeben werden, die auf Grund öffentlich-rechtlicher Vorschriften ohne Entschädigung beschlagnahmt oder eingezogen werden können.

Vgl. JÜ. Art. 43; HGB. §§ 467, 471.

[1] S. EVO. § 3; s. darüber Eger Anm. 503, S. 535. Bezgl. Schiebergeschäfte s. JW. **20** 396, 562, der diese Bestimmung,

die das HGB. nicht kennt, für ungültig hält; vgl. auch Staub § 467 Anm. 1.

[2] Vgl. EVO. §§ 3, 30, 48, 54 und Anl. C, s. Anm. 1.

[3] Nicht auch „ungenauer" (trotz HGB. § 467, s. EEE. **25** 120, **28** 115, 352; vgl. EVO. § 60).

[4] EVO. § 62.

[5] Der Vertrag ist nichtig; v. d. Leyen, Zeitschr. f. Handelsrecht **39** 84; ZVDEisV. **01** 172; Rundnagel, Haftung § 1 S. 264; a. A. Staub § 467 Anm. 1–4; Eger Anm. 503; es entfällt jede Haftung aus dem Frachtvertrag. Es bleiben bestehen: Verpflichtung des Absenders zur Zahlung der Fracht und des Frachtzuschlags; der Eisenbahn auf Herausgabe (ungerechtfertigte Bereicherung; s. Staub § 467 Anm. 1; a. M. Blume, Berner Frachtübereinkommen Art. 43, S. 175; Rundnagel, Haftung § 12, S. 64; vgl. auch EEE. **28** 82, **27** 400, **29** 451); aus unerlaubter Handlung (EEE. **24** 129). Nicht erforderlich ist, daß der Schaden aus der unrichtigen Bezeichnung entstanden ist, z. B. Diebstahl der Leute der Eisenbahn (EEE. **25** 120, **28** 82). Verschulden des Absenders ist nicht Voraussetzung s. EEE. **1** 199. Haftung entfällt auch dann, wenn Eisenbahn die wirkliche Beschaffenheit gekannt hat (a. A. Staub § 467 Anm. 1; Eger Anm. 504; richtig: Rundnagel, BefGesch. § 134 S. 427); auch bei konkurrierendem Verschulden entfällt die Haftung der Eisenbahn. Bei Vorsatz oder grober Fahrlässigkeit der Eisenbahn ist Haftung aus § 823 BGB. zu prüfen. Selbstverständlich haftet Absender für den Schaden, der aus seinem Verhalten entsteht. Für Preußen kommt noch in Frage Haftung aus § 25 PrEisGes. v. 3. 11. 1838 (vgl. auch RG. in EEE. **29** 451).

§ 97. Erlöschen der Ansprüche nach Bezahlung der Fracht und Abnahme des Gutes.

(1) Ist die Fracht nebst den sonst auf dem Gute haftenden Forderungen bezahlt[1] und das Gut ab-

genommen[2], so sind alle Ansprüche gegen die Eisenbahn aus dem Frachtvertrag erloschen[3].

(2) Hiervon sind ausgenommen:

1. Entschädigungsansprüche für Schäden, die durch Vorsatz oder grobe Fahrlässigkeit[4] der Eisenbahn herbeigeführt sind;
2. Entschädigungsansprüche wegen Überschreitung der Lieferfrist, wenn sie spätestens am vierzehnten Tage, den Tag der Abnahme nicht mitgerechnet, bei einer der nach § 100 in Anspruch zu nehmenden Eisenbahnen schriftlich angebracht werden[5];
3. Entschädigungsansprüche wegen solcher Mängel, die nach § 82 oder § 83 vor der Abnahme des Gutes festgestellt worden sind oder deren Feststellung entgegen der Vorschrift im § 82 durch Verschulden der Eisenbahn unterblieben ist[6];
4. Entschädigungsansprüche wegen solcher Mängel. die bei der Abnahme äußerlich nicht erkennbar waren[7], wenn der Berechtigte unverzüglich nach der Entdeckung und spätestens binnen einer Woche[7] nach der Abnahme entweder schriftlich bei der Eisenbahn eine nach § 82 vorzunehmende Untersuchung oder bei Gericht die Besichtigung des Gutes durch Sachverständige beantragt und beweist, daß der Mangel in der Zeit zwischen der Annahme und der Ablieferung entstanden ist[7]. Ist der Eisenbahn der Mangel unverzüglich nach der Entdeckung und binnen der bezeichneten Frist angezeigt, so genügt es, wenn die Feststellung unverzüglich nach dem Zeitpunkte be-

antragt wird, bis zu dem der Eingang einer Antwort der Eisenbahn unter regelmäßigen Umständen erwartet werden darf;

5. Ansprüche wegen zu Unrecht erhobener Frachtzuschläge und unrichtiger Berechnung von Fracht und Gebühren[8].

(3) Der Empfänger kann die Abnahme des Gutes auch nach Annahme des Frachtbriefs und Bezahlung der Fracht solange ablehnen bis seinem Antrag auf Feststellung der behaupteten Mängel stattgegeben ist[9]. Vorbehalte bei der Abnahme des Gutes sind nur wirksam, wenn sie unter Zustimmung der Eisenbahn gemacht sind[10].

(4) Wenn von mehreren im Frachtbriefe verzeichneten Gegenständen einer Sendung bei der Ablieferung einzelne fehlen, so kann sie der Empfänger in der Empfangsbescheinigung[10] als fehlend aufführen.

Vgl. JÜ. Art. 44; HGB. §§ 438, 464, 471.

Literatur: Gorden, Erlöschen bei frankierten Sendungen s. EEE. **31** 163 ff.; ROHG. **1** 181, **13** 414, **15** 143; RG. **25** 32.

[1] Einerlei von wem; gilt also auch bei Frankatursendungen (Gorden, EEE. **31** 163; Rundnagel, Haftung S. 238; Senckpiehl S. 334: Reindl, ZVDEisV. **97** 101; EEE. **19** 365, **18** 37, **24** 175; Düringer-Hachenburg § 438 Anm. 20; abw. Eger Anm. 505; Staub § 438 Anm. 4 und 6; EEE. **25** 2, 32, **31** 90); gleichgültig ist, ob die Fracht gestundet ist; Teilzahlung kann lediglich als Indiz gewertet werden (RG. **25** 32); bezgl. Hingabe an Zahlungs Statt vgl. Düringer-Hachenburg § 438 Anm. 3. Einseitige Vorbehalte des Frachtzahlenden sind unbeachtlich, (ROHG. **1** 181). Eintritt der Rechtswirkung kraft Gesetzes, ohne daß sie vom Zahlenden gewollt sein muß. Nur die Zah-

lung selbst kann wegen Irrtums angefochten werden, nicht ihre Folgen.

[2] § 81 (6) = angenommen (Rundnagel, Haftung S. 241; EEE. **25** 367; ZVDEisV. **04** 211); entfällt also bei Totalverlust während der Beförderung (EEE. **22** 371, **26** 404, **28** 440). Annahme des Frachtbriefes oder Avises genügt nicht; auch nicht Zurücknahme des Gutes durch Absender unter Aufhebung des Frachtvertrages (RG. **22** 145), wohl aber Zustellung auf Anschlußgleis (abw. Senckpiehl S. 335). Ausstellen eines neuen Frachtbriefes zwecks Weitersendung des Gutes gilt als Annahme (ZVDEisV. **21** 456). RG. 102, 258.

[3] Nicht auch umgekehrt und nicht aus anderen Rechtsgründen: z. B. unerlaubte Handlung, Verwahrung (§ 64); Gordon, EEE. **15** 79; ROHG. **15** 34, **24** 305: Ansprüche auf Frachterstattung (EEE. **20** 59; Rundnagel, Haftung S. 345), sind durch § 70 Abs. 1 ausgenommen. Hierunter fallen Ansprüche aus teilweisem Verlust (EEE. **21** 155), vergeblich versuchter Abholung (EEE. **22** 24, **23** 355).

[4] § 95; bloßes Verschweigen etwa dem Zahlenden zustehender Ansprüche ist weder Vorsatz noch grobe Fahrlässigkeit, bei Arglist vgl. BGB. § 823.

[5] EEE. **18** 217, **15** 123, **25** 150; entscheidend: Eingang bei Eisenbahnbehörde oder zur Entscheidung zuständiger Dienststelle (EEE. **20** 352). Beigabe des Frachtbriefes ist nicht erforderlich (EEE. **18** 68, **20** 352). Frist gilt nicht bei Vorsatz und grober Fahrlässigkeit (EEE. **24** 30). Über die Berechnung und Frist s. EEE. **25** 150.

[6] Vgl. EEE. **23** 357, **24** 64, **27** 45, **28** 194.

[7] Vgl. EVO. § 84 Anm. Äußere Mängel der Verpackung und des Gutes. Berechnung nach BGB. § 187 f. Beweislast für die rechtzeitige Stellung des Antrages liegt dem Empfänger ob; er hat nur die Absendung nachzuweisen. Die Kosten fallen dem zur Last, der in einem späteren Prozeß unterliegt. Im Hinblick auf HGB. § 464 kann die Vorschrift „der unverzüglichen" Antragstellung nicht als zulässig erachtet werden;

es genügt Feststellung innerhalb einer Woche (so Düringer-Hachenburg § 464 Anm. 2; abw. Rundnagel, Haftung S. 251).

[8] S. EVO. § 70 Abs. 4.

[9] S. EVO. §§ 82, 83.

[10] S. EEE. **20** 315; Staub § 438 Anm. 7; ROHG. **15** 28, 142, **25** 33; EEE. **20** 314; DJZ. **04** 312.

[11] S. EVO. § 76 Abs. 1, 10.

§ 98. Verjährung der Ansprüche gegen die Eisenbahn wegen Verlustes, Minderung oder Beschädigung des Gutes oder wegen Überschreitung der Lieferfrist.

(1) Die Ansprüche gegen[1] die Eisenbahn wegen Verlustes, Minderung oder Beschädigung des Gutes oder wegen Überschreitung der Lieferfrist verjähren[2] in einem Jahre[3].

(2) Die Verjährung beginnt bei Beschädigung oder Minderung mit dem Ablaufe des Tages, an dem abgeliefert ist[4], bei Verlust oder bei Überschreitung der Lieferfrist mit dem Ablaufe der Lieferfrist[5].

(3) Die Verjährung wird durch die schriftliche Anmeldung des Anspruchs bei der Eisenbahn gehemmt[7]. Ergeht auf die Anmeldung ein abschlägiger Bescheid, so läuft die Verjährungsfrist von dem Tage ab weiter, an dem die Eisenbahn ihre Entscheidung dem Anmeldenden schriftlich bekanntmacht und ihm die der Anmeldung etwa angeschlossenen Beweisstücke zurückstellt. Weitere Gesuche, die an die Eisenbahn oder an die vorgesetzten Behörden gerichtet werden, hemmen die Verjährung nicht.

(4) Wegen der Unterbrechung der Verjährung bewendet es bei den allgemeinen gesetzlichen Vorschriften[8].

(5) Die im Abs. (1) bezeichneten Ansprüche können nach der Vollendung der Verjährung nur aufgerechnet werden, wenn vorher[9] der Verlust, die Minderung, die Beschädigung oder die Überschreitung der Lieferfrist der Eisenbahn[10] angezeigt oder die Anzeige an sie abgesendet worden ist. Der Anzeige an die Eisenbahn steht es gleich, wenn gerichtliche Beweisaufnahme zur Sicherung des Beweises beantragt oder wenn in einem zwischen dem Absender und dem Empfänger oder einem späteren Erwerber des Gutes wegen des Verlustes, der Minderung, der Beschädigung oder der Fristüberschreitung anhängigen Rechtsstreite der Eisenbahn der Streit verkündet wird.

(6) Die Vorschriften dieses Paragraphen finden keine Anwendung, wenn die Eisenbahn den Verlust, die Minderung, die Beschädigung oder die Fristüberschreitung vorsätzlich herbeigeführt hat[11]. Sie finden ferner keine Anwendung auf Rückgriffsansprüche der Eisenbahnen untereinander (§ 100).

Vgl. JÜ. Art. 45, 46; HGB. §§ 414, 439, 470, 471.

Literatur: Gorden in EEE. **28** 134; Reindl, EEE. **21** 318; Epstein ebendort **22** 320; DJZ. **03** 100, 122; ZVDEisV. **02** 386, 553, 627; Verjährung während des Krieges RG. **95** 34.

[1] Die Ansprüche der Eisenbahn gegen Absender und Empfänger auf Zahlung von Fracht, Auslagen, Fahrgeld, verjähren in 2 Jahren (BGB. § 196); Beginn der Verjährungsfrist mit Ablauf des Entstehungsjahres; wegen unrichtiger Frachtberechnung vgl. EVO. § 71, wegen des Frachtzuschlags

§ 60 Abs. 5. Wegen anderer Ansprüche als die hier genannten (z. B. wegen mangelhafter Erfüllung des Frachtvertrages, auf Auslieferng des Gutes, wegen Nichtbeachtung nachträglicher Anweisungen, wegen mangelhafter Erfüllung der Zollvorschriften, ungerechtfertigter Bereicherung u. ä.) gelten die allgemeinen Verjährungsfristen des BGB., d. h. 30jährige (§ 195) oder die 3jährige (§ 852), s. RG. **62** 119, 210, **64** 41, **66** 16; Düringer-Hachenburg § 439 Anm. 2. Wegen Verjährung des Zolles vgl. § 15 VerZollges., wegen Nachzahlung von Zollgefällen § 164 aaO., betr. der statistischen Gebühren s. Ges. v. 7. 2. 1906, § 15.

[2] Auf die Verjährung (Berechnung, Unterbrechung) vgl. die Bestimmungen des BGB. § 196ff., vgl. ROHG. **16** 181, **21** 337 (Beweislast) und **49** 95.

[3] Wegen des Begriffs der Minderung, Verlustes usw. vgl. § 84.

[4] Vgl. § 76; Ersatzablieferng steht dem gleich, vgl. ROHG. **17** 80; RG. **34** 260; EEE. **14** 306. Der Tag der Ablieferung rechnet nicht mit.

[5] S. EVO. § 75. Die Frist des § 90 wird nicht eingerechnet; Beginn bleibt auch für den Fall nachträglicher Ablieferung (§ 91 EVO.).

[6] Die Frist läuft ab, auch wenn der Berechtigte die Entstehung des Schadens gar nicht kennt, oder den Anspruch gar nicht geltend machen kann (ROHG. **15** 126; Staub § 414 Anm. 6).

[7] Vgl. EVO. § 71 Anm. 6. Diese Reklamation muß von dem aktiv legitimierten Verfügungsberechtigten (s. EVO. § 99) ausgehen (ZVDEisV. **11** 28).

[8] BGB. §§ 202—217.

[9] D. h. vor der Vollendung der Verjährung (Epstein **21** 95, **22** 320).

[10] Der nach § 100 zuständigen Eisenbahn (Rundnagel S. 261; a. A. Eger Anm. 523, S. 554) und an die zuständige Dienststelle (stets zuständig Eisenbahndirektion, in geringen

Fällen das Verkehrsamt; in kleinen auch die Güterabfertigung), s. § 99 Anm. 9.

[11] S. BGB. § 852. 3 Jahre nach erlangter Kenntnis, von dem Eintritt des Schadens, nicht auch von dessen Umfang, spätestens 30 Jahre seit Begehung. Abs. 6 gilt nicht für grobe Fahrlässigkeit (Eger Anm. 525; ROHG. **12** 137, **15** 32).

§ 99. Geltendmachung der Rechte aus dem Frachtvertrage.

(1) Zur Geltendmachung der Rechte[1] aus dem Frachtvertrage gegenüber der Eisenbahn[2] ist nur der befugt, dem das Verfügungsrecht über das Gut zusteht[3] (vgl. aber §§ 60 und 70)[4].

(2) Vermag der Absender, dem an sich das Verfügungsrecht zusteht, das Frachtbriefduplikat, den Aufnahmeschein oder eine Bescheinigung der Versandstation, daß eine solche Urkunde nicht ausgestellt ist, nicht vorzuzeigen, so kann er seinen Anspruch nur mit Zustimmung des Empfängers[5] geltend machen, es sei denn, er wiese nach, daß der Empfänger die Annahme des Gutes[6] verweigert hat.

(3) Außergerichtliche Ansprüche sind schriftlich[7] bei der nach § 100 zuständigen Eisenbahn geltend zu machen. War der Frachtbrief dem Empfänger übergeben, so ist er vorzulegen. Handelt es sich um eine Entschädigung wegen Verlustes, Minderung oder Beschädigung, so ist eine Bescheinigung über den Wert des Gutes beizufügen.

(4) Die Eisenbahn[8] hat die Ansprüche mit tunlichster Beschleunigung zu prüfen und den Antragsteller, wenn keine Verständigung erfolgt, schriftlich zu bescheiden[9].

Vgl. JÜ. Art. 26, 8, 15; HGB. §§ 433, 435, 455, 471.

[1] Aktivlegitimation; gilt für gerichtliche, wie außergerichtliche Ansprüche.

[2] Also nicht aus anderen Verträgen (z. B. Verwahrungsvertrag) (EVO. § 64), aus Handlungen vor Abschluß oder nach Ablauf des Vertrages (Verletzung der Beförderungspflicht), s. auch EEE. **23** 391. Nachnahmen kommen naturgemäß nur dem Absender zu.

[3] D. h. wenn ein Duplikat nicht ausgestellt ist, der Absender bis zur Ankunft des Gutes oder wenigstens eines Teiles (bei Teilverlust) auf dem Bestimmungsbahnhof; von da ab bis zur Annahme des Frachtbriefes oder Klageerhebung (EVO. § 73 Abs. 9) sowohl Absender als Empfänger, von da ab lediglich der Empfänger; vgl. Rundnagel, Haftung S. 265 ff.; s. EEE. **17** 164, **18** 354, **23** 10, **24** 253, 379. Doch kann der Empfänger erst reklamieren, wenn er den Frachtbrief eingelöst hat. Bei Teilverlust erlangt er dadurch auch das Reklamationsrecht über den fehlenden Teil. Ist ein Duplikat ausgestellt, ist das Verfügungsrecht des Absenders beschränkt; s. EVO. § 73 Abs. 5 und § 99 Abs. 2. Bei gänzlichem Verlust des Gutes ist also lediglich der Absender berechtigt (Staub § 435 Anm. 1; EEE. **23** 377; Hellwig, Verträge auf Leistung § 68). Tritt der Empfänger zurück, leben die Rechte des Absenders wieder auf (a. A. Eger Anm. 528 und die dort Angeführten). Außer Betracht bleibt das Rechtsverhältnis zwischen dem Absender und Empfänger (RGEntsch. **1** 1) oder zwischen ihnen und Dritten (RGEntsch. **19** 145). Der Eigentümer hat aus dem Frachtvertrag kein Klagerecht (s. EEE. **33** 395 u. Einl. zu Abschn. VIII; a. A. Senckpiehl S. 341), auch nicht der Dritte, für den etwa der Absender angeblich den Frachtvertrag abgeschlossen hat (s. RGEntsch. in Zeitschr. f. Kleinbahnen **20** 326).

[4] Rückzahlungsansprüche wegen zuviel erhobener Frachtzuschläge (§ 60 Abs. 4) und Frachten (§ 70 Abs. 2).

[5] S. EEE. **18** 319. Verweigert der Empfänger die Zustimmung, hat niemand das Reklamationsrecht. Es ist Sache

des Absenders, sich wegen Erklärung der Zustimmung mit dem Empfänger auseinanderzusetzen.

[6] Stimmt nicht mit EVO. § 73 Abs. 9 überein, müßte heißen „des Frachtbriefes". Zwischen Annahme des Gutes und derjenigen des Frachtbriefes gibt es also 2 Aktivlegitimierte (s. Eger Anm. 529), s. Anm. 3.

[7] Auch zu Protokoll. Der Berechtigte kann auch sofort klagen; Prozeßkosten nach § 93 ZPO. Auf Vorlage des Frachtbriefes hat die Eisenbahn einen Rechtsanspruch (vgl. aber Übk. z. VerBetrRegl. Art. 18 Ziff. 3).

[8] Die Eisenbahnen werden vertreten durch ihre Direktionen, die Reichsbahnen durch die Eisenbahn- (General-) Direktionen); s. Kittel, EVO. § 99 Anm. 1. Klagen gegen deutsche Bahnen im Ausland s. RGBl. **62** 165; EEE. **26** 376. Für Zahlung aus Reichsbahnkassen s. EG. z. BGB. Art. 92 PrAG. Art. 11.

[9] Für Ansprüche auf Entschädigung bis zur Höhe von 3000 M. aus dem deutschen Verkehr sind die Verkehrsämter, bis 300 M. die größeren Güterabfertigungen zuständig; doch haben diese Dienststellen keine Macht zur Prozeßvertretung. Höhere Beträge unterliegen der Entscheidung der Direktionen, nur diese sind zur Prozeßführung berechtigt (vorl. VerwOrd.).

§ 100. Haftung mehrerer an der Beförderung beteiligter Eisenbahnen[1].

(1) Die Versandbahn haftet für die Ausführung der Beförderung bis zur Ablieferung des Gutes an den Empfänger, ohne Rücksicht darauf, ob nur eigene oder auch fremde Strecken benutzt werden[4].

(2) Jede nachfolgende Bahn tritt dadurch, daß sie das Gut[3] mit dem ursprünglichen Frachtbrief annimmt, diesem gemäß in den Frachtvertrag ein und übernimmt die selbständige Verpflichtung, die

Beförderung nach dem Inhalte des Frachtbriefs auszuführen.

(3) Die Ansprüche aus dem Frachtvertrage können jedoch — unbeschadet des Rückgriffs der Bahnen untereinander — im Wege der Klage nur gegen die Versandbahn oder gegen die Bahn, die das Gut zuletzt mit dem Frachtbrief[4] übernommen hat, oder gegen die Bahn, auf deren Strecke sich der Schaden ereignet hat[5], gerichtet werden. Unter diesen Bahnen hat der Kläger die Wahl[6]. Das Wahlrecht erlischt mit Erhebung der Klage[7].

(4) Durch Widerklage oder Aufrechnung[8] können Ansprüche aus dem Frachtvertrag auch gegen eine andere Bahn geltend gemacht werden, wenn deren Klage sich auf denselben Frachtvertrag gründet.

(5) Hat auf Grund dieser Vorschriften eine der beteiligten Bahnen Schadensersatz geleistet, so steht ihr der Rückgriff gegen die Bahn zu, die den Schaden verschuldet hat. Kann diese nicht ermittelt werden, so haben die beteiligten Bahnen den Schaden nach dem Verhältnis ihrer Streckenlängen, mit denen sie an der Beförderung beteiligt sind, gemeinsam zu tragen, soweit nicht festgestellt wird, daß der Schaden nicht auf ihren Strecken entstanden ist. Die Befugnis der Eisenbahnen, über den Rückgriff im voraus oder im einzelnen Falle andere Vereinbarungen zu treffen, wird hierdurch nicht berührt.

Vgl. JÜ. Art. 27, 28, 47 ff.; HGB. §§ 432, 468, 469, 471.

[1] Passivlegitimation; vgl. ROHG. **3** 59, **7** 99, **11** 209, **21** 57.

[2] Gesetzliches Gesamtschuldverhältnis (BGB. § 421; HGB. § 432), aber nur im Rahmen des Frachtvertrages; was vor seinem

Abschluß liegt, oder ihm nachfolgt, berührt die übrigen Bahnen nicht.

[3] Oder einen Teil des Gutes (Annal. d. RG. **4** 489; EEE. **16** 111). Annahme unter Protest berührt nicht das Verhältnis zum Absender (ROHG. **11** 209).

[4] Es muß sich um einen durchgehenden Frachtbrief handeln (RG. **18** 170; Staub § 479 Anm. 2). Jeder neue, oder unter Umständen auch alte, aber in seinem wesentlichen Inhalt veränderte Frachtbrief (z. B. Weiterbeförderung auf Grund nachträglicher Anweisung) bedeutet einen neuen Frachtvertrag; an ihm sind nur die Bahnen beteiligt, deren Strecken auf Grund dieses Frachtbriefes durchlaufen werden (ROHG. **7** 218). Für Ansprüche anderer Art, z. B. aus einem Verwahrungsvertrage, aus unerlaubter Handlung, ungerechtfertigter Bereicherung haftet nur die betreffende Bahn. Weitergabe an Gut und Brief hat die beklagte Eisenbahn zu beweisen (abw. Eger Anm. 547).

[5] Maßgebend ist der Eintritt, nicht die Verursachung des Schadens (Rundnagel, Haftung S. 271), den, nicht immer leichten Nachweis hat der Kläger zu führen (Düringer-Hachenburg § 469 Anm. 5).

[6] Klage nur gegen eine Bahn; Gerichtsstand Sitz der beklagten Behörde (Eisenbahndirektion) (§§ 17 ff. ZPO.); bei unerlaubter Handlung ZPO. § 32 (Tatort), auch besonderer Gerichtsstand ist möglich.

[7] Einerlei, ob sie zum gewollten Ziel führt; Klageerhebung gegen eine passiv nicht legitimierte Bahn hat diese Wirkung nicht.

[8] Aufrechnung gegenüber Reichsbahn (BGB. § 395) s. RG. **82** 235.

Anlage B.

[§ 49 (2) EVO.]

Nähere Bestimmungen über die Beförderung von lebenden Tieren.

I. Verladung.

§ 1. (1) Soweit die Stationen nach dem Tarif unbeschränkt oder beschränkt für den Viehverkehr bestimmt sind, müssen sie mit Vorrichtungen versehen sein, die, den Abfertigungsbefugnissen entsprechend, ein zweckmäßiges Ein- und Ausladen der Tiere gestatten.

(2) Auf der Oberfläche hölzerner Verladerampen müssen in angemessenen Zwischenräumen schmale Latten mit abgerundeten Kanten angebracht sein, damit die Tiere sicher fußen können.

(3) Die Oberfläche fester Rampen darf höchstens 1 : 8, die der beweglichen Vorrichtungen höchstens 1 : 3 geneigt sein.

(4) Die Ladebrücken müssen hinreichend breit und mit mindestens 20 Zentimeter hohen Schutzleisten an beiden Seiten sowie mit Trittlatten [Abs. (2)] versehen sein. Auch müssen Vorkehrungen zum Schutze gegen seitliches Abdrängen der Tiere getroffen sein.

(5) Auf Stationen mit regelmäßigem größeren Viehversand sowie auf den Tränkstationen (§ 6) oder in deren Nähe müssen zur vorübergehenden Unterbringung des Viehes eingefriedigte Räume (Buchten oder Bansen) vorhanden sein, von denen ein angemessener Teil überdeckt sein muß. Diese von der Eisenbahn zu schaffenden Räume müssen Brunnen oder Wasserleitung sowie Vor-

richtungen zum Anbinden, Füttern und Tränken der Tiere enthalten. Sie müssen in kleinere Abteilungen geteilt sein, in denen die Tiere verschiedener Gattung und das Großvieh (Pferde einschließlich Ponys, auch Fohlen, ferner Rindvieh, Maultiere, Esel und dergleichen), vom Kleinvieh (Schweine, Kälber, Schafe, Ziegen, Hunde, Geflügel und dergleichen) getrennt unterzubringen sind. Muttertiere mit saugenden Jungen bleiben zusammen. Der Fußboden muß so beschaffen sein, daß eine ordnungsmäßige Reinigung möglich ist.

(6) Für die vorübergehende Unterbringung der Tiere in überdeckten Räumen kann eine im Tarife festzusetzende Gebühr erhoben werden. Sie dient zugleich als Vergütung für die Benutzung der Einrichtungen zum Füttern und Tränken.

§ 2. (1) Die Tiere sind in bedeckten oder in hochbordigen offenen Wagen zu befördern. In den Monaten Januar, Februar, März, November und Dezember dürfen offene Wagen nur auf Antrag des Absenders gestellt werden. Geflügel darf nur in bedeckten Wagen befördert werden.

(2) Mehrbödige Wagen dürfen nur verwendet werden, wenn sie an den Seiten Lattenwände haben; diese müssen so weit aus dichten Brettern bestehen oder mit dichten Klappen versehen sein, daß die Tiere gegen Zugluft von unten geschützt sind und das Herausfallen von Kot und Streu verhindert wird. Diese Bestimmung gilt nicht für die mehr als zweibödigen zur Geflügelbeförderung bestimmten Wagen. Doch müssen auch bei diesen Wagen die Seitenwände aus Latten bestehen und mit Schutzleisten versehen sein, die das Herausfallen von Kot und Streu verhindern.

(3) Die Unterkästen der Wagen dürfen nur zur Beförderung einzelner unterwegs erkrankter Tiere benutzt werden.

(4) Die lichte Breite der zur Beförderung von Großvieh dienenden Wagen muß mindestens 2,60 Meter betragen.

(5) Bei Verwendung bedeckter Wagen zur Viehbeförderung sind solche Wagen auszuwählen, die in der Nähe der Wagendecke an den Längs- oder Stirnseiten je zwei verschließbare Öffnungen von je mindestens 0,40 Meter Länge und 0,30 Meter Breite haben und außerdem an den Türen mit Vorrichtungen versehen sind, die ihr Offenhalten in einer Breite von 0,35 Meter bei Großvieh und von 0,15 Meter bei Kleinvieh ermöglichen. Bleiben die Türen während der Fahrt ganz geöffnet, so müssen die Türöffnungen durch einen 1,50 Meter hohen Bretterverschlag oder durch Lattengitter verstellt sein.

(6) Die offenen Wagen müssen bei Verwendung für Großvieh eine Bordhöhe von mindestens 1,50 Meter und bei Verwendung für Kleinvieh eine Bordhöhe von mindestens 0,75 Meter über dem Fußboden haben.

(7) Zum Festbinden der Tiere müssen Vorrichtungen, wie eiserne Ringe oder dergleichen, in den Wagen angebracht sein.

(8) Die Ladefläche der zur Beförderung von Tieren dienenden Wagen muß an der Außenseite angegeben sein, und zwar bei mehrbödigen und bei den in mehrere Abteile geteilten Wagen derart, daß die Größe eines jeden Raumes ersichtlich ist.

(9) Bezüglich der vorhandenen alten Wagen können Abweichungen von den Vorschriften in Abs. (4) und (5) von den Landesaufsichtsbehörden nach Zustimmung des Reichs-Eisenbahnamts[1]) zugelassen werden.

§ 3. (1) Die zur Beförderung von Tieren dienenden Käfige, Kisten, Körbe, Säcke oder anderen Behälter müssen geräumig und luftig sein. Die Tiere dürfen nicht geknebelt aufgegeben werden.

(2) Käfige oder ähnliche Behälter müssen einen dichten Boden und so weit hinauf dichte Wände haben, daß eine Verunreinigung des Wagens durch Kot und Streu möglichst ausgeschlossen ist. Diese Vorschrift gilt nicht für Geflügel in Wagenladungen. Der Boden der Behälter muß mit Heu, Stroh, Sand, Torfmull oder Sägespänen bedeckt sein. Bei der Verladung ist darauf zu achten, daß zu den Tieren ausreichend frische Luft treten kann; insbesondere dürfen andere Güter nicht auf die Behälter, und diese nur dann übereinander verladen werden, wenn durch Leisten oder dergleichen dafür gesorgt ist, daß zwischen dem Boden des oberen und dem Deckel des unteren Behälters ein Luftraum von mindestens 3 Zentimeter Höhe frei bleibt. Behälter, die ganz oder zum Teil aus Latten bestehen, müssen so beschaffen sein, daß die Tiere nicht einzelne Körperteile hindurchzwängen können, auch müssen sie so hoch sein, daß die Tiere zwanglos darin stehen können. Gebrauchte Käfige, Kisten, Körbe, Säcke oder dergleichen dürfen nur nach gründlicher Reinigung wieder benutzt werden. Ferner müssen Käfige oder ähnliche Behälter, wenn die Beförderung voraussichtlich mehr als 36 Stunden dauert, mit zweckmäßigen Vorrichtungen zum Tränken und bei

Kleinvieh auch zum Füttern der Tiere versehen sein, sofern nicht der Absender für die Fütterung und Tränkung auf Unterwegsstationen in anderer Weise gesorgt hat.

(3) Bei Festsetzung der größten Zahl der in einen Wagen zu verladenden Tiere ist zu berücksichtigen, daß Großvieh nicht aneinander und gegen die Wandung des Wagens gepreßt stehen darf. Dieser Vorschrift ist genügt, wenn sich ein Mann zwischen den eingeladenen Tieren hindurch bewegen kann. Bei der Querverladung muß außerdem zwischen den Tieren und den Wagenwänden so viel Raum bleiben, daß eine Verletzung der Tiere durch Aufscheuern oder dergleichen am Kopfe oder am Hinterteile vermieden wird. Kleinvieh, auch solches in Käfigen, muß die Möglichkeit haben, sich zu legen. Die Entscheidung darüber, ob diesen Vorschriften entsprochen ist, steht dem Aufsichtsbeamten zu.

(4) Großvieh und Kleinvieh sowie Tiere verschiedener Gattung dürfen in denselben Wagen nur dann verladen werden, wenn jede Gattung durch Schranken, Bretter- oder Lattenverschläge von der anderen getrennt wird. Auch in Käfigen oder ähnlichen Behältern müssen Tiere verschiedener Gattung durch Verschläge oder dergleichen voneinander getrennt werden. Bei der Beförderung von Muttertieren mit saugenden Jungen fallen diese Beschränkungen weg.

(5) Die mit unverpacktem Geflügel beladenen Wagen sind unter Bleiverschluß zu befördern.

(6) Die Fußböden der offenen Wagen und derjenigen bedeckten Wagen, die Lattenwände haben, dürfen nicht mit leicht entzündlichen Stoffen bestreut werden.

II. Beförderung.

§ 4. (1) Lebende Tiere werden in Viehzügen und Güterzügen, nach näherer Bestimmung der Eisenbahn auch in Personenzügen befördert.

(2) Viehzüge müssen auf Strecken mit regelmäßigem starken Viehverkehr an bestimmten, von der Eisenbahn bekanntzumachenden Tagen — regelmäßig oder nur nach Bedarf — nach den bei jedem Fahrplanwechsel festzusetzenden Fahrplänen verkehren; sie müssen derart gelegt sein, daß der Aufenthalt für das auf den Anschlußlinien zu- und abgehende Vieh auf das unbedingt nötige Maß beschränkt wird. Bei Aufstellung der Fahrpläne ist für die Tränkstationen (§ 6) ein ausreichender Aufenthalt vorzusehen.

(3) Steht so viel Vieh zur Beförderung, daß zu seiner Verladung mindestens 20 Achsen erforderlich sind, so ist in Ermangelung anderer Beförderungsgelegenheiten ein besonderer Viehzug abzulassen.

§ 5. (1) Die durchschnittliche Geschwindigkeit der Viehzüge [§ 4 Abs. (2)] darf — vorbehaltlich der Befugnis der Landesaufsichtsbehörde[1]), bei besonderen Verhältnissen nach Genehmigung des Reichs-Eisenbahnamts[1]) Abweichungen zu gestatten — nicht weniger als 25 Kilometer in der Stunde betragen. Soweit Bestimmungen der Eisenbahn-Bau- und Betriebsordnung dieser Geschwindigkeit entgegenstehen, ist sie zu ermäßigen.

(2) Die für die Tränkstationen vorzusehenden Aufenthalte [§ 4 Abs. (2)] bleiben bei Berechnung der durchschnittlichen Geschwindigkeit außer Betracht.

(3) Für die Viehzüge der Militärverwaltung gilt die Vorschrift im Abs. (1) nicht.

§ 6. (1) Alle Tiere, deren Beförderung 24 Stunden oder länger in Anspruch nimmt, sollen vor der Verladung vom Absender gefüttert und getränkt werden. Dauert die Beförderung mehr als 36 Stunden, so sind die Tiere spätestens nach je 36 Stunden zu füttern und zu tränken. Für die Beförderung von Militärpferden gelten vorstehende Bestimmungen nicht.

(2) Für die unterwegs erforderliche Fütterung und Tränkung sind nach Bedarf besondere Stationen mit Einrichtungen zu versehen. Diese Stationen (sogenannte Tränkstationen) werden vom Reichs-Eisenbahnamte[1]) nach Anhörung der beteiligten Bundesregierungen bestimmt und sind in den Tarifen bekanntzumachen.

§ 7. (1) Das Verschieben der mit Tieren beladenen Wagen ist auf das dringendste Bedürfnis zu beschränken und stets mit besonderer Vorsicht vorzunehmen; heftiges Anstoßen ist unbedingt zu vermeiden.

(2) Die Behälter mit Tieren dürfen beim Ein- und Ausladen nicht gestoßen, geworfen oder gestürzt werden.

§ 8. Bei Beförderung zur Nachtzeit müssen die Begleiter von Viehsendungen gut brennende Laternen mit sich führen, wobei leicht entzündliche Brennstoffe, wie Petroleum oder dergleichen, verboten sind.

---

[1]) S. § 6 Anm. 20.

Handelsgesetzbuch

vom 10. Mai 1897.

Siebenter Abschnitt.

Beförderung von Gütern und Personen auf den Eisenbahnen.

§ 453. Eine dem öffentlichen Güterverkehre dienende Eisenbahn darf die Übernahme von Gütern zur Beförderung nach einer für den Güterverkehr eingerichteten Station innerhalb des Deutschen Reichs nicht verweigern, sofern

1. der Absender sich den geltenden Beförderungsbedingungen und den sonstigen allgemeinen Anordnungen der Eisenbahn unterwirft;
2. die Beförderung nicht nach gesetzlicher Vorschrift oder aus Gründen der öffentlichen Ordnung verboten ist;
3. die Güter nach der Eisenbahnverkehrsordnung oder den gemäß der Verkehrsordnung erlassenen Vorschriften und, soweit diese keinen Anhalt gewähren, nach der Anlage und dem Betriebe der beteiligten Bahnen sich zur Beförderung eignen;
4. die Beförderung mit den regelmäßigen Beförderungsmitteln möglich ist;
5. die Beförderung nicht durch Umstände, die als höhere Gewalt zu betrachten sind, verhindert wird.

Die Eisenbahn ist nur insoweit verpflichtet, Güter zur Beförderung anzunehmen, als die Beförderung sofort erfolgen kann. Inwieweit sie verpflichtet ist, Güter, deren Beförderung nicht sofort erfolgen kann, in einstweilige Verwahrung zu nehmen, bestimmt die Eisenbahnverkehrsordnung.

Die Beförderung der Güter findet in der Reihenfolge statt, in welcher sie zur Beförderung angenommen worden sind, sofern nicht zwingende Gründe des Eisenbahnbetriebs oder das öffentliche Interesse eine Ausnahme rechtfertigen.

Eine Zuwiderhandlung gegen diese Vorschriften begründet den Anspruch auf Ersatz des daraus entstehenden Schadens.

§ 454. Auf das Frachtgeschäft der dem öffentlichen Güterverkehre dienenden Eisenbahnen finden die Vorschriften des vorigen Abschnitts insoweit Anwendung, als nicht in diesem Abschnitt oder in der Eisenbahnverkehrsordnung ein anderes bestimmt ist.

§ 455. Die Eisenbahn ist verpflichtet, auf Verlangen des Absenders den Empfang des Gutes unter Angabe des Tages, an welchem es zur Beförderung angenommen ist, auf einem Duplikate des Frachtbriefs zu bescheinigen; das Duplikat ist von dem Absender mit dem Frachtbriefe vorzulegen.

Im Falle der Ausstellung eines Frachtbriefduplikats steht dem Absender das im § 433 bezeichnete Verfügungsrecht nur zu, wenn er das Duplikat vorlegt. Befolgt die Eisenbahn die Anweisungen des Absenders, ohne die Vorlegung des Duplikats zu verlangen, so ist sie für den daraus entstehenden Schaden dem Empfänger, welchem der Absender die Urkunde übergeben hat, haftbar.

§ 456. Die Eisenbahn haftet für den Schaden, der durch Verlust oder Beschädigung des Gutes in der Zeit von der Annahme zur Beförderung bis zur Ablieferung entsteht, es sei denn, daß der Schaden durch ein Verschulden oder eine nicht von der Eisenbahn verschuldete Anweisung des Verfügungsberechtigten, durch höhere Gewalt, durch äußerlich nicht erkennbare Mängel der Verpackung oder durch die natürliche Beschaffenheit des Gutes, namentlich durch inneren Verderb, Schwinden, gewöhnliche Leckage verursacht ist.

Die Vorschrift des § 429 Abs. 2 findet Anwendung.

§ 457. Muß auf Grund des Frachtvertrags von der Eisenbahn für gänzlichen oder teilweisen Verlust des Gutes Ersatz geleistet werden, so ist der gemeine Handelswert und in dessen Ermangelung der gemeine Wert zu ersetzen, welchen Gut derselben Art und Beschaffenheit am Orte der Absendung in dem Zeitpunkte der Annahme zur Beförderung hatte, unter Hinzurechnung dessen, was an Zöllen und sonstigen Kosten sowie an Fracht bereits bezahlt ist.

Im Falle der Beschädigung ist für die Minderung des im Abs. 1 bezeichneten Wertes Ersatz zu leisten.

Ist der Schaden durch Vorsatz oder grobe Fahrlässigkeit der Eisenbahn herbeigeführt, so kann Ersatz des vollen Schadens gefordert werden.

§ 458. Die Eisenbahn haftet für ihre Leute und für andere Personen, deren sie sich bei der Ausführung der Beförderung bedient.

§ 459. Die Eisenbahn haftet nicht:

1. in Ansehung der Güter, die nach der Bestimmung des Tarifs oder nach einer in den Frachtbrief aufgenommenen Vereinbarung mit dem Absender in offen gebauten Wagen befördert werden,

für den Schaden, welcher aus der mit dieser Beförderungsart verbundenen Gefahr entsteht;

2. in Ansehung der Güter, die, obgleich ihre Natur eine Verpackung zum Schutze gegen Verlust oder Beschädigung während der Beförderung erfordert, nach Erklärung des Absenders auf dem Frachtbrief unverpackt oder mit mangelhafter Verpackung zur Beförderung aufgegeben worden sind,

   für den Schaden, welcher aus der mit dem Mangel oder mit der mangelhaften Beschaffenheit der Verpackung verbundenen Gefahr entsteht;

3. in Ansehung der Güter, deren Aufladen und Abladen nach der Bestimmung des Tarifs oder nach einer in den Frachtbrief aufgenommenen Vereinbarung mit dem Absender von diesem oder von dem Empfänger besorgt wird,

   für den Schaden, welcher aus der mit dem Aufladen und Abladen oder mit einer mangelhaften Verladung verbundenen Gefahr entsteht;

4. in Ansehung der Güter, die vermöge ihrer eigentümlichen natürlichen Beschaffenheit der besonderen Gefahr ausgesetzt sind, Verlust oder Beschädigung, namentlich Bruch, Rost, inneren Verderb, außergewöhnliche Leckage, Austrocknung und Verstreuung zu erleiden,

   für den Schaden, welcher aus dieser Gefahr entsteht;

5. in Ansehung lebender Tiere

   für den Schaden, welcher aus der für sie mit

der Beförderung verbundenen besonderer Gefahr entsteht;

6. in Ansehung derjenigen Güter, einschließlich der Tiere, welchen nach der Eisenbahnverkehrsordnung, dem Tarif oder nach einer in den Frachtbrief aufgenommenen Vereinbarung mit dem Absender ein Begleiter beizugeben ist,

für den Schaden, welcher aus der Gefahr entsteht, deren Abwendung durch die Begleitung bezweckt wird.

Konnte ein eingetretener Schaden den Umständen nach aus einer der im Abs. 1 bezeichneten Gefahren entstehen, so wird vermutet, daß er aus dieser Gefahr entstanden sei.

Eine Befreiung von der Haftpflicht kann auf Grund dieser Vorschriften nicht geltend gemacht werden, wenn der Schaden durch Verschulden der Eisenbahn entstanden ist.

§ 460. Bei Gütern, die nach ihrer natürlichen Beschaffenheit bei der Beförderung regelmäßig einen Gewichtsverlust erleiden, ist die Haftpflicht der Eisenbahn für Gewichtsverluste bis zu den aus der Eisenbahnverkehrsordnung sich ergebenden Normalsätzen ausgeschlossen.

Der Normalsatz wird, falls mehrere Stücke auf denselben Frachtbrief befördert werden, für jedes Stück besonders berechnet, wenn das Gewicht der einzelnen Stücke im Frachtbriefe verzeichnet ist oder sonst festgestellt werden kann.

Die Beschränkung der Haftpflicht tritt nicht ein, soweit der Verlust den Umständen nach nicht infolge der natürlichen Beschaffenheit des Gutes entstanden ist oder soweit der angenommene Satz dieser Beschaffenheit oder den sonstigen Umständen des Falles nicht entspricht.

Bei gänzlichem Verluste des Gutes findet ein Abzug für Gewichtsverlust nicht statt.

§ 461. Die Eisenbahnen können in besonderen Bedingungen (Ausnahmetarifen) einen im Falle des Verlustes oder der Beschädigung zu erstattenden Höchstbetrag festsetzen, sofern diese Ausnahmetarife veröffentlicht werden, eine Preisermäßigung für die ganze Beförderung gegenüber den gewöhnlichen Tarifen der Eisenbahn enthalten und der gleiche Höchstbetrag auf die ganze Beförderungsstrecke Anwendung findet.

Ist der Schaden durch Vorsatz oder grobe Fahrlässigkeit der Eisenbahn herbeigeführt, so kann die Beschränkung auf den Höchstbetrag nicht geltend gemacht werden.

§ 462. Inwieweit für den Fall des Verlustes oder der Beschädigung von Kostbarkeiten, Kunstgegenständen, Geld und Wertpapieren die zu leistende Entschädigung auf einen Höchstbetrag beschränkt werden kann, bestimmt die Eisenbahnverkehrsordnung. Die Vorschrift des § 461 Abs. 2 findet entsprechende Anwendung.

§ 463. Ist das Interesse an der Lieferung nach Maßgabe der Vorschriften der Eisenbahnverkehrsordnung in dem Frachtbriefe, dem Gepäckschein oder dem Beförderungsschein angegeben, so kann im Falle des Verlustes oder der Beschädigung des Gutes außer der im § 457 Abs. 1, 2 bezeichneten Entschädigung der Ersatz des weiter entstandenen Schadens bis zu dem angegebenen Betrage beansprucht werden.

Ist die Ersatzpflicht nach den Vorschriften des § 461

oder des § 462 auf einen Höchstbetrag beschränkt, so findet eine Abgabe des Interesses an der Lieferung über diesen Betrag hinaus nicht statt.

§ **464.** Wegen einer Beschädigung oder Minderung, die bei der Annahme des Gutes durch den Empfänger äußerlich nicht erkennbar ist, können Ansprüche gegen die Eisenbahn nach § 438 Abs. 3 nur geltend gemacht werden, wenn binnen einer Woche nach der Annahme zur Feststellung des Mangels entweder bei Gericht die Besichtigung des Gutes durch Sachverständige oder schriftlich bei der Eisenbahn eine von dieser nach den Vorschriften der Eisenbahnverkehrsordnung vorzunehmende Untersuchung beantragt wird.

Ist der Schaden durch Vorsatz oder grobe Fahrlässigkeit der Eisenbahn herbeigeführt, so kann sie sich auf diese Vorschrift nicht berufen.

§ 465. Für den Verlust von Reisegepäck, das zur Beförderung aufgegeben ist, haftet die Eisenbahn nur, wenn das Gepäck binnen acht Tagen nach der Ankunft des Zuges, zu welchem es aufgegeben ist, auf der Bestimmungsstation abgefordert wird.

Inwieweit für den Fall des Verlustes oder der Beschädigung von Reisegepäck, das zur Beförderung aufgegeben ist, die zu leistende Entschädigung auf einen Höchstbetrag beschränkt werden kann, bestimmt die Eisenbahnverkehrsordnung. Ist der Schaden durch Vorsatz oder grobe Fahrlässigkeit der Eisenbahn herbeigeführt, so kann die Beschränkung auf den Höchstbetrag nicht geltend gemacht werden.

Für den Verlust oder die Beschädigung von Reisegepäck, das nicht zur Beförderung aufgegeben ist, sowie von Gegenständen, die in beförderten Fahrzeugen belassen sind, haftet die Eisenbahn nur, wenn ihr ein Verschulden zur Last fällt.

§ 466. Die Eisenbahn haftet für den Schaden, welcher durch Versäumung der Lieferfrist entsteht, es sei denn, daß die Verspätung von einem Ereignisse herrührt, welches sie weder herbeigeführt hat, noch abzuwenden vermochte.

Der Schaden wird nur insoweit ersetzt, als er den in dem Frachtbriefe, dem Gepäckschein oder dem Beförderungsschein als Interesse an der Lieferung nach Maßgabe der Eisenbahnverkehrsordnung angegebenen Betrag und in Ermangelung einer solchen Angabe den Betrag der Fracht nicht übersteigt. Für das Reisegepäck kann an Stelle der Fracht durch die Eisenbahnverkehrsordnung ein anderer Höchstbetrag bestimmt werden.

Inwieweit ohne den Nachweis eines Schadens eine Vergütung zu gewähren ist, bestimmt die Eisenbahnverkehrsordnung.

Der Ersatz des vollen Schadens kann gefordert werden, wenn die Versäumung der Lieferfrist durch Vorsatz oder grobe Fahrlässigkeit der Eisenbahn herbeigeführt ist.

§ 467. Werden Gegenstände, die von der Beförderung ausgeschlossen oder zur Beförderung nur bedingungsweise zugelassen sind, unter unrichtiger oder ungenauer Bezeichnung aufgegeben oder werden die für diese Gegenstände vorgesehenen Sicherheitsmaßregeln von dem Absender unterlassen, so ist die Haftpflicht der Eisenbahn auf Grund des Frachtvertrags ausgeschlossen.

§ 468. Für den Fall, daß auf den Frachtbrief als Ort der Ablieferung ein nicht an der Eisenbahn liegender Ort bezeichnet wird, kann bestimmt werden, daß die Eisenbahn als Frachtführer nur für die Beförderung bis zur letzten Eisenbahnstation haften, bezüglich der Weiterbeförderung dagegen die Verpflichtungen des Spediteurs übernehmen soll.

§ 469. Wird die Beförderung auf Grund desselben Frachtbriefs nach § 432 Abs. 2 durch mehrere aufeinanderfolgende Eisenbahnen bewirkt, so können die Ansprüche aus dem Frachtvertrag, unbeschadet des Rückgriffs der Bahnen untereinander, im Wege der Klage nur gegen die erste Bahn oder gegen diejenige, welche das Gut zuletzt mit dem Frachtbrief übernommen hat, oder gegen diejenige, auf deren Betriebsstrecke sich der Schaden ereignet hat, gerichtet werden.

Unter den bezeichneten Bahnen steht dem Kläger die Wahl zu; das Wahlrecht erlischt mit der Erhebung der Klage.

Im Wege der Widerklage oder mittels Aufrechnung können Ansprüche aus dem Frachtvertrag auch gegen eine andere als die bezeichneten Bahnen geltend gemacht werden, wenn die Klage sich auf denselben Frachtvertrag gründet.

§ 470. Ansprüche der Eisenbahn auf Nachzahlung zu wenig erhobener Fracht oder Gebühren sowie Ansprüche gegen die Eisenbahn auf Rückerstattung zu viel erhobener Fracht oder Gebühren verjähren in einem Jahre, sofern der Anspruch auf eine unrichtige Anwendung der Tarife oder auf Fehler bei der Berechnung gestützt wird. Die Verjährung beginnt mit dem Ablaufe des Tages, an welchem die Zahlung erfolgt ist.

Die Verjährung des Anspruchs auf Rückerstattung zu viel erhobener Fracht oder Gebühren sowie die Verjährung der im § 439 Satz 1 bezeichneten Ansprüche wird durch die schriftliche Anmeldung des Anspruchs bei der Eisenbahn gehemmt. Ergeht auf die Anmeldung ein abschlägiger Bescheid, so beginnt der Lauf der Verjährungsfrist wieder mit dem Tage, an welchem die Eisenbahn ihre Entscheidung dem Anmeldenden schriftlich bekannt macht und ihm die der Anmeldung etwa angeschlossenen Beweisstücke zurückstellt. Weitere Gesuche, die an die Eisenbahn oder an die vorgesetzten Behörden gerichtet werden, bewirken keine Hemmung der Verjährung.

§ 471. Die nach den Vorschriften des § 432 Abs. 1, 2, der §§ 438, 439, 453, 455 bis 470 begründeten Verpflichtungen der Eisenbahnen können weder durch die Eisenbahnverkehrsordnung noch durch Verträge ausgeschlossen oder beschränkt werden.

Bestimmungen, welche dieser Vorschrift zuwiderlaufen, sind nichtig. Das gleiche gilt von Vereinbarungen, die mit den Vorschriften der Eisenbahnverkehrsordnung im Widerspruche stehen.

§ 472. Die Vorschriften über die Beförderung von Personen auf den Eisenbahnen werden durch die Eisenbahnverkehrsordnung getroffen.

§ 473. Bei einer dem öffentlichen Verkehre dienenden Bahnunternehmung, welche der Eisenbahnverkehrsordnung nicht unterliegt (Kleinbahn), sind insoweit, als in den §§ 453, 459, 460, 462 bis 466 auf die Vorschriften der Eisenbahnverkehrsordnung verwiesen ist, an deren Stelle die Beförderungsbedingungen der Bahnunternehmung maßgebend.

Den Vorschriften des § 453 unterliegt eine solche Bahnunternehmung nur mit der Maßgabe, daß sie die Übernahme von Gütern zur Beförderung auf ihrer Bahnstrecke nicht verweigern darf.

Sachregister.

(Die arabischen Zahlen verweisen auf die Paragraphen und ihre Unterabteilungen, Buchstabe a und römische Zahlen auf die „Allgemeinen Ausführungsbestimmungen".)

A.

F.

G.

H.

J.

L.

O.

P.

S.

T.

W.

Gedruckt bei A. W. Hayn's Erben Potsdam

15 000 — IV. 22. 2.

ein Teuerungszuschlag des Verlages von 200 %.

Guttentagsche Sammlung Deutscher Reichsgesetze.

Nr. 9. Sammlung **kleinerer strafrechtlicher Reichsgesetze.** Von Prof. Dr. **R. H. Kriegsmann. 3. Aufl. — 1910.** 20,— ℳ

Nr. 10. **Das Reichsbeamtengesetz** vom 31. März 1873. Von **J. Pieper. 2. Aufl. — 1901.** * 6,50 ℳ

Reichsbeamtengesetz von 1907 siehe Nr. **82.**

Nr. 11. **Zivilprozeßordnung mit Gerichtsverfassungsgesetz.** Von **R. Sydow.** Fortgeführt von Reichsgerichtsrat **L. Busch** und Landgerichtsrat Dr. **Krantz. 17. Aufl.** Gr. 8°. — **1922.** Im Druck.

Nr. 12. **Strafprozeßordnung und Gerichtsverfassungsgesetz nebst den Gesetzen, betr. die Entschädigung der im Wiederaufnahmeverfahren freigesprochenen Personen und die Entschädigung für unschuldig erlittene Untersuchungshaft. 19. Aufl.,** bearbeitet von Prof. Dr. **Kohlrausch. — 1922.** 65,— ℳ

Nr. 13. **Konkursordnung und Anfechtungsgesetz.** Von **R. Sydow.** Fortgeführt von **L. Busch. 12. Aufl. — 1916.** 25,— ℳ

Nr. 14. **Gerichtsverfassungsgesetz** mit Einführungsgesetz. Herausgegeben von **R. Sydow.** Fortgeführt von **L. Busch. 10. Aufl. — 1905.** In Bearbeitung.

Nr. 15. **Das Deutsche Gerichtskostengesetz** nebst den Gebührenordnungen für Gerichtsvollzieher, Zeugen und Sachverständige. Von **R. Sydow.** Fortgeführt von Reichsgerichtsrat **L. Busch** und Amtsrichter **Koehler. 10. Aufl. — 1920.** Mit Nachtrag, enthaltend die Änderungen von 1921. 24,— ℳ

Nr. 16. **Rechtsanwaltsordnung.** Von **R. Sydow. 5. Aufl.** von Justizrat **M. Jacobsohn.** Mit Nachtrag, enth. die Bestimmungen vom 22. Mai 1910. — **1907.** 7,50 ℳ

Nr. 17. **Die Deutsche Gebührenordnung für Rechtsanwälte und das Preußische Gebührengesetz** vom 27. IX. / 6. X. 1899. Von **R. Sydow.** Fortgeführt von **L. Busch. 12. Aufl. — 1922.** Im Druck.

Guttentagsche Sammlung Deutscher Reichsgesetze.

Nr. **18. Reichsstempelgesetz** vom 3. Juli 1913. (Börsen-, Lotterie-, Frachturkunden-, Fahrkarten-, Kraftfahrzeug-, Tantieme-, Scheck- und Grundstücksübertragungssteuer.) Mit den gesamten Ausführungsbestimmungen. Von Geh. Reg.Rat **P. Loeck.** 8⁰. **12. Aufl. — 1914.** Vergriffen.

Neue Auflage unter Berücksichtigung der inzwischen ergangenen Abänderungsbestimmungen befindet sich in Vorbereitung.

Siehe auch Nr. **131 b.**

Nr. **19. Die Seegesetzgebung.** Von Dr. **W. E. Knitschky. 5. Aufl.** bearbeitet von Ober-L.G.Rat **O. Rudorff. — 1913.** 44,— *M*

Nr. **20. Krankenversicherungsgesetz (1883).** Von weil. Dr. **E. von Woedtke.** — Neue Fassung **(1911)** siehe **Nr. 107.**

Nr. **21. Die Konsulargesetzgebung.** Von Prof. Dr. **Ph. Zorn. 8. Aufl.** von Dr. **A. Zorn. — 1911.** 25,— *M*

Nr. **22. Patentgesetz.** Nebst Ausführungsbestimmungen, völkerrechtlichen Verträgen und der Patentanwalts-Ordnung. Von **R. Lutter,** Geh. Reg.Rat im Reichs-Patentamt. **8. Aufl. — 1920.** 45,— *M*

(Kriegsvorschriften auf dem Gebiete des gewerblichen Rechtsschutzes. Von **R. Lutter. — 1917.** 8⁰. 12,50 *M*.)

Nr. **23. Gewerbe-Unfallversicherungsgesetz. (1884.)** Von weil. Dr. **E. v. Woedtke.** — Neue Fassung **(1911)** siehe **Nr. 108.**

Nr. **24. Aktiengesellschaft und Kommanditgesellschaften auf Aktien.** Von Dr. **H. Keyßner** und Dr. **H. Veit Simon. 7. Aufl.** von Amtsrichter **L. Keyßner. — 1922.** In Bearbeitung.

Nr. **25. Brausteuergesetz** vom 15. Juli 1909. Von Oberzollrevisor **A. Düffe. 2. Aufl. — 1910.** * 4,40 *M*

Nr. **26.** Die Reichsgesetzgebung über **Münz- und Notenbankwesen,** Papiergeld, Prämienpapiere und Reichsschulden. Von Dr. **R. Koch. — 6. Aufl. 1910.** Vergriffen.

Neue Auflage in Bearbeitung.

Nr. **27. Gesundheitswesen im Deutschen Reich.** Von Dr. jur. **E. Goesch** und Dr. med. **J. Karsten. — 1888.** * 2,60 *M*

ein Teuerungszuschlag des Verlages von 200 %.

Guttentagsche Sammlung Deutscher Reichsgesetze.

Nr. 28. **Bau-Unfallversicherungsgesetz.** Vom 30. Juni 1900. **Von R. Chrzescinski.** Neue Fassung **(1911)** siehe Nr. **108.**

Nr. 29. **Erwerbs- und Wirtschaftsgenossenschaften.** Von **L. Parisius** und Dr. **H. Crüger. 16., neubearbeitete Aufl.** von Dr. **H. Crüger. — 1920.** 18,— *M*

Nr. 30. **Invalidenversicherungsgesetz** (1899). Von weil. Dr. **E. v. Woedtke.** Neue Fassung **(1911)** siehe Nr. **109.**

Nr. 31. **Gewerbegerichtsgesetz.** Von Stadtrat **L. Mugdan. 7. Aufl.** bearbeitet von Oberbürgermeister **W. Cuno. — 1911.** * 3,65 *M*

Nr. 32. Reichsgesetz, betr. die **Gesellschaften mit beschränkter Haftung.** Von **L. Parisius** und Dr. **H. Crüger. 15. Aufl.** von Dr. **H. Crüger. — 1921.** 12,— *M*

Nr. 33. **Vereins- und Versammlungsrecht.** Von Dr. **E. Ball. 2. Aufl.** von Dr. **F. Friedenthal. — 1907.** * 3,65 *M*

Reichs-Vereinsgesetz vom 19. April 1908 siehe Nr. **88.**

Nr. 34. Die **Abzahlungsgeschäfte.** Gesetz vom 16. Mai 1894. **3. Aufl.** von Land-G.Rat Dr. **E. Wilke. — 1910.** * 2,10 *M*

Nr. 35. Die **Reichs-Eisenbahngesetzgebung.** Von Amtsrichter **W. Coermann. — 1895.** * 3,40 *M*
Siehe auch Nr. **66.**

Nr. 36. Gesetze, betr. die **privatrechtlichen Verhältnisse der Binnenschiffahrt und der Flößerei.** Von Geh. Justizrat **E. Löwe. 5. Aufl. — 1915.** * 5,20 *M*

Nr. 37. **Gesetz** gegen den **unlauteren Wettbewerb.** Von Justizrat **A. Pinner. 7. Aufl.** von Dr. **A. Elster. — 1921.** 12,— *M*

Nr. **38/39. Bürgerliches Gesetzbuch nebst Einführungsgesetz** von Dr. **A. Achilles.** In Verbindung mit Prof. Dr. **André,** Senatspräsident **Meyer,** Reichs-G.Rat Dr. **Strecker,** Staatsrat Dr. **v. Unzner** herausgegeben von Wirkl. Geh. Ob.J.Rat und Ober-L.G.Präsident **Greiff. 10. Aufl.** Im Druck.

Einzelverkauf. Nachtrag zur 8. Auflage: **Bestimmungen über das Erbbaurecht** v. 15. **Januar** 1919. **— 1919.** * —,80 *M*

Guttentagsche Sammlung Deutscher Reichsgesetze.

Nr. **40.** Gesetz, betr. die **Pflichten der Kaufleute bei Aufbewahrung fremder Wertpapiere [Depotgesetz].** Von Min.Dir. **F. Lusensky. 3. Aufl. — 1916.** 9,— *M*

Nr. **41. Börsengesetz.** Von **Th. Hemptenmacher. 3. Aufl.** von Syndikus **O. Meyer. — 1915.** 20,— *M*

Nr. **42. Grundbuchordnung** nebst preuß. Ausf.-Best. Von Prof. Dr. **O. Fischer. 7. Aufl. — 1920.** 16,— *M*

Nr. **43. Zwangsvollstreckung in das unbewegliche Vermögen** im Reiche und in Preußen. Kosten- und Gebührentabellen. Von Dr. **J. Krech** und Dr. **O. Fischer. 8. Aufl.** bearbeitet von Prof. Dr. **O. Fischer. — 1916.** * 3,90 *M*

Nr. **44.** Das Reichsgesetz über das **Auswanderungswesen.** Von Prof. Dr. **F. Stoerk. — 1899.** * 3,25 *M*

Nr. **45.** Das **Entmündigungsrecht** mit den für Preußen geltenden Vorschriften nebst Just.-Min.-Verfügung vom 28. Nov. 1899. Von Land-G.Rat Dr. **P. Koll. — 1900.** * 2,35 *M*

Nr. **46.** Die Gesetze des Reiches und Preußens über die **freiwillige Gerichtsbarkeit.** Von Amts-G.Rat **H. Jastrow. 6. Aufl.** von Land-G.Rat Dr. **Herm. Günther. — 1921.** 36,— *M*

Nr. **47.** Das **deutsche Vormundschaftsrecht** und das preuß. Gesetz über die Fürsorgeerziehung Minderjähriger. Von Ober-Verw.G.Rat **M. Schultzenstein** und Amts-G.Rat Dr. **P. Köhne. 2. Aufl. — 1901.** * 4,40 *M*

Nr. **48.** Gesetze, betr. den **Drogen-, Gift- und Farbenhandel** außerhalb der Apotheken. Von Dr. **J. Broh. — 1899.** * 1,95 *M*

Nr. **49.** Deutsche **Kolonialgesetzgebung.** Von Geh. J.Rat Prof. Dr. **Ph. Zorn. 2. Aufl.** von Gerichtsassessor Dr. **Sassen. — 1913.** * 10,40 *M*

Nr. **50.** Der **Viehkauf [Viehgewährschaft] nach dem BGB.** Verordnung betr. die Hauptmängel und Gewährsfristen beim Viehhandel. Von Rechtsanwalt Dr. **H. Stölzle** und **Reg.- und Vet.Rat H. Weiskopf. 5. Aufl. — 1913.** 25,— *M*

ein Teuerungszuschlag des Verlages von 200 %.

Guttentagsche Sammlung Deutscher Reichsgesetze.

Nr. **51.** **Hypothekenbankgesetz** vom 13. Juli 1899. Von Dr. **H. Göppert. 2. Aufl.** bearbeitet von Geh. Reg.Rat Dr. **Seidel. — 1911.** 10,50 ℳ

Nr. **52.** Gesetz, betr. die gemeinsamen **Rechte der Besitzer von Schuldverschreibungen.** Von Dr. **H. Göppert. 2. Aufl.** bearbeitet von Amtsrichter Dr. **E. Trendelenburg. — 1915.** 9,— ℳ

Nr. **53.** **Reichspreßgesetz** vom 7. Mai 1874. Mit Kommentar von Bürgermeister **A. Born. 2. Aufl. — 1911.** 10,— ℳ

Nr. **54.** Verkehr mit **Nahrungsmitteln, Genußmitteln** und **Gebrauchsgegenständen.** Von Dr. **G. Lebbin,** Nahrungsmittelchemiker in Berlin **— 1900.** * 3,25 ℳ

Nr. **55.** Das Recht der **Beschlagnahme von Lohn- und Gehaltsforderungen.** Von Justizrat **G. Meyer. 5. Aufl. — 1914.** Mit Nachtrag, enthaltend Verordnung über Lohnpfändung vom 10. August 1920. 15,— ℳ
Nachtrag allein. 4,— ℳ

Nr. **56.** Gesetz, betr. die **Bekämpfung gemeingefährlicher Krankheiten.** Nebst Ausführungsbestimmungen. Von Reg.Rat Dr. **B. Burkhardt. — 1900.** * 2,10 ℳ

Nr. **57.** **See-Unfallversicherungsgesetz (1887).** Von Ober-L.G.Rat Dr. **M. Mittelstein.** — Neue Fassung **1911** siehe Nr. **108.**

Nr. **58.** **Das Recht der unehelichen Kinder nach dem BGB.** Von Amtsgerichtsrat **H. Jastrow. — 1901.** * 2,60 ℳ

Nr. **59.** Reichsgesetz über die **Beurkundung des Personenstandes und die Eheschließung. Von** Amtsgerichtsrat Dr. **F. Fidler. 2. Aufl. — 1912.** 12,— ℳ

Nr. **60.** Gesetz, betr. das **Urheberrecht an Werken der Literatur und der Tonkunst.** Von Geh. Ob.J.Rat **O. Lindemann. 4. Aufl. — 1921.** 21,— ℳ

Nr. **61.** Gesetz über das **Verlagsrecht. Von** Rechtsanwalt Dr. **B. Marwitz. 2. Aufl. — 1911.** 9,— ℳ

Nr. **62.** Gesetz über **private Versicherungsunternehmungen.** Von Reichs-G.Rat **H. Könige. 2. Aufl. — 1910.** * 5,85 ℳ

Zu den mit * versehenen Preisen tritt noch

Guttentagsche Sammlung Deutscher Reichsgesetze.

Nr. 63. **Gesetzestafel des Deutschen Reichsrechts.** Systematisch geordnete Nachweisung des z. Z. geltenden Reichsrechts. Von **H. Bruhns. 2. Aufl. — 1913.** * 5,20 ℳ

Nr. 64. Gesetzsammlung betr. den **Handel mit Drogen und Giften.** Mit Anhang: landesgesetzliche Verordnungen sämtlicher Bundesstaaten. Von Rechtsanwalt **H. Sonnenfeld**, Syndikus der Berliner Drogisten-Innung. **2. Aufl. — 1912.** * 5,85 ℳ

Nr. 65. Das **Weingesetz** in der Fassung von 1909. Mit Ausführungsbestimmungen von Dr. **G. Lebbin**, Nahrungsmittelchemiker. **2. Aufl. — 1909.** * 3,65 ℳ

Nr. 66. Die **Eisenbahn-Gesetzgebung.** Von **W. Pietsch**, Rechnungsrat im Reichseisenbahnamt. **2. Aufl. — 1913.** * 5,20 ℳ

Nr. 67. **Militär-Strafgesetzbuch für das Deutsche Reich.** Von Wirkl. Geh. Kriegsrat Dr. **A. Romen** und Kriegsgerichtsrat Dr. **E. Rissom. 3. Aufl. — 1918.** 35,— ℳ

Nr. 68. Das **Fleischbeschaugesetz.** Vom 3. Juni 1900. Von Dr. **G. Lebbin** und Dr. **G. Baum. — 1903.** * 5,85 ℳ

Nr. 69. Reichsgesetz über die **Naturalleistungen der bewaffneten Macht im Frieden** nebst den preußischen Bestimmungen. Von Dr. **W. v. Hippel. — 1903.** * 2,10 ℳ

Nr. 70. Das **Reichs-Haftpflichtgesetz** vom 7. Juni 1871. Von Reg.Rat Dr. **G. Eger. — 1903.** Vergriffen.

(Kommentar von **Seligsohn. — 1920.** 20,— ℳ.)

Nr. 71. Gesetz betr. **Kinderarbeit in gewerblichen Betrieben** vom 30. März 1903. Von Ober-Verw.G.Rat **H. Spangenberg. 2. Aufl. — 1904.** * 2,35 ℳ

Nr. 72. **Unfallversicherungsgesetz für Land- und Forstwirtschaft.** (1886.) Von weil. Dr. **E. v. Woedtke.** Siehe Nr. **108.**

Nr. 73. **Entschädigung für unschuldig erlittene Verhaftung und Bestrafung.** Anhang: Nebengesetze über Schadensersatz. Von Wirkl. Geh. Kriegsrat Dr. **A. Romen. — 1904.** * 3,10 ℳ

ein Teuerungszuschlag des Verlages von 200 %.

Guttentagsche Sammlung Deutscher Reichsgesetze.

Nr. **74.** Die **Kaufmannsgerichte** nebst Ausführungsbestimmungen. Von Prof. Dr. **M. Apt. 3. Aufl. — 1904.** * 3,10 *M*
Siehe auch Nr. **112.**

Nr. **75.** Reichsgesetz über die **Konsulargerichtsbarkeit.** Von Rechtsanwalt Dr. **A. F. Vorwerk,** Schanghai. **2. Ausgabe,** mit den Schutzgebietsgesetzen. — **1908.** * 3,10 *M*

Nr. **76. Die Rechtshilfe im Verkehr mit den ordentlichen Gerichten** nach deutschem Reichsrecht. Von Landrichter Dr. **A. Friedländer. — 1906.** * 2,60 *M*

Nr. **77. Das Erbschaftssteuergesetz.** Vom 10. September 1919. Von Oberzollsekretär **B. Hendel. — 1920.** 56,— *M*

Nr. **78. Zigarettensteuergesetz.** Vom 3. Juni 1906. Von Regierungsassessor Dr. **Cuno.** In Vorbereitung.

Nr. **79. Die Militärpensionsgesetze** vom 31. Mai 1906 nebst Ausführungsbestimmungen. Zum Gebrauch für Heer, Marine und Schutztruppe von Wirkl. Geh. Kriegsrat Dr. **A. Romen.**
a) I. Teil: **Offizierpensionsgesetz. — 1907.** * 4,95 *M*
b) II. Teil: **Mannschaftsversorgungsgesetz** mit Nachtrag, enth. **Kapitalabfindungsgesetz** vom 3. Juli 1916. — **1908.** * 4,95 *M*
Militärversorgungsgesetze siehe auch Nr. **136.**

Nr. **80.** Reichsgesetzgebung über **gerichtliche Registerführung.** Von Geh. Ob.J.Rat **O. Lindemann. — 1906.** * 4,40 *M*

Nr. **81. Urheberrecht an Werken der bildenden Künste und der Photographie.** Von Rechtsanwalt Dr. **L. Fuld. — 1907.** Vergriffen. — Neue Auflage im Druck.

Nr. **82. Reichsbeamtengesetz** vom 18. Mai 1907 mit Ergänzungen von Geh.Rat Prof. Dr. **A. Arndt. 2. Aufl. — 1921.** 24,— *M*

Nr. **83.** Reichsgesetz über den **Versicherungsvertrag** nebst Einführungsgesetz. Von Dr. **P. Hager** und Dr. **E. Bruck. 4. verm. u. verb. Aufl. — 1920.** 60,— *M*

Nr. **84. Sammlung kleinerer privatrechtlicher Reichsgesetze.** Von Ober-L.G.Rat **E. Müller. — 1908.** 30,— *M*

Zu den mit * versehenen Preisen tritt noch

Guttentagsche Sammlung Deutscher Reichsgesetze.

Nr. 85. **Scheckgesetz.** Von Prof. Dr. **M. Apt.** Vergriffen. Siehe Nr. 113.

Nr. 86. **Die Auslieferungsverträge des Deutschen Reiches.** Von Landrichter Dr. **A. Cohn.** — **1908.** * 5,85 ℳ

Nr. 87. Gesetz zum **Schutz der Warenbezeichnungen.** Von Geh. Reg.Rat, Mitgl. des Kaiserl. Patentamts Dr. **Freund** und Rechtsanwalt **Magnus. 5. Aufl. — 1909.** Vergriffen. Neue Auflage in Vorbereitung.

Nr. 88. **Vereinsgesetz** vom 19. April 1908. Von Wirkl. Geh. Kriegsrat Dr. **A. Romen.** Mit den **Bestimmungen über Jugendliche und Gewerkschaften. 4. Aufl. — 1916.** 15,— ℳ

Nr. 89. **Vogelschutzgesetz** vom 30. Mai 1908 nebst den das Flugwild betr. Bestimmungen der Preuß. Jagdordnung. Von Dr. **L. v. Boxberger. — 1909.** 8,— ℳ

Nr. 90. Die Haager Abkommen über das **Internationale Privatrecht.** Von Dr. **G. Bogeng. — 1908.** 9,— ℳ

Nr. 91. **Eisenbahn-Verkehrsordnung** mit Ausführungsbestimmungen. Von Reg.-Rat Dr. **E. Blume. 2. Aufl.** von Geh. Reg.Rat Dr. **Weirauch. — 1922.** Im Druck.

Nr. 92. Gesetz, betr. den **Verkehr mit Kraftfahrzeugen.** Von Amtsgerichtsrat **R. Kirchner. 3. Aufl. — 1915.** 27,— ℳ

Nr. 93. Gesetz über die **Sicherung der Bauforderungen.** Von Justizrat Dr. **E. Harnier. 3. Aufl. — 1912.** * 2,35 ℳ

Nr. 94. **Die Beamtenhaftpflichtgesetze des Reiches und der Länder.** Von Geh. Justizrat Dr. **H. Delius. 3. Aufl. — 1921.** 32,— ℳ

Nr. 95. Die Berner **Übereinkunft über Internationales Urheberrecht.** Von Geh.Rat Dr. **H. Dungs. — 1910.** 8,— ℳ

Nr. 96. **Branntweinsteuergesetz** vom 15. Juli 1909 mit den für das Reich erlassenen Ausf.-Bestimmungen und Kriegsverordnungen. **2. Aufl.,** bearbeitet von Reg.Assessor Dr. **K. Kniebe,** Hilfsarbeiter im Reichsamt des Innern. — **1916.** * 5,20 ℳ

Branntweinmonopolgesetz siehe Nr. **131 a.**

ein Teuerungszuschlag des Verlages von 200 %.

Guttentagsche Sammlung Deutscher Reichsgesetze.

Nr. **97. Schutzgebietsgesetz** nebst dem G. über die Konsulargerichtsbarkeit sowie den Ausf.-Bestimmungen. Von **J. Gerstmeyer**, Wirkl. Legationsrat. — **1910.** * 4,40 *M*

Nr. **98. Sechs Haager Abkommen** über **Internationales Privatrecht.** Von Geh. Rat Dr. **Dungs.** — **1910.** 9,— *M*

Nr. **99. Die Abkommen der Haager Friedenskonferenz.** Von Dr. **H. Wehberg.** — **1910.** Vergriffen.

Neue Auflage unter dem Titel: **„Wehberg, Völkerbundakte".** (Außerhalb der Sammlung.) 14,— *M*

Nr. **100.** Gesetz über den **Absatz von Kalisalzen.** Von Geh. Bergrat **B. Voelkel.** — **1910.** * 3,40 *M*

Nr. **101. Zuwachssteuergesetz** vom 14. **Februar** 1911. Von Geh. Reg. Rat Dr. **W. Cuno.** — **1911.** * 5,20 *M*

Nr. **102. Urheberrecht an Mustern und Modellen** und Ges. betr. Schutz von **Gebrauchsmustern.** Von Reg. Rat **J. Neuberg,** Mitgl. d. Patentamts. — **1911.** 12,— *M*

Nr. **103. Reichs-Viehseuchengesetz** vom 26. **Juni** 1909 nebst Ausführungsvorschriften und dem preuß. Ausführungsgesetz. Von Landrat Dr. **W. v. Hippel. 2. Aufl.** — **1912.** * 6,50 *M*

Nr. **104. Versicherungsgesetz für Angestellte.** Von **O. Bernstein** und Dr. **J. Kupferberg. 2. Aufl.** — **1912.** Vergriffen. (Siehe auch Nr. **144.**)

Nr. **105. Das Geldwesen in den deutschen Schutzgebieten.** Von **W. Hintze,** Geh. Sekr. im Reichskolonialamt. — **1912.** * 2,90 *M*

Nr. **106—109. Reichs-Versicherungsordnung nebst Einführungsgesetz.** Herausgegeben von Direktor Dr. **F. Caspar** und Geh. Ob. Reg. Rat **A. Spielhagen. 4 Bände.**

Nr. **106.** I., V. und VI. Buch. **Gemeinsame Vorschriften. — Beziehungen der Versicherungsträger zu einander und zu anderen Verpflichteten. — Verfahren.** Von Dr. **K. Lippmann,** Senatspräsident im Reichs-Vers. Amt, Dr. **L. Laß** und **H. Siefart.** — **1913.** Mit Nachtrag, enthaltend Ergänzungen zum I. und VI. Buch. Von Dr. **K. Lippmann.** — **1920.** 36,— *M*

Nachtrag einzeln. 4,— *M*

Guttentagsche Sammlung Deutscher Reichsgesetze.

Nr. **107.** II. Buch. **Krankenversicherung.** Von Geh. Reg.-Rat **H. Siefart** und Reg.Rat Dr. **F. Sitzler.** — **1916.** Mit Nachtrag, enthaltend Ergänzungen zum II. Buch. Bearbeitet von Dr. **K. Lippmann.** — **1920.** 45,— M
Nachtrag einzeln. 12,— M

Nr. **108.** III. Buch. **Unfallversicherung.** Von **A. Radtke,** Senatspräsident im R.Vers.Amt. — **1913.** Mit Nachtrag, enthaltend Ergänzungen zum III. Buch. Bearbeitet von **A. Radtke.** — **1921.** 56,— M
Nachtrag einzeln. 16,— M

Nr. **109.** IV. Buch. **Invaliden- und Hinterbliebenenversicherung.** Von Geh. Ob.Reg.Rat **B. Jaup** und **H. Follmann,** Senatspräsident im R.Vers.Amt. — **1912.** Mit Nachtrag, enthaltend die Ergänzungen 1914—1916. 28,— M

Nr. **110.** **Wehrbeitragsgesetz** mit Ausf.-Bestimmungen. Von Wirkl. Geh. Ob.Fin.Rat **A. Fernow.** **2. Aufl.** — **1913.** * 2,90 M

Nr. **111.** **Reichs- und Staatsangehörigkeitsgesetz.** Von Wirkl. Geh. Kriegsrat Dr. **A. Romen.** — **1913.** * 3,25 M

Nr. **112.** **Kaufmannsgerichtsgesetz** mit Best. des Gewerbegerichtsgesetzes. Von Dr. **H. Depène,** Vors. des Kaufmannsgerichts zu Berlin. — **1914.** 13,— M

Nr. **113.** **Postscheckgesetz.** Von Oberpostinspektor **J. Weiland.** — **1914.** Mit Nachtrag **1918.** * 2,35 M

Nr. **113 a.** **Postscheckordnung** mit Ausführungsbestimmungen. Von **J. Weiland.** — **1914.** Mit Nachtrag **1918.** * 2,35 M

Nr. **114.** **Waffengebrauch und Festnahmerecht des Militärs.** Von Wirkl. Geh. Kriegsrat Dr. **A. Romen** und Kriegsgerichtsrat Dr. **C. Rissom.** — **1914.** * 2,90 M

Nr. **115.** **Das vertragliche Wettbewerbsverbot [Konkurrenzklausel].** Nebst Kommentar zum G. v. 10. Juni 1914. Von Rechtsanwalt Dr. **G. Baum.** — **1914.** 13,— M

Nr. **116.** **Kriegs-Zivil- und Finanzgesetze** vom 4. Aug. 1914 und die dazu erlassenen Verordnungen und Bekanntmachungen. **3. Aufl.** — **1915.** * 3,40 M

Nr. **116 a.** Zweite Folge: **Das Jahr** 1915. — **1916.** Siehe auch Nr. **129.** * 2,90 M

ein Teuerungszuschlag des Verlages von 200 %.

Guttentagsche Sammlung Deutscher Reichsgesetze.

Nr. **117. Darlehnskassengesetz.** Von Rechtsanwalt **Salomon** und Bankvorsteher **Bud. — 1915.** * 2,90 M

Nr. **118. Militärhinterbliebenengesetz.** Von Rechnungsrat **Reh.** Mit Nachtrag, enth. das **Kapitalabfindungsgesetz** vom 11. Juli 1916. — **1915.** — (Siehe auch Nr. **136.**) * 3,65 M

Nr. **119. Kriegsleistungsgesetz.** Von Rechtsanwälten J.Rat **Heilberg** und **Schäffer. — 1915.** Vergriffen.

Nr. **120. Telegraphenwegegesetz.** Von Postreferendar **Wolf. — 1916.** * 2,55 M

Nr. **121. Direkte Kriegssteuer.** Gesetze z. Besteuerung der Kriegsgewinne. Von Ob.Verw.Gerichtsrat **A. Mrozek. — 1916.** *5,85 M

Nr. **122. Gesetz über den Belagerungszustand.** Von Kriegsgerichtsrat Dr. **H. Pürschel. — 1916.** * 6,50 M

Nr. **123. Warenumsatzstempel.** Von Geh. Ober-Justizrat **Lindemann. — 1916.** * 3,25 M

Umsatzsteuergesetze — 1918 und 1919. Siehe Nr. **132.** — (Ausgabe ohne Anmerkung S. 22.)

Nr. **124. Todeserklärung Kriegsverschollener.** Von Prof. Dr. **J. Partsch. — 1916.** * 3,90 M

Nr. **125.** Das Gesetz über den **vaterländischen Hilfsdienst. 3. vermehrte Aufl. — 1917.** * 1,50 M

Nr. **126. Besitzsteuergesetz** mit Ausführungsbestimmungen. Von Ob.Verw.Gerichtsrat **A. Mrozek. — 1917.** 16,— M

Nr. **127.** Verordnung über die **Geschäftsaufsicht zur Abwendung des Konkurses** vom 14. Dez. 1916. Von Rechtsanwalt **G. Klien,** mit system. Einleitung von Geh. Hofrat Dr. **Ernst Jaeger,** ord. Prof. a. d. Universität Leipzig. — **1917.** 9,— M

Nr. **128.** Gesetz, betr. die **Verhaftung und Aufenthaltsbeschränkung,** vom 4. Dez. 1916. Nebst Anhang, betr. Entschädigung unschuldig Verhafteter. Von Wirkl. Geh. Kriegsrat Dr. **A. Romen. — 1917.** * 2,50 M

Nr. **129.** Kriegsgesetze auf dem Gebiete des **Zivil- und Prozeßrechtes,** für die gerichtliche Praxis zusammengestellt von Amtsrichter Dr. **Johannes Fischer. — 1918.** * 4,— M

Guttentagsche Sammlung Deutscher Reichsgesetze.

Nr. 130. **Ersatzlebensmittelverordnung** nebst Ausf.-Vorschr. des Reichs und der wichtigsten Bundesstaaten. Verordnungen über **Schleichhandel, Preistreiberei und Papierhandel.** Von **Heinz Emil Wendel,** Polizeirat in Berlin. — **1918.** * 2,— *M*

Nr. 131 a. **Reichsfinanzgesetzgebung 1918.** Bd. I. **Getränkesteuern** (Bier, Branntwein, Wein, Schaumwein, Limonaden). Von Dr. **G. Mayer.** — **1918.** * 6,50 *M*

Nr. 131 b. **Reichsfinanzgesetzgebung 1918.** Bd. II. **Abgabe** vom **Einkommen, Stempel, Umsatz, Kriegsgewinn** usw., **Steuerflucht.** Von Dr. **G. Mayer.** — **1919.** * 4,— *M*

Nr. 132. **Umsatzsteuergesetz** und Ausführungsbestimmungen. Von Geh. Ober-Justizrat **Otto Lindemann, vortr.** Rat im Justizministerium. **2. Aufl.** — **1920.** 48,— *M*

Nr. 133. **Reichswuchergesetzgebung.** Von Reichsgerichtsrat Dr. **Ad. Lobe.** — **1918.** * 6,50 *M*

Nr. 134. **Die Friedensverträge.** Von Dr. **Karl Strupp.** I. **Die Ostfrieden.** — **1918.** * 12,— *M*

Nr. 135. Verordnung über das **Erbbaurecht.** Von Land-G.Rat Dr. **Hermann Günther.** — **1919.** * 5,— *M*

Nr. 136. **Militärversorgungsgesetze.** Von Landrichter Dr. **Hermann Günther.** — **1919.** * 6,50 *M*

Nr. 137. **Die neue Verfassung des Deutschen Reiches.** Von Prof. Dr. **A. Arndt.** **2. Aufl.** — **1921.** 24,— *M*

Nr. 138 a. **Arbeiterschutz und Arbeitsrecht.** Von Prof. Dr. **A. Günther.** — **1920.** 40,— *M*

Nr. 138 b. **Betriebsrätegesetz.** Von Prof. Dr. **A. Günther.** — **1920.** 15,— *M*

Nr. 139. **Grunderwerbsteuergesetz.** Von Geh. Ober-Justizrat **Otto Lindemann.** — **1919.** * 6,— *M*

Nr. 140. **Die Siedelungsgesetzgebung im Reich und in Preußen.** Von Geh. Ob.-Justizrat **W. Holzapfel.** — **1920.** 22,— *M*

ein Teuerungszuschlag des Verlages von 200 %.

Guttentagsche Sammlung Deutscher Reichsgesetze.

Nr. **141.** **Sozialisierungsgesetze.** Von Rechtsanwalt Dr **Otto Meier. — 1920.** 15,— ℳ

Nr. **142.** **Wirtschaftliche Demobilmachung.** Von Geh. Reg.-Rat Dr. **Gg. Fischbach. — 1920.** 8,— ℳ

Nr. **143.** **Reichsabgabenordnung** mit Einleitung. Von Rechtsanwalt Dr. **Friedmann. — 1920.** 16,— ℳ

Nr. **144.** **Versicherungsgesetz für Angestellte.** Von Senatspräsident Dr. **Lippmann. — 1920.** Mit Nachtrag, enthaltend Ergänzungen bis 23. Juli 1921. 24,— ℳ

Nachtrag einzeln. 2,— ℳ

Nr. **145.** Gesetzgebung über **Steuer- und Kapitalflucht.** Von Rechtsanwalt Dr. **E. H. Meyer.** 2. Aufl. — **1921.** 12,— ℳ

Nr. **146.** **Tabaksteuergesetz.** Von Rechtsanwalt Dr. **Wündisch. — 1920.** 27,— ℳ

Nr. **147.** Gesetz über **Filmzensur.** Von Regierungsrat **Szczesny. — 1920.** 14,— ℳ

Nr. **148.** **Reichsausgleichsgesetz.** Von Rechtsanwalt Dr. **Decke. — 1920.** 14,— ℳ

Nr. **149.** **Reichsnotopfergesetz.** Von Rechtsanwalt Dr. **Friedmann** und Dr. **Richard Wrzeszinsky. — 1921.** 36,— ℳ

Nr. **150** **Reichsschädengesetze.** Von Rechtsanwalt Dr. **Adolf Hohenstein** und Rechtsanwalt und Notar Dr. **Wenzel Goldbaum. — 1921.** 50,— ℳ

Zu den mit * versehenen Preisen tritt noch

ein Teuerungszuschlag des Verlages von 200 %.

Guttentagsche Sammlung Preußischer Gesetze.

Nr. 12. **Allgemeines Berggesetz.** Mit seinen Novellen und Nebengesetzen. **3. Aufl.**, bearbeitet von den Oberbergräten **Schlüter** und **Hense. — 1913.** * 10,40 M

Nr. 13. **Ergänzungssteuergesetz** (Vermögenssteuergesetz). Von Wirkl. Geh. Ob.Fin.Rat **A. Fernow. 5. Aufl.** Mit Nachtrag, enth. Ges. betr. Erhöhung der Zuschläge vom 8. Juli 1916. — **1914.** * 5,85 M

Nr. 14. **Kommunalabgabengesetz** vom 14. Juli 1893 und Ges. wegen Aufhebung direkter Staatssteuern. Von Oberbürgermeister Dr. **F. Adickes. 6. Aufl.** bearbeitet von Bürgermeister Dr. **Falk.** In Bearbeitung.

Nr. 15. Die **Kreisordnungen** für den Preußischen Staat. Von Land-G.Rat **O. Kolisch. — 1894.** * 5,50 M

Nr. 16. **Konzessionierung gewerblicher Anlagen.** Von Geh. Reg.Rat Dr. **W. v. Rüdiger. 2. Aufl. — 1901.** Vergriffen.

Nr. 17. Preußisches **Gerichtskostengesetz.** Vom 25. Juli 1910. Mit Kostentabellen. Von Kammer-G.Rat Dr. **P. Siméon. 7. Aufl. — 1913.** Mit Nachtrag: Abänderungen der Jahre 1919 und 1920. 20,— M

Nr. 18. Preußisches **Stempelsteuergesetz** vom 30. Juni 1909. Mit sämtlichen Ausführungsbestimmungen. Von **P. Loeck. 8. Aufl.** von Reg.Rat **W. Seyffarth. — 1914.** * 11,70 M
Neue Auflage in Vorbereitung.

Nr. 19. Das **Jagdscheingesetz.** Von Wirkl. Geh. Ob.Reg.Rat **F. Kunze. 2. Aufl. — 1899.** * 2,90 M

Nr. 20. Die **preußischen Erbschaftssteuergesetze.** Von Rechnungsrat **U. Hoffmann. — 1905.** * 5,20 M
(**Reichs**-Erbschaftssteuergesetz siehe Reichsgesetze Nr. 77 und Seite 22.)

Nr. 21. Gesetz über die **Handelskammern.** Von Min.Dir. **F. Lusensky. 2. Aufl. — 1909.** 15,— M

Nr. 22. Gesetz, betr. **Anstellung und Versorgung der Kommunalbeamten.** Von Dr. **W. Ledermann. 2. Aufl.**, bearbeitet von Dr. **L. Brühl. — 1914.** * 3,10 M

Zu den mit * versehenen Preisen tritt noch

Guttentagsche Sammlung Preußischer Gesetze.

Nr. 23. **Ausführungsgesetz zum Bürgerlichen Gesetzbuche.** Von Kammer-G.Rat Dr. **P. Siméon. 3. Aufl. — 1914.** 12,— M

Nr. 24. Die **Hinterlegungsordnung. (1879.)** Von Reg.Rat Dr. **G. Bartels. 2. Aufl. — 1908.** * 2,60 M
— —, Abänderungsgesetz vom 21. April 1913 siehe Nr. **53.**

Nr. 25. **Preußische Kommunalbeamtengesetzgebung.** Von Mag.Assessor Dr. **F. Kremski,** Berlin. — **1901.** * 4,40 M

Nr. 26. Gesetze über das **Diensteinkommen der Lehrer und Lehrerinnen, Ruhegehalt und Hinterbliebenenfürsorge.** Tabelle zur Berechnung der Ruhegehalts-, Witwen- und Waisenbezüge. Von Bürgermeister Dr. **E. Cremer. — 1900.** * 3,40 M

Nr. 27. Gesetz, betr. die **Warenhaussteuer.** Von Geh. Ober-Fin.Rat Dr. **G. Strutz. — 1900.** * 1,95 M

Nr. 28. Die **Fürsorgeerziehung Minderjähriger.** Von Geh. Justizrat Dr. **P. F. Aschrott.** Mit Ausführungsbestimmungen und allen wichtigeren Ministerialerlassen. **3. Aufl. — 1917.** 18,— M

Nr. 29. Gesetz, betr **die ärztlichen Ehrengerichte, das Umlagerecht und die Kassen der Aerztekammern.** Von Amtsgerichtsrat Dr. **F. Fidler. — 1901.** * 2,35 M

Nr. 30. Das **Preußische Staatsschuldbuch** und **Reichsschuldbuch.** Von Wirkl. Geh. Ob.Fin.Rat **J. Mücke. — 1902.** * 2,60 M

Nr. 31. **Die geltenden Preußischen Gesindeordnungen. Zwei Bände.** Von Rechtsanwalt **St. Gerhard.**

31 a. Gesindeordnung für die altpreußischen Provinzen vom 8. Nov. 1810, unter Berücksichtigung der Ergänzungsgesetze, der Rechtsverhältnisse der Stellenvermittler und Reichsversicherungsordnung, sowie die Gesindeordnungen für Neuvorpommern und Rügen und für die Rheinprovinz. **2. Aufl. — 1914.** * 4 40 M

31 b. Gesindeordnungen für Hannover, Schleswig-Holstein, Hessen-Nassau und den Regierungsbezirk Hohenzollern. — **1902.** * 3,65 M

ein Teuerungszuschlag des Verlages von 200 %.

Guttentagsche Sammlung Preußischer Gesetze.

Nr. **32.** **Die Städteordnung für die sechs östlichen Provinzen Preußens.** Von Dr. **W. Ledermann** u. Dr. **L. Brühl. 2. Aufl. — 1913.** 32,— *M*

Nr. **33.** **Rentenguts- und Anerbenrechts-Gesetzgebung in Preußen.** Von Land-G.Rat **M. Peltasohn** und Rechtsanwalt **B. Peltasohn. — 1903.** * 4,40 *M*

Nr. **34.** Sammlung der wichtigsten **preußischen Strafgesetze** nebst Ges., betr. polizeil. Strafverfügungen, vom 23. April 1883. Von Geh. Ob.J.Rat **Lindemann. 2. Aufl. — 1912.** 13,— *M*

Nr. **35.** **Geschäftsordnung für Gerichtsvollzieher.** Von **E. Exner. — 1904.** * 4,55 *M*

Nr. **36.** **Polizeiverordnungen in Preußen.** Von Geh. Ober-Justizrat **O. Lindemann. — 2. Aufl. 1912.** 12,— *M*

Nr. **37.** Gesetz, betr. **Enteignung von Grundeigentum,** vom 11. Juni 1874. Von Ob.L.G.Rat **O. Meyer. 2. Aufl. — 1911.** * 3,25 *M*

Nr. **38.** **Kreis- und Provinzial-Abgabengesetz** vom 23. April 1906. Von Gemeindevorsteher **F. Schmidt. — 1906.** * 1,95 *M*

Nr. **39.** Gesetz, betr. die **Unterhaltung der öffentlichen Volksschulen.** Von Reg.Rat Dr. **A. Marcks. — 1906.** * 2,90 *M*

Nr. **40.** **Verwaltungsstrafverfahren** bei Zuwiderhandlungen gegen die Zollgesetze und indirekte Reichs- und Landesabgaben. Von Dr. **R. Katzenstein. — 1907.** 15,— *M*

Nr. **41.** Die **preußischen Jagdpolizeigesetze.** Von Wirkl. Geh. Ob.Reg.Rat **F. Kunze** und Rechtsanwalt **R. Kühnemann. 2. Aufl. — 1907.** * 5,20 *M*

Nr. **42.** Die Gesetzgebung über die **Allgemeine Landesverwaltung** und **Zuständigkeit der Verwaltungs- und Verwaltungsgerichtsbehörden.** Von Dr. **K. Friedrichs. 2. Aufl. — 1921.** 25,— *M*

Nr. **43.** Gesetz, betr. die **Zulassung einer Verschuldungsgrenze** für land- und forstwirtschaftlich benutzte Grundstücke. Von Syndikus Dr. **R. Leweck. — 1908.** * 3,40 *M*

Guttentagsche Sammlung Preußischer Gesetze.

Nr. **44. Quellenschutzgesetz** nebst den Ausführungsbestimmungen. Von Geh. Bergrat **E. Boelkel. — 1909.** * 1,60 *M*

Nr. **45. Rechtsverhältnisse der Juden in Preußen.** Von Rechtsanwalt Dr. **M. Kollenscher. — 1910.** * 3,40 *M*

Nr. **46.** Gesetz, betr. **Austritt aus der Landeskirche,** vom 14. Mai 1873. Von Ger.Assessor **H. Caro. — 1911.** * 3,40 *M*

Nr. **47.** Gesetz, betr. die **Feuerbestattung.** Von Amtsgerichtsrat Dr. **W. Lohmann. — 1912.** * 2,10 *M*

Nr. **48. Zweckverbandsgesetz für Groß-Berlin** vom 19. Juli 1911 nebst Abdruck des allgemeinen Zweckverbandsgesetzes. Von den Magistratsräten Dr. **L. Brühl,** Dr. **K. Gordan** und Stadtrat Dr. **W. Ledermann. — 1912.** * 5,85 *M*

Nr. **49. Gesetze gegen die Verunstaltung landschaftlich hervorragender Gegenden** mit Ausführungsanweisungen. Von Regierungsrat **O. Goldschmidt. — 1912.** * 3,40 *M*

Nr. **50. Gesetz, betr. die Anlegung und Veränderung von Straßen und Plätzen in Städten und ländlichen Ortschaften.** Von Oberlandgerichtsrat **O. Meyer. — 1913.** 15,— *M*

Nr. **51. Das preußische Disziplinargesetz für die nichtrichterlichen Beamten** und die Privatdozenten. Von Regierungsrat Dr. **E. v. Dultzig. — 1914.** 20,— *M*

Nr. **52. Preußisches Wassergesetz** vom 7. April 1913. Von den Rechtsanwälten **G. Wulff** und **F. Herold. — 1913.** 25,— *M*

Nr. **53. Hinterlegungsordnung** vom 21. April 1913. Von Landrichter **Hagemann. — 1914.** 10,— *M*

Nr. **54.** Gesetz, betr. **Anlegung von Sparkassenbeständen in Inhaberpapieren** nebst Ausführungsverordnung vom 8. Mai 1913. Von Rechtsanwalt **H. Döhring. — 1914.** * 2,90 *M*

ein Teuerungszuschlag des Verlages von 200 %.

Guttentagsche Sammlung Preußischer Gesetze.

Nr. 55. **Preußisches Wohnungsgesetz** und **Bürgschaftssicherungsgesetz**. Von Hochschulprofessor Dr. jur. **B. Schmittmann**. — **1918.** 15,— M

Nr. 56. **Das preußische Tumultschadengesetz.** Von Justizrat Dr. **Bruno Friedländer**. — **1919.** * 1,20 M

Nr. 57. Gesetz über **Landeskulturbehörden.** Von Geh. Ober-Justizrat **W. Holzapfel**. — **1920.** 11,— M

Nr. 58. **Arbeitsnachweis.** Von Magistratsrat **P. Wölbling**. — **1920.** 7,— M

Nr. 59. **Bildung der neuen Stadtgemeinde Berlin.** Von Magistratsrat **P. Wölbling. 2. Aufl.** — **1920.** 15,— M

Nr. 60. **Umlegungsordnung.** Von Geh. Ober-Justizrat **W. Holzapfel**. — **1921.** 15,— M

Zu den mit * versehenen Preisen tritt noch

Guttentagsche Sammlung
von
Textausgaben ohne Anmerkungen mit Sachregister.

Betriebsrätegesetz. 5,— M
Bürgerliches Gesetzbuch nebst Einführungsgesetz. 14. Aufl. Im Druck.
Erbschaftssteuergesetz mit Ausführungsanweisung. 2. Aufl. 6,— M
Freiwillige Gerichtsbarkeit. — 1920. 18,— M
Handelsgesetzbuch nebst Einführungsgesetz und Seerecht. 10. Aufl. — 1921. 24,— M
Konkursordnung mit Einführungsges. 2. Aufl. — 1915. 6,— M
Kriegsgewinnsteuer. — 1916. * —,80 M
Die Kriegssteuergesetze. 2. Aufl. — 1917. * 2,— M
Militärstrafgerichtsordnung m Einführungsges. — 1901. * 1,95 M
Militär-Strafgesetzbuch. 2. Aufl. — 1916. * 1,55 M
Reichseinkommensteuer — Körperschaftssteuer — Kapitalertragssteuer — Landessteuer. 10,— M
Einkommensteuergesetz in der Fassung der Novelle v. 24 März 1921 mit den Ausführungsbestimmungen, ergänzt durch die Verordnungen bis Ende 1921. — 1921. 18,— M
Reichsfinanzgesetze von 1909. — 1909. * 2,60 M
Reichsnotopfergesetz. * 1,50 M
Reichsversicherungsordnung (Kranken-, Unfall-, Invaliden- und Hinterbliebenenversicherung). 20. bis 30. Tausend. * 6,— M
Strafgesetzbuch. — 1921. 10,— M
Strafprozeßordnung. 3. Aufl. — 1920. 18,— M
Umsatzsteuergesetz. — 1920. 5,— M
Verkehrs- u. Kohlensteuer u. Kriegssteuerzuschlag. 1917. * 2,— M
Verfassung des Deutschen Reiches v. 11. 8. 1919. 2. Aufl. 9,— M
Verfassung des Freistaates Preußen. 5,40 M
Versicherungsgesetz für Angestellte. — 1911. S. R. 144. Vergriffen.
Wechselordnung. — 1908. 8,— M
Wehrbeitrag und Besitzsteuer. — 1913. * 1,80 M
Zivilprozeßordnung mit Gerichtsverfassungsgesetz und Einführungsgesetzen. 1921. 24,— M
Zuwachssteuergesetz. — 1911. * 1,05 M
— — Ausführungsbestimmungen. — 1911. * —,80 M
Preuß. Ausf.-Anweis. zur Gewerbeordnung. — 1904. * 2,90 M

ein Teuerungszuschlag des Verlages von 200 %.

Schlagwort-Register

R. = Nummer der Sammlung Deutscher Reichsgesetze.
P. = Nummer der Sammlung Preußischer Gesetze.
S. = Seite.

Schlagwort-Register. (R. = Reichsgesetz, P. = preuß. Gesetz.)

Schlagwort-Register. (R. = Reichsgesetz, P. = preuß. Gesetz.)

H.

J.

K.

L.

M.

Schlagwort-Register. (R. = Reichsgesetz, P. = preuß. Gesetz.)

Schlagwort-Register. (R. = Reichsgesetz, P. = preuß. Gesetz.)

Schlagwort-Register. (R. = Reichsgesetz, P. = preuß. Gesetz.)

W.

Z.

FSC
www.fsc.org
MIX
Papier | Fördert gute Waldnutzung
FSC® C083411

Kolibri 360 GmbH
Ferdinand-Jühlke-Straße 7
99095 Erfurt, Deutschland
produktsicherheit@kolibri360.de